# BLICKPUNKT LEBEN

Ethik für berufsbildende Schulen

*Wir wünschen Ihnen bei der Arbeit mit dem Buch viel Freude, fruchtbare Diskussionen und interessante Einsichten für Ihr Leben.*

*Wenn Sie Vorschläge zur Verbesserung machen möchten, dann wenden Sie sich an der Verlag. Jeder Hinweis ist willkommen.*

*Ihre Autorinnen und Autoren,*
*Herausgeber und Verlag*

# BLICK-
# PUNKT
# LEBEN

Ethik für

berufsbildende Schulen

MILITZKE

| | |
|---|---|
| Herausgeber: | Dr. Eveline Luutz<br>Dr. Ulrich Heublein |
| Autoren: | |
| Kapitel 1: | Dr. Eveline Luutz und Kerstin Nissen |
| Kapitel 2: | Prof. Dr. Barbara Brüning |
| Kapitel 3: | Dr. Wolfgang Luutz |
| Kapitel 4: | Michaela Schmidt |
| Kapitel 5: | Dr. Eveline Luutz |
| Kapitel 6: | Prof. Dr. Barbara Brüning |
| Kapitel 7: | Dr. Ulrich Heublein |
| Kapitel 8: | Jana Paßler |
| Kapitel 9: | Dr. Eveline Luutz |

Besuchen Sie die Militzke Verlag GmbH im Internet: http://www.militzke.de

Wir haben alle Internetadressen vor dem Druck sorgfältig geprüft. Dennoch kann es in Einzelfällen vorkommen, dass diese in der Zwischenzeit nicht mehr aktuell sind. Deshalb können wir für die absolute Aktualität keine Gewähr übernehmen. Außerdem liegt die Verantwortung für den Inhalt von Internetadressen bei deren Betreibern und nicht bei den Autoren und dem Verlag des vorliegenden Schulbuchs.

Alle Texte, die für dieses Buch erstellt wurden, folgen der reformierten Rechtschreibung und Zeichensetzung (Stand: August 2006). Quellentexte sind in der Regel nach den zum Zeitpunkt ihrer ursprünglichen Drucklegung geltenden Regeln gesetzt.



| | |
|---|---|
| | 1. Auflage |
| **Copyright** | Militzke Verlag GmbH, Leipzig 2010 |
| **Lektorat** | Dr. Arnold K. D. Lorenzen |
| **Umschlaggestaltung:** | Ralf Thielicke |
| **Umschlagfotos:** | von links oben nach rechts unten:<br>© panthermedia.net - Radka Linkova<br>© M. Zaturi - fotolia.com<br>© Elsa - Elke Salzer - pixelio.de<br>© Jan Gropp - pixelio.de<br>© Nolte Lourens - fotolia.com<br>© Holger Jungnickel (neophoto) - photocase.com<br>© Thomas Butsch, Leipzig 2010 |
| **Layout:** | Thomas Butsch |
| **Druck:** | DZA Druckerei zu Altenburg GmbH, Altenburg |
| **ISBN** | 978-3-86189-523-7 |

Die letzte Jahreszahl bezeichnet das Erscheinungsjahr dieser Auflage: 2013 2012 2011 2010

# Inhaltsverzeichnis


## 1. Werte und Normen 10

**1.1 Tun, wozu man Lust hat** 10
Ich gegen den Rest der Welt / Verpflichten Pflichten?

**1.2 Wer braucht eigentlich Normen?** 14
Wozu Normen gut sind / Ohne Normen geht es nicht! / Ist jede Norm legitimierbar?

**1.3 Werte und Normen im menschlichen Miteinander** 20
Wertevielfalt / Werte im Wandel /
Humanität und Mitmenschlichkeit als soziale Grundwerte

**1.4 Menschenrechte als Wertorientierungen** 28
Menschenwürde und Menschenrechte / Die Grundrechte jedes Menschen /
Wenn Menschenrechte verletzt werden

**1.5 Moralisch urteilen und moralisch handeln** 38
Urteilen und Entscheiden als Merkmal menschlichen Handelns /
Grundtypen ethischer Argumentation / Modelle ethischer Urteilsfindung /
Moralische Urteilssituationen im Beruf

Methodenseite: Die Mindmap 45

## 2. Freiheit 46

**2.1 Ist Freiheit nur ein schöner Traum?** 46
In die Freiheit aufbrechen- alles hinter sich lassen /
Wenn ich machen könnte, was ich will ...

**2.2 Determinanten der Freiheit** 50
Freie Wahl oder Zufall? / Sind wir Sklaven unseres Gehirns?

Methodenseite: Das Rollenspiel 51

**2.3 Gehört Verantwortung zur Freiheit stets dazu?** 54
Schuld oder nicht schuld? / Frei von Verantwortung handeln

**2.4 Jede Freiheit hat Grenzen** 58
Welche Rollen spielen wir? / Freiheit kontra Naturnotwendigkeit

**2.5 Freiheitsrechte** 62
Die Gedanken sind frei / Der Freiheitsgedanke der Grundrechte

## 3. Verantwortung 64

3.1 Hintergründe des Rufs nach (mehr) Verantwortung 64
Verantwortungsbefreit? / Was gehen mich die anderen an?

3.2 Voraussetzungen, Dimensionen und Grundelemente von Verantwortung 68
Voraussetzungen der Wahrnehmung von Verantwortung / Ebenen des Verantwortungsproblems / Verantwortungsträger: Zurechnungsfähige Personen / Verantwortungsgegenstände: Verantwortung für mich selbst und für andere / Verantwortungsgründe: Geltende Regeln / Verantwortungsinstanzen: Das Gewissen als »innerer Richter«

3.3 Berufliche Verantwortung 86
Berufsständische Verpflichtungen

3.4 Soziale Verantwortung 88
Was soziale Verantwortung meint / Individualismus und Gemeinsinn

3.5 Zukunftsverantwortung: Verantwortung für nachfolgende Generationen 90
Neue Dimensionen der Verantwortung in der Gegenwart / Chancen und Risiken moderner Technologien: Das Beispiel der Gentechnologien / Imperative der Verantwortung im technologischen Zeitalter: Die Zukunftsethik von Hans Jonas

3.6 Fazit: Was heißt es, Verantwortung zu übernehmen 98

Methodenseite: Befragung 99

## 4. Pluralismus 100

4.1 Leben in einer pluralistischen Welt 100
Identität – Finden zu sich selbst / Integration in die Gesellschaft – muss das sein? / Die Begegnung mit Fremdem

4.2 Pluralismus und universale Werte 112
Universale Werte in der Diskussion / Sind in einer pluralistischen Gesellschaft gemeinsame Werte nötig? / Wertevielfalt und Gemeinwohl

4.3 Zusammen leben 118
Leben nach eigener Fasson / Toleranz – wie weit? / Streiten will gelernt sein / Zivilcourage – nein danke?

Methodenseite: Dokumentation 125

## 5. Arbeit und Beruf 126


5.1 Arbeit und Menschsein 126

5.2 Zur Bedeutung und Funktion von Arbeit 128
Der Stellenwert der Arbeit für das eigene Leben / Das Arbeitsverständnis in verschiedenen Kulturen / Arbeitslosigkeit als soziale Herausforderung / Modelle zur Zukunft der Arbeit

5.3 Vielfalt von Arbeit 138
Einige Formen der Arbeit / Arbeitszeitmodelle / Wandel der Arbeit

5.4 Haben Arbeit und Beruf ein Ethos? 148
Berufskodices und „Hippokratische Eide“ / Arbeit – Wozu? / Unternehmenskultur und Firmenphilosophien

5.5 Wunschvorstellungen und Realität im Konflikt 156
Den richtigen Beruf finden / Ein Leben lang lernen?

Methodenseite: Streitgespräch/Pro-und-Kontra-Diskussion 161


## 6. Wirtschaftsethik 162


6.1 Alles eine Frage des Geldes? 162

6.2 Vom Geld zum Markt 164
Wie das Geld entstanden ist / Wer bestimmt die Bedürfnisse des Menschen? / Der Arbeitsmarkt

6.3 Unternehmen zwischen Effizienz und Moral 170
Wo soll die neue Firma hin? / Chancen und Risiken der Globalisierung / Wie ist das „Klima“ in meiner Firma?

Methodenseite: Planspiel 171

6.4 Wozu Wirtschaftsethik? 176
Wirtschaftsethik als Teilbereich der Sozialethik / Wie man ein guter Manager wird / Die ethische Verantwortung der Unternehmen

## 7. Glück 182

**7.1 Was zum Glück dazu gehört** 182
Alltägliche und philosophische Glücksansprüche /
Philosophische Glückstheorien

**7.2 Glücksverheißungen verschiedener Coleur** 186
Mein Leitstern – ein Star / Vom alltäglichen Hunger nach Glück /
Schnelle Wege zum Glück

**7.3 Wenn das Glück zu versiegen droht** 190
Lebenskrisen meistern

**7.4 Allein kann niemand glücklich sein** 192
Mein Glück inmitten der Anderen / Selbstvertrauen und Glück

**7.5 Das eigene Glück schmieden** 194
Glück ist machbar / Mut zur Veränderung / Glücksformeln?

**Methodenseite: Die Beobachtung** 197

## 8. Religion 198

**8.1 Woran du dein Herz hängst – Vom Wesen der Religion** 199
Was ist Religion?

**Methodenseite: Inhaltsanalyse** 201

**8.2 Heil sein, Ganz sein – Funktionen von Religion** 202
Wozu Religion? / Deutungen der Welt / Warum lässt Gott das zu? /
Religiöse Symbole

**8.3 Ein Ziel, verschiedene Wege? – Die Weltreligionen** 212
Das Weltparlament der Religionen / Die Gottesvorstellungen der Religionen /
Religiöse Gebote / Wohin führt der Weg? – Erlösung und Jenseits

**8.4 Religion und Gesellschaft** 224
Kirche und Staat / Solidarität und christliche Nächstenliebe

**8.5 Wenn „Religion“ zur Gefahr wird** 228
Fanatismus und Fundamentalismus / Neue religiöse Bewegungen und
Sondergemeinschaften / Okkultismus und Esoterik – Religionsersatz?

## 9. Krankheit, Alter, Sterben und Tod 234

**9.1 Krankheit und die Pflege Kranker** 234
Gesundheit ist mehr als das Freisein von Schmerzen /
Wenn Familienangehörige erkranken / Grundsätze einer Pflegeethik

**9.2 Das Alter ist keine Krankheit** 238
Bilder vom Alter / Kennzeichen des Alters /
Das Altern genießen / Im Alter noch gefragt

**9.3 Sterben und Tod** 243
Der Tod in unserer Zeit / Mit dem Tod leben / Der Umgang mit Sterbenden /
Sterbehilfe als moralisches Problem / Sterbebegleitung und Hospizarbeit /
Trauer und Abschied

Methodenseite: Das Interview 251

## Glossar 252

Bildnachweis 256

**Die Bedeutung der verwandten Symbole:**

| | |
|---|---|
| Mit diesem Symbol gekennzeichnete Worte werden im Glossar erklärt. | * |
| Quellentexte | **Q** |
| Arbeitsaufgaben | **A** |
| Übung | **Ü** |
| Projekt | **P** |
| Tipps zum Weiterlesen | **T** |

# 1. Werte und Normen

## 1.1 Tun, wozu man Lust hat

### Ich gegen den Rest der Welt

Menschen haben Wünsche und Träume, sie möchten etwas Besonderes sein, ein besonderes und einmaliges Leben führen, anders als die Eltern und die Alten werden. Doch ständig stoßen sie auf Vorschriften und Normen, die ihnen sagen, was zu tun und was zu lassen ist, die verbieten, was man gern probieren möchte. Wie bloß soll man damit verfahren? Sie befolgen? Sie über Bord werfen? Seine eigenen Regeln setzen?

Die Prinzen erzählen in einem Song von ihren eigenen Erfahrungen im Umgang mit Normen.

**Q** ***Schwein sein***

*Ich war immer freundlich, lieb und nett,*
*kriegte nie irgend' ne Frau ins Bett.*
*Und dann auf Macho, cool und arrogant,*
*plötzlich kamen sie angerannt.*

*Und wieder seh' ich wie's im Leben läuft,*
*wer hart ist, laut und sich besäuft,*
*kommt bei den Frauen besser an,*
*wer will schon' nen lieben Mann?*

*Daraus ziehst du Konsequenzen*
*und du schaltest um auf schlecht,*
*die Welt ist ein Gerichtssaal*
*und die Bösen kriegen Recht.*

*Du musst ein Schwein sein in dieser Welt-*
*Schwein sein*
*Du musst gemein sein in dieser Welt-*
*gemein sein*
*Denn willst du ehrlich durchs Leben geh'n-*
*ehrlich*
*Kriegst' nen Arschtritt als Dankeschön-*
*gefährlich*

*Weil ich weiß, dass ich's mir leisten kann,*
*stell' ich mich überall vorne an*
*und ist einer sanft und schwach*
*hör' mal wie ich drüber lach.*
*Bei den freundlichen Kollegen*
*halt ich voll dagegen,*
*obwohl mich keiner mag,*
*sitz ich bald im Bundestag.*

*Text: Sebastian Krumbiegel*
*Aus: Die Prinzen: Schweine 1995*

**A** 1. Welche Erfahrungen haben Sie selbst im Umgang mit Normen gesammelt?
2. Im Text des Prinzen-Songs wird beschrieben, dass die Anderen das unverschämte Verhalten hinnehmen. Welche Gründe sehen Sie dafür? Bedingen sich Unverschämtheit und Duldsamkeit? Warum bzw. warum nicht?
3. Ist Egoismus erlaubt? Wenn Ja, warum und wie viel? Wenn Nein, warum nicht?

Punks verweigern sich altbewährten Werten und Normen. Sie behaupten von sich, jenseits gesellschaftlicher Normen zu stehen, diese nicht zu achten, ja mehr: sie zu verachten.

## Punk oder worum geez?

Q

***Die Regeln von Punk sind schnell erklärt.***

*Regel 1: Schaff dir deine eigenen Regeln.*

*Regel 2: Die Konsequenzen trägst du allein.*

*Regel 3: Vergiss den ganzen Scheiß sofort wieder – Regeln sind was für Spießer.*

*Was der Einzelne daraus macht, bleibt völlig ihm überlassen.*

*Punks lassen sich nicht so einfach in ein bestimmtes Schema pressen oder bequem in eine Schublade schieben.*

*Punk bedeutet, und das haben die meisten Leute bis heute noch nicht begriffen, weitaus mehr als ein bestimmtes Styling, aggressive Musik und rotznäsige Frechheit. Punk ist eine Lebensweise. Eine Weltanschauung. Punk ist gelebte Anarchie. Verweigerung. Anklage. Widerstand. Und nicht einfach nur Abkotzen, wie viele denken. Unsere sogenannte „zivilisierte Kultur“ macht ihr eigenes Fortbestehen und die daran gekoppelten Werte und Symbole zum einzig erstrebenswerten Fetisch. Punk stellt genau diese „Werte“ und „Ideale“ in Frage. Gerne auch mal die der linken Szene. Obwohl oder gerade, weil Punk – zumindest was die Grundhaltung betrifft – ein Teil von ihr ist.*

*Punk ist Selbstbestimmung. Tu, was dir gefällt. Wenn du keinen Bock hast, dann lässt du's eben bleiben. Deine Entscheidung. Und komm und geh, wann du willst. Wohin du willst. Scheiß drauf, was die Anderen dazu sagen.*

*„Jeder Tag ist Feiertag.“*

*Der Preis der Freiheit ist ein hoher. Oder sollte ich besser sagen für die Unangepasstheit? Wann ist man schon wirklich frei.*

*Ein Leben ohne jegliche Sicherheiten, auf der Kante der Legalität.*

*„Legal, illegal, scheißegal!“*

*Aber Sicherheit ist ja eh nur eine Illusion. Ein Leben ohne irgendeinen Luxus materieller Art. Ohne Kohle, ohne Fangnetz und doppelten Boden; angefeindet von allen erdenklichen Seiten. Selbst aus den eigenen Reihen, sprich der breiten linken Subkultur. Da ist man den einen zu radikal, den anderen nicht radikal genug. Was uns aber wiederum herzlich wenig tangiert.*

*Punk verweigert sich jedem Dogma...*

*Eva Bude: Verpisst euch! Europa Verlag, Hamburg/Leipzig/Wien 2005. S. 55ff.*

A

1. Worin sehen Sie den Reiz eines Lebens als Punker? Notieren Sie die für Sie wichtigsten Gründe.
2. Stellen Sie sich vor, in einer Gesellschaft leben nur Punks nach den von ihnen postulierten Regeln. Entwerfen Sie ein Drehbuch für einen realistischen Film.
3. Sammeln Sie Indizien dafür, wann Punks die von ihnen proklamierten Regeln ignorieren und sich freiwillig bestimmten Regeln unterwerfen.

# Verpflichten Pflichten?

Den Gegenpol zu Menschen, die sich jeglicher Normen entledigen möchten, bilden diejenigen, die ihre Pflichten ohne Murren und Zagen tagtäglich treu erfüllen, dabei in Rechnung stellend, dass niemand tun und lassen kann, was er will. Jeder ist eingebunden in soziale Netze und unterliegt Anforderungen durch andere. Wann jedoch sind diese verpflichtend?

Jeder Mensch hat Pflichten wahrzunehmen, denen er nachkommt, weil er es muss, die er nicht frei wählen durfte. Doch gibt es Pflichten, die zu schwer sind, sie zu tragen?

Der israelische Schriftsteller Amos Oz befasst sich mit solchen, stillschweigend auferlegten Pflichten. In seinem autobiographischen Roman erzählt er davon. Die Eltern des Ich-Erzählers kamen zu Beginn des 20. Jahrhunderts als hoch qualifizierte Wissenschaftler und als wohlhabende Leute mit großen Hoffnungen aus dem östlichen Polen, wo sie in ständiger Bedrohung lebten, nach Israel. Ihre großen Erwartungen, sich in der Wissenschaft einen Namen zu erwerben und in Wohlstand zu leben, platzten wie Seifenblasen. In Israel wimmelte es von Wissenschaftlern. Um ihren Lebensunterhalt zu bestreiten, müssen sie ganz einfache und schlecht bezahlte Arbeit verrichten, die mit ihrer Ausbildung nichts zu tun hat. Ihr einziges Kind beladen sie mit der Erwartung, es dereinst besser als sie zu machen.

**Q** *Erdrückende Pflichten*

*Die erstickende Kelleratmosphäre zwischen meiner Mutter und meinem Vater und zwischen ihnen beiden und den vielen, vielen Büchern, die Ambitionen, die sie unterdrückten oder verleugneten, Sehnsüchte nach Rowno und nach Wilna, nach einem Europa, das sich bei uns in einem schwarzen Teewagen und schneeweißen Batistservietten verkörperte, die Last der Unerfülltheit in ihrem Leben und die Wunde ihres gescheiterten Lebens, Niederlagen, bei denen mir wortlos die Aufgabe übertragen worden war, sie eines Tages in Siege zu verwandeln – all das belastete mich so sehr, dass ich fliehen wollte. In anderen Zeiten verließen junge Leute ihre Elternhäuser und zogen los, um […] sich selbst zu finden oder sich zu verlieren. Später fuhren sie nach New York und Paris und noch später in die Ashrams Indiens oder in den Dschungel Südamerikas oder ins Himalayagebirge. Aber Anfang der 50er Jahre war der Gegenpol zum beklemmenden Elternhaus der Kibbuz*.*

Amos Oz: Eine Geschichte von Liebe und Finsternis. Büchergilde Gutenberg, Frankfurt/Zürich/Wien 2005. S. 620

**• aufräumen • abstauben •
• Betten machen • sparen •
• auf Geschwister aufpassen •
• Wäsche waschen • helfen •
• abwaschen • leise sein •
• abräumen • freundlich sein •
• einkaufen • Tisch decken •
• lernen • höflich sein • … •**

**A**

1. Welche Pflichten haben Sie (in der Familie, auf Arbeit, im Freundeskreis…)? Welche davon tragen Sie gern? Von welchen wären Sie gern befreit?
2. Kennen Sie das Gefühl, von Pflichten erdrückt zu werden? Wie sollte man sich in solch einem Fall verhalten?
3. Schildern Sie aus eigenem Erleben, vom Hörensagen oder aus der Geschichte Situationen, in denen sich die auferlegten oder selbst gewählten Pflichten als belastend erwiesen.
4. Welche Folgen stellen sich für das Individuum ein, wenn Pflichten dauerhaft erdrückend sind?

### Verpflichtet werden

Pflichten wählt man selten freiwillig, Pflichten werden dem Einzelnen übertragen. Wer aber ist berechtigt, das Individuum zu irgendetwas zu verpflichten?

Eine Pflicht steht im Gegensatz zum Wollen. Sie kennzeichnet etwas, was ich tun *soll*, obgleich ich etwas *anderes tun will*. Jede Pflicht beinhaltet also den Aspekt der Nötigung und schränkt die individuelle Freiheit ein. Diese Nötigung geht, so erläutert Immanuel Kant in der „Metaphysik der Sitten", von der Vernunft aus.

Die Vernunft oder die Einsicht in bestimmte Gegebenheiten drängt den Menschen, sich in bestimmter Art und Weise zu verhalten.

Wenn die Verpflichtung zu einem Handeln von der Einsicht ausgeht, dass ein bestimmtes Verhalten unvermeidlich und notwendig ist, dann mag das mit den Pflichten in Ordnung gehen. In diesem Fall verpflichtet man sich selbst.

Es gibt aber Menschen, die meinen, einem etwas sagen zu dürfen: Eltern, Pfarrer, Lehrer, der Chef. Sie berufen sich dabei auf ihre Autorität.

### Autorität, was ist das?

Jedes Autoritätsverhältnis ist durch vier Elemente bestimmt.

1. **Den Autoritätsträger** (die Autorität)
   Dabei handelt es sich um die Person, die Einfluss auf andere ausübt.
2. **Eine Person, welche die Autorität anerkennt**
   Diese Person unterwirft sich der Autorität, indem sie die Einflussnahme akzeptiert.
3. **Den Akt der Einflussnahme selbst**
   Er erfolgt durch Weisung (Verhaltensaufforderung) und Kontrolle.
   Die Nichteinhaltung der Weisungen zieht Sanktionen nach sich.
4. **Die Ermächtigung bzw. Legitimierung der Autorität**
   Sie ist durch Kompetenz, durch Vernunft oder durch ein Amt/eine Funktion gegeben.

**A**

1. Welche Autoritäten spielen in Ihrem Leben eine Rolle? Was macht die Besonderheiten der einzelnen Autoritätsverhältnisse aus?
2. Für wen sind Sie selbst, warum Autorität?
3. Gestalten Sie in Gruppenarbeit ein Rollenspiel, bei welchem ein Autoritätsträger von einer untergebenen Person ein Verhalten fordert, das falsch ist. Stellen Sie spielerisch Varianten dar, wie die untergebene Person sich in dieser Situation verhalten kann.
4. Sprechen Sie anschließend darüber, welche der spielerisch vorgestellten Verhaltensweisen in solch einer Situation warum zu favorisieren ist. Beachten Sie dabei das Wesen eines Autoritätsverhältnisses.

## 1.2 Wer braucht eigentlich Normen?

### Wozu Normen gut sind

Während es Bereiche gibt, in denen das Vorhandensein von Verhaltensvorschriften fraglos anerkannt wird – etwa beim Fußball, beim Skat oder in technischen und technologischen Abläufen, werden andere Verhaltensanforderungen immer wieder in Frage gestellt. „Warum soll ich eigentlich rücksichtsvoll, höflich, solidarisch oder loyal sein? Was bringt mir das? Das sehe ich gar nicht ein“, wird manchmal gereizt gekontert, wenn das persönliche Wollen durch klare Forderungen begrenzt wird.

Ist es normal, sich so zu verhalten, wie andere es von mir erwarten? Und wer bestimmt, was normal ist?

Paulo Coelho unterbreitet in seinem Roman „Veronika beschließt zu sterben“ eine mögliche Antwort.

Veronika, die nach einem gescheiterten Suizidversuch in einer Nervenheilanstalt aufwacht, wird vom Arzt Dr. Igor mit einer ganz simplen Frage daraufhin getestet, ob sie normal ist.

**Q** *[...] „Was ist denn Realität?“*

„Sie ist das, von dem die meisten glauben, dass sie so sein sollte. Nicht unbedingt besser, nicht logischer, doch den kollektiven Wünschen angepasst. Sehen sie, was ich da um den Hals trage?“

„Eine Krawatte.“

„Sehr gut. Ihre Antwort ist logisch, kohärent, die eines ganz normalen Menschen: eine Krawatte.

Ein Verrückter würde jedoch sagen, dass ich ein buntes, lächerliches, nutzloses, auf komplizierte Weise geschlungenes Stück Stoff um den Hals trage, das die Beweglichkeit des Kopfes einschränkt und uns zwingt, tiefer zu atmen, damit Luft in die Lungen gelangt. Wenn ich in der Nähe eines Ventilators bin und nicht aufpasse, kann dieses Stück Stoff mich erwürgen.

Wenn ein Verrückter mich fragt, wozu eine Krawatte gut ist, muss ich ihm antworten: zu überhaupt nichts. Nicht einmal zum Verschönern, weil sie heute zum Symbol der Versklavung, der Macht, der Distanz geworden ist. Die Nützlichkeit der Krawatte besteht darin, nach Hause zu kommen und sie abzunehmen und das Gefühl zu genießen, dass wir uns von etwas befreit haben, von dem wir nicht einmal wissen, was es ist.

Doch rechtfertigt dieses Gefühl der Erleichterung die Krawatte? Nein. Dennoch wird, wenn ich einen Verrückten und einen normalen Menschen frage, was das ist, derjenige als gesund erachtet werden, der mir antwortet: eine Krawatte. Gleichgültig, wer es richtig sieht oder wer recht hat.“

*Paulo Coelho: Veronika beschließt zu sterben. Diogenes, Zürich 2002. S. 94/95*

**A**
1. Geben Sie mit eigenen Worten wieder, was normal ist.
2. In welchem Zusammenhang stehen Norm und Normalität?
3. Welche Konsequenzen hat es für ein Individuum, sich außerhalb gesellschaftlicher Norm(alität)en zu bewegen?
4. Schildern Sie Beispiele dafür aus Ihrem eigenen Erleben oder aus der Geschichte und der Kunst.

### Wie funktionieren Normen?

Moralnormen gebieten ein bestimmtes Verhalten. Ihre Hauptfunktion besteht darin, solche Verhaltensweisen vorzuschreiben, dass ein Miteinander von Menschen in einer Gemeinschaft gewährleistet ist. Das geschieht durch vier Momente, die ineinander greifen und zusammenwirken.

| Funktionsmechanismus von Normen | |
|---|---|
| **1. Sprachliche Form**<br>Eine Norm ist stets eine eindeutige und unmissverständliche Aufforderung, sich in einer bestimmten Art und Weise zu verhalten. Ein tatsächlich gesetztes (oder gedachtes) Ausrufezeichen steht am Ende der Verhaltensaufforderung. Die Grundformel dieser Aufforderung lautet: „Du sollst ...!"<br>Zum Beispiel: Rauchen verboten! Stopp! | **3. Kontrolle**<br>Die Einhaltung der Norm wird, vor allem, wenn es sich um eine neue Norm handelt (zumindest punktuell), überwacht. |
| **2. Verbindlichkeit**<br>Die Forderung ist an alle gerichtet und gilt für alle. Sie gilt ohne Wenn und Aber und ist inhaltlich nicht verhandelbar. Die Forderung muss nicht erklärt werden, sie ergeht bedingungslos und ihr ist Folge zu leisten. | **4. Sanktion**<br>Die Nichteinhaltung und Übertretung der Norm wird bestraft, die Einhaltung der Norm belohnt. Positive wie negative Sanktionen dienen dazu, das gewünschte Verhalten zu stärken und das nicht erwünschte Verhalten abzuwehren.<br>Das Maß der Bestrafung ist abhängig von der Schwere des Normverstoßes und reicht vom Naserümpfen über die ausgesprochene Missbilligung bis hin zum Ausschluss aus der sozialen Gemeinschaft. |

Q

***Kindliche Wünsche oder elterliche Autorität***

*Unter Verweis auf die Persönlichkeitsrechte ihrer eineinhalbjährigen Tochter hat eine Juristin ihr splitternacktes Kind bei 11 Grad Außentemperatur auf dem Fahrrad durch München gefahren. Das frierende Mädchen saß – wie die Polizei gestern mitteilte - in dem auf dem Gepäckträger befestigten Kindersitz. Als Beamte die Mutter stoppten, erklärte die 32-jährige Anwältin, dass das Kind sich nicht anziehen lassen wollte. Sie als Mutter habe diesen Wunsch zu akzeptieren.*

*DPA-Meldung vom 17.10.2008*

A

1. Suchen Sie Synonyme und Antonyme* für das Wort „Norm". Beachten Sie bei der Suche auch die Charakteristika des Funktionsmechanismus von Normen.
2. Spielen Sie anhand der DPA-Meldung und folgender Beispiele den Funktionsmechanismus von Normen durch:
   » ein dreijähriges Kind reißt sich von der Hand eines Erwachsenen los und rennt auf eine stark befahrene Straße
   » ein Berufsschüler schwänzt unentschuldigt den Unterricht in der Berufsschule
   » ein Autofahrer gerät innerhalb einer geschlossenen Ortschaft mit Tempo 80 km/h in eine Geschwindigkeitskontrolle
   » ein Kettenraucher zündet sich in der S-Bahn eine Zigarette an
   » eine Schülerin wird während einer Klassenarbeit beim Abschreiben erwischt

## Ohne Normen geht es nicht!

Normen dienen der Aufgabe, ein Miteinander der in ihrem Wesen und in ihren Ansprüchen unterschiedlichen Individuen zu gewährleisten. Damit dies gelingen kann, müssen die individuellen Interessen begrenzt werden. Normierungen stellen stets auch Grenzziehungen dar. Doch sind diese berechtigt?

Ein Psychologe bei der Schulberatungsstelle der Stadt Oberhausen rechtfertigt deutliche Grenzziehungen in einem Interview:

**Q** ***Etwas tun gegen antisoziales Verhalten***

Frage: *Was bedeutet antisoziales Verhalten?*

Dr. Langenscheidt: *Darunter fallen nicht nur Gewalt und Aggressivität, sondern alle Verhaltensweisen, die gegen fundamentale Regeln menschlichen Zusammenlebens verstoßen. Bei Kindern und Jugendlichen gehören hierzu vor allem die Weigerung, Anforderungen zu erfüllen sowie der Versuch, eigene Vorstellungen rücksichtslos durchzusetzen.*

Frage: *Wie kommt es dazu?*

Dr. Langenscheidt: *Bei einigen der betroffenen Kinder gibt es wahrscheinlich ein gewisses genetisches Risiko. Die wichtigste Ursache besteht jedoch in einer spezifischen Interaktion zwischen Eltern und Kindern. Schon im zweiten oder dritten Lebensjahr beginnt der Prozess, bei dem die betroffenen Kinder lernen, sich durch Quengeln, Streiten, Wutanfälle durchzusetzen und ihre Eltern durch unangenehmes Verhalten zu kontrollieren. Weil solche Kinder immer ihren Willen durchsetzen, bestehen sie auf sofortiger Bedürfnisbefriedigung und weichen allen Anforderungen aus. Da sie nicht lernen, sich in einer Gruppe einzupassen und zu kooperieren, werden sie abgelehnt. Ihr Lebensweg ist oft vorgezeichnet: Abbruch der Schule, Kriminalität, Drogen.*

Frage: *Was kann man dagegen tun?*

Dr. Langenscheidt: *Für einen Jugendlichen, der schon als Kleinkind eine destruktive Entwicklung durchlaufen hat, führt kein Weg zurück in die Normalität. Man kann antisoziales Verhalten nicht heilen, allenfalls behandeln – wie eine chronische Krankheit. Solche Kinder haben nur eine Chance, wenn schon in den Kindergärten und Grundschulen auf Verhaltensauffälligkeiten geachtet und diesen entgegengewirkt wird. Und Eltern müssen verstehen, dass es weder ihnen noch ihrem Kind gut tut, wenn sie es als kleinen Terroristen großziehen.*

*Was tun gegen antisoziales Verhalten. Gespräch mit Dr. Karl Langenscheidt. In: Sozialcourage. H.1/2008. S. 24*

**A**

1. Von dem Philosophen Wittgenstein stammt der Ausspruch: Eine Norm steht wie ein Wegweiser. Was meint er damit?
2. Notieren Sie, was Sie unter antisozialem Verhalten verstehen. Sind antisoziales und asoziales Verhalten Ihrer Meinung nach dasselbe? Begründen Sie Ihre Sicht.
3. Tragen Sie aus Ihrem Alltag (Berufsschule, Betrieb, Familie, Clique) Beispiele für antisoziales Verhalten zusammen.
4. Wie sollte auf antisoziales Verhalten reagiert werden? Spielen Sie in kleinen Spielszenen mögliche Reaktionsweisen durch.

Ohne Normierungen ist ein einträchtiges Miteinander der Individuen nicht möglich. Jedoch kann das Korsett der Normen als so eng erlebt werden, dass der Einzelne darin zu ersticken droht. Gehen von Normierungen Gefahren aus?

**Ich – ein Herdentier?**

*Älter ist an der Herde die Lust als die Lust am Ich:*
*und solange das gute Gewissen Herde heißt,*
*sagt nur das schlechte Gewissen: Ich.*

*Friedrich Nietzsche: Also sprach Zarathustra. Reclam, Stuttgart 1989. S. 53*

In seinem Roman „Veronika beschließt zu sterben" erzählt Paulo Coelho von Veronika, die nach einem Suizidversuch in einer Nervenklinik Menschen trifft, welche an den Anforderungen, die sie erfüllen sollten, erkrankt sind. Auch sie selbst krankt daran.

Q

***Dem Bild genügen***

*Es stimmte, vieles in ihrem Leben hatte sie bis zum bitteren Ende gelebt – doch nur das, was unwichtig war wie zum Beispiel einen Streit verlängern, den eine Bitte um Entschuldigung beendet hätte, oder einen Mann, in den sie verliebt war, nicht mehr anzurufen, nur weil sie glaubte, dass diese Beziehung zu nichts führte. Sie war dann unnachgiebig, wenn es am einfachsten war, wenn es darum ging, Standfestigkeit und Gleichgültigkeit zu demonstrieren, obwohl sie in Wahrheit eine zerbrechliche Frau war. [...] Es gelang ihr, die unabhängige Frau herauszukehren, obwohl sie sich nach jemandem sehnte, an den sie sich anlehnen konnte. Wo immer sie hinkam, zog sie die Blicke auf sich, und doch verbrachte sie die Nächte meist allein im Kloster vor dem Fernseher, dessen Programme sie nicht einmal richtig eingestellt hatte. Sie hatte sich ihren Freunden gegenüber immer als beneidenswerte Frau hingestellt und ihre ganze Energie darauf verwendet, sich diesem Selbstbild entsprechend zu verhalten. Daher verblieb ihr keine Kraft mehr, sie selbst zu sein, ein Mensch, der wie alle anderen auf der Welt andere Menschen brauchte, um glücklich zu sein. Doch die anderen Menschen waren so schwierig! Sie reagierten unerwartet, verschlossen, und spielten – genau wie sie – die ewig Blasierten. Wenn einmal jemand kam, der dem Leben gegenüber offener war, dann lehnte sie ihn entweder ab oder verhöhnte ihn als „naiven Trottel". [...] wir sind alle dazu erzogen worden, zu lieben, zu akzeptieren, zu versuchen, einen Ausweg zu finden, Konflikte zu vermeiden. Veronika hasste alles, doch vor allem hasste sie die Art, wie sie ihr Leben geführt hatte, ohne je all die Hunderte von anderen Veronikas zu entdecken, die in ihr lebten und die interessant, verrückt, neugierig, mutig, risikofreudig waren.*

*Paulo Coelho: Veronika beschließt zu sterben. Diogenes, Zürich 2000. S.74- 76*

A

1. Warum hasst Veronika auf einmal die Art, in der sie so lange gelebt hat? Was verursacht ihr plötzlich Unbehagen? Warum blieb sie vordem einer ungeliebten Lebensart so lange verhaftet?
2. Gibt es auch in Ihrem Leben vergleichbare Verhaltensweisen? Wodurch sind diese bedingt?
3. Entwerfen Sie eine Mindmap (siehe Methodenseite 45) der Gefahren, die von Normierungen ausgehen können.
4. Verständigen Sie sich in einem Streitgespräch darüber, wie das Individuum diesen Gefahren entgehen kann ohne zu vereinsamen.

## Ist jede Norm legitimierbar?

Normen bilden die sichtbare Hülle der ihr zugrunde liegenden, nicht immer auf den ersten Blick erkennbaren Werte. Sie dienen dazu, diese Werte zu schützen und eine Gefährdung von zentralen Werten abzuwenden. Doch lässt sich jede Norm durch gute Gründe rechtfertigen?

**Q** *Hinterfragen*

*Die meisten moralischen Normen lassen sich auf bestimmte zugrunde liegende Werte zurückbuchstabieren. Werte sind bewusste oder unbewusste Orientierungsstandards, von denen sich einzelne Individuen oder Gruppen in ihrem Verhalten leiten lassen. Es sind grundlegende und tief verankerte Vorstellungen darüber, was in einer Gemeinschaft als richtig und erstrebenswert gilt. Solche kollektiven Zielsetzungen sind keineswegs immer rational und gut begründet, sondern können auch triebhaft, emotional, weltanschaulich oder religiös besetzt sein. Als allgemeine Zielorientierungen befinden sie sich auf einer anderen, höheren Ebene als die konkreten Handlungsorientierungen in Form von Normen. So ließe sich die Norm „Du sollst Notleidenden helfen!" auf den abstrakten Wert „Hilfsbereitschaft", „Du sollst nicht töten!" auf den sehr allgemeinen Wert „Leben" zurückführen. Normen und Werte bestärken sich in einer kulturellen Gemeinschaft gegenseitig. Während den Werten eine Art begründende Funktion zukommt, haben die Normen die Aufgabe, zur konkreten Umsetzung der abstrakten Werte anzuleiten.*

*Dagmar Fenner: Ethik. Wie soll ich handeln? A. Francke, Tübingen/Basel 2008. S. 170/171)*

**Q** *Unerbittlich sein*

*Ehrlich, anständig, treu und kameradschaftlich haben wir zu den Angehörigen unseres eigenen Blutes zu sein und zu sonst niemandem. Wie es den Russen geht, wie es den Tschechen geht, ist mir total gleichgültig. Das, was in den Völkern an gutem Blut unserer Art vorhanden ist, werden wir uns holen, indem wir ihnen, wenn notwendig, die Kinder rauben und sie bei uns großziehen. Ob die anderen Völker im Wohlstand leben oder ob sie verrecken vor Hunger, das interessiert mich nur soweit, als wir sie als Sklaven für unsere Kultur brauchen, anders interessiert mich das nicht. Ob beim Bau eines Panzergrabens 10.000 russische Weiber an Entkräftung umfallen oder nicht, interessiert mich nur insoweit, als der Panzergraben für Deutschland fertig wird. Wir werden niemals roh und herzlos sein, wo es nicht sein muss; das ist klar. Wir Deutschen, die wir als einzige in der Welt eine anständige Einstellung zum Tier haben, werden ja auch zu diesen Menschentieren eine anständige Einstellung einnehmen, aber es ist ein Verbrechen gegen unser eigenes Blut, uns um sie Sorgen zu machen und ihnen Ideale zu bringen, damit unsere Söhne und Enkel es noch schwerer haben mit ihnen. Wenn mir einer kommt und sagt: „Ich kann mit den Kindern oder Frauen den Panzergraben nicht bauen, das ist unmenschlich, denn dann sterben sie daran" – dann muss ich sagen: „Du bist ein Mörder an deinem eigenen Blut, denn wenn der Panzergraben nicht gebaut wird, dann sterben deutsche Soldaten, und das sind Söhne deutscher Mütter. Das ist unser Blut."*

*Heinrich Himmler: Rede vor SS-Gruppenführern in Posen am 4.10.1944. Zit aus: Karl Hurschler/Albert Odermatt: Schritte ins Leben. Klett &Balmer, Zug 1992. S. 24*

Eng verbunden mit der Frage, ob jede Norm berechtigt ist, ist das Problem der Normübertretung, wenn man eine Norm als verwerflich und nicht legitim betrachtet. Moralisches Handeln ist gebunden daran, dass die Norm bekannt ist, dass sie anerkannt wird, dass man sie befolgen will und kann. Ist eine Handlung jedoch auch dann moralisch, wenn das Kennen der Norm mit Nichtakzeptanz und der Weigerung, ihr Folge zu leisten, einher geht?

Henry David Thoreau (1817–1862), lange Zeit der Privatsekretär des amerikanischen Präsidenten Emerson, weigerte sich aus Protest gegen die Sklaverei im Staate Massachusetts, dem Staat Steuern zu zahlen und wurde daraufhin inhaftiert. Zur Begründung seiner Handlungsweise führte er aus:

Q

***Pflicht zum zivilen Ungehorsam***

*Unter einer Regierung, die irgend jemanden unrechtmäßig einsperrt, ist das Gefängnis der angemessene Platz für einen gerechten Menschen. Der rechte Platz, der einzige, den Massachusetts seinen freien und weniger kleinmütigen Geistern anzubieten hat, ist eben das Gefängnis, wo sie von Staates wegen ausgesetzt und ausgeschlossen werden, nachdem sie sich durch ihre Grundsätze schon selbst ausgeschlossen haben. Der entflohene Sklave, der mexikanische Kriegsgefangene auf Parole und der Indianer mit seinen Anklagen gegen das Unrecht, das man seiner Rasse zugefügt: nur hier sollen sie ihn finden, im Gefängnis; auf diesem abgeschiedenen und ehrbaren Boden, wo der Staat jene hinbringt, die nicht mit ihm, sondern gegen ihn sind: es ist das einzige Haus in einem Sklavenstaat, das ein freier Mann in Ehren bewohnen kann.*

*Henry David Thoreau: Über die Pflicht zum Ungehorsam gegen den Staat. Diogenes, Zürich 1996. S.49/50*

A

1. Schreiben Sie aus der Rede alle Verhaltensaufforderungen heraus, die von Himmler an die Zuhörer ergehen.
2. Welche zentralen Werte sollen vermittels der verkündeten Normen geschützt werden? Wodurch und wie sind diese Vorstellungen im kollektiven Wertbewusstsein jener Zeit verankert worden.
3. Notieren Sie alle Gründe, welche die Berechtigung der ergangenen Normen legitimieren (sollen).
4. Welche Normen sind auf dem Foto gesetzt? Sind diese legitim?
5. Suchen Sie dann ein Kriterium, das geeignet sein könnte, die Legitimität (Berechtigung) jeder beliebigen Norm zu prüfen.
6. Beantworten Sie die Frage, ob ein Mensch, der bewusst seine Zustimmung zu einer geltenden Norm verweigert, moralisch handelt und begründen Sie Ihr Ja oder Nein.
7. Warum hält Thoreau das Gefängnis unter bestimmten Bedingungen (welche sind das) für den einzigen ehrbaren Ort im Staate? Beziehen Sie in Ihr Nachdenken auch die Himmler-Rede mit ein.

## 1.3. Werte und Normen im menschlichen Miteinander

### Wertevielfalt

Die Welt der Werte gleicht einem Labyrinth, in welchem man sich schnell verirren kann. Alles Mögliche wird als Wert bezeichnet, zudem findet ein Wertewandel statt. Vom Wertepluralismus und vom Werteverfall unter der Jugend ist die Rede und im gleichen Atemzug wird dann eine Rückbesinnung auf traditionelle Werte gefordert. Wie soll man sich in diesem Wirrwarr zurecht finden?

**Q** *Hat jeder Wert einen „Wert"?*

*Alexander erhält von seinem Lehrer den Auftrag, zu eben jenem Thema einen Vortrag zu halten. Er begibt sich auf die Suche nach Material. Als Erster läuft ihm der Hausmeister der Schule über den Weg. Er fragt, was er von Werten halte.*

*„Was ich von Werten halte? Da kann ich Ihnen nicht viel weiterhelfen. Ich besitze nämlich keine. Mein alter VW vielleicht ausgenommen. Aber der ist auch nicht mehr viel wert."*

*„Aha", entfährt es Alexander erstaunt. „Ehrlich gesagt, hatte ich an etwas Anderes gedacht."*

*„Woran denn?", fragt ihn der Hausmeister.*

*„Ich meine andere Werte, solche wie Vertrauen, Toleranz, Freundschaft..."*

*„Das ist doch nur Seelenkäse, mit dem man nichts anfangen kann."*

*Als nächsten befragt Alexander den alten Herrn Weber aus seinem Haus. Herr Weber passt auf, dass abends die Haustür verschlossen ist und wer ein und aus geht.*

*„Für mich sind Fleiß, Ordnung und Pflichtbewusstsein enorm wichtig. Sie haben Deutschland zu dem gemacht, was es heute ist, ein wohlhabendes Land."*

*Abends beim Abendbrot fragt Alexander seinen Vater.*

*„Werte? Fragen stellst du. So allgemein kann man das nicht beantworten. Manche faseln da etwas von Würde und Freiheit. In Wahrheit denken die nur an ihr dickes Portemonnaie und den Audi in der Garage. Welche Werte meinst du konkret?"*

*Alexander schaut auf seinen Aufgabenzettel. „Gerechtigkeit und Solidarität."*

*„Das klingt gut, nur taugen diese Werte nicht fürs Leben. Sie sind von Moralhütern im Fernsehen ausgedacht, die nicht im Traum daran denken, sich unentgeltlich für andere einzusetzen. Ich wäre heute nicht Filialleiter, wenn ich mich solidarisch verhalten hätte. Je mehr du die Ellenbogen ausfahren und dich durchsetzen kannst, umso mehr Respekt bekommst du."*

*„Und Geborgenheit und Sicherheit?", hakt Alexander unsicher nach.*

*„Damit", freut sich der Vater, „kann ich schon eher etwas anfangen. Das sind die wichtigsten Werte, die bekommst du in der Familie."*

*„Und Selbstverwirklichung?"*

*„Schnickschnack", mischt sich die Mutter ungehalten ein. „Selbstverwirklichung ist ein Modewert, künstlich aufgebauscht. Alles wird in Frage gestellt, alles verneint. Was sich bewährt hat, soll plötzlich nichts mehr taugen. Diese Leute bemänteln nur ihren Egoismus oder wie bezeichnest du das, wenn Leute mit Mountainbikes nicht nur im Sommer das Gebirge kaputt fahren, sondern selbst im Winter mit den Dingern auf den Gletschern ihren Kick suchen. Nachfolgende Generationen werden über solche Art von Selbstverwirklichung nur noch den Kopf schütteln."*

*frei nach Helge Eisenschmidt: Hat jeder Wert seinen Wert? In: Leben und Verantwortung. Militzke, Leipzig 2003. S. 182ff*

Um sich in der Vielfalt der Werte zurecht zu finden, benötigt der Einzelne Hilfen, benötigt er einen Kompass. Als ein solcher Kompass wird immer einmal wieder die Idee von Leitwerten und von einer Leitkultur in der pluralistischen Gesellschaft unserer Tage ins Gespräch gebracht.

Der Präsident des Bundestages, Norbert Lammert, gehört zu den Verfechtern einer Leitkultur und von Leitwerten. Anlässlich des Erscheinens seines Buches, in welchem sich 42 Prominente zu diesem Thema äußern, erklärte er:

Q

*Identifikationsangebote*

Andreas Debski: *Herr Lammert, das Buch ist nicht ihr erster Vorstoß zur Leitkultur. Warum liegt ihnen das Thema derart am Herzen?*

Norbert Lammert: *Die Debatte hat über viele Jahre nicht stattgefunden, weil sie vielen als unnötig oder lästig erschien. Dass sich jetzt nicht nur in dem Buch sogar Leute daran beteiligen, die sie vor einigen Monaten noch für verzichtbar oder gar hinderlich hielten, ist ein Beleg für die Dringlichkeit. Jede Gesellschaft braucht einen Mindestbestand an Überzeugungen und Orientierungen, auf denen ihre Verfassungs- und Rechtsordnung beruht ...*

Andreas Debski: ... *Und dieser sollte unter christlichem Vorzeichen stehen?*

Norbert Lammert: *Es ist doch selbst für religiös ungebundene Menschen nicht zu übersehen und deswegen auch nicht zu bestreiten, dass das kulturelle Selbstverständnis Europas wesentlich vom Christentum geprägt ist. Allerdings nicht exklusiv: Das Christentum wird durch die Aufklärung ergänzt. Glaube und Vernunft sind die beiden großen kulturellen Orientierungen Europas. [...] Wer immer in diesem Land lebt, ob mit oder ohne deutsche Staatszugehörigkeit, steht unter dem Schutz der Verfassung, muss aber auch die sich daraus ergebenden Verpflichtungen akzeptieren. Dabei geht es nicht darum, den Kanon der Rechte und Pflichten zu erweitern, sondern endlich wieder den Zusammenhang herzustellen zwischen den Grundlagen, auf denen unsere Gesellschaft beruht und den Gesetzen. Weil die Bäume prächtig gediehen sind, glaubten viele, man müsse sich um die Wurzeln nicht mehr kümmern. Werte haben neuerdings wieder Konjunktur. Es hat über einen langen Zeitraum ein Wegducken gegeben, was das Identifizieren und Bekennen zu den eigenen Werten betrifft.[...] Der viel geforderte Dialog zwischen den Kulturen setzt aber zuerst den eigenen Standpunkt voraus.*

*Andreas Debski: Werte haben wieder Konjunktur. Interview mit Norbert Lammert. In: LVZ vom 4.10.2006. S.3*

A

1. Schlagen Sie im Lexikon nach, was Werte sind.
2. Schreiben Sie alle Werte, die im Text von Helge Eisenschmidt aufgezählt werden, heraus und ordnen Sie diese nach ihrer Wichtigkeit für Sie. Ergänzen Sie die Liste um andere Ihnen wichtige Werte.
3. Welche Werte würden Sie als „Leitwerte" unserer Gesellschaft betrachten? Begründen Sie, warum Sie ausgerechnet diesen besonderen Stellenwert beimessen.
4. Verfassen Sie eine fiktive Leserzuschrift zu einem Internetforum um eine deutsche Leitkultur. Legen Sie Ihre Position kurz dar. Erläutern Sie anhand weniger Beispiele, was Sie unter Leitkultur verstehen bzw. warum sie eine solche befürworten oder ablehnen.

# Werte im Wandel

Die Welt der Werte unterliegt (z. B. durch das Nachrücken neuer Generationen, neue Sichtweisen) Wandlungsprozessen. Diese laufen zum Teil unbemerkt ab bis sie irgendwann machtvoll an die Oberfläche drängen. Auch in der Gegenwart sind die Lebenden in solche Prozesse eingebunden.

Während noch in den 80er Jahren des 20. Jahrhunderts Selbstverwirklichung für Jugendliche an oberster Stelle stand, konstatieren neuere Forschungen, dass Jugendliche von heute bewusst eine Balance suchen zwischen dem Genießen und Auskosten der Gegenwart und der Vorbereitung auf ihre persönliche Zukunft. In diesem Zusammenhang ist ein Rückgang des Wertes Selbstverwirklichung zugunsten von Leistung, Fleiß und Ehrgeiz zu verzeichnen. Vor allem bei den weiblichen Jugendlichen zeigt der Wertewandel markante Züge. Das einst Selbstverständliche versteht sich plötzlich nicht mehr von selbst: Junge Frauen von heute sind eher bereit auf eigene Kinder und Familie als auf einen Beruf und ihre berufliche Tätigkeit zu verzichten.

Die Journalistin Julia Voss, welche anlässlich des 100. Geburtstages der Philosophin und Schriftstellerin Simone de Beauvoir die Aktualität ihrer Forderung nach Emanzipation der Frau prüfte, kam zu folgendem Ergebnis:

**Q** ***Wenn Kinder ungeboren bleiben***

*Der verblüffendste Einwand, der gegen sie vorgebracht wurde, besteht bis heute darin, sie hätte außer Acht gelassen, dass Frauen – und nicht Männer – Kinder bekommen. Wie sollte sie das nicht bemerkt haben? Simone de Beauvoir hängte nur ein doppeltes Fragezeichen an. Das erste: Was, wenn sie es nicht tun? Sie selbst tat es nicht, und viele Frauen tun es heute auch nicht. Das zweite, noch viel bedeutendere Fragezeichen: Und was, wenn sie es tun? Was wissen wir über einen Menschen, wenn wir erfahren, dass die Entscheidung getroffen wurde, ein Kind zu gebären? Macht es sie, sagen wir, ungeeignet für Ministerposten, Nobelpreise, Institutsdirektorate, Firmengründungen, Erfindungen, Forschung, Meisterwerke in Kunst, Literatur, Philosophie oder verbietet sich damit der Wunsch, nicht auf Mutterschaft festgenagelt zu werden? Eben nicht. Natürlich bekommen Frauen die Kinder. Was daraus folgt, ist aber ganz und gar nicht natürlich, kein Schicksal, kein Gesetz, sondern die Entscheidung einer Gesellschaft. Ebenso wie die Entscheidung darüber, was Vatersein bedeutet, welche Aufgaben sich damit verbinden.*

*Julia Voss: Man kommt nicht als Frau zur Welt. FAZ vom 9. Januar 2008. S. 29*

**A** Klären Sie, inwiefern sich bei der Kinder-Frage individuelle und soziale bzw. private und politische „Entscheidung" für oder gegen Kinder berühren.

Der Wandel weiblicher Werte hat auch für männliche Werte und die Beziehung zwischen den Geschlechtern Konsequenzen.

Elisabeth Badinter, eine Vertreterin eines gemäßigten Feminismus, hält die eingetretene Entwicklung für problematisch vor allem für junge Männer.

Q

***Die hereingelegten Männer***

*Indem sie alle väterlichen Werte in Frage stellten, näherten sich die Söhne unbewusst den Wertvorstellungen der Mütter, die seit jeher den Krieg ablehnten, von der Konkurrenz nichts wissen wollten und mit Macht und Unterdrückung nichts zu schaffen hatten. Es kam zu jener Umkehrung der Bündnisse, die der Jahrtausende alten Autorität und dem Ansehen des Vaters und Ehemanns ein Ende machte. Doch in Wirklichkeit beruhte dieses neue Bündnis auf einem Missverständnis. Während die jungen Männer sich von den Stereotypen der Männlichkeit abwandten und weiblichere Verhaltensweisen übernahmen, gaben die Frauen ihrerseits einen Teil ihrer Jahrtausende alten Einstellungen auf und drangen in Bereiche ein, die einst den Männern vorbehalten waren. Die Generation der Söhne, die sich vielfach mit dem Kampf der Frauen solidarisiert hatten, bemerkte zu spät, dass sie hereingelegt worden war. Nachdem sie sich den traditionellen mütterlichen Wertvorstellungen angenähert hatten, konnten sie nur schwer begreifen, dass die Frauen sich von eben diesen Werten distanzierten. Während die einen eine sanftere Gesellschaft anstrebten, in der die Konkurrenz nicht mehr so hart sein sollte, traten die anderen plötzlich als gefährliche Konkurrentinnen auf. Sie verkörpern nun nicht mehr nur Zärtlichkeit und Hingabe, sondern auch Ehrgeiz und Egoismus. Die Verwirrung ging von den Vätern auf die Söhne über. Sie hat sich bis heute nicht gelegt.*

*Elisabeth Badinter: Ich bin Du. Die neue Beziehung zwischen Mann und Frau oder Die androgyne Revolution. Piper, München/Zürich 1991. S. 168f.*

A

1. Beschreiben Sie Ihre Wahrnehmung des von Badinter beschriebenen "Missverständnisses" junger Männer anhand von Beobachtungen in Ihrem Umfeld.
2. Verfassen Sie für ein Internetforum ein kurzes Statement, in welchem Sie sich mit der Anschauung Elisabeth Badinters einmal aus der Perspektive eines jungen Mannes und einmal aus der Perspektive einer jungen Frau auseinandersetzen.
   Berücksichtigen Sie dabei die von Badinter benannten „Stereotype der Männlichkeit und der Weiblichkeit" wie: Krieg, Konkurrenz, Macht, Unterdrückung, Härte, Ehrgeiz, Egoismus versus Mütterlichkeit, Sanftheit, Zärtlichkeit, Hingabe.

P

1. Tragen Sie in Gruppenarbeit andere gesellschaftliche Bereiche zusammen, in denen ein Wertewandel vonstatten ging.
2. Wählen Sie für Ihre Gruppe aus den gefundenen Bereichen einen Bereich aus.
   a. Untersuchen Sie dann, in welche Richtung die Veränderungen in diesem Bereich gingen.
   b. Welche Folgen sind damit verbunden?
   c. Wie bewerten Sie die Veränderungen für sich persönlich und für die Gesellschaft?
   d. Wie veränderten sich im Gefolge des Wertewandels die Normen?
3. Stellen Sie die Ergebnisse Ihrer Arbeit in einer Präsentation Ihren Mitschülern zur Diskussion.

# Humanität und Mitmenschlichkeit als soziale Grundwerte

Jede Gemeinschaft besitzt Grundwerte, die für den Bestand dieser Gemeinschaft unverzichtbar sind, welche die Gemeinschaft tragen und ihre Wesenszüge prägen. Für moderne Gesellschaften heute zählen hierzu Selbstbestimmung und persönliche Freiheit, Eigentum aber auch Solidarität mit den Schwachen, Hinwendung zu den Bedürftigen. Gerade letztere gelten als Maßstab für die Humanität oder die Menschlichkeit einer Gesellschaft.

## Merkmale von Humanität

Q

*Humanität bedeutet,*

1. *dass wir das menschliche Maß beachten, ein gewisses Modell des „Nichts im Übermaß" verfolgen, eine Art Selbstbescheidung ausüben*
2. *dass wir die Bedingtheiten und Beschränktheiten – auch im biologischen Sinne – hinsichtlich der Behandlung von anderen, der Achtung vor anderen und uns selbst berücksichtigen*
3. *dass wir nicht den Menschen zersplittern, immer nur in Teilfunktionen sehen, sondern, dass wir versuchen, die menschliche Person ganzheitlich zu erfassen, insbesondere die jeweils andere Person*
4. *dass wir möglichst individuengerecht argumentieren und so auch unsere Einstellungen und Wertungen vornehmen, insbesondere gegenüber anderen*
5. *dass wir anderen jeweils auch Freiraum gestatten, Toleranz üben, und dass wir diesen Freiraum auch für uns selber in gewisser Weise wahrnehmen und gestalten*
6. *dass wir Gerechtigkeit als Fairness üben und das Sich-Fair-Verhalten auch aktiv üben*
7. *dass wir Mitmenschlichkeit in Gruppen, im Streben und Leben und Fühlen nicht nur berücksichtigen, sondern wo möglich und sinnvoll, immer auch in den Mittelpunkt stellen*
8. *dass wir uns nicht nur als erkennende, sondern auch als mitfühlende, mitteilende, mitleidende Wesen auffassen*
9. *dass wir dies nicht nur in Bezug auf andere Menschen beachten, sondern auch in Bezug auf eine lebenswerte Umwelt auffassen*
   *(Die Qualität des Lebens für Menschen bezieht sich somit auf die Erhaltung von Ökosystemen)*
10. *dass der achtungsvolle, relativ schonende humane Umgang mit anderen Naturwesen auch ein Gebot der so verstandenen Humanität ist*
11. *dass die eigene Verantwortlichkeit im Handlungsbereich wahrzunehmen ist*
12. *dass die Achtung gegenüber anderem existierenden Leben auch Teil meiner eigenen Selbstachtung ist und aus meiner eigenen Selbstachtung heraus erfolgt*
13. *dass zur humanen Selbstachtung auch die Verfeinerung des Geschmacks, des Erlebens, Gestaltens und Wertens gehört.*

*nach: Hans Lenk: Konkrete Humanität. Vorlesungen über Verantwortung und Menschlichkeit. Suhrkamp, Frankfurt a. M. 1998. S. 90 ff.*

A

1. Formulieren Sie für jeden einzelnen Aspekt von Humanität jeweils eine entsprechende Verhaltensaufforderung.
2. Beschreiben Sie den Menschen, der gemäß den von Lenk formulierten Grundsätzen lebt. Welche Eigenschaften charakterisieren ihn?

Q

### *Ist Helfen Pflicht?*

*Wo ich jemandem helfen kann, ohne dass ich große Einbußen bezüglich meiner Eigeninteressen bzw. meines guten, glücklichen Lebens in Kauf nehmen muss, stellt das Unterlassen allerdings eine Verletzung der Wohltätigkeitspflicht dar. Bleibe ich untätig, trage ich zwar nicht die kausale, aber die normative Verantwortung für die negativen Folgen meines Unterlassens. So könnte ich beispielsweise auf dem Fußweg zu Freunden, die mich zum Abendessen eingeladen haben, im reißenden Bach unter der Brücke ein ertrinkendes Kind erblicken. Obwohl ich auf das Essen verzichten muss [...], habe ich die Pflicht, das Kind zu retten. [...] Nicht immer fällt die Interessenabwägung so deutlich aus wie bei existentiellen Grenzsituationen. [...] Es lassen sich für diesen Abwägungsprozess kaum allgemeine Regeln oder Kriterien angeben, so dass er letztlich eine Sache des individuellen moralischen Urteilsvermögens und Augenmaßes bleibt. Denn über die unterschiedlichen Interessenanlagen hinaus differieren die praktischen Möglichkeiten der Hilfeleistung je nach physischen und psychischen Kräften, finanziellen und zeitlichen Mitteln sowie anderen Pflichten. So hat eine Mutter mit drei kleinen Kindern nicht die Pflicht, einer alten, gebrechlichen Dame über die Straße zu helfen, auch wenn keine anderen Passanten herbeieilen. Die Sorgepflicht für ihre Kinder ist hier vorrangig. Aber auch ein Nichtschwimmer ist schwerlich verpflichtet, ein ertrinkendes Kind zu retten. Denn eine unterlassene Hilfeleistung oder Wohltätigkeit liegt nur da vor, wo jemand tatsächlich die Not des anderen hätte verhindern können. Auch hier gilt [...] die ethische Grundregel: Sollen impliziert Können. Weil die Hilfspflicht jedem nur im Rahmen der eigenen Möglichkeiten und in einem angemessenen Verhältnis zur Hilfsbedürftigkeit der Mitmenschen zukommt, zählte Kant sie zu den „unvollkommenen Pflichten". Die Pflicht zur Hilfeleistung ist somit eingeschränkt auf Fälle, in denen die Interessenabwägung zugunsten des Hilfesuchenden ausfällt.*

*Dagmar Fenner: Ethik. Wie soll ich handeln? A. Francke, Tübingen/Basel 2008. S. 200/201*

A

1. Beantworten Sie in einem kurzen Statement die Frage, ob Helfen Pflicht ist und begründen Sie Ihr Ja oder Nein.
2. Gestalten Sie eine Spielszene und spielen Sie verschiedene Verhaltensweisen für die Fallbeispiele durch.
   a. Ein alter, übel riechender und völlig verdreckter Mann ist in der Straßenbahn gestürzt.
   b. Nachts auf dem Heimweg, Sie haben mit Freunden zwei Bier getrunken und sind nun allein unterwegs auf einer gähnend leeren Landstraße. Sie sehen ein Auto auf dem Dach liegen. Es wurde in einer Kurve aufs Feld getragen, wo es sich überschlug.
   c. Ein Kind wird im Park von einem wütenden Hund attackiert, dessen Besitzer nicht zu sehen ist.
   d. Ein Behinderter steht mit seinem Rollstuhl vor einer Treppe und kann diese nicht allein überwinden.
3. Führen Sie ein Streitgespräch zum Thema: Worauf begründet sich der moralische Anspruch auf Hilfe?

Helfen ist ein Gebot, dem jeder unterworfen ist. Die Motive, aus denen heraus Hilfe gewährt wird, können jedoch erheblich differieren.

Arthur Schopenhauer (1788–1860) notierte zu den Gründen des Helfens folgende Überlegungen:

**Q** ***Helfen aus Mitleid?***

*Man setze zum letzten Beweggrund einer Handlung, was man wolle; immer wird sich ergeben, dass auf irgendeinem Umwege zuletzt* das eigene Wohl und Wehe des Handelnden *die eigentliche Triebfeder, mithin die Handlung* egoistisch, *folglich* ohne moralischen Wert *ist. Nur einen einzigen Fall gibt es, in welchem dies nicht statthat: nämlich wenn der letzte Beweggrund zu einer Handlung oder Unterlassung geradezu und ausschließlich im* Wohl und Wehe *irgendeines* andern *liegt, [...]* Dieser Zweck allein *drückt einer Handlung oder Unterlassung den Stempel des* moralischen Wertes *auf, welcher demnach ausschließlich darauf beruht, dass die Handlung bloß zu Nutz und Frommen eines anderen geschehe oder unterbleibe [...] Wenn nun aber meine Handlung ganz allein wegen* des andern geschehen *soll, so muss* sein Wohl und Wehe unmittelbar mein Motiv *sein: so wie bei allen andern Handlungen das* meinige *es ist. [...] Dies aber setzt notwendig voraus, dass ich bei* seinem *Wehe als solchem geradezu mit leide,* sein *Wehe fühle wie sonst nur meines und deshalb sein Wohl unmittelbar will wie sonst nur meines. Dies erfordert aber, dass ich auf irgendeine Weise* mit ihm identifiziert *sei, d.h. dass jener gänzliche Unterschied zwischen mir und jedem anderen, auf welchem gerade mein Egoismus beruht, wenigstens in einem gewissen Grade aufgehoben sei. Da ich nun aber doch nicht* in der Haut *des andern stecke, so kann allein vermittels der* Erkenntnis, *die ich von ihm habe, d.h. der Vorstellung von ihm in meinem Kopf, ich mich so weit mit ihm identifizieren, dass meine Tat jenen Unterschied als aufgehoben ankündigt. Der hier analysierte Vorgang aber ist kein erträumter oder aus der Luft gegriffener, sondern ein ganz wirklicher, ja keineswegs seltener: es ist das alltägliche Phänomen des* Mitleids, *d. h. der ganz unmittelbaren, von allen anderweitigen Rücksichten unabhängigen* Teilnahme *zunächst am Leiden eines andern und dadurch an der Verhinderung oder Aufhebung des Leidens, als worin zuletzt alle Befriedigung und alles Wohlsein und Glück besteht. Dieses Mitleid ganz allein ist die wirkliche Basis aller* freien *Gerechtigkeit und aller echten Menschenliebe. Nur sofern eine Handlung aus ihm entsprungen ist, hat sie moralischen Wert: und jede aus irgendwelchen andern Motiven hervorgehende hat keinen. Sobald dieses Mitleid rege wird, liegt mir das Wohl und Wehe des andern unmittelbar am Herzen, ganz in derselben Art, wenn auch nicht stets in demselben Grade wie sonst allein das meinige: also ist jetzt der Unterschied zwischen ihm und mir kein absoluter mehr. [...]*

*Arthur Schopenhauer: Über das Fundament der Moral. In: Ders.: Sämtliche Werke. Bd. 3. Leipzig 1979. S. 739ff.*

**A** 1. Geben Sie mit eigenen Worten wieder, worin Schopenhauer die Triebfeder jeglichen moralischen Handelns sieht und wie er diese inhaltlich charakterisiert. Nutzen Sie zur Erfüllung der Aufgabe die Methode der Inhaltsanalyse (S. 201).

Mitleid kann eine starke Triebfeder sein, anderen Menschen zu helfen. Ein Mensch, der sich anderen mitfühlend zuwendet, behagt uns mehr als jemand, der anderen gleichgültig begegnet. Doch kann Mitgefühl auch schlecht sein?

### *Mitleid und Mitgefühl*

Q

*Mitleid und Mitgefühl sind auf das Wir bezogen. Zwei Gefahren bedrohen dieses Gefühl. Zu wenig davon isoliert das Ich im Kokon seiner Selbstsucht. Zuviel davon lässt das Ich distanzlos im Wir untergehen. Das Zuwenig blendet in egoistischer oder ideologischer Verblendung die anderen als gleichwertige menschliche Wesen, denen die Menschenrechte die Unverletzlichkeit in physischer, psychischer und moralischer Hinsicht zusichern, aus. Wohin es führt, wenn diese Rechte nur für die eigene Person oder das Kollektiv, dem man zugehört, anerkannt werden, allen übrigen Menschen jedoch, die anders sozialisiert und kulturalisiert worden sind, abgesprochen und als unwertes Leben deklariert werden, zeigen die grauenhaften Bilder enthaupteter Geiseln und erschossener Kinder. Aber auch unsere eigene Geschichte, die des Christentums etwa, dessen Repräsentanten mit Ketzern, Hexen und Ungläubigen alles andere als human umgegangen sind, ist voller menschenverachtender Praktiken, von der Rassendiskriminierung des Nationalsozialismus und der damit verbundenen Auslöschung der Juden ganz zu schweigen. Das Gegenteil, ein Zuviel an Mitgefühl mit den Opfern, ist zwar moralisch nicht zu beanstanden, aber es ist nicht hilfreich, weil das Versinken in Betroffenheit und Mitleid wehrlos macht, was zur Folge hat, dass man sich passiv verhält und nur die eigene Ohnmacht beklagt, anstatt sich aktiv für eine Verbesserung der Lage zu engagieren. Es gilt somit, in einer spontanen Reaktion auf eine gegebene Situation am Leitfaden vernünftiger Überlegungen jeweils die richtige Mitte zwischen einem Zuwenig und Zuviel an Mitgefühl zu treffen, um dem leidenden Gegenüber die Anteilnahme zuteil werden zu lassen, die ihm signalisiert, dass es nicht allein ist und auf seine Entlastung durch ein solidarisches Gegenüber hoffen kann.*

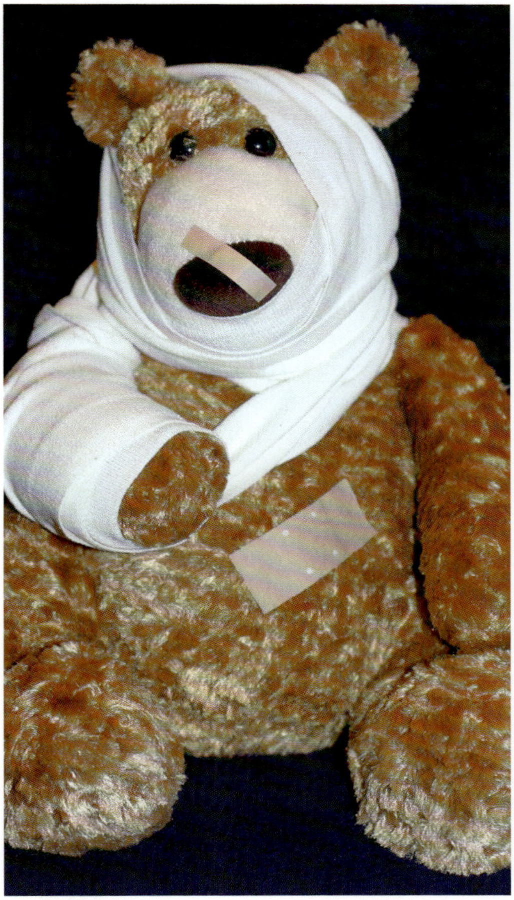

*Annemarie Pieper: Mitgefühl: Stärke und Gefahr? Vortrag vom 29. September 2004. Romero Haus, Luzern 2004.*

A

1. Worin sehen Sie die Vorteile und worin die Nachteile einer nur auf Mitleid begründeten Hilfe?
2. Argumentieren Sie: Warum reicht zum Ergreifen eines helfenden Berufes Mitleid allein nicht aus.
3. Finden Sie weitere Motive und Gründe für Hilfe.
4. Setzen Sie sich in einer Standpunktrede mit der Auffassung auseinander, Altruismus* verkörpere lediglich einen gut getarnten Egoismus.

# 1.4. Menschenrechte als Wertorientierungen

## Menschenwürde und Menschenrechte

Die Grundlage für alle Menschenrechtserklärungen bildet die Idee der menschlichen Würde.

Kaum ein Wort wird in der Gegenwart so inflationär gebraucht wie das Wort „Menschenwürde". Da ist etwas „unter meiner Würde", ist jemand meiner „nicht würdig", wird fordernd gemahnt, die Würde des Menschen sei unantastbar.

Was aber bedeutet es, Menschenwürde zu besitzen? Was bedeutet es theoretisch und was ganz konkret? Besitzt jeder Mensch Würde? Besitzt er sie von Geburt an als zum Menschsein gehörend? Was bedeutet es dann aber, die Würde schützen zu müssen oder seine Würde zu verlieren? Besitzt auch ein Schwerstverbrecher eine Würde, die zu wahren ist?

Allein diese Fragen lohnen das Nachdenken.

**Menschenwürde, was ist das?**
Beginnen wir mit dem Wort selbst.

> *Menschenwürde ist der unverlierbare geistig-sittliche Wert eines jeden Menschen um seiner selbst willen.*
>
> *Brockhaus Enzyklopädie. Brockhaus, Mannheim 1991.*

Bereits das Wort (es gibt keinen Plural) verweist darauf, dass Menschenwürde kein Gemeinschaftsgut ist. Sie kommt nicht *den* Menschen, sondern *dem* Menschen, jedem einzelnen Menschen und jedem für sich, zu. Das beinhaltet, dass jeder einzelne Angriff auf die Würde eines Menschen zu verurteilen ist und eine Herausforderung für die Gemeinschaft darstellt.

**Q**

*Würde des Menschen*

*Nichts mehr davon, ich bitt euch.*
*Zu essen gebt ihm, zu wohnen,*
*Habt ihr die Blöße bedeckt,*
*Gibt die Würde sich von selbst.*

*Friedrich Schiller: Würde des Menschen.*
*In: F. Schiller: Werke in 5 Bänden. Bd.1.*
*Aufbau, Berlin/ Weimar 1984. S. 132*

**A**

1. Was bedeutet es für Sie persönlich, Würde zu besitzen? Notieren Sie die wichtigsten Merkmale. Tauschen Sie sich anschließend in der Klasse darüber aus, welche Merkmale unverzichtbar und welche weniger wichtig sind.
2. Erarbeiten Sie eine Argumentation zu Schillers Sicht auf das Problem der Würde. Begründen Sie darin Ihre Zustimmung bzw. Ablehnung mit Sachargumenten.

## Der Mensch als Maß aller Dinge

Q

*Die Menschenrechte oder Fundamentalrechte sind so etwas wie eine detailliertere Ausformulierung der menschlichen Würde, die in der gegenseitigen Anerkennung der Menschen als Menschen zum Ausdruck kommt.*

*Was ist Menschenwürde? Erstens die Unverletzlichkeit der Person, die Anerkennung, dass sie nicht von anderen als bloßes Instrument zur Verwirklichung allgemeiner Ziele benutzt oder geopfert werden darf. Daher gibt es keine kollektiven, keine gemeinschaftlichen* Menschen*rechte, denn es gibt ja auch keine „kollektiven Menschen": Die menschliche Person kann es zwar ohne die Gesellschaft nicht geben, doch sie erschöpft sich auch nicht im Dienst an ihr. Von hier aus ergibt sich das zweite Merkmal ihrer Würde: die Anerkennung der Eigenständigkeit jedes Einzelnen, seine Lebenspläne nach seinen eignen Glücksvorstellungen zu verfolgen, ohne eine andere Grenze anerkennen zu müssen als das Recht der anderen, in gleicher Weise selbstbestimmt zu leben. Drittens die Anerkennung, dass jeder Einzelne sozial nach seinem persönlichen Verhalten und Verdienst behandelt werden soll und nicht nach den zufälligen Faktoren, die für seine Menschlichkeit nicht wesentlich sind, wie etwa ethnische Zugehörigkeit, Volkszugehörigkeit, Geschlecht, soziale Klasse und so weiter. Viertens schließlich die Forderung nach Solidarität im Falle des Unglücks und Leids der anderen, das Bestreben, die Verbundenheit mit den anderen lebendig und aktiv zu halten. In einer Gesellschaft der Menschenrechte darf* niemand *seinem Schicksal überlassen werden.*

*Fernando Savater: Die Fragen des Lebens. Campus, Frankfurt/M. / New York 2007. S. 204/05*

### *Grundelemente der Menschenwürde*

Q

**Selbstbestimmung des Menschen**
*Einzig der Mensch ist frei, seine Lebensweise frei zu wählen. Er ist weder durch Instinkte noch durch göttliche Vorsehung in seiner Wahl festgelegt.*

**Vernunftfähigkeit des Menschen**
*Er ist in der Lage, rational zu denken und zu handeln.*

**Autonomie**
*Der Mensch selbst gibt sich Normen und Werte.*

*frei nach Hans Jörg Sandkühler (Hg.): Enzyklopädie Philosophie. Meiner, Hamburg 1999. S. 824*

A

1. Welche Aspekte gehören nach Savater unverzichtbar zur Menschenwürde? Vergleichen Sie diese mit Merkmalen, die Sie selbst gefunden haben und mit den Grundelementen von Menschenwürde.
2. Be- bzw. widerlegen Sie Savaters Auffassung, wonach die Menschenrechte eine detailliertere Ausformulierung der Menschenwürde verkörpern an einigen Beispielen aus der Charta der Menschenrechte.
3. Verständigen Sie sich darüber, ob und inwiefern das zweite und das vierte von Savater aufgezählte Merkmal sich „vertragen". Bedeutet das vierte eine (berechtigte oder unberechtigte) Einschränkung des zweiten?

Würde kommt jedem Menschen zu, dem Mörder ebenso wie der uneigennützigen Helferin, dem alten Landstreicher ebenso wie einem noch kleinen Kind. Wenn jeder von Geburt an Würde besitzt, wenn diese quasi zum Menschsein unverzichtbar dazugehört, dann kann sie nicht verloren gehen und sie muss auch nicht gesondert geschützt werden. Wie aber sind dann Forderungen nach dem besonderen Schutz der Würde des noch ungeborenen und des sterbenden Menschen zu verstehen? Und zieht der Schutz der menschlichen Würde in allen Lebensphasen eines Menschen notwendig stets dasselbe Verhalten nach sich?

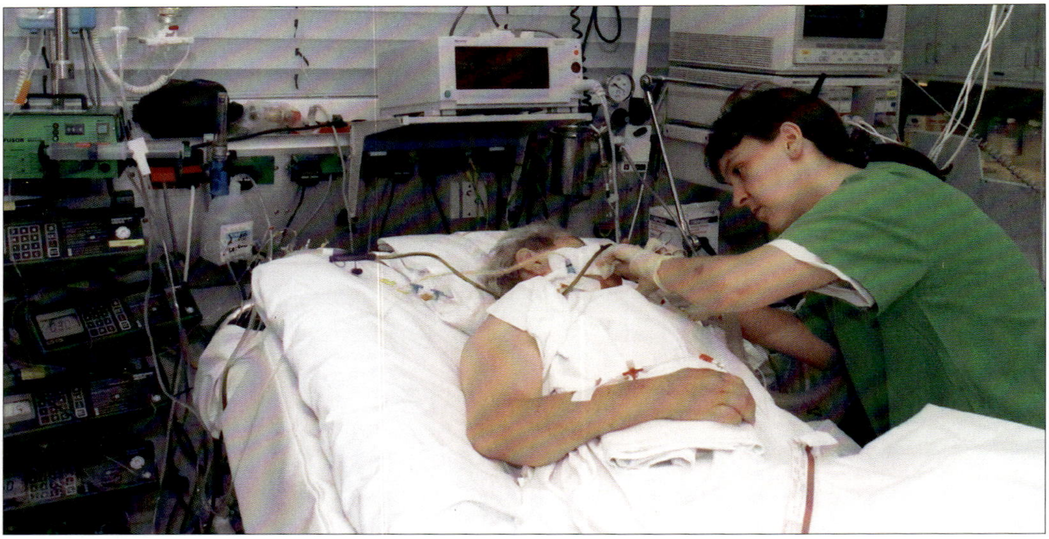

Q *Ist Menschenwürde opferbar?*

*[Menschenwürde] ist unantastbar, und dass sich damit ein abgestuftes, abgewogenes Zumessen von mehr oder weniger Würde nicht vereinbaren lässt, liegt auf der Hand. Die Alternative ist aber nicht, dass Würde und Würdeschutz immer dasselbe bedeuten: vor der Geburt und nach der Geburt, beim Ungeborenen, das nur mit der Schwangeren existieren kann, und bei dem, das auch ohne sie lebensfähig ist, beim Ungeborenen, von dem die Schwangere noch nichts merkt, und bei dem, das sie spürt und mit dem sie kommuniziert, beim Ungeborenen im Labor, das noch des äußeren Zutuns bedarf, damit es wachsen kann, und bei dem im Körper der Frau, das dessen nicht bedarf.*

*Nach der Geburt versteht sich von selbst, dass Würde in verschiedenen Lebensphasen und –situationen Verschiedenes bedeutet. Würde verlangt Respekt vor der Autonomie des Einzelnen; dieser darf sein Leben selbst gestalten, er darf sich sogar gefährden und zerstören und muss sich nicht gefallen lassen, dass der Staat besser weiß, was für ihn gut ist. Aber in der Kindheit und bei Unfähigkeit, die eigenen Angelegenheiten zu besorgen, ermächtigt der Staat Eltern und Betreuer zu eben diesem Paternalismus, der ihm sonst verwehrt ist. Das heißt nicht, dass das Kind weniger Würde hätte als der Erwachsene. Aber seine Würde verlangt anders als die des Erwachsenen, statt des distanzierten Respekts die liebevolle Einmischung. Auch beim Umgang des Arztes mit dem Kranken verlangt dessen Würde verschiedenes, wenn es sich um ein Kind und wenn es sich um einen Erwachsenen handelt, wenn um jemanden, der jung ist und gesund werden wird, und wenn um einen alten Menschen, der sterben will. Wie sollte Würde vor der Geburt dasselbe bedeuten wie nach der Geburt und beim Embryo im Labor wie beim Fötus, der schon bald auf die Welt kommen wird!*

*Den verschiedenen Lebensphasen und –situationen des Ungeborenen gerecht zu werden ist nicht einfach. So knüpft die gängige Menschenrechtsrhetorik an das an, was stets dasselbe bleibt: das Leben. Die Würde des Ungeborenen schützen heiße, sein Leben absolut zu schützen, es nicht zum Objekt zu machen, es nicht zu opfern. Wieder wird die Situation vor der Geburt in einer Weise vereinfacht, die ihr nicht angemessen ist und die an der Situation nach der Geburt ihr Ungenügen sofort offenbart. Gewiss, niemand soll zum Objekt gemacht werden.*

*Aber das schließt nicht aus, dass der Staat den Bürger mit Steuererhebung zum Objekt seiner Geldbeschaffung und mit dem Wehrdienst zum Objekt seiner Verteidigung macht. Es schließt nicht aus, dass er auf den Straßen einen Verkehr fördert, dessen Preis verlässlich und zahlreich tödliche Unfälle sind. Es schließt nicht den Polizei- oder Feuerwehreinsatz aus, bei dem Polizisten und Feuerwehrmänner erwartbar zu Tode kommen. Es schließt auch nicht aus, dass ein Offizier die einen auf einen verlorenen Posten befiehlt, damit sie den Rückzug der anderen sichern, das heißt, er die einen opfert, um die anderen zu retten. [...] Dabei wird denen, die geopfert werden, die Würde nicht genommen. Es findet keine Abwägung ihrer Würde gegen die der anderen statt, die geschont oder gerettet werden. Gerade, dass nicht abgewogen, sondern gleich behandelt wird, rechtfertigt das Opfer. Wenn ein Opfer in einer Situation erforderlich ist und alle treffen kann, muss es den, den es trifft, ohne Ansehen der Person treffen. Jeder Polizist oder Feuerwehrmann kann in das einsturzgefährdete Haus geschickt, jeder Soldat auf den verlorenen Posten befohlen werden, und wenn der Befehl die trifft, deren Rettung ohnehin gefährdet ist, ergeht er doch so lange ohne Ansehen der Person, als er jeden treffen kann, der die Voraussetzungen erfüllt. Wird ein Opfer derart nach Maßgabe der Gleichheit verlangt, kann ein solidarischer Konsens, das Opfer zu bringen, vorausgesetzt werden. Dann darf das Opfer auch durchgesetzt werden. Nicht das Opfer schlechthin wird durch die Menschenwürde ausgeschlossen, sondern das unnötige und das ungleich auferlegte Opfer. Warum sollte es beim Embryo anders sein?*

*Bernhard Schlink: Die überforderte Menschenwürde. In: Vergewisserungen. Diogenes, Zürich 2005. S. 130–132*

**A**

1. Geben Sie mit eigenen Worten wieder, was Würde für Bernhard Schlink beinhaltet.
2. Was ist seiner Meinung nach mit der Menschenwürde unvereinbar?
3. Was bedeutet die im Text vertretene Position zur Menschenwürde hinsichtlich
   - des Embryonenschutzes
   - der Sterbehilfeproblematik
   - des Suizidproblems?

   Welche konkreten Konsequenzen ergeben sich daraus?

# Die Grundrechte jedes Menschen

Die Menschenrechte hat es nicht immer schon gegeben. Sie verkörpern eine relativ junge Errungenschaft, die das Bürgertum im Kampf gegen die Privilegien des Adels errang. Bei den Menschenrechten handelt es sich um Individualrechte, die jedem Menschen gleichermaßen zukommen.

**Q** ***Aus der Menschenrechtserklärung der Vereinten Nationen***

***Artikel 1:*** *Alle Menschen sind frei und gleich an Würde und Rechten geboren.*

***Artikel 2:*** *Jeder Mensch hat Anspruch auf alle in dieser Erklärung verkündeten Rechte und Freiheiten, ohne irgendeinen Unterschied, etwa nach Rasse, Hautfarbe, Geschlecht, Sprache, Religion, politischer oder sonstiger Anschauung, nationaler oder sozialer Herkunft, Vermögen, Geburt [...].*

***Artikel 3:*** *Jeder Mensch hat das Recht auf Leben, Freiheit und Sicherheit der Person.*

***Artikel 11:*** *Jeder, der wegen einer strafrechtlichen Handlung beschuldigt wird, hat das Recht, als unschuldig zu gelten, solange seine Schuld nicht in einem öffentlichen Verfahren, in dem er alle für seine Verteidigung notwendigen Garantien gehabt hat, gemäß dem Gesetz nachgewiesen ist.*

***Artikel 18:*** *Jeder Mensch hat das Recht auf Gedanken-, Gewissens- und Religionsfreiheit, dieses Recht schließt die Freiheit ein, seine Religion oder Überzeugungen zu wechseln.*

***Artikel 22:*** *Jeder Mensch hat als Mitglied der Gesellschaft das Recht auf soziale Sicherheit und den Anspruch [...] in den Genuss der wirtschaftlichen, sozialen und kulturellen Rechte zu gelangen, die für seine Würde und die freie Entwicklung der Persönlichkeit unentbehrlich sind.*

*Die allgemeine Erklärung der Menschenrechte. Die blaue Giraffe, Stutensee 2004*

Gruppen von Menschenrechten

| Freiheitsrechte | Gleichheitsrechte | Soziale Rechte |
|---|---|---|
| Sie dienen dem Schutz des Einzelnen gegenüber dem Staat und gewährleisten seine Selbstbestimmung und Autonomie. | Diese Rechte dienen der Gleichstellung und Gleichbehandlung der Individuen in der Gemeinschaft. | Sie sichern die Mitwirkung und die Teilhabe des Individuums am Gemeinwesen. |

**A**

1. Tragen Sie aus geeigneten Quellen historische Meilensteine auf dem Wege zur Menschenrechtserklärung der Vereinten Nationen, wie sie in ihrer heutigen Form existiert, zusammen.
2. Vervollständigen Sie die Auflistung der Menschenrechte.
3. Ordnen Sie dann die einzelnen Menschenrechte den Gruppen zu. Bei welchen Rechten bereitete die Zuordnung Schwierigkeiten und woraus resultierten diese?
4. Führen Sie in der Klasse ein Streitgespräch darüber, ob alle Menschenrechte gleichwertig sind oder ob es über- und untergeordnete Rechte gibt. Begründen Sie Ihre Position mit überzeugenden Argumenten.

## Menschenwürdig leben

Zunehmende Armut in der Welt, aber auch in einem reichen Land wie Deutschland, haben dazu geführt, die Frage nach den Menschenrechten grundlegender zu stellen. Was bedeutet es generell, und was bedeutet es hierzulande, menschenwürdig zu leben?

Q

### *Existenzminimum*

*[Der amerikanische Philosoph] Shue unterscheidet zwischen basic rights und übrigen Rechten in der Weise, dass die grundlegenden Rechte diejenigen sind, die erfüllt sein müssen, damit ein Mensch überhaupt irgendwelche Rechte einfordern und wahrnehmen kann.*

*Ein Recht, das auf dem Papier steht, aber nicht wahrgenommen werden kann, ist wertlos. Shue versucht zu zeigen, dass körperliche Unversehrtheit, ein bestimmtes Existenzminimum und gewisse Freiheitsrechte zusammen die grundlegenden Rechte in diesem Sinne sind. Wer über das in diesen Rechten Garantierte nicht verfügt, kann zum Beispiel seine politischen Rechte nicht wahrnehmen. Von daher ergibt sich dann ein zumindest vager Anhalt dafür, wie hoch das Existenzminimum sein muss. Man kann sich nun diesen Gedanken in der Weise zunutze machen, dass die Verhältnisse, in denen ein Mensch lebt, genau dann menschenwürdig sind, wenn sie die Minimalbedingung erfüllen, dass er seine Rechte wahrnehmen kann und in diesem Sinne eine spezifisch „menschliche", „menschenwürdige" Existenz führt.*

*Ernst Tugendhat: Vorlesungen über Ethik. Suhrkamp, Frankfurt 1993. S. 363*

Bettler in der Fußgängerzone einer deutschen Großstadt

A

1. Untersuchen Sie den Katalog der Menschenrechte daraufhin, welche Rechte als „basic rights" anzusehen sind und welche dem gegenüber nachgeordneten Charakter tragen (könnten).
2. Bedeutet Ihrer Meinung nach „menschenwürdig leben" im Sudan oder in Indien etwas anderes als in Deutschland oder Frankreich?

P

1. Teilen Sie die Klasse in Arbeitsgruppen auf.
2. Untersuchen Sie in diesen Arbeitsgruppen anhand konkreter Beispiele aus Ihrer Region, inwiefern hierzulande alle Menschen über das in den „basic rights" Garantierte verfügen.
   a. Informieren Sie sich dazu bei verschiedenen Sozialverbänden und den Interessenvertretern von Randgruppen vor Ort.
   b. Dokumentieren Sie die Ergebnisse Ihrer Recherche (beachten Sie dabei die Methodenseite zur Dokumentation S. 125).
   c. Erarbeiten Sie anschließend Vorschläge zur Verbesserung der Lage und stellen Sie diese auf einem Diskussionsforum in der Klasse zur Diskussion.
3. Wie hoch sollte das Existenzminimum hierzulande sein, um ein menschenwürdiges Leben zu garantieren? Geben Sie eine Faustregel zu seiner Berechnung an.

## Wenn Menschenrechte verletzt werden

Menschenrechtsverletzungen finden weltweit statt, auch in demokratischen Staaten. Eine Reihe von Menschenrechtsorganisationen prangert diese unermüdlich an.

| | | |
|---|---|---|
| unicef | Kinderhilfswerk der Vereinten Nationen | www.unicef.de |
| terre des hommes<br>Hilfe für Kinder in Not | Organisation gegen die Armut in den Entwicklungsländern | www.tdh.de |
| UNHCR<br>The UN Refugee Agency | UN- Hochkommissariat für Flüchtlinge betreut Flüchtlinge aus Kriegs- und Hungergebieten | www.unhcr.ch |
| AMNESTY INTERNATIONAL | Hilfsorganisation für die Menschenreche Gefangener | www.amnesty.de |
| gesellschaft für bedrohte völker | Setzt sich für religiöse, sprachliche und ethnische Minderheiten in aller Welt ein | www.gfbv.de |

**P**

1. Bilden Sie Arbeitsgruppen, in denen jeweils 4-5 Schülerinnen und Schüler zusammenarbeiten. Jede Gruppe sieht sich den Jahresbericht von amnesty international für einen Kontinent an und bearbeitet die folgenden Fragen.
2. Informieren Sie sich im „ai Jahresbericht" für das aktuelle Jahr (www.amnesty.de) über die Menschenrechtsverletzungen in „Ihrem" Teil der Erde. Welche wurden angeprangert?
3. Präsentieren Sie die Ergebnisse Ihrer Recherche gruppenweise vor der Klasse.
4. Arbeiten Sie im Anschluss an die Präsentationen durch eine vergleichende Analyse heraus, welche Besonderheiten sich für die einzelnen Regionen des Globus' abzeichnen.
5. Führen Sie ein Streitgespräch zum Thema „Menschenrechte – Auch für Deutschland ein Thema?" durch.
6. Jede Gruppe wählt sich eine Hilfsorganisation aus und recherchiert auf den Webseiten der Organisation
   - welche Ziele sie anstrebt
   - wann sie entstand
   - welche aktuellen Aktionen und Projekte sie verfolgt.
7. Präsentieren Sie die Ergebnisse Ihren Mitschülern in einer ansprechenden Form.

## Menschenrechte einklagen

Menschenrechte sind Rechte, die jedem Individuum zukommen. Ihre Verletzung kann eingeklagt werden

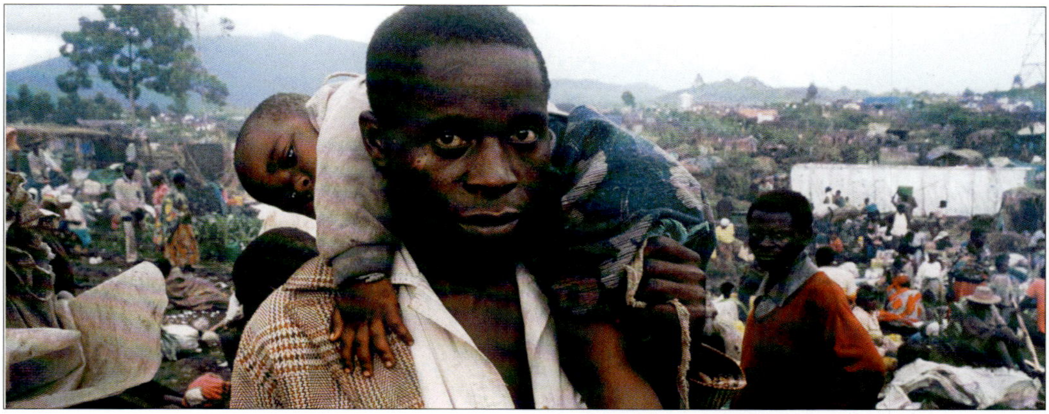

### Der Europäische Gerichtshof für Menschenrechte

Der Europäische Gerichtshof für Menschenrechte wurde im Jahr 1959 gegründet, um der Europäischen Menschenrechtskonvention Rechnung zu tragen. Der Sitz des Gerichtshofes ist Straßburg. Aus allen Unterzeichnerstaaten der Europäischen Menschenrechtskonvention wirken Richter an diesem Gerichtshof mit.

Verhandelt werden Klagen gegen Folter, Misshandlung, Diskriminierung und Behördenwillkür. Seit 1994 sind Individualbeschwerden direkt möglich, bis dahin hatten nur Staaten die Möglichkeit, den Gerichtshof anzurufen. Vor dem Gerichtshof kann jeder Bürger eines europäischen Staates seinen Staat verklagen, wenn seiner Ansicht nach seine Grundrechte verletzt wurden. Auch Personengruppen und nichtstaatlichen Organisationen steht der Weg, über eine Klage Grundrechte einzufordern, offen. Allerdings müssen zuvor alle rechtlichen Möglichkeiten im jeweiligen Land ausgeschöpft sein.

Durch den Europäischen Gerichtshof für Menschenrechte können Staaten verpflichtet werden, Gesetze aufzuheben bzw. zu verändern. So musste zum Beispiel die Schweiz ihre gesetzliche Regelung abschaffen, nach der Geschiedene einem befristeten Eheverbot unterworfen waren. Bei einer Verurteilung von Staaten durch den Gerichtshof bekommen die jeweiligen Kläger eine Entschädigung.

A

1. Informieren Sie sich über die Arbeit des Europäischen Gerichtshofes für Menschenrechte. Welche wichtigen Entscheidungen wurden in den letzten drei Jahren von ihm getroffen? Welche betrafen Deutschland?
2. Recherchieren Sie, ob auf anderen Kontinenten eine vergleichbare Gerichtsbarkeit existiert. Wo können Afrikaner oder Asiaten ihre Grundrechte einfordern?
3. Fertigen Sie eine Dokumentation (siehe dazu Methodenseite 125) zum Thema „Menschenrechtsverletzungen an Kindern“ an.
   Welche Rechte werden wo von wem verletzt? Wer tritt für die Kinder wie ein? Was konnte für die Kinder erwirkt werden?

## Streitpunkt Todesstrafe

Besonders strittig sind Menschenrechtsverletzungen durch die Todesstrafe. Nach Schätzungen von Menschenrechtsorganisationen werden alljährlich zirka 2000 Menschen aus verschiedensten Gründen hingerichtet. In der Europäischen Charta der Grundrechte, welche vom europäischen Konvent in den Jahren 1999/2000 erarbeitet wurde, ist die Todesstrafe ausdrücklich verboten.

## Recht auf Leben

Q

***Artikel 2 Recht auf Leben***

*Jeder Mensch hat das Recht auf Leben.*
*Niemand darf zur Todesstrafe verurteilt oder hingerichtet werden.*
*Europäische Charta der Grundrechte. Zit. aus: DISS-Journal. Heft 17/2008 S. 15*

Obgleich die Abschaffung der Todesstrafe weltweit als eine zivilisatorische Errungenschaft gilt, mehren sich auch hierzulande Stimmen, welche lautstark ihre Wiedereinführung fordern.

Die frühere Bundesjustizministerin und Juristin Sabine Leutheusser-Schnarrenberger verfasste anlässlich des 40. Geburtstages von amnesty international, einer Organisation, welche seit Jahrzehnten beharrlich gegen die Todesstrafe kämpft, ein Plädoyer.

Q ***Plädoyer gegen die Todesstrafe***

*Wie alle Menschenrechte ist auch das Recht auf Leben universell, es gilt für alle Menschen. Es interessiert nicht ihre Herkunft, ihre Hautfarbe, Religion, ihr Geschlecht oder ihre politische Meinung. Es gilt auch dann, wenn sie Verbrechen begangen haben. Es ist bezogen auf das Menschenrecht auf Leben nicht von Belang, aus welchem Grund Täter verurteilt werden. Entscheidend ist, dass sie menschlich zu behandeln sind, auch wenn sie Menschenunwürdiges getan haben, getötet, bestialisch gemordet, Kinder geschändet und aus niederen Beweggründen umgebracht haben. Auch sie haben das Recht auf Leben und die Todesstrafe – das Urteil ebenso wie die Vollstreckung – verletzt dieses elementarste aller Menschenrechte.*

*Das Schlimmste, was Gefangenen passieren kann, sind staatlicherseits zugelassene Todesstrafe und Folter. Folter kann zum Tode des Opfers führen, aber auch die Androhung und Verhängung der Todesstrafe an sich sowie die Vollstreckung in ihrer Praxis unterscheiden sich kaum von Foltermethoden. Scheinhinrichtungen oder das Warten auf die tatsächliche Hinrichtung – wer kann an solch einem Beispiel noch messen, was menschenunwürdiger und grausamer ist.*

*Es ist rechtens und legitim, dass Menschen verurteilt werden, weil sie andere Menschen umgebracht und unendliches Leid über ihre Opfer und deren Familien gebracht haben. Diese Verbrecher haben in der Tat andere Menschen in ihren Grundrechten verletzt und müssen dafür bestraft werden. Kein Mensch dieser Erde hat schließlich das Recht, über Leben und Tod eines anderen zu entscheiden. Menschenrechtler sind oft dem Vorurteil ausgesetzt, sie entschuldigten und rechtfertigten die Verbrechen von Schwerverbrechern. Das stimmt nicht. Gerade Menschenrechtsorganisationen, allen voran amnesty international, verurteilen entschieden alle Verbrechen gegen die Menschlichkeit. Sie setzen sich dafür ein, dass Verbrecher bestraft werden und zukünftig keine Gefahr mehr von ihnen ausgeht. Sie setzen sich aber genauso entschieden dafür ein, dass auch diese Verbrecher menschenwürdig behandelt werden und auch ihnen körperliche Unversehrtheit garantiert wird.*

*Es gibt eine uralte Diskussion über den sog. „Tyrannenmord". Um diese Diskussion zu verkürzen: Ein Begriff impliziert auf der einen Seite, dass das Opfer ein Tyrann war, ein Mörder oder Diktator, der für den Tod tausender Menschen verantwortlich zu machen ist. Andererseits ist seine Tötung auch nichts anderes als Mord.*

*Legitimiert ein Staat die Tötung von Verbrechern, so bedeutet dies nichts anderes, als dieses Verbrechen, dessen man den Angeklagten beschuldigt, zu wiederholen. Es demonstriert nichts anderes, als dass es lediglich eines guten Grundes für die Tötung eines Menschen bedarf.*

*Die Todesstrafe ist nicht nur menschenunwürdig, sie erzielt noch nicht einmal im Ansatz den von Befürwortern erwünschten Effekt. Was aber ist der erhoffte Effekt? Ist es Abschreckung für potenzielle Verbrecher und Verhütung weiterer Straftaten? Oder ist es einfach nur Rache für vergangene Verbrechen? Ich bin überzeugt, dass die Beibehaltung der Todesstrafe in den meisten Ländern heute einzig und allein auf dem Prinzip der Vergeltung beruht bzw. der Beseitigung Andersdenkender dient. Studien der Vereinten Nationen haben ergeben, was der gesunde Menschenverstand schon lange wusste: der Effekt der Todesstrafe auf die Kriminalitätsrate verhält sich negativ. D.h., je weniger Todesurteile vollstreckt werden, desto geringer sind die Kriminalitätsraten. Kanada wird als Vorbild gesehen: Seit der Abschaffung der Todesstrafe in Kanada ist die Anzahl der Todesopfer durch Gewaltverbrechen erheblich gesunken: von 1975 bis 1998 um 40%. Der gesunde Menschenverstand kann diese Entwicklung auch ohne Statistiken herleiten. Es ist offensichtlich, dass die Tötung eines Menschen von Staats wegen brutalisierend wirkt. Die Todesstrafe bedeutet nichts anderes, als die Tötung als eine Lösungsmöglichkeit für Probleme anzusehen. Diese Vorbildwirkung kann potentielle Nachahmer wiederum dazu ermuntern, ihre Probleme ebenfalls durch Tötung einer anderen Person zu „lösen".*

*Sabine Leutheusser-Schnarrenberger: Das Recht auf Leben – für die Abschaffung der Todesstrafe. In: 40 Jahre für die Menschenrechte hrsg. von Amnesty international. Luchterhand, Neuwied/ Kiftel 2001. S. 269- 271*

**A**

1. Informieren Sie sich, in welchen Ländern der Erde die Todesstrafe bei welchen Vergehen zur Anwendung kommt.
2. Notieren Sie aus dem „Plädoyer gegen die Todesstrafe" alle Argumente, welche die Autorin anführt und formulieren Sie zu jedem dieser Argumente Ihre eigene Position.
3. Tragen Sie anschließend Argumente für die Todesstrafe zusammen und wägen Sie Für- und Wider-Argumente gegeneinander ab. Zu welchem Urteil kommen Sie?
4. Begründen Sie, ob und inwiefern (bzw. inwiefern nicht) die Todesstrafe die Menschenwürde verletzt.

## 1.5 Moralisch urteilen und moralisch handeln

### Urteilen und Entscheiden als Merkmal menschlichen Handelns

Im Gegensatz zum Tierreich, wo durch Instinkte das Verhalten eindeutig festgelegt ist und dem Einzelwesen kaum Entscheidungsfreiheit verbleibt, ist menschliches Handeln nicht eindimensional determiniert. Der Mensch hat stets Freiräume, in denen er eine Entscheidung treffen muss, die so oder anders ausfallen kann. Der Mensch hat Wahlmöglichkeiten. Viele seiner Handlungen vollzieht er aus Routine, ohne lange zu überlegen. Das schließt nicht aus, dass er (besonders bei komplizierten Entscheidungen) im Vorfeld oder im Nachgang zu seinem Handeln, die Situation beurteilt, er Alternativen abwägt. Jedoch nicht jede menschliche Handlung ist eine moralische Handlung.

Moralische Handlungen sind an besondere Voraussetzungen gebunden.

**Elemente einer Handlung**

**Handeln** → **Tun**
**Handeln** → **Unterlassen**

Erst die Analyse einer Handlung gibt Aufschluss darüber, ob es sich bei dieser Handlung um eine moralische handelt.

**Elemente der Handlungsanalyse**

1. Wer handelte?
2. Was wurde getan?
3. Wie wurde es getan? (Modalität)
   a. Auf welche Art und Weise?
   b. Mit welchen Mitteln?
4. In welchem Kontext wurde gehandelt?
   a. Wann? (zeitliche Dimension)
   b. Wo? (räumliche Dimension)
   c. Unter welchen Umständen?
5. Warum wurde gehandelt? (Ursachen und Gründe)
   a. Was war Ursache? (Kausalität)
   b. Mit welchem Ziel? (Finalität)
   c. Mit welcher Absicht? (Intentionalität)
6. Mit welchem Ergebnis wurde gehandelt?
   a. Wer ist betroffen?
   b. Was wurde erwirkt?
   c. Welches sind die (direkten und indirekten) Folgen?

**A** 1. Analysieren Sie das Verhalten des auf dem Foto abgebildeten jungen Mädchens, das ihre Piercings zeigt, nach dem vorgegebenen Muster. Filtern Sie die Punkte heraus, an denen eine eindeutige Beurteilung nicht möglich ist. Welche unterschiedlichen Erwägungen könnten an diesen Stellen für das Mädchen entscheidend gewesen sein?

Eine Spruchweisheit behauptet: Wenn zwei das Gleiche tun, so ist es noch lange nicht dasselbe.

Menschen handeln auf unterschiedliche Art und Weise, in unterschiedlichen Kontexten, aus gegensätzlichen Gründen. Hierin liegt der Schlüssel zum Verständnis des Wesens einer moralischen Handlung.

Immanuel Kant bindet die Moralität einer Handlung daran, dass sie aus Achtung vor der Norm erfolgt. Was bedeutet das?

### Bedingungen des moralischen Handelns

1. **Kenntnis der Norm** (Kennen und Verstehen)

▼

2. **Einstellung zur Norm** (Anerkennen)

▼

3. **Motivation gegenüber der Norm** (Befolgen wollen)

▼

4. **Fähigkeit zum normgemäßen Handeln** (Befolgen können)

▼

Nur wenn alle vier Bedingungen gegeben sind, spricht man von einer moralischen Handlung.

**A**

1. Warum ist ein Verhalten, dem es an einer der vier Bedingungen mangelt, nicht als moralisches Verhalten zu bezeichnen? Spielen Sie dazu gedanklich, anhand selbstgewählter Beispiele, durch, was passiert, wenn jeweils eine der Bedingungen fehlt.
2. Erläutern Sie, was es im Einzelnen bedeutet, die Norm (das Gesetz) zu kennen, anzuerkennen, sie befolgen zu wollen und befolgen zu können.

**Ü**

1. Wenden Sie Ihre Kenntnisse über die Moralität einer Handlung auf das folgende Fallbeispiel an!

Ein sehr reicher Mann in auffällig teurer Markenkleidung, der an einem Bettler vorübergeht, wirft diesem mit verächtlichen Worten einen alten, zerknautschten Zettel in die Bettelschale, den er schon lange in der Manteltasche trug und längst in einen Papierkorb entsorgen wollte.

Da an diesem Tage niemand Mitleid mit dem Bettler zeigte, findet er am Abend lediglich den zerknüllten Zettel vor. Aus Verzweiflung entrollt er den Zettel und besieht ihn sich genauer. Dabei stellt der Bettler fest, dass es sich bei diesem Zettel um ein Los einer Tombola handelt. Hoffnungslos geht der Bettler zu dem Laden, der das Los verkaufte. Zu seinem großen Erstaunen hat das Los gewonnen und er bekommt 100 Euro ausgezahlt.

a. Handelte der Mann, welcher das Los in die Bettelschale warf, moralisch gut?
b. Begründen Sie Ihr Ja bzw. Ihr Nein.

## Grundtypen ethischer Argumentation

Moralisches Handeln wird in den einzelnen ethischen Richtungen unterschiedlich begründet.

**Ethische Begründungsprinzipien moralischen Handelns**

| **Ethische Richtung**<br>Vertreter | **Inhalt** |
|---|---|
| **Altruismus**<br>*(Christliche Ethik)*<br>Augustinus,<br>Thomas von Aquin | Handeln ist dann moralisch gut, wenn es im Geist der Nächstenliebe, orientiert am anderen (lat: alter) erfolgt, ohne eine Gegenleistung zu erwarten. |
| **Egoismus**<br>Arthur Schopenhauer,<br>Friedrich Nietzsche | Handeln ist dann moralisch richtig, wenn es im wohlverstandenen Eigeninteresse (lat: ego – Ich) erfolgt. |
| **Relativismus**<br>Sophisten,<br>George Berkeley,<br>Edmund Husserl | Moralische Urteile variieren je nach den Interessen und Werten der Handelnden.<br>Es existieren keine gemeinsamen ethischen Positionen, die universelle Gültigkeit besitzen. |
| **Subjektivismus**<br>*(Spielart des Relativismus)*<br>John Locke,<br>David Hume | Was als moralisch richtige Entscheidung und als moralisch richtiges Verhalten gilt, liegt allein im Ermessen der Subjekte.<br>Es gibt keine allgemein gültigen Normen und Werte. |
| **Hedonismus**<br>Aristoppos,<br>Epikur | Handeln ist dann moralisch gut, wenn es nach Lust (giech.: hedone) als höchstem Gut strebt. |
| **Utilitarismus**<br>Jeremy Bentham,<br>John Stewart Mill<br>Peter Singer | Handeln ist dann als moralisch anzusehen, wenn es den größtmöglichen Nutzen (lat: utilis) zum Inhalt hat. |
| **Universalismus**<br>Immanuel Kant,<br>Jürgen Habermas | Handeln ist dann moralisch, wenn es Prinzipien folgt, die allgemein gültig (lat: universalis – allgemein) sind und die für alle – unabhängig von den Besonderheiten der Situation – gelten. |

Der **Utilitarismus** ist eine philosophische Richtung, die vor allem im angelsächsischen Sprachraum weit verbreitet ist und welche das menschliche Handeln auf das allgemeine Wohlergehen (Nutzen) verpflichtet.

Regeln und Handlungen gelten dann als gut, wenn die Folgen für das Wohlergehen (Nutzen, Glück, Lust) aller Betroffenen optimal sind.

Hauptvertreter:

Jeremy Bentham (1748–1832)

John Stuart Mill (1806–1873)

Peter Singer (*1946)

Inhalt des utilitaristischen Moralprinzips

| | |
|---|---|
| a) **Folgenprinzip** | Die Moralität von Regeln und Handlungen ergibt sich nicht aus diesen selbst, sondern aus den tatsächlichen Folgen. |
| b) **Nutzensprinzip** | Für die Beurteilung der Folgen ist der Nutzen entscheidend. |
| c) **Lustprinzip** | Das höchste Ziel (Nutzen) besteht in dem größtmöglichen Maß an Bedürfnisbefriedigung (Lust) und in der Vermeidung von Leid (Unlust). |
| d) **Sozialprinzip** | Dem Utilitarismus geht es nicht lediglich darum, für die Handelnden selbst ein Höchstmaß an Lust zu gewinnen und Leid zu vermeiden, sondern um das größtmögliche Wohl aller, und nicht nur der heute Lebenden, sondern auch um künftige Generationen. |

1. Argumentieren Sie, ob es berechtigt ist zu behaupten, dass erst das implizierte Sozialprinzip den Utilitarismus als ethische Theorie begründet. **A**
2. Eine schwangere Frau erfährt in der pränatalen Diagnostik, dass ihr Kind Trisomie 21 hat und lebenslang geistig behindert sein wird.
   Stellen Sie sich vor, Sie sind Utilitarist und sollen die Frau in der Frage beraten, ob Sie abtreiben oder das Kind austragen soll. Nutzen Sie die Begründungsprinzipien des Utilitarismus.
3. Wie sähen Ihre Begründungen im selben Fall aus, wenn Sie Subjektivist, Altruist und Universalist wären?

## Modelle ethischer Urteilsfindung

Der amerikanische Psychologe Lawrence Kohlberg (1927–1987) erforschte die Entwicklung des moralischen Urteils in den einzelnen Lebensphasen. Seiner Meinung nach steigt es mit zunehmender Urteilsfähigkeit in Stufen auf. Auf welcher Stufe der moralischen Entwicklung ein Mensch zur Begründung seiner Wertvorstellungen und Handlungen argumentiert, ist in seinem Grundmodell ablesbar.

### Entwicklungsstufen des moralischen Urteils nach Kohlberg

| | | | | |
|---|---|---|---|---|
| **Stufe 0** Vormoralische Lebensform | Eigene Lustempfindungen sind gut, Unlustempfindungen sind schlecht | Lust und Unlust | Ich | |
| **Stufe 1** Moral des Gehorsams | Den Vorschriften derjenigen folgen, die die Macht zu strafen oder zu belohnen haben | Lohn und Strafe Lustmaximierung | Familie | Der Mensch in Abhängigkeiten |
| **Stufe 2** Moral des Tausches | Eigene und andere Bedürfnisse befriedigen und fair miteinander umgehen | Gleichwertigkeit von Handlungen (Wie du mir, so ich dir) | | Erzählebene: Die Natur des Menschen |
| **Stufe 3** Moral der zwischenmenschlichen Beziehungen | Um andere kümmern und sich Partnern gegenüber zuverlässig verhalten | Konformität gesellschaftliche Ideale | Gesellschaft | Der Mensch in seiner abstrakten Freiheit (Willkür) |
| **Stufe 4** Moral des sozialen Systems | Seine Pflicht in der Gesellschaft erfüllen, die soziale Ordnung aufrechterhalten und für die Wohlfahrt der Gemeinschaft sorgen | Gesetz und Ordnung | | Erzählebene: Die Interessen des Menschen |
| **Stufe 5** Moral des Sozialvertrags | Grundlegende Werte und Verträge einer Gesellschaft achten, auch wenn sie mit den konkreten Regeln eines gesellschaftlichen Subsystems in Konflikt geraten | Gesellschaftsvertrag, der das Überleben einer Gesellschaft durch freiwilligen Verzicht des Einzelnen auf Durchsetzung eigener Interessen befördert | Menschheit | Der autonome Mensch |
| **Stufe 6** Universalistische Moral | Prinzipien als maßgebend betrachten, denen die ganze Menschheit folgen kann | Universal geltende Prinzipien: Goldene Regel, der größtmögliche Nutzen, Gewissen, Mitleid | | Erzählebene: Die Vernunft des Menschen |

Kohlberg und sein Team diskutierten verschiedene Fallbeispiele mit Kindern und Jugendlichen. Diese Fallbeispiele nannte er Dilemmata. Charakteristisch für diese Dilemmata ist, dass ein Konflikt zwischen zwei Normen vorliegt und eine Entscheidung zugunsten einer Norm getroffen werden muss. Die Begründungen für diese Entscheidungen analysierte Kohlberg und klassifizierte sie in seinem Modell. Bekannt geworden sind vor allem das „Heinz-Dilemma“ siehe dazu S. 78 und das „Sterbehilfedilemma“.
Ein anderes Urteilsmodell, das der Individualität der Handlungssituation Rechnung zu tragen sucht, ist das folgende.

## Moralisch gerecht urteilen

**1** Enthalte dich aller moralischen Entrüstung! Sie entlarvt dein Unbeteiligtsein und dient lediglich zur Selbsterhöhung.

**2** Analysiere die konkreten Handlungsbedingungen akribisch genau! Beachte dabei die gesellschaftlichen Strukturen, den Zeitgeist und die Motive des Handelns!

**3** Trage im Wissen um eigene Verlockungen und Gefährdungen sämtliche Entlastungsmomente zusammen!

**4** Rekapituliere die tatsächlichen Handlungsspielräume und -motive! Bedenke dabei, dass Menschen unsicher und durch ihr Verstricktsein gebunden sind!

**5** Benenne einen Fehler (Schuld) immer konkret! Beachte, dass Selbstaufopferung nie zumutbar ist! Menschen sind keine Märtyrer.

**6** Bringe denjenigen, der einen Fehler beging dazu, diesen (gegenüber dem Leidtragenden) einzugestehen! Doch: erzwinge dies nicht!

**7** Vermeide die öffentliche Beschämung desjenigen, der einen Fehler beging! Sie verkörpert eine perfide Form psychischer Grausamkeit.

**8** Gib jemandem, der einen Fehler beging, eine Chance zum Neuanfang.

**A**

1. Beantworten Sie die Fragen des Heinzdilemmas. Halten Sie Ihre Kernargumente schriftlich fest und ordnen Sie diese anschließend einer Stufe des Kohlberg-Modells zu.
2. Wenden Sie das Modell „Moralisch gerecht urteilen“ Schritt für Schritt auf nachfolgende Fälle an:
   a) eine Frau, die ihr Neugeborenes in einer Babyklappe abgelegt hat
   b) einen Stasispitzel
   c) einen mehrfachen Mörder
   d) einen Börsenmakler, der alles Geld seiner Klienten verspekulierte
   e) einen Mitschüler, der über einen anderen Unwahrheiten verbreitet
   f) eine alte griesgrämige Altenheimbewohnerin, die an allem herumnörgelt
3. Verständigen Sie sich darüber, ob und warum/warum nicht jeder von ihnen ein gerechtes Urteil verdient.

# Moralische Urteilssituationen im Beruf

Wer glaubt, nur Ärzte, Richter, Journalisten oder Altenpflegerinnen können in ihrer beruflichen Tätigkeit in Situationen kommen, in denen sie moralische Urteile fällen und entsprechend handeln müssen, der irrt. In jedem Beruf ergibt sich über kurz oder lang die Frage: Was soll, was kann und was darf ich tun? Es ist dies die Frage nach bestimmten berufsmoralischen Grundsätzen, die jeder Einzelne benötigt, um unterschiedlichen Anforderungssituationen im Berufsalltag gewachsen zu sein. Das moralisch Gebotene (Sollen) und das technisch und technologisch Mögliche, das gesollte und das gewollte Handeln können durchaus auseinander driften. Fundierte moralische Urteile im Beruf, auf deren Basis Handeln in Gang gesetzt wird, werden von jedem Menschen auf verschiedenen Ebenen verlangt.

## Ebenen berufsmoralischen Urteilens und Handelns

Das Verhältnis zum Arbeitsgegenstand, zu den hergestellten Produkten, den angebotenen Dienstleistungen sowie zu den betriebseigenen Einrichtungen, Maschinen und Anlagen

Das Verhältnis zur Firma

Das Verhältnis zu Kollegen (Gleichrangigen), zu Vorgesetzten und Untergebenen

Das Verhältnis zum Kunden (Klienten, Patienten)

Das Verhältnis zu Geschäftspartnern (z. B. Lieferanten, Subunternehmen)

Das Verhältnis zur Konkurrenz

Das Verhältnis zur eigenen Profession (dem Beruf)
und zur eigenen Professionalität (beruflichen Kompetenzen, Fähigkeiten und Fertigkeiten)

**P** Begründen Sie wichtige berufsmoralische Grundsätze für Ihren Ausbildungsberuf. Nutzen Sie hierzu auch Handwerks- und (sofern vorhanden) Betriebsordnungen.

1. Formulieren Sie für jede der Ebenen zwei bis drei Urteils- und Verhaltensgrundsätze für moralisch gebotenes Verhalten in Ihrem Beruf.
2. Spüren Sie dann für jede Ebene (berufs) typische Konflikte und Konfliktfelder auf, in denen Sollen, Können, Dürfen und Wollen miteinander kollidieren können.

## Die Mindmap

Eine Mindmap ist eine Art Gedächtniskarte. Um einen Hauptbegriff herum werden mehrere wichtige Gedanken oder Begriffe gruppiert, denen dann weitere Begriffe zugeordnet werden. Im Unterschied zum Brainstorming werden die Begriffe nicht einfach unsortiert gesammelt, sondern von Beginn an wird ihre inhaltliche Verknüpfung deutlich gemacht. In ihrem Aufbau erinnert die Mindmap an einen von oben betrachteten Baum mit Stamm, Ästen und Zweigen.

Anlegen einer Mindmap: Auf einem Blatt Papier (im Querformat) wird zuerst in der Mitte in einem Kreis der zentrale Begriff bzw. das Thema formuliert. Davon ausgehend werden um den Kreis herum die Hauptaspekte des Themas notiert, von denen ausgehend dann wiederum verschiedene Unteraspekte gesammelt werden. Die verschiedenen Begriffe werden durch Linien verbunden, um ihre Abhängigkeit hervorzuheben.

Beispiel:

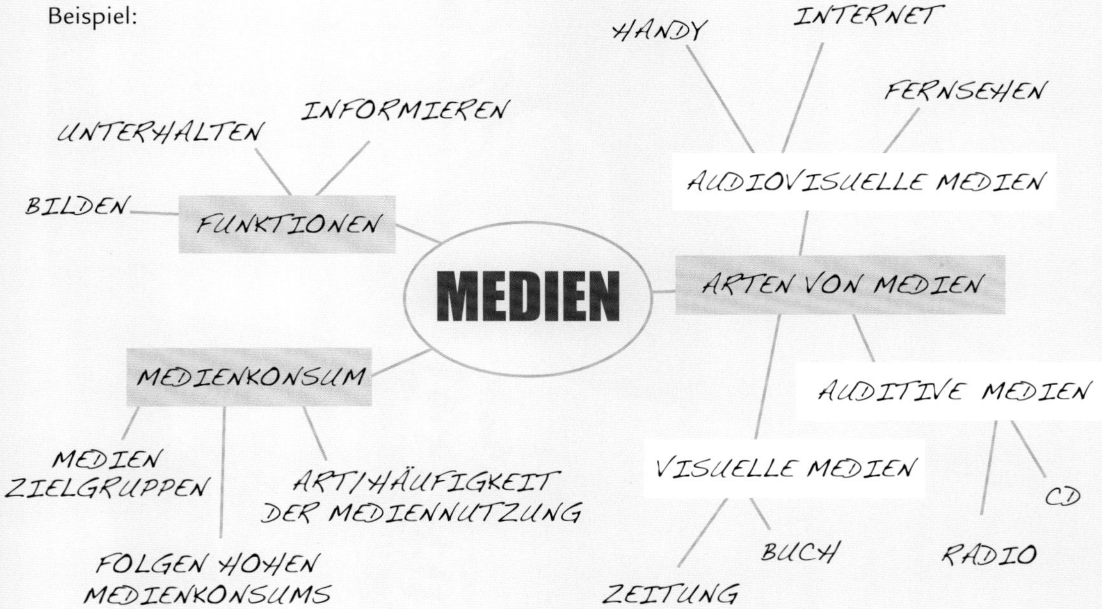


Das Erstellen einer Mindmap kann in vielen Situationen sehr hilfreich sein, z. B.

- um Informationen zu einem Thema auszuwerten und zu ordnen
- um verschiedene Aspekte eines Themas strukturiert zu sammeln
- um Referate und Präsentationen vorzubereiten und zu gliedern
- um bei Vorträgen strukturiert mitzuschreiben

Ist die Mindmap selbst Bestandteil eines Vortrags oder einer Präsentation, ist es sinnvoll einige Aspekte zu beachten:

- die ausschließliche Verwendung von Großbuchstaben führt zu einer besseren Lesbarkeit
- durch den Einsatz unterschiedlicher Farben können bestimmte Aspekte besonders hervorgehoben werden. Auch kann dies zu einer größeren Übersichtlichkeit der Mindmap beitragen.

# 2. Freiheit

## 2.1 Ist Freiheit nur ein schöner Traum?

### In die Freiheit aufbrechen – alles hinter sich lassen

**A**

1. Was verbinden Sie mit dem Wort Freiheit? Erstellen Sie ein Begriffsnetz* dazu, indem Sie Wörter suchen, durch die sich Freiheit beschreiben lässt.
2. Welcher Zusammenhang besteht zwischen dem Skateboard-Fahrer und seiner Freiheitsflagge?
3. Wahre Freiheit gibt es nur, wenn man alles hinter sich lässt. Stimmen Sie Jonas zu? Warum? Warum nicht?

Freiheit ist ...

| |
|---|
| Wenn ich so leben kann, wie ich will.<br>*Vanessa, 18 Jahre* |
| Menschen sind nie frei, weil sie sich immer nach dem richten, was andere sagen.<br>*Dennis, 17 Jahre* |
| Ich hänge immer noch am Gängelband meiner Eltern. So lange ich nicht 18 bin, ist die Freiheit nur ein leeres Wort.<br>*Jennifer, 17 Jahre* |
| Freiheit heißt, dass man sich seine Klamotten und CDs selbst auswählen kann, aber dazu braucht man auch Geld. Leider habe ich nicht so viel davon.<br>*Christian, 18 Jahre* |
| Freiheit ist etwas für Spinner. Normale Menschen denken darüber nicht nach.<br>*Laura, 16 Jahre* |
| Freiheit ist wie ein Rausch, der einen ab und zu überkommt.<br>*Patrick, 19 Jahre* |
| Meiner Lieblingsbeschäftigung nachgehen, faulenzen, mich mit meiner besten Freundin treffen, einfach entspannen, in der Sonne liegen, meine Meinung frei äußern.<br>*Melanie, 20 Jahre* |
| Freiheit bedeutet für mich: ungestraft aussprechen, was ich denke, meine Form und Vorstellung von Kunst zu verwirklichen, die Musik hören, die ich mag, mich zu kleiden wie ich mag, Spaß haben.<br>*Dennis, 20 Jahre* |
| Auf einer Anhöhe stehen und den Wind spüren.<br>*Annika, 18 Jahre* |

1. Welche Meinung über Freiheit sagt Ihnen besonders zu? Was daran gefällt Ihnen besonders gut? **A**
2. Stellen Sie sich vor, ein Reporter hält Ihnen auf der Straße ein Mikrofon vor das Gesicht und Sie sollen kurz und knapp sagen, was sie unter Freiheit verstehen. Wie lautet Ihre Antwort? Diskutieren Sie in der Klasse über die unterschiedlichen Antworten und versuchen Sie diese nach bestimmten, in der Diskussion erarbeiteten, Kriterien zu systematisieren.

# Wenn ich machen könnte, was ich will ...

Sokrates und Lysis
Der Philosoph Sokrates hat sich schon vor mehr als 2300 Jahren in Athen mit ethischen Fragen beschäftigt. Weltberühmt wurde sein Gespräch mit dem Jugendlichen Lysis, der unglücklich ist, weil er nicht machen kann, was er will.

Q

**Sokrates:** *Lysis, lieben dich dein Vater und deine Mutter sehr?*

**Lysis:** *Allerdings.*

**Sokrates:** *Also wollten doch sie auch, dass du glücklich bist?*

**Lysis:** *Wie sollten sie nicht?*

**Sokrates:** *Dann darfst du sicher tun, wozu du Lust hast?*

**Lysis:** *Nein.*

**Sokrates:** *Was sagst du? Sie wollen, dass es dir gut geht, und verwehren dir doch zu tun, was du willst? Wenn du also Lust hättest, deines Vaters Wagen zu fahren und die Zügel selbst zu führen, so würden sie dich nicht lassen, sondern es dir verwehren?*

**Lysis:** *Sie würden mich nicht lassen.*

**Sokrates:** *Aber wen würden sie lassen?*

**Lysis:** *Da ist ein Wagenführer, der bekommt seinen Lohn vom Vater.*

**Sokrates:** *Wie sagst du? Einem Wagenführer erlauben sie eher als dir zu tun, was er will mit den Pferden, und geben dem dafür auch noch Geld?*

**Lysis:** *Na klar.*

**Sokrates:** *Doch das Maultiergespann darfst du doch führen?*

**Lysis:** *Das macht der Maultiertreiber.*

**Sokrates:** *Und ist der ein Knecht oder ein Freier?*

**Lysis:** *Ein Knecht.*

**Sokrates:** *Einen Knecht also achten sie höher als dich, ihren Sohn, und lassen ihn tun, was er will, dir aber verwehren sie es?*

**Lysis:** *So ist es.*

**Sokrates:** *Aber wenn du nach Hause kommst, zur Mutter, lässt diese dich doch alles tun, was du willst, zum Beispiel am Webstuhl?*

**Lysis:** *Wenn ich den Webstuhl auch nur anrühre, bekomme ich Schläge.*

**Sokrates:** *Aber weshalb verwehren sie dir so mit Gewalt, glücklich zu sein und zu tun, was du willst?*

*Lysis. In: Platon: Sämtliche Werke Bd. 2, Rowohlt, Hamburg 2002. S. 18/19*

A

1. Was würden Sie Sokrates antworten? Dürfen Eltern ihren Kindern etwas verwehren? Warum dürfen sie das bzw. dürfen sie das nicht? Schreiben Sie eine kurze Antwort auf. Vergleichen Sie anschließend Ihre Antworten in der Klasse.
2. Wären Sie glücklich, wenn Sie machen könnten, was Sie wollen? Begründen Sie Ihren Standpunkt.
3. Welche Grenzen hat die persönliche Freiheit? Führen Sie dazu ein Streitgespräch in der Klasse.

## Frei und doch gebunden

„Wenn ihr Schiß habt vor der Freiheit, geht zurück in euern Stinkstall und laßt euch verwursten."

***Wenn** ich von Freiheit spreche, meine ich genau das, was uns von den Termiten und Ebbe und Flut unterscheidet, von allem, was sich auf notwendige und unabänderliche Weise bewegt. Sicher können wir nicht alles tun, was wir wollen, aber genauso sicher sind wir nicht verpflichtet, nur eine einzige Sache tun zu wollen. Und jetzt ist es angebracht, zwei Erläuterungen zur Freiheit zu geben:*

*Erstens: Wir sind nicht frei auszuwählen, was uns passiert (an dem Tag, von diesen Eltern und in diesem Land geboren zu werden; an Krebs zu leiden oder von einem Auto überfahren zu werden; schön oder hässlich zu sein; von den Achäern angegriffen zu werden usw.), sondern wir sind frei, auf das, was uns passiert, auf diese oder jene Weise zu reagieren (zu gehorchen oder zu rebellieren, vorsichtig oder waghalsig, rachsüchtig oder ergeben zu sein, uns nach der letzten Mode anzuziehen oder als Höhlenbär zu verkleiden, Troja zu verteidigen oder zu fliehen usw.).*

*Zweitens: Frei zu sein, etwas zu versuchen, hat nichts damit zu tun, es auch ganz sicher zu erreichen. Freiheit (die darin besteht, aus den Möglichkeiten auszuwählen) ist nicht das gleiche wie Allmacht (die bedeuten würde, immer das zu erreichen, was man will, auch wenn es unmöglich scheint). Wir können jedoch desto größeren Nutzen aus unserer Freiheit ziehen, je größer unsere Fähigkeit zum Handeln ist. Ich bin frei, den Mount Everest besteigen zu wollen, aber aufgrund meiner jämmerlichen Kondition und der völlig fehlenden Praxis im Bergsteigen ist es praktisch unmöglich, dass ich mein Ziel erreiche. Dagegen bin ich frei zu lesen oder nicht zu lesen, und da ich von klein auf lesen gelernt habe, wird es mir nicht allzu schwer fallen, mich dafür zu entscheiden. Es gibt Dinge, die von meinem Willen abhängen (und das heißt, frei zu sein), aber nicht alles hängt von meinem Willen ab (sonst wäre ich allmächtig). Es gibt auf der Welt viele andere Willen und zahlreiche andere Notwendigkeiten, die ich nicht nach Belieben kontrollieren kann.*

*Fernando Savater: Tu, was du willst. Campus, Frankfurt/M. 2007. S. 24-26*

Q

A

1. Schreiben Sie zu der Karikatur einen Miniaturtext*.
2. Geben Sie mit eigenen Worten die beiden wichtigen Inhalte des Begriffes „Freiheit" wieder.
3. Übertragen Sie die Gedanken von Savater auf das Gespräch zwischen Lysis und Sokrates.

## 2.2. Determinanten der Freiheit

### Freie Wahl oder Zufall?

**Q** *Torte oder Pfirsich?*

*Nehmen wir an, Sie stehen Schlange in einem Selbstbedienungsrestaurant und sind inzwischen bis zu den Angeboten für das Dessert vorgedrungen, können sich aber nicht zwischen einem Pfirsich und einem riesigen Stück Schokoladentorte mit Buttercreme obendrauf entscheiden. Die Torte sieht gut aus, doch Sie wissen, dass sie dick macht. Dennoch nehmen Sie sich ein Stück und essen es mit Genuss auf. Am folgenden Tag stellen Sie sich auf die Waage und denken: „Hätte ich doch diese Schokoladentorte nicht gegessen. Ich hätte statt dessen einen Pfirsich essen können."*

*„Ich hätte statt dessen einen Pfirsich essen können." Was bedeutet das und ist es auch wahr? Zu der Zeit, als Sie im Restaurant anstanden, gab es durchaus Pfirsiche: Sie hatten die Chance, anstelle der Torte auch an einen Pfirsich heranzukommen. Sie meinen, dass Sie anstelle der Torte den Pfirsich hätten nehmen können. Sie hätten etwas anderes tun können als das, was Sie wirklich taten. Bevor Sie sich entschlossen, stand nicht fest, ob Sie zum Obst oder zur Torte greifen würden, und einzig und allein Ihre Entscheidung bestimmte, was es sein würde. Sie meinen nicht bloß, dass Sie den Pfirsich gegessen hätten, wenn Sie sich für ihn entschieden hätten, Sie meinen zusätzlich, dass Sie ihn hätten wählen können – ohne jedes Wenn und Aber.*

*Was heißt das jedoch? Es bedeutet vielleicht Folgendes: Nichts von dem, was bis zu dem Punkt geschieht, an dem Sie sich entscheiden, legt unwiderruflich fest, wie Ihre Entscheidung ausfallen wird. Es besteht bis zu dem Augenblick, in dem Sie in Wirklichkeit zur Torte greifen, die Möglichkeit, dass Sie den Pfirsich wählen. Es ist nicht von vornherein festgelegt. Es waren vor Ihrer Wahl keine Vorgänge oder Kräfte am Werk, die es unvermeidlich machten, dass Sie sich für die Schokoladentorte entschieden.*

*Thomas Nagel: Was bedeutet das alles? Reclam, Stuttgart 1990. S. 41f.*

**A**
1. Es ist nichts von vornherein festgelegt, sagt Thomas Nagel. Wie meint er das?
2. Sie haben die Freiheit zu wählen. Warum?

**Q** *Alles Zufall?*

*Die Götter würfeln und fragen nicht, ob wir mitspielen wollen. Ihnen ist es gleichgültig, ob du einen Mann, ein Haus, eine Arbeit, einen Traum aufgegeben hast. Die Götter kümmert es wenig, ob in deinem Leben alles einen Platz hat und ob deine Wünsche durch Arbeit und Beharrlichkeit erfüllt werden. Die Götter scheren sich nicht um unsere Pläne und um unsere Hoffnungen. Irgendwo da draußen im Universum würfeln sie und irgendwann bist du dran. Ob du gewinnst oder verlierst, ist eine Frage des Zufalls.*

*Paulo Coelho: Am Ufer des Rio Piedra saß ich und weinte. Diogenes, Zürich 1997. S. 71*

**A**

3. Wie verstehen Sie den letzten Satz?
4. Vergleichen Sie die Positionen von Nagel und Coelho. Lesen Sie dazu auch die Thesen von Friedrich Nietzsche auf der Seite 57 in diesem Buch.

## Das Rollenspiel

Das Rollenspiel gehört zur Gruppe der kommunikativen Spiele.

Im Spiel schlüpfen die Schülerinnen und Schüler in Rollen, die ihnen vor Spielbeginn (zum Beispiel) per Los zugewiesen wurden. Sie bekommen nicht nur ihre Rolle, sondern auch die Spielsituation zugewiesen und müssen diese in der vorgegebenen Rolle ausgestalten und durchstehen.

Als Methode besitzt das Rollenspiel im Ethikunterricht eine bedeutsame Funktion, da es die Spieler in bestimmte Rollen zwingt. Dazu muss die eigene Perspektive verlassen werden und man muss sich in die Situation einer anderen Person hineinversetzen, deren Motive, Denk- und Handlungsweisen verbal und nonverbal (durch Körpersprache, Gestik und Mimik) zum Ausdruck bringen und Verständnis dafür wecken.

Der Einzelne kann in der Spielsituation damit konfrontiert sein, eine Rolle auszufüllen, die seiner im realen Leben konträr entgegengesetzt ist.

Dann bietet das Spiel die Chance, quasi auf Zeit ein Anderer zu werden als derjenige, der man im Alltag gewöhnlich ist, so zum Beispiel, wenn der schüchterne Jüngling einen abenteuerlichen Draufgänger oder der Klassenkasper einen nachdenklichen Grübler spielen muss.

Über den Perspektivenwechsel hinaus, bietet es die Möglichkeit, spielerisch neue, unbekannte Seiten an sich selbst zu entdecken und zu erproben. Es vermag auf diese Art und Weise das Selbstvertrauen der Spieler zu stärken und die reale Person aus den Fesseln verhärteter Klischees zu befreien.

Obwohl sich die Rollenvorgabe und die Vorgabe der Handlungssituation als ein Korsett erweist, das die Handlungsmöglichkeiten begrenzt, verfügt der Rolleninhaber noch über genug Freiraum, der Rolle sein individuelles Gesicht aufzuprägen, individuelle Lösungen in der Spielsituation zu suchen, Alternativen anzubieten, die Erstaunen auslösen.

1. Gestalten Sie ein Rollenspiel zu dem Text über James Bond auf Seite 59, bei welchem James Bond „aus der Rolle fällt“. A

# Sind wir Sklaven unseres Gehirns?

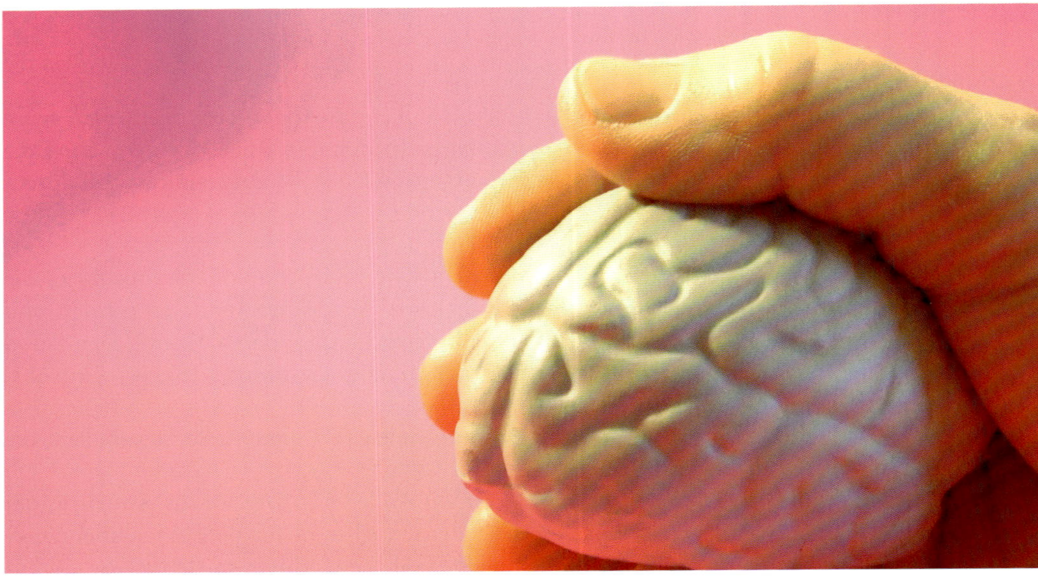

## Legt das Gehirn fest, was wir tun? – Die Libet-Experimente

Benjamin Libet hat in Experimenten herausgefunden, dass jeder bewussten Willensentscheidung des Menschen Hirnaktivitäten vorausgehen. Durch diese sollen unsere Handlungen bereits festgelegt sein. Manche Hirnforscher behaupten sogar, dass sie auch unseren Willen bestimmen. Wenn diese Behauptung zutrifft, könnten sich durchaus schwerwiegende Konsequenzen für unser Selbstverständnis als verantwortlich handelnde Menschen ergeben. Denn wenn wir nicht frei sind, dann sind wir auch nicht verantwortlich für unser Handeln. Ist die These, dass Menschen frei handeln können, bloß eine Illusion?

In den Libet-Experimenten sollten Versuchspersonen in beliebigen Augenblicken eine Handbewegung ausführen, wann immer sie wollten. Dabei fanden elektrische Messungen von Hirnaktivitäten statt. Bei jedem Versuch sollte die Versuchsperson den Zeitpunkt angeben, an dem sie eine bewusste Bewegungsabsicht hatte. Die Messungen ergaben, dass die Hirnaktivitäten, die das „Bereitschaftspotential" zur Handlung anzeigen, 550 Millisekunden vor der Handlung einsetzen. Die Versuchspersonen wurden sich der Handlungsabsicht jedoch erst 350–400 Millisekunden nach Auftreten des Bereitschaftspotentials bewusst, also 150–200 Millisekunden vor der motorischen Ausführung der Handlung. Der Willensprozess wird nach Libets Interpretation seiner Messungen nicht bewusst eingeleitet. Das Bewusstsein kann allerdings die Handlung immer noch stoppen. Nach Libets Meinung zeigen die Befunde, dass ein freier Wille eine Willenshandlung nicht einleitet, den Vollzug der Handlung aber steuern kann.

**A**
1. Fassen Sie mit eigenen Worten das Resultat von Libets Experimenten zusammen. Lesen Sie hierzu auch die Seiten 54/55 zu Schuld in diesem Buch.
2. Welche Folgerungen ergeben sich Ihrer Meinung nach aus den Libet-Experimenten? Steuern biologische Prozesse unser Tun, ob wir wollen oder nicht?

Fehlt Teenagern eine Portion Hirn?

*Teenager sind seltsam – aus triftigem Grund: All die Jahre, in denen wir uns das erste Mal verlieben und über so wichtige Dinge entscheiden wie unseren Beruf, ist das Gehirn sehr instabil. Die Auffassung, dass das menschliche Gehirn mit etwa sechs Jahren nahezu ausgewachsen und mit zwölf Jahren alles vollendet sein würde, was mit Wahrnehmungs- und Erkenntnisfähigkeit zu tun hat, scheint falsch zu sein, wie neuere Forschungen zeigen. Es scheint nicht so, dass bei Teenagern alle 100 Milliarden Neuronen an ihrem Platz sitzen, sämtliche Verbindungen zwischen ihnen fertig ausgebildet sind und der Rest eine Sache von Übung und Erfahrung ist, wie man bisher glaubte. Vielmehr wurde festgestellt, dass die Gehirne sich von einem Lebensjahr zum nächsten verändern. Gehirne von Teenagern sind Organe, die veränderlich, instabil, noch auf der Suche nach ihrer endgültigen Form sind. Neuere Studien zeigen, dass in der Pubertät das Hirn des Menschen noch einmal einen drastischen Wachstums- und Reorganisationsschub durchläuft. Nervenverbindungen werden dabei gelöst und neu geschlossen. Die Folge: In manchen Situationen fehlt den jungen Menschen die nötige Portion Hirn. Das instabile, aber auch sehr flexible Denkorgan macht das Erwachsenwerden zu einer Zeit des Suchens und der emotionalen Unsicherheit.*

*Zugleich müssen Jugendliche in dieser Zeit viele Entscheidungs- und Bewertungssysteme neu lernen. Nun interessiert die Forscher, ob die Baustelle im Kopf das Verhalten von Teenagern erklären kann – etwa, warum sie so oft tollkühn und unbedacht handeln und sich auch immer wieder leichtfertig in Gefahr bringen.*

*nach Ute Eberle: Warum Teenager hirnrissig sind.*
*In: Bild der Wissenschaft H2/2006. S. 30-35*

**Q**

1. Schreiben Sie zu den Gedanken von Ute Eberle einen (fiktiven) Leserbrief an die Redaktion von „Bild der Wissenschaft“. Äußern Sie entweder Zustimmung oder Ablehnung zu den geäußerten Thesen. Begründen Sie Ihre Meinung.

**A**

## 2.3 Gehört Verantwortung zur Freiheit stets dazu?

### Schuld oder nicht schuld?

**Q** *Sind wir für das Böse verantwortlich?*

*Nach unserer Rechtsauffassung ist der Schuldvorwurf an den freien Willen gebunden. „Der innere Grund des Schuldvorwurfs", so definierte der Bundesgerichtshof, „liegt darin, dass der Mensch auf freie, verantwortliche, sittliche Selbstbestimmung angelegt und deshalb befähigt ist, sich für das Recht und gegen das Unrecht zu entscheiden." Im vollen Sinne schuldig ist also nur, wer sich frei für das Böse entschieden hat. Seitdem Neurobiologen einen Angriff auf die Existenz des freien Willens gestartet haben, wird auch darüber diskutiert, ob sich daraus nicht Konsequenzen für das Strafrecht ergeben. Welche Funktion kann Strafe noch haben und wonach kann sie bemessen werden, wenn sich zeigt, dass die bewusste Kontrolle über unsere Handlungen nicht so umfassend ist, wie das unterstellt wird?*

*nach: Georg Schöffel: Ethik & Unterricht H2/2005. S. 52*

**A** 1. Überlegen Sie, welche Konsequenzen sich aus der Hirnforschung für die Schuldfähigkeit vor Gericht ergeben. Lesen Sie dazu auch die folgenden Seiten.

Schema: Begrenzungen der Freiheit

**A** 2. Suchen Sie weitere Begrenzungen für Freiheit. Notieren Sie, inwiefern die Faktoren Freiheit begrenzen. Lesen Sie dazu auch die folgenden Seiten.

Wer trägt Schuld?

Übertragen Sie die folgende Tabelle in Ihr Heft und entscheiden Sie, wer inwiefern schuldig ist oder nicht. Geben Sie dazu in Stichworten Gründe an.

Q

| Situatuion | mögliche Rechtfertigung | Schuld? | | |
|---|---|---|---|---|
| Ein Nazi aus einer schlechten Familie begeht eine Straftat | Man hat mich so erzogen | ja | teil-weise | nein |
| Mord im Suff | Ich kann mich an nichts erinnern | ja | teil-weise | nein |
| Mord unter Hypnose oder nach einer Gehirnwäsche | Das war nicht ICH | ja | teil-weise | nein |
| Sterbehilfe | Ich wollte ihn von seinem Leiden erlösen | ja | teil-weise | nein |
| Ein LKW-Fahrer verursacht völlig übermüdet einen Unfall | Wenn ich auf die Einhaltung der Pausen bestehe wird mir gekündigt | ja | teil-weise | nein |
| Jemand übt Rache für das erlittene Unrecht | Was mir angetan wurde, kann sich keiner vorstellen | ja | teil-weise | nein |
| Der Kannibale von Rothenburg | Es war sein freier Wille, von mir gegessen zu werden | ja | teil-weise | nein |
| Rangelei am Bussteig: X wird von Y geschubst und stößt gegen Z; Z fällt auf die Straße und wird überfahren | Y: Das habe ich nicht gewollt<br>X: Y hat mich geschubst | ja | teil-weise | nein |
| Ein Arzt hat eine Affäre mit einer Patientin, es kommt zur Trennung; nach einiger Zeit sucht sie Kontakt, er verweigert diesen; sie hat Probleme infolge der früheren Behandlung und stirbt | Ich dachte, sie wollte die Beziehung wieder aufnehmen | ja | teil-weise | nein |

*nach Ethik & Unterricht Heft 2/2005*

A

1. Vergleichen Sie Ihre Ergebnisse mit denen Ihrer Mitschüler. Nach welchen Kriterien haben Sie entschieden?

# Frei von Verantwortung handeln

**A** 1. Interpretieren Sie das Bild von Escher. Wofür könnten die „Bande der Einheit“ stehen?

**Es liegt nicht an mir!**

Mandy schaute an Ole vorbei, als wollte sie am Himmel Hilfe suchen. „Meinen Eltern bist du zu cool, meine Schwester findet dich uncool und meine Freundinnen meinen, dass es noch bessere Typen gibt als dich. Irgendwie spricht alles gegen dich! Und ich weiß auch nicht mehr so richtig, was ich eigentlich will! Irgendwie hat's nicht sollen sein mit uns.“ Sie seufzte. „Ich glaube, es gibt höhere Mächte, die nicht wollen, dass wir weiterhin zusammen sind. Also, mach's gut Ole!“ Mandy drehte sich um und ließ Ole im Regen stehen.

**A**
1. Wie beurteilen Sie die Argumente und das Verhalten von Mandy?
2. Es gibt höhere Mächte... auch für Sie? Was sind für Sie höhere Mächte?
3. Warum fühlen sich Menschen im allgemeinen besser, wenn sie eine Erklärung für ihr Tun geben können? Wem dient eine solche Erklärung?

Q

*In Wahrheit handeln in der Welt*
*allein die Kräfte der Natur;*
*verblendet durch sein Selbstgefühl,*
*der Tor glaubt selbst zu handeln nur.*

*(nach dem altindischen Bhagavadgita)*

Q

***Niemand ist verantwortlich***

*Was kann allein unsre Lehre sein? – Dass niemand dem Menschen seine Eigenschaften gibt, weder Gott, noch die Gesellschaft, noch seine Eltern und Vorfahren, noch er selbst (der Unsinn der hier zuletzt abgelehnten Vorstellung ist als intelligible* Freiheit von Kant, vielleicht auch schon von Platon gelehrt worden). Niemand ist dafür verantwortlich, dass er überhaupt da ist, dass er so oder so beschaffen ist, dass er unter diesen Umständen, in dieser Umgebung ist. Die Fatalität* seines Wesens ist nicht herauszulösen aus der Fatalität alles dessen, was war und was sein wird. Es ist nicht die Folge einer eignen Absicht, eines Willens, eines Zwecks, mit ihm wird nicht der Versuch gemacht, ein „Ideal von Mensch" oder ein „Ideal von Glück" oder ein „Ideal von Moralität" zu erreichen – es ist absurd, sein Wesen in irgendeinen Zweck hin abwälzen zu wollen.*

*Wir haben den Begriff „Zweck" erfunden: in der Realität fehlt der Zweck [...] Man ist notwendig, man ist ein Stück Verhängnis, man gehört zum Ganzen, man ist im Ganzen – es gibt nichts, was unser Sein richten, messen, vergleichen, verurteilen könnte, denn das hieße das Ganze richten, messen, vergleichen, verurteilen [...] Aber es gibt nichts außer dem Ganzen! – Dass niemand mehr verantwortlich gemacht wird, dass die Art des Seins nicht auf eine causa prima* zurückgeführt werden darf, dass die Welt weder als Sensorium, noch aus „Geist" eine Einheit ist, dies erst ist die große Befreiung – damit erst ist die Unschuld des Werdens wieder hergestellt. [...] Der Begriff „Gott" war bisher der größte Einwand gegen das Dasein. [...] Wir leugnen Gott, wir leugnen die Verantwortlichkeit in Gott: damit erst erlösen wir die Welt [...].*

*Friedrich Nietzsche: Götzen-Dämmerung. In. Ders.: Werke. Bd. 2. Hanser, München 1977. S. 76ff.*

A

1. Inwiefern ist der Mensch nach dem altindischen Bhagavadgita ein für seine Taten verantwortliches Wesen?
1. Was verstehen Sie unter Verantwortung? Definieren Sie den Begriff.
2. Interpretieren Sie Nietzsches Auffassung, dass wir Teil des Ganzen sind. Vergleichen Sie die Gedanken von Nietzsche und Paulo Coelho (siehe S. 50) in diesem Buch).
3. Wir haben keinen Zweck, wir sind nicht verantwortlich. Wenn Nietzsches Auffassung zutreffen würde, was ergäbe sich daraus für unser Handeln?
4. Setzen Sie Nietzsches Gedanken in Beziehung zu dem Bild von Escher und zu der Geschichte zwischen Mandy und Ole.

## 2.4. Jede Freiheit hat Grenzen

### Welche Rollen spielen wir?

#### Schön sein für die anderen?

Jenny hatte sich extra ein neues Kleid für Olivers Party an der Elbe gekauft. Den ganzen Samstagvormittag stand sie vor dem Spiegel und machte sich schön. Sie probierte verschiedene Schuhe an, lieh sich Schmuck von ihrer Mutter und testete mehrere Frisuren. Dann rückte endlich der Abend heran und Jenny traf sich mit ihren Freundinnen. Gemeinsam fuhren sie mit dem Fahrrad an die Elbe. Als sie dort ankamen, brannte schon das Lagerfeuer und ein Junge spielte Lieder von Robbie Williams auf der Gitarre. Jenny setzte sich dazu, aber keiner nahm sie so richtig wahr. Außer Oliver und ihren beiden Freundinnen, kannte sie keinen. Niemand fragte sie etwas, alle saßen einfach da und summten mit. Jenny fühlte sich nicht wohl; irgendwie war sie falsch angezogen und hatte auch nicht die richtige Stimmung. Dabei hatte sie doch alles gemacht, um den anderen zu gefallen.

**A**

1. Kennen Sie ähnliche Situationen, wie die von Jenny? Tauschen Sie darüber Erfahrungen aus.
2. Welchen Rat würden Sie Jenny geben? Ist es für Sie auch wichtig, für die anderen schön zu sein? Begründen Sie Ihren Standpunkt.
3. Gestalten Sie zu dem Treffen an der Elbe ein Rollenspiel: Jenny soll den jungen Leuten gegenüber authentisch auftreten.

Menschen leben in verschiedenen Gemeinschaften (Gruppen) wie zum Beispiel der Familie oder dem Arbeitsteam. Innerhalb dieser Gemeinschaften gelten bestimmte Normen und Verhaltensmuster, die sich von Gruppe zu Gruppe unterscheiden können. Da Individuen in der Regel Mitglieder verschiedener Gruppen sind, haben sie auch unterschiedliche Erwartungen an das gewünschte Verhalten zu erfüllen, d.h. sie spielen verschiedene Rollen, beispielsweise die des leistungsorientierten Sohnes oder die der hilfsbereiten Freundin.

**A**

4. Notieren Sie, inwieweit verschiedene Rollen bzw. erwünschte Verhaltensmuster die Freiheit der Menschen beeinträchtigen können.

Ist James Bond ein Gefangener seiner Rolle?

Q

*Apropos 007: In jedem Bond-Film gibt es Überraschungseffekte: neue Geheimwaffen und knackfrische Bond-Girls, das Strickmuster aber ist immer gleich. Bond reagiert wie ein Pawlowscher Hund. Jede attraktive Frau löst den Flirt-Reflex aus, jede Bedrohung den eiskalten Conter. Ist Bond, der Verteidiger der westlichen Freiheit, als Mensch in seiner Rolle gefangen? Ein Bond, der plötzlich auf die Idee käme, in die Kommunistische Partei einzutreten, wäre absurd. Genauso sinnlos wäre es, wenn er bei jedem Rendezvous exakt dieselben Sprüche vom Stapel lassen würde. Wir wollen einen Bond, den wir wieder erkennen, der aber immer auch leicht variiert. Er darf sich weder nach dem Zufallsprinzip noch allzu stereotyp verhalten. Wir lieben bei Bond, wie bei unseren Freunden aus Fleisch und Blut, den Wechsel im Gleichen.*

*Aber damit ist die Frage noch nicht beantwortet: Ist Bond ein Gefangener seiner Rolle?*

*Ich denke, nicht mehr als jeder Normalsterbliche. Wenn mich jemand über Wochen beobachten würde, könnte er auch in meinem Leben diverse Strickmuster erkennen. So kann ich nicht an einer „Bücherkiste“ vorbeifahren, ohne wenigstens das Philosophie-Regal durchforstet zu haben. Auch der Flirt-Reflex ist rudimentär vorhanden. Der Beobachter könnte mein Verhalten also in vielen Situationen erfolgreich vorhersagen. Er könnte Gesetze formulieren, nach denen ich mich richte („Immer wenn Herr M. am Antiquariat „Bücherkiste“ vorbeikommt, geht er hinein.“), und vermuten, ich sei eine Art […] Automat.*

*Aber selbst wenn ich **von außen** so wirke, bin ich deshalb etwa unfrei **im Innern**? Ich stöbere doch aus freiem Entschluss in der „Bücherkiste“. Ich selbst habe mir dieses „Gesetz“ gegeben. Ja, dieses „Gesetz“ bin ich, es ist Teil meiner Persönlichkeit und geradezu ein Ausdruck meiner Freiheit.*

*Friedhelm Moser: Kleine Philosophie für Nichtphilosophen. C.H. Beck, München 2000. S. 114ff.*

A

1. Beantworten Sie die Frage aus der Überschrift.
2. Gibt es Gemeinsamkeiten zwischen Bond und Jenny? Begründen Sie Ihren Standpunkt.
3. Führen Sie ein Streitgespräch in der Klasse über den Zusammenhang zwischen dem Rollenverhalten der Menschen und ihrem Drang nach Freiheit.

# Freiheit kontra Naturnotwendigkeit

## Erfolgreich gegen die Natur?

Jonas liegt auf seinem Bett und schaut sich eine DVD über die Surfer auf Maui in Hawaii an. Es ist sein großer Traum, eines Tages dorthin zu fliegen. Jonas sieht auf dem Bildschirm plötzlich eine Monsterwelle, einen Tsunami, auf sich zukommen. Sie rollt langsam heran. Erst hört man nur ein Rauschen, dann ein Donnern und plötzlich ragt eine große blaue Wand in die Luft. Und ganz unten balancieren Menschen, so klein wie Streichhölzer, wenn man von einem Felsen auf sie herabschaut. Das sind Mauis berühmte Surfer, die sich mit ihren Brettern mutig in die Wellen stürzen. Und wer nicht den richtigen Zeitpunkt erwischt, um auf der Welle zu gleiten, der wird von ihr gnadenlos mitgerissen. Die Natur ist grausam und trotzt dem Menschen, überlegt Jonas. Aber immer wieder versuchen Surfer sie zu bezwingen. Denn sie empfinden ihren Kampf gegen die Wellen als vollkommene Freiheit.

**A**

1. Vorausgesetzt, Sie wären ein guter Surfer, würden Sie sich auch der Gefahr aussetzen, auf der Monsterwelle zu gleiten? Begründen Sie Ihren Standpunkt.
2. Warum könnte man beim Gleiten über die Wellen vollkommene Freiheit empfinden?

Seit es philosophisches Denken gibt, stellte sich die Frage nach der Rolle der Natur im Leben der Menschen immer wieder neu.

Mit dem Begriff „Natur“ werden alle Vorgänge bezeichnet, die eigenständig ohne das Zutun des Menschen ablaufen, also Wachsen, Werden und Vergehen. In einer zweiten Bedeutung ist damit auch das Wesen oder die Beschaffenheit einer Sache gemeint: der Kern oder das Wesen der Natur ist ihre Selbstentwicklung.

Der Philosoph Friedrich Engels ging im 19. Jahrhundert davon aus, dass der Mensch nur frei sein kann, wenn er die Natur beherrscht.

Georg Wilhelm Friedrich Hegel mit Studenten
Lithographie F. Kugler

Q

***Naturgesetze beherrschen***

*Hegel war der erste, der das Verhältnis von Freiheit und Notwendigkeit richtig darstellte. Für ihn ist die Freiheit die Einsicht in die Notwendigkeit.* ***„Blind ist die Notwendigkeit nur, insofern dieselbe nicht begriffen wird.“*** *Nicht in der geträumten Unabhängigkeit von den Naturgesetzen liegt die Freiheit, sondern in der Erkenntnis dieser Gesetze, und in der damit gegebenen Möglichkeit, sie planmäßig zu bestimmten Zwecken wirken zu lassen. Es gilt dies mit Beziehung sowohl auf die Gesetze der äußeren Natur, wie auf diejenigen, welche das körperliche und geistige Dasein des Menschen selbst regeln – zwei Klassen von Gesetzen, die wir höchstens in der Vorstellung, nicht aber in der Wirklichkeit voneinander trennen können. Freiheit des Willens heißt daher nichts anderes als die Fähigkeit, mit Sachkenntnis entscheiden zu können. Je* ***freier*** *also das Urteil eines Menschen in Beziehung auf einen bestimmten Fragepunkt ist, mit desto größerer* ***Notwendigkeit*** *wird der Inhalt dieses Urteils bestimmt sein; während die auf Unkenntnis beruhende Unsicherheit, die zwischen vielen verschiedenen und widersprechenden Entscheidungsmöglichkeiten scheinbar willkürlich wählt, eben dadurch ihre Unfreiheit beweist, ihr Beherrschtsein von dem Gegenstande, den sie gerade beherrschen sollte. Freiheit besteht also in der, auf Erkenntnis der Naturnotwendigkeiten gegründeten Herrschaft über uns selbst und über die äußere Natur […].*

*Friedrich Engels: Herrn Eugen Dührings Umwälzung der Wissenschaft. MEW Bd. 20, Dietz, Berlin 1974. S.106/107*

A

1. Fassen Sie mit eigenen Worten zusammen, was Friedrich Engels unter Freiheit versteht. Gehen Sie dabei insbesondere auf das Verhältnis des Menschen zur Natur ein.
2. Setzen Sie die Gedanken von Engels in Beziehung zur Geschichte vom Surfer.

## 2.5. Freiheitsrechte

### Die Gedanken sind frei

Q

*Die Gedanken sind frei! Wer kann sie erraten?*
*Sie fliegen vorbei wie nächtliche Schatten.*
*Kein Mensch kann sie wissen, kein Jäger erschießen*
*mit Pulver und Blei: Die Gedanken sind frei!*

*Ich denke, was ich will und was mich beglücket.*
*Doch alles in der Still' und wie es sich schicket.*
*Mein Wunsch und Begehren kann niemand verwehren.*
*Es bleibet dabei: Die Gedanken sind frei.*

*Und sperrt man mich ein im finsteren Kerker.*
*Das alles sind rein vergebliche Werke:*
*Denn meine Gedanken, die reißen die Schranken*
*und Mauern entzwei: die Gedanken sind frei!*

*Unbekannter Autor. Aus: Bernd Pachnicke (Hg.): All mein Gedanken.*
*Dt. Volkslieder, Edition Peters, Leipzig 1980. S. 82*

A

1. Auf welchem geschichtlichen Hintergrund entstand der Liedtext?
   Können Gedanken Mauern entzwei reißen? Wie verstehen Sie diese Textstelle? Begründen Sie Ihre Interpretation.
   Warum reicht es aus/nicht aus, dass die Gedanken frei sind?

**Freiheitsrechte im Grundgesetz der Bundesrepublik Deutschland**

| | |
|---|---|
| Artikel 2 | [freie Entfaltung der Persönlichkeit; Recht auf Leben und körperliche Unversehrtheit] |
| Artikel 4 | [Glaubens- und Gewissensfreiheit] |
| Artikel 5 | [Meinungs-, Informations-, Presse-, Kunst- und Wissenschaftsfreiheit] |
| Artikel 8 | [Versammlungsfreiheit] |
| Artikel 9 | [Vereinigungs- und Koalitionsfreiheit] |
| Artikel 10 | [Brief-, Post- und Fernmeldegeheimnis] |

A

4. Warum ist das Recht auf freie Meinungsäußerung ein wichtiges Grundrecht? Wie weit reicht die Meinungsfreiheit? Ist sie grenzenlos oder (wenn nein) wodurch wird sie begrenzt?
5. Lesen Sie die ausführliche Darstellung der Grundrechte im Grundgesetz nach. Welche halten Sie für besonders wichtig?
6. Wie sähe das Zusammenleben der Menschen aus, wenn es diese Grundrechte nicht gäbe?

## Der Freiheitsgedanke der Grundrechte

**Q**

*Dass die Freiheit des Einzelnen zu den zentralen Prinzipien unserer Verfassung gehört, braucht nicht besonders betont zu werden. Zusammen mit dem Bekenntnis zur Würde des Menschen, die das Grundgesetz an die Spitze des Grundrechtskatalogs stellt (Art. 1), und mit dem Gleichheitsgesetz des Art. 3 GG bildet die in Art. 2 Abs. 1 GG garantierte Handlungsfreiheit den Kern der grundgesetzlichen Ordnung. Art. 2 Abs. 1 GG ist das Hauptfreiheitsrecht der Verfassung. Schon der Wortlaut der Bestimmung deutet darauf hin: „Jeder hat das Recht auf die freie Entfaltung seiner Persönlichkeit, soweit er nicht die Rechte anderer verletzt und nicht gegen die verfassungsmäßige Ordnung oder das Sittengesetz verstößt.“ […]*

*Jede beliebige Betätigung ist somit verfassungsrechtlich geschützt, sofern sie sich im Rahmen der Rechtsordnung hält. Diese Einschränkung ist aber wichtig. Sie darf nicht übersehen werden, und sie entspricht der Realität des von zahllosen Vorschriften geregelten, begrenzten und oft auch gegängelten Lebens des Einzelnen in einer Massengesellschaft, die ohne solche Ordnung nicht auskommt. In dem engen Raum, in dem wir miteinander leben, kann es keine hemmungslose Freiheit geben. […] Indem das Recht Freiheit gewährleistet, aber zugleich begrenzt, schützt es die Freiheit aller, auch der Schwachen, und ermöglicht so ein geordnetes und friedliches Zusammenleben auf engem Raum. […]*

*Der Freiheitsgehalt der Grundrechte soll nicht nur dem Einzelnen zugute kommen, sondern zugleich auch den Charakter des Gemeinwesens bestimmen. Die Freiheitsrechte haben einen demokratiebegründenden Gehalt. Sie dienen der freiheitlich-demokratischen Gestaltung des Gemeinwesens und sie dienen der politischen öffentlichen Auseinandersetzung. Ganz deutlich ist dies bei den Freiheitsrechten der Meinungsbildung und Meinungsäußerung, der Pressefreiheit oder der Versammlungsfreiheit. […] Dabei ist das Freiheitsrecht des Einzelnen solcher politisch-demokratischen Zielsetzung aber nicht untergeordnet; nicht nur derjenige, der eine politische […] Meinung äußert, wird geschützt, sondern auch derjenige, der solche Ziele überhaupt nicht verfolgt.*

*Ernst Benda: Der Freiheitsgedanke des Grundgesetzes. In: Dietrich Welleshoff (Hg.): Freiheit – Was ist das? Mittler & Sohn, Herford 1984. S. 207ff.*

**A**

1. Geben Sie den verschiedenen Textabschnitten eine Überschrift, die den wichtigsten Gedanken des Abschnitts prägnant zum Ausdruck bringt.
2. Erläutern Sie den Zusammenhang zwischen den Freiheitsrechten des Einzelnen und dem Gemeinwesen. Stützen Sie sich dabei auch auf den letzten Satz des Textes.
3. Durch welche anderen Grundrechte würden Sie die Freiheitsrechte gern ergänzt sehen?

# 3. Verantwortung

In der heutigen Ethik ist Verantwortung ein zentrales Thema.

Dafür gibt es unterschiedliche Gründe: Ein Grund ist sicherlich die neue Macht, die der Mensch über die Natur gewonnen hat und die für die Natur wie den Menschen selbst ohne damit verbundene Verantwortung für die Folgen zerstörerisch zu werden droht. Einen anderen Hintergrund dieses neu erwachten Interesses bilden sich häufende Klagen über die mangelnde Wahrnehmung von Verantwortung in der heutigen Gesellschaft. Parallel dazu erschallt der Ruf nach (mehr) mitmenschlicher und sozialer Verantwortung. Nicht nur kirchliche Kreise, auch maßgebliche Politiker und die mediale Öffentlichkeit stimmen in diesen Ruf ein.

## 3.1. Hintergründe des Rufs nach (mehr) Verantwortung

### Verantwortungsbefreit?

Es sieht so aus, als ob manche Menschen die ihnen zustehenden Freiheitsrechte mit Freisein von jeder Verantwortung gleichsetzen. Die folgenden – aus Tageszeitungen entnommenen – Überschriften scheinen diese These zu bestätigen:

**Manager kassieren trotz Finanzkrise dicke Prämien**

**Fischsterben nach Gifteinleitung.**
Chemiebetrieb spricht von »Verkettung unglücklicher Umstände«

FAHRERFLUCHT NACH SCHWEREM UNFALL

Übermüdeter Brummifahrer
saß 56 Stunden am Steuer

STRASSENBAHNFAHRER VOR DEN AUGEN DER FAHRGÄSTE ZUSAMMENGESCHLAGEN

Zeugen des Hooligan-Überfalls leiden unter Erinnerungslücke

*»Wieder totes Baby im Tiefkühlschrank entdeckt«*

Vater missbraucht Stieftochter, Mutter schaut weg

Q

*Gerichtsreport*

*Am 18. September 1989 stehen in Königs Wusterhausen vier Taxifahrer neben ihren Fahrzeugen und warten auf Kundschaft. Sie unterhalten sich und bekommen nur nebenbei einiges mit: Einer der Fahrer, Thomas K., schildert das »Einige« so: »Neben unseren Fahrzeugen rempelten ein paar junge Männer. Einer war ziemlich dunkelhäutig. Es ging alles sehr schnell. Mal trat Weiß zu, dann schien Schwarz obenauf, dann schlug Weiß wieder zu, und Schwarz ging in die Knie. Aber was wirklich passierte, haben wir nicht mitbekommen, wir mussten ja auf mögliche Fahrgäste achten. Sie kamen unseren Wagen bedrohlich nahe. Mein Kollege stieg sogar aus, um sie von den Autos zu verjagen.«*

*»Nehmt den Neger weg!«, »Haut ab, prügelt euch woanders!«, haben Zeugen gehört, auch dass William Zombou, IT-Experte aus Kamerun, mehrfach »Help!« geschrien habe.*

*Herr R., ein weiterer Taxifahrer, meint dazu: »Manche Schlägerei hier am Bahnhof ist viel schlimmer. Wenn man da immer gleich die Polizei rufen wollte ...«*

*Siegrid F., die einzige Frau unter den Chauffeuren, hatte immerhin einen Moment lang daran gedacht, Hilfe zu holen. Sie nahm ihr Handy. Legte es dann aber wieder weg. Immerhin stand der Farbige zwischen den Schlägen immer wieder auf und hätte »auch ganz gut weglaufen können«. Dass er das nicht tat, sondern die Angreifer zwei-, dreimal ansprach: »Was soll das? Warum schlagt ihr mich?«, das können alle, die zusahen, nicht verstehen. »Dann muss er das doch gewollt haben«, schlussfolgert einer der Taxifahrer. Muss er das?*

*Nach Gerichtsreportage. In: Das Magazin, Nr. 7/2000. S. 92 f.*

A

1. Trifft angesichts des geschilderten Beispiels die These, dass wir in einer verantwortungsbefreiten Gesellschaft leben, auf ihre Zustimmung? Tauschen Sie sich in der Gruppe darüber aus.
2. Tragen Sie aus verschiedenen Bereichen (Beruf, Politik, soziales Miteinander, Wissenschaft/Technik etc.) Gründe zusammen, warum der Ruf nach mehr Verantwortung erschallt.
3. Charakterisieren Sie den doppelten Boden der satirischen Zeichnungen zum „gesunden Egoisten“: Warum sucht dieser Mann überhaupt einen Psychiater auf?

## Was gehen mich die anderen an?

**Q** *Gründe*

*Weil das alles nicht hilft,*
*Sie tun ja doch, was sie wollen*

*Weil ich mir nicht nochmals*
*die Finger verbrennen will*

*Weil man nur lachen wird:*
*Auf dich haben sie gewartet*
*Und warum immer ich?*
*Keiner wird es mir danken*
*Weil da niemand mehr durchsieht*
*Sondern höchstens noch mehr kaputtgeht*

*Weil jedes Schlechte*
*Vielleicht auch sein Gutes hat*

*Weil es eine Sache des Standpunktes ist*
*Und überhaupt wem soll man glauben?*

*Weil auch bei den anderen nur*
*mit Wasser gekocht wird*

*Weil ich das lieber*
*Berufeneren überlasse*

*Weil man nie weiß*
*Wie einem das schaden kann*

*Weil sich die Mühe nicht lohnt*
*Weil sie alle das gar nicht wert sind*

*Das sind die Todesursachen*
*Zu schreiben auf unsere Gräber*
*Die nicht mehr gegraben werden*

*Erich Fried: Gründe: In: Ders.: und Vietnam und. Klaus Wagenbach, Berlin 1996. S. 79*

**A** 1. Was hindert die Menschen Ihrer Meinung nach an einem couragierten Einsatz für Andere? Diskutieren Sie ausgehend von dem Fried-Gedicht vorgeschobene und tatsächliche Gründe.

*Es fehlt an Pflichtbewusstsein*

*In den größten Teilen Asiens gilt dieses Prinzip von Pflichten, gegenüber den eigenen Kindern, gegenüber den eigenen Eltern, gegenüber der eigenen Gruppe, in Japan sehr ausgeprägt gegenüber der eigenen Firma. Dieses Prinzip spielt dort eine viel größere Rolle als das Bewusstsein, dass der Einzelne Rechte habe.*

*Die Menschenrechtsdiskussion im Westen muss sich darüber klar werden, dass Rechte auch Pflichten bedingen. Meine uferlose Ausschöpfung von Rechten ohne meine Verantwortung, ohne meine Pflichten gegenüber anderen halte ich persönlich jedenfalls für unmoralisch.*

Q

*Im deutschen Grundgesetz finden sich in den Artikeln 1 bis 19 nur Rechte. Es gibt zwei Ausnahmen ... (die Wehrpflicht und die Sozialbindung des Eigentums, die ohne Konkretisierung geblieben ist). Ansonsten nur Rechte. Danach wird in unseren Schulen erzogen, danach wird in unseren Universitäten erzogen. Zur Pflicht, zur Verantwortung kaum irgendwo. [...]*

*Ich sehe viele Menschen in Deutschland, die meinen, ihre Würde sei unantastbar – aber nicht unbedingt auch die des anderen. [...] Ich würde es sehr begrüßt haben, wenn im Artikel 1, wo von der Würde der Person die Rede ist, die unverletzlich ist, ganz klar würde, dass das nicht nur für den Staat gilt, sondern auch für meinen Nachbarn, der meine Würde nicht verletzen darf, und für mich, der ich die Würde des Nachbarn nicht verletzen darf. Das fehlt alles.*

*Helmut Schmidt: Es fehlt am Pflichtbewusstsein. In: Menschenrecht und Bürgersinn. Die neue Mittwochgesellschaft. Bd. 2. Hg. von Marion Gräfin Dönhoff. Deutsche Verlagsanstalt, Stuttgart 1999. S. 32 f., S. 71*

**Gegenbeispiele couragierten Handelns: Hedwig M.**

*Hedwig war noch keine 20 Jahre alt, ihr ältestes Kind saß im Kinderwagen, sie bummelten durch die Fußgängerzone. Vor einem eleganten Modehaus saß ein alter Bettler mit seinem Hut und einem Pappschild. Plötzlich kam der Inhaber des Geschäfts, ein etwa 40-jähriger smarter Herr mit hochrotem Kopf und lautem Gebrüll aus seinem Laden gestürmt, stürzte auf den Bettler zu und stieß mit dem Fuß den Hut weg, so dass alle Münzen die Straße hinunterrollten. Mit schnellem Schritt verschwand er wieder in seinem Laden. Die meisten der Umstehenden hielten kaum inne und gingen ungerührt weiter. Aber Hedwig drückte ihrer sie begleitenden Freundin den Kinderwagen in die Hand und sprintete hinter dem Kaufmann her. Schon nach wenigen Sekunden kam sie mit dem »feinen Herrn« am Ärmel wieder aus dem Geschäft heraus. Als sie ihn losließ, murmelte der Modehausbesitzer einen unverständlichen Satz und kniete sich auf die Straße, um alle Münzen wieder einzusammeln und dem alten Mann in den Hut zu legen.*

Q

*Aus: Rainer und Anne Engelmann; Otto Herz (Hrsg.): Zivilcourage jetzt. Arena, Würzburg 2002. S. 20 ff.*

A

1. Welche Unterschiede zwischen der (west-)europäischen und der asiatischen Tradition im Umgang mit Rechten und Pflichten hebt der ehemalige Bundeskanzler Helmut Schmidt hervor?
2. Begründen Sie, warum das Einfordern von Rechten ohne die Wahrnehmung von Verantwortung auf Dauer selbst die Rechte der Einzelnen gefährden könnte.
3. Tragen Sie Beispiele aus ihrer Umgebung zusammen, in denen Menschen sehr wohl ihre Verantwortung für Andere wahrgenommen haben. Welche gesellschaftlichen Initiativen zur Wahrnehmung mitmenschlicher Verantwortung kennen Sie?

## 3.2. Voraussetzungen, Dimensionen und Grundelemente von Verantwortung

### Voraussetzungen der Wahrnehmung von Verantwortung

Was macht den Menschen zu einem verantwortungsfähigen Wesen? Unter welchen Voraussetzungen bilden sich seine Fähigkeiten zur Übernahme von Verantwortung heraus?

Eine Bedingung für moralische Verantwortung hatten wir bereits kennen gelernt – die Freiheit des Willens. Nur der Mensch als das einzige Lebewesen, das sein Leben bis zu einem gewissen Grade selbst wählt, kann gut oder böse handeln, das heißt, seiner Verantwortung gerecht werden, sich ihr aber unter Umständen auch entziehen (vgl. Seite 56).

Der spanische Philosoph Fernando Savater macht auf eine weitere Voraussetzung der Verantwortungsfähigkeit des Menschen aufmerksam. Er fragt, ob der Mensch, aufgefasst als isoliertes Individuum, seine Verantwortung überhaupt erkennen und wahrnehmen könnte.

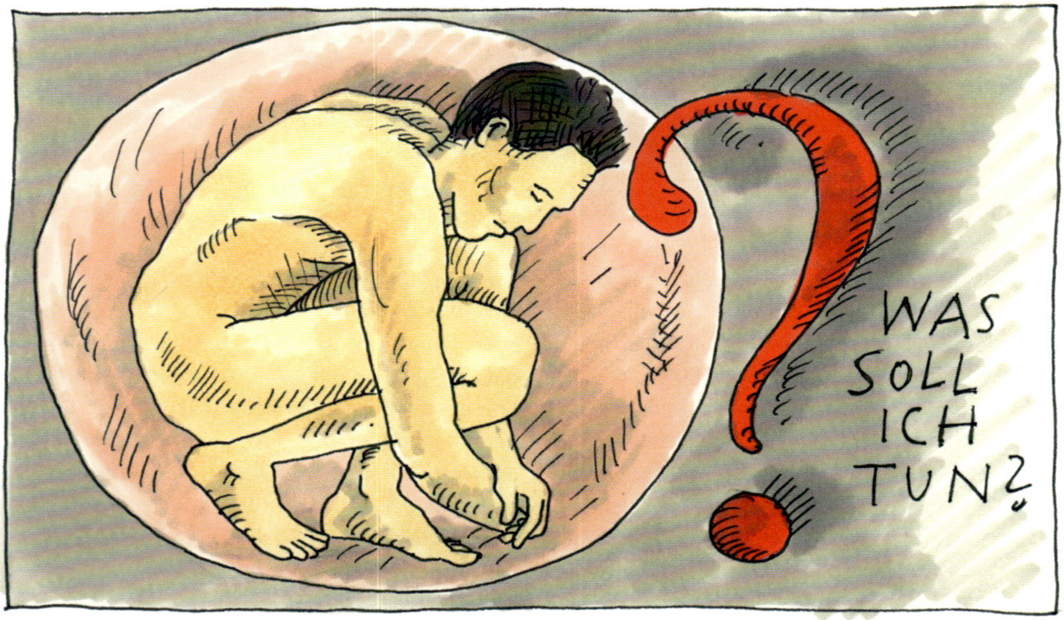


**Q** ***Verantwortung in und durch soziale Beziehungen***

*Schränken uns aber die anderen und die Institutionen, die öffentlichen Einrichtungen, die wir mit ihnen teilen, in unserer Freiheit ein? Vielleicht sollte man die Frage anders stellen: Macht es Sinn, von Freiheit ohne Bezug auf Verantwortung zu sprechen, das heißt auf unsere Beziehung zu den anderen? Sind es nicht gerade Institutionen – angefangen mit den Gesetzen –, die uns deutlich machen, dass wir frei sind, uns in sie zu fügen oder ihnen zu trotzen, ebenso wie sie einzurichten oder aufzuheben? […]*

*So berechtigt die Proteste gegen die tatsächlichen Formen jeder heutigen Gesellschaft sein mögen, bleibt es ebenso gewiss, dass wir menschlich **für** und **durch** unsere Mitmenschen geprägt wer-*

*den. Das ist unser Schicksal als sprachbegabte, das heißt symbolschaffende Wesen. Bei der Geburt sind wir zur Menschlichkeit „fähig", doch wir erfüllen diese Fähigkeit – zu deren Zügen individuelle Autonomie gehört – nicht mit Leben, solange wir nicht die Beziehung zu anderen genießen und erleiden. Die Beziehung zu anderen ist mit Sicherheit nie überflüssig oder ein bloßes Hindernis für die Entwicklung unserer Individualität. In Wirklichkeit kann sie sich nur in den Beziehungen zu anderen festigen. Um uns selbst kennen zu lernen, müssen wir zuerst von anderen* **erkannt** *werden. So belastend uns der Umgang mit anderen bekommen mag, wäre doch nichts so zerstörerisch wie seine völlige Abwesenheit – wenn wir also von anderen völlig und dauerhaft „unerkannt" blieben.*

*Fernando Savater: Die Fragen des Lebens. Campus, Frankfurt/New York 2000. S. 192 ff.*

## Macht und Verantwortung

Auch für den deutsch-amerikanischen Philosophen Hans Jonas ist der Mensch das einzige Wesen, das Verantwortung tragen kann. Verantwortung haben Menschen aus seiner Sicht immer dann, wenn sie mit ihren Handlungen Macht über Andere gewinnen können.

Q

***Was heißt unverantwortlich handeln?***

*Der Glücksspieler, der im Kasino sein Vermögen aufs Spiel setzt, handelt leichtsinnig; wenn es nicht seines sondern eines Andern ist, dann verbrecherisch; aber wenn er Familienvater ist, dann unverantwortlich auch bei unstreitigem Eigentum und einerlei, ob er gewinnt oder verliert. Das Beispiel sagt: Nur wer Verantwortungen hat, kann unverantwortlich handeln. [...] Der waghalsige Fahrer ist leichtsinnig für sich, aber unverantwortlich, wenn er damit auch Passagiere gefährdet: durch ihre Aufnahme hat er auf Zeit und auf* **eine** *Sachwaltung beschränkt eine Verantwortung übernommen, die er sonst für diese Personen und für ihr sonstiges Wohlergehen nicht trägt. [...] In beiden Beispielen besteht ein definierbares, nicht-reziprokes* **Verhältnis** *der Verantwortung. Das Wohlergehen, das Interesse, das Schicksal Anderer ist, durch Umstände oder Vereinbarung, in meine Hut gekommen, was heißt, dass meine Kontrolle* **darüber** *zugleich meine Verpflichtung* **dafür** *einschließt. Die Ausübung der Macht ohne die Beobachtung der Pflicht ist dann »unverantwortlich«, das heißt ein Bruch des Treueverhältnisses der Verantwortung. Eine deutliche Unebenbürtigkeit der Macht oder Befugnis gehört zu diesem Verhältnis.*

*Hans Jonas: Das Prinzip Verantwortung. Versuch einer Ethik für die technologische Zivilisation. Suhrkamp, Frankfurt am Main 1984. S. 176*

A

1. Wiederholen Sie mit eigenen Worten die im 2. Kapitel *Freiheit* vorgetragenen Argumente von F. Savater (S. 49), warum nur der Mensch, aufgefasst als Wesen mit freiem Willen, moralische Verantwortung tragen kann.
2. Machen Sie, angeregt durch die Zeichnung, ein Gedankenexperiment: Denken Sie sich einen Menschen, der total isoliert aufwächst und lebt. Warum kann ein solcher Mensch die Fragen, was ich tun soll und wofür ich verantwortlich bin, nicht beantworten?
3. Welche Zusammenhänge zwischen Verantwortungsfähigkeit des Menschen und sozialen Beziehungen deckt Savater auf?
4. Warum handelt ein Raser, der mit 120 km/h durch eine verkehrsberuhigte Zone fährt, auch dann unverantwortlich, wenn er aktuell keinen Menschen verletzt hat?
5. Nennen Sie im Anschluss an Hans Jonas andere Beispiele, wo wir alle unter Umständen mit unseren Handlungen Macht über andere gewinnen und daher Verantwortung tragen.

## Ebenen des Verantwortungsproblems

Bisher wurde über die Bedingungen für verantwortliches Handeln des Menschen nachgedacht. Dabei wurde der Verantwortungsbegriff selbst weitgehend vorausgesetzt.

Bei genauerem Hinsehen ergeben sich jedoch eine Reihe strittiger Fragen: Einleuchtend erscheint, den Menschen nicht für alles verantwortlich zu machen. Für die Sonnenaktivitäten zum Beispiel wird keiner den Menschen die Schuld geben. Auch ein kleines Kind werden wir nicht in vollem Umfang für sein Tun zur Rechenschaft ziehen. Genauer zu bestimmen ist also zum Beispiel, welche Menschen eigentlich für ihr Tun verantwortlich sind, wie weit ihre Verantwortung reicht und gemessen an welchen Maßstäben sie verantwortlich sind. Insofern ist eine weitere Klärung des Verantwortungsbegriffs notwendig.

Das Wort *Verantworten* geht zurück auf den sprachlichen Ausdruck „Antwort geben". Es lassen sich mehrere Dimensionen des Verantwortungsproblems unterscheiden. Deren spezifischer Inhalt kann durch Analyse der alltäglichen Verwendungsweisen von »Verantwortung« erschlossen werden:

- *Jemand* trägt die Verantwortung/handelt verantwortlich.
- Jemand trägt die Verantwortung *für etwas.*
- Jemand muss sich für etwas verantworten *gegenüber jemandem.*
- Jemand wird für etwas von jemandem zur Rechenschaft gezogen, *weil die Norm gilt.*

**A**

1. Ordnen sie die Begriffe Verantwortungsgegenstand, Verantwortungssubjekt, Verantwortungsgründe und Verantwortungsinstanz jeweils einer der vier Ebenen zu.
2. Nutzen Sie die Fragewörter »Wofür?«, »Warum?« , »Wer?« sowie »Wem gegenüber?«, um den Sinn der jeweiligen Ebene zu erschließen.

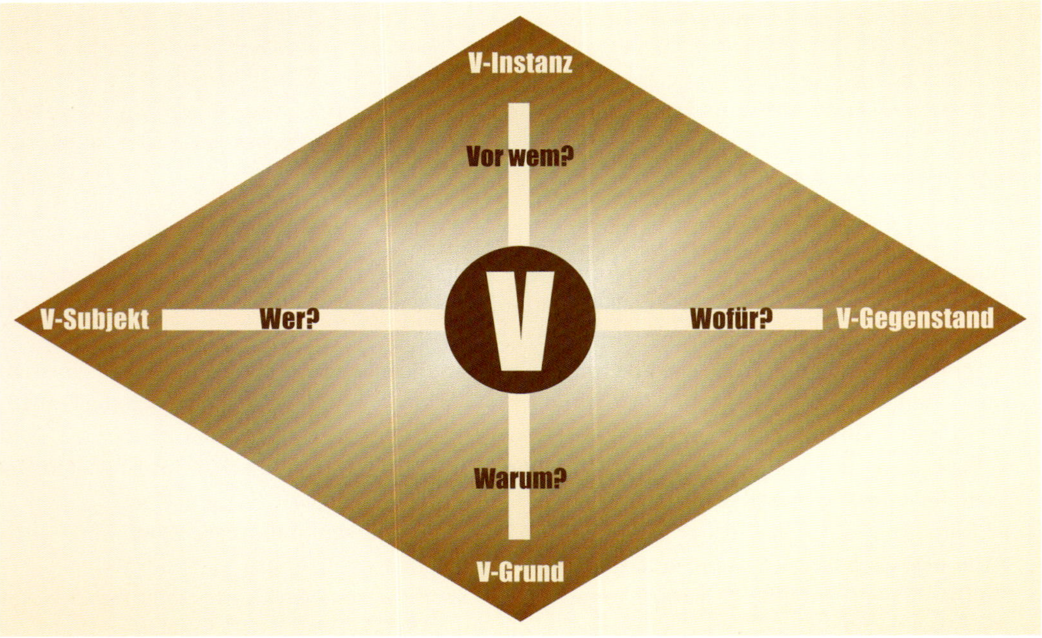

Verantwortung erweist sich damit als eine *vierstellige Beziehungen*, die durch vier »W-Fragen« erschlossen werden kann.

Tabelle: Verantwortungsdimensionen

| Fragewort zur Erschließung des Sinns | | Verantwortungsdimension | Inhaltliche Erläuterung |
|---|---|---|---|
| 1 | Wer? | Verantwortungssubjekt S | ▶ zurechnungsfähige Personen<br>▶ organisierte soziale Gruppen<br>▶ politische/soziale Institutionen |
| 2 | Wofür?<br>(Was?) | Verantwortungsobjekt O<br><br>(Verantwortungsobjekte bzw. -bereiche) | ▶ Handlung – Handlungsfolgen<br>▶ für sich selbst – für andere<br>▶ Tun – Unterlassen<br>▶ Mensch – Natur<br>▶ Gegenwart – Zukunft |
| 3 | Wem gegenüber?<br>(Vor wem?) | Verantwortungsinstanz I<br><br>(Institution mit Kontroll- und Sanktionspotential) | ▶ göttliche Autorität (für religiös Gläubige)<br>▶ soziale Instanzen: öffentliche Meinung<br>▶ juristische Instanzen: das Gericht<br>▶ interne moralische Instanz: das Gewissen |
| 4 | Warum?<br>(Weshalb) | Verantwortungsgründe G<br><br>(Maßstäbe für die Zuschreibung von Verantwortung) | ▶ eigene Grundsätze<br>▶ geltende rechtliche Gesetze<br>▶ übergreifende moralische Normen und Prinzipien |

A

1. Konstruieren Sie alltägliche Fallbeispiele (etwa aus der Schule, dem Firmenleben oder der Teilnahme am Straßenverkehr) für unverantwortliches Handeln.
2. Wenden Sie die in der obigen Tabelle dargestellte Ebenenstruktur von Verantwortung bei der genaueren Klärung der konkreten Verantwortlichkeit in den konstruierten Fallbeispielen an. Nutzen dafür auch die Fragewörter »Wer?«, »Wofür?«, »Warum?« und »Wem gegenüber?« als Anhaltspunkte.

# Verantwortungsträger: Zurechnungsfähige Personen

Verantwortung im moralischen Sinne tragen vor allem menschliche Personen. Was aber verstehen wir unter einer Person? Inwieweit sind Personen für ihr Handeln und die Handlungsfolgen selbst verantwortlich?

**Q** *Wer ist verantwortlich?*

*Verantwortung rechnen wir demjenigen zu, dem wir unterstellen, dass er willentlich und wissentlich handeln kann. Nicht dem kleinen Kind, das in ein Auto läuft, wohl aber seiner Mutter, wenn sie es unbeaufsichtigt ließ, wie auch dem Fahrer, sofern er zu schnell fuhr, rechnen wir die Verantwortung zu – sie hätten es wissen können, wissen müssen. Für den Tod eines Menschen machen wir den sorgfältig planenden Raubmörder voll verantwortlich, den im Affekt reagierenden Totschläger hingegen nur eingeschränkt. [...] Im letzten Fall liegt eine Beeinträchtigung der Fähigkeit vor, den eigenen Willen bestimmen zu können. Denn zur Verantwortung fähig ist eine Person nach Immanuel Kant erst dann, wenn sie gelernt hat, ihren eigenen Willen durch Gründe zu bestimmen.*

*Gertrud Nunner-Winkler: Moralische Motivation. In: Friedrich Jahresheft, Seelze 1992. S. 10*

**Q** *Koma-Saufen*

*Der 17-jährige Kevin wollte zum Abschluss des ersten Lehrjahres mit seiner Freundin Inga und seinen wenige Jahre älteren Kumpels Sascha und Christian, mit denen zusammen er im örtlichen Fußballclub spielte, in ihrer Stammkneipe noch mal richtig einen drauf machen.*

*In der Berufsschule hatte es an diesem Tag wieder mal Ärger gegeben: Der Gemeinschaftskundelehrer, mit dem Kevin über Kreuz lag, hatte ihm kurz vor Zensurenschluss für eine nicht abgelieferte Projektarbeit noch zwei Sechsen reingedrückt. Kevin fand das unfair und schäumte innerlich vor Wut. Zu Hause bediente er sich erstmal mit Hochprozentigem aus dem Kühlschrank der Eltern.*

*Auf dem Weg in die Kneipe wurden schon ein paar Bierpullen geköpft. In der Kneipe ging es so weiter. Später, es war schon nach zwölf und sie waren inzwischen die einzigen Gäste, beschloss man, auf „Caipi" umzusteigen. Der Wirt, den Sascha als Sponsor des Fußballclubs gut kannte, hatte sich inzwischen zu ihnen gesetzt und auch selbst ein paar Runden ausgegeben. Es war wohl Christian, der dann auf die Idee mit dem Wetttrinken unter Männern kam. Kevin sträubte sich erst, wollte sich von seinen Kumpels aber nicht als Weichei beschimpfen lassen und gab schließlich nach. Auch Inga konnte ihn nicht davon abhalten. Bei dem achten Drink stiegen dann sowohl Sascha als auch Christian aus. Nur Kevin schüttete das Getränk tapfer in sich hinein. Wenig später jedoch fiel er ins Koma.*

*Zum Glück hatte Inga noch so viel Geistesgegenwart besessen und sofort den Notarzt angerufen. Wenige Minuten später, so der behandelnde Arzt, und sie hätten sein Leben nicht mehr retten können.*

*frei nach einem Zeitungsbericht*

**A**

1. Warum ist das willentliche/wissentliche Handeln nach Nunner-Winkler unerlässliche Voraussetzung der menschlichen Fähigkeit zur Verantwortung?
2. Legen Sie Gründe dar, warum ein Mensch unter Umständen nur eingeschränkt oder gar nicht für sein Tun verantwortlich ist.
3. Ist Kevin im angeführten Beispiel für seinen Zustand selbst verantwortlich? Begründen Sie ihre Position.
4. Wie beurteilen Sie die Schuld der älteren Kumpels Sascha und Christian? Hat der Wirt verantwortungslos gehandelt, obwohl er nicht wusste, dass Kevin noch nicht volljährig ist?

## Verantwortung im Rahmen sozialer Institutionen

Menschen handeln in der Regel nicht als isolierte Einzelne, sondern im Rahmen von Institutionen, sei es eine Schule, eine Firma oder ähnliches. Ein gutes Beispiel sind die „Todesschützen“ an der innerdeutschen Grenze, die sich auf den Befehl ihrer Vorgesetzten berufen konnten. Inwieweit sind Menschen unter diesen Bedingungen für ihr Handeln überhaupt persönlich verantwortlich?

### *Übermüdeter Fahrer aus Verkehr gezogen*

*Wie der Polizeisprecher berichtete, wurde am gestrigen Dienstag auf der A 9, Anschlussstelle Schleiz, eine groß angelegte Verkehrskontrolle des Schwerlastverkehrs durchgeführt. Dabei seien bei mehr als der Hälfte der kontrollierten LKWs technische Mängel festgestellt worden. Den Vogel habe aber der Brummifahrer H. aus dem sächsischen M. abgeschossen: Bei der Kontrolle des Fahrtenschreibers seien Manipulationen sichtbar geworden. Hartnäckiges Nachfragen habe dann zu dem Ergebnis geführt, dass der Brummifahrer insgesamt 56 Stunden ohne Pause unterwegs gewesen sei! Außerdem habe sich der LKW in einem katastrophalen technischen Zustand befunden. Beanstandet wurden unter anderem total abgefahrene Reifen und ein unsachgemäß geschweißter Rahmen. Dem Fahrer wurde die Weiterfahrt verwehrt, der LKW wegen der gravierenden Mängel sofort aus dem Verkehr gezogen.*

*Gegenüber dem Polizisten habe der Fahrer sein Verhalten wie folgt gerechtfertigt: Er sei mit einer dringenden Terminfracht unterwegs gewesen. Wegen eines nicht eingeplanten Staus am Hermsdorfer Kreuz habe er die Ruhezeiten nicht einhalten können, der Chef habe telefonisch auf unbedingte Einhaltung des Termins gedrängt. Das Klima in der Branche sei rau – es werde hart um jeden Auftrag gekämpft. Vor allem die Billigkonkurrenz aus Osteuropa mache der Branche zu schaffen. Die Firma sei schon mehrfach nur knapp einer Insolvenz entgangen. Deshalb habe auch die notwendige Instandsetzung der Zugmaschine immer wieder verschoben werden müssen, sie sei nun aber, so habe ihm der Chef fest versprochen, für die nächste Woche geplant gewesen. Ihm selbst als Familienvater drohe jetzt wohl die Entlassung.*

*frei nach einer Pressemitteilung*

1. Welche institutionellen Zwänge werden im angeführten Beispiel sichtbar?
2. Hatte der LKW-Fahrer überhaupt eine Wahl? Führen Sie dazu ein Streitgespräch.
3. Beurteilen Sie zusammenfassend die Verantwortung des Brummifahrers H.

# Verantwortungsgegenstände: Verantwortung für mich selbst und für andere

Eingangs wurde die menschliche Person als verantwortungsfähiges Wesen beschrieben, die für ihre Handlungen und die Handlungsfolgen die Verantwortung übernehmen muss.

Trotzdem ist klar, dass Menschen nicht für alles verantwortlich gemacht werden können, denn sie sind nicht allmächtig. Es gibt in unserem Leben immer auch etwas, was uns zustößt. So tragen Menschen für Naturkatastrophen wie Erdbeben oder Überschwemmungen zumeist keine Verantwortung. Ähnlich sieht es mit erblich bedingten Krankheiten oder einer unverschuldet eingetretenen Arbeitslosigkeit infolge plötzlicher Firmeninsolvenz aus.

Wofür also sind wir verantwortlich, wie weit reicht unsere Verantwortung?

## Selbstverantwortung: Verantwortung für das eigene Leben

Verantwortung trage ich zuallererst für mich selbst, für mein Leben, meine Zukunft, meine Gesundheit.

**Q** *Bypass für Raucher?*

*Der passionierte Kettenraucher Harry E. starb im Alter von 47 Jahren, sechs Tage vor einer geplanten Herzoperation, an einem Herzinfarkt. Die Witwe beschuldigte die behandelnden Ärzte, Schuld am Tod ihres Mannes zu tragen. Die Ärzte hatten sich geweigert, dem Kettenraucher Harry E. einen Bypass zu legen, bevor dieser das Rauchen aufgab. Diese Frist war für Harry E. zu lang gewesen.*

*Der Arzt erklärte zu den Vorwürfen der Witwe: Ein Bypass lindere zwar akute Beschwerden wie Atemnot, aber er verlängere nach wissenschaftlichen Analysen das Leben von Rauchern nicht, da die Flimmerhärchen in den Atemwegen, die für den Abtransport von Wundsekret sorgen, bei Rauchern geschädigt oder gar zerstört sind. Dadurch erleiden Raucher nach Operationen öfter als andere Patienten Infekte, sie müssen länger und öfter künstlich beatmet werden und die Erfolgschancen einer Operation sind geringer. Deshalb haben Nichtraucher auf den Wartelisten für Bypassoperationen Vorrang.*

*Zitiert frei nach Dagmar Fenner: Ethik. A. Francke, Tübingen/Basel 2008, S. 19*

**A**
1. Inwieweit ist Harry E. für seine Gesundheit selbst verantwortlich? Begründen Sie ihre Auffassung.
2. Die Verantwortung des Arztes ist es, Kranken zu helfen. Ist es Ihrer Meinung nach berechtigt, diese Hilfe an Bedingungen zu knüpfen und deren Einhaltung zu erzwingen? Warum/warum nicht?

## Verantwortung für andere Menschen: Zivilcourage wagen

Ein Ausdruck der Verantwortung, die wir anderen Menschen gegenüber haben, ist die Haltung der *Zivilcourage*. Im Wegschauen, wenn andere Menschen zum Beispiel wegen ihrer Hautfarbe beleidigt oder gar tätlich angegriffen werden, zeigt sich dementsprechend mangelnde Verantwortung. Was kann man aber dagegen tun, ohne sein eigenes Leben, also die Verantwortung für sich selbst, zu gefährden?

Unter der Schirmherrschaft des damaligen Präsidenten des Bundestages, Wolfgang Thierse, wurde in diesem Zusammenhang die folgende Initiative für mehr Zivilcourage gestartet:

**10**

**ZEHN PUNKTE**
**FÜR ZIVILCOURAGE**

**In unserem Land werden Menschen in aller Öffentlichkeit angegriffen, beleidigt, bedroht und sogar ermordet. Sie werden Opfer, weil ihre Haut nicht weiß ist, sie einen anderen Gott anbeten oder anders denken und leben als die meisten von uns. Das darf nicht sein. Das muss nicht sein, denn wir können ihnen helfen, indem wir unsere eigene Angst überwinden und einschreiten.**

**01. Seien sie vorbereitet**
- Denken Sie sich eine Situation aus, in der ein Mensch belästigt, bedroht oder angegriffen wird [...].
- Überlegen Sie, was Sie in einer solchen Situation fühlen würden.
- Überlegen Sie, was Sie in einer solchen Situation tun würden.

**02. Bleiben Sie ruhig**
- Konzentrieren Sie sich darauf, das zu tun, was Sie sich vorgenommen haben. Lassen Sie sich nicht ablenken von Gefühlen wie Angst oder Ärger.

**03. Handeln Sie sofort**
- Reagieren Sie immer sofort, erwarten Sie nicht, dass ein anderer hilft. Je länger Sie zögern, desto schwieriger wird es, einzugreifen.

**04. Holen Sie Hilfe**
- In der Bahn: Nehmen Sie ihr Handy und rufen Sie die Polizei oder ziehen Sie die Notbremse.
- Auf der Straße: Schreien Sie laut, am besten »Feuer«, darauf reagiert jeder.

**05. Erzeugen Sie Aufmerksamkeit**
- Sprechen Sie andere Zuschauer persönlich an.
- Ziehen Sie sie in die Verantwortung: »Sie in der gelben Jacke, können Sie bitte den Busfahrer rufen?«
- Sprechen Sie laut. Ihre Stimme gibt Ihnen Selbstvertrauen und ermutigt andere zum Einschreiten.

**06. Verunsichern Sie den Täter**
- Schreien Sie laut und schrill. Das geht auch, wenn die Stimme versagt.

**07. Halten Sie zum Opfer**
- Nehmen Sie Blickkontakt zum Opfer auf. Das vermindert seine Angst.
- Sprechen Sie das Opfer direkt an: »Ich helfe Ihnen«.

**08. Wenden Sie keine Gewalt an**
- Spielen Sie nicht den Helden und begeben Sie sich nicht unnötig in Gefahr.
- Setzen Sie keine Waffen ein, diese führen häufig zur Eskalation.
- Fassen Sie den Täter niemals an, er kann dann schnell aggressiv werden.
- Lassen Sie sich nicht provozieren, bleiben Sie ruhig.

**09. Provozieren Sie den Täter nicht**
- Duzen Sie den Täter nicht, damit andere nicht denken, Sie würden ihn kennen.
- Starren Sie dem Angreifer nicht direkt in die Augen, das könnte ihn noch aggressiver machen.
- Kritisieren Sie sein Verhalten, nicht aber seine Person.

**10. Rufen Sie die Polizei**
- Beobachten Sie genau und merken Sie sich Gesichter, Kleidung und Fluchtweg des Täters.
- Erstatten Sie Anzeige und melden Sie sich als Zeuge.

1. Fassen Sie zusammen: Wie sollte man sich verhalten, wenn man Augenzeuge tätlicher Angriffe auf andere wird? **A**

### Verantwortung für Arme in den Ländern der „dritten Welt“

Elementare Hilfsverpflichtungen für Menschen, die uns nahe stehen, sind weitgehend unstrittig. Wie weit aber reicht unsere Verantwortung, wenn es um das Wohl von Menschen in anderen Regionen der Welt geht?

Der australische Philosoph Peter Singer plädiert dafür, die Verpflichtung zur Hilfe nicht auf „die Unsrigen“ zu beschränken, sondern auf Arme in der „dritten Welt“ auszudehnen.

Er arbeitet dabei mit dem Begriff der »absoluten Armut«. Diesen hebt er von der »relativen Armut« ab, die in den westlichen Industriestaaten herrscht. Armut in diesem Sinne ist auf einen bestimmten Standard des normalen Verdienstes bezogen. Nach einer in der Europäischen Union verbreiteten Definition liegt Armut dann vor, wenn die Betroffenen weniger als 60 % des durchschnittlichen Einkommens ihres Landes erzielen.

*Die Verpflichtung zu helfen*

*[Man hat absolute Armut] zusammengefasst als »Lebensbedingungen, die derart durch Unterernährung, Analphabetentum, Krankheit, verwahrloste Umgebung, hohe Kindersterblichkeit und niedrige Lebenserwartung gekennzeichnet sind, dass sie sich jenseits jeder vernünftigen Definition von menschlicher Würde befinden«. Absolute Armut ist [...] verantwortlich für zahllose Todesopfer, insbesondere unter Säuglingen und Kleinkindern. Wenn absolute Armut nicht zum Tode führt, dann verursacht sie doch Elend in einem Ausmaß, wie es bei den wohlhabenden Nationen nur selten anzutreffen ist. [...] Das Worldwatch Institute schätzt, dass 1,2 Milliarden Menschen – das sind 23 % der Weltbevölkerung – in absoluter Armut leben. [...]*

*[Nun könnte man] sagen, dass die Notlage der Hungernden nicht Folge meines Tuns ist, und somit kann man mich auch nicht verantwortlich machen. Die Hungernden würden auch hungern, auch wenn ich nie existiert hätte. [...]*

*Andererseits würde jeder [...] darauf bestehen, dass wir für alle Konsequenzen unserer Handlungen verantwortlich sind, und wenn eine Konsequenz dessen, dass ich Geld für einen Luxusartikel ausgebe, darin besteht, dass jemand stirbt, dann bin ich für diesen Tod verantwortlich. [...] Die Vorstellung, dass wir direkt verantwortlich sind für diejenigen, die wir töten, aber nicht für jene, denen wir nicht helfen, beruht auf einem fragwürdigen Begriff der Verantwortung [...].*

**Q**

*Nicht zu helfen wäre unrecht, ganz gleich, ob dies für sich genommen mit einer Tötung gleichbedeutend wäre oder nicht. Helfen ist nicht, wie man üblicherweise denkt, eine wohltätige Handlung, die zu tun lobenswert ist, die zu unterlassen aber nicht unrecht ist; es ist etwas, das jedermann tun soll.*

*Das ist das Argument für die Verpflichtung zu helfen. Formal dargestellt sähe es etwa folgendermaßen aus:*

**Erste Prämisse:**
*Wenn wir etwas Schlechtes verhindern können, ohne irgendetwas von vergleichbarer moralischer Bedeutsamkeit zu opfern, sollten wir es tun.*

**Zweite Prämisse:**
*Absolute Armut ist schlecht.*

**Dritte Prämisse:**
*Es gibt ein bestimmtes Maß von absoluter Armut, das wir verhüten können, ohne irgendetwas von vergleichbarer moralischer Bedeutung zu opfern.*

**Schlussfolgerung:**
*Wir sollten ein bestimmtes Maß von absoluter Armut verhüten.*

*Peter Singer: Praktische Ethik. Reclam, Stuttgart 1994. S. 278 ff.*

**A**

1. Die dargestellten Fakten zur Armut in der dritten Welt stammen aus den 90er Jahren des 20. Jahrhunderts. Informieren Sie sich anhand des aktuellen Armutsberichts der UNESCO oder anderer Organisationen über den aktuellen Stand der Armutsbekämpfung in der heutigen Welt.
2. Was versteht Peter Singer unter absoluter Armut in der dritten Welt im Unterschied zur relativen Armut in den entwickelten Industrieländern, mit welchen Folgen für die betroffenen Menschen ist sie verbunden?
3. Wägen Sie Pro- und Kontra-Argumente bezogen auf eine Verpflichtung zur Hilfe für Arme in den Ländern der dritten Welt ab. Nutzen Sie dazu das Argumentationsschema von Peter Singer als Argumentationshilfe.
4. Ein Gegenargument gegen die Hilfe betrifft die Gefahr der missbräuchlichen Verwendung der Hilfsgelder (durch Hilfsorganisationen und Empfängerländer). Wie, in welcher Form sollte Ihrer Meinung nach die Hilfe am effektivsten geleistet werden?

## Verantwortungsgründe: Geltende Regeln

Verantwortlich handeln heißt Gründe für sein Tun angeben zu können. Die Gründe müssen allerdings bestimmter Art sein. Es reicht nicht aus, sich auf sein Eigeninteresse zu berufen. Vielmehr versuche ich mein Handeln vor anderen durch Rückgriff auf allgemein anerkannte Maßstäbe zu rechtfertigen. Zur Verantwortung gezogen werden kann ich nur, wenn es geltende Regeln gibt, gemessen an denen ich verantwortlich/unverantwortlich gehandelt habe. Hierbei ist allerdings der Unterschied von rechtlichen Gesetzen und moralischen Prinzipien zu beachten.

### Die Unterscheidung rechtliche – moralische Verantwortung

Viele Handlungsvorschriften, wie zum Beispiel das Verbot körperlicher Misshandlung anderer, sind Bestandteil rechtlicher wie moralischer Regulierung gleichermaßen. Trotzdem fallen die rechtliche und die moralische Verantwortung nicht absolut zusammen. Für die Verantwortung im rechtlichen Sinne bilden die in dem jeweiligen politischen Gemeinwesen zu einer bestimmten Zeit geltenden juristischen Gesetze den Maßstab der Beurteilung. Im moralischen Sinne hingegen bemisst sich unsere Verantwortung an übergreifend gültigen, von uns verinnerlichten moralischen Normen und Prinzipien.

Der amerikanische Entwicklungspsychologe Lawrence Kohlberg hat diesen Unterschied von rechtlicher und moralischer Verantwortung für verschiedene Dilemma-Situationen fruchtbar gemacht.

**Q** *Das „Heinz-Dilemma"*

*„Eine todkranke Frau litt an einer besonderen Krebsart. Es gab ein Medikament, das nach Ansicht der Ärzte ihr Leben hätte retten können. Ein Apotheker der Stadt hatte es kurz zuvor entdeckt. Das Medikament war teuer in der Herstellung, der Apotheker verlangte jedoch ein Vielfaches seiner eigenen Kosten. Heinz, der Ehemann der todkranken Frau, borgte von all seinen Bekannten Geld, brachte aber nur die Hälfte des Preises zusammen. Nach ergebnislosen Verhandlungen mit dem Apotheker brach Heinz in die Apotheke ein und stahl das Medikament für seine Frau."*

*Daran schließen sich folgende Fragen an:*

- *Hätte Heinz das Medikament stehlen sollen? Warum?*
- *Was ist schlimmer: jemanden sterben zu lassen oder zu stehlen? Warum?*
- *Hätte der Ehemann einen triftigen Grund zu stehlen, auch wenn er seine Frau nicht liebt? Wäre es genauso gerechtfertigt, für einen Fremden zu stehlen?*

*Lawrence Kohlberg: Zur kognitiven Entwicklung des Kindes. Suhrkamp, Frankfurt am Main 1974. S. 124*

**A**

1. Wie hätten Sie die von Kohlberg aufgeworfenen Fragen beantwortet? Verteidigen Sie ihre Position vor der Klasse.
2. Suchen Sie nach anderen Fallbeispielen, wo unsere moralische Verantwortung unter Umständen mit der rechtlichen in Konflikt gerät.

## Was als oberste Richtschnur für die Beurteilung moralischer Verantwortung dienen kann

In der Ethik wurden immer wieder Versuche unternommen, ein allgemeingültiges moralisches Gesetz zu finden, das als Basis und Richtschnur für die Bewertung unseres moralisch verantwortlichen Handelns fungieren soll.

Ein viel beachteter Lösungsansatz ist von Peter Singer entwickelt worden.

### *Das Prinzip gleicher Interessenabwägung*

Q

*Wir haben [...] gesehen, dass ich, wenn ich ein moralisches Urteil fälle, über einen persönlichen oder partikularistischen Standpunkt hinausgehen und die Interessen aller Betroffenen berücksichtigen muss. Dies bedeutet, dass wir Interessen einfach als Interessen abwägen, nicht als meine Interessen oder die Interessen der Deutschen oder die Interessen der Weißen. Dies verschafft uns ein grundlegendes Prinzip der Gleichheit: das Prinzip gleicher Interessenabwägung.*

*Das Wesentliche am Prinzip gleicher Interessenabwägung besteht darin, dass wir in unseren moralischen Überlegungen den ähnlichen Interessen all derer, die von unseren Handlungen betroffen sind, gleiches Gewicht geben. [...] Worauf das Prinzip in Wirklichkeit hinaus läuft, ist folgendes: Interesse ist Interesse, wessen Interesse es auch sein mag. [...]*

*Das Prinzip der gleichen Interessenabwägung [...] muss auf jeden Menschen angewendet werden, ungeachtet der Rasse, des Geschlechts oder der Werte eines Intelligenztests.*

*Peter Singer: Praktische Ethik. Reclam, Stuttgart 1994. S. 349 ff.*

A

1. Was bedeutet für Peter Singer Gleichheit der Menschen? Warum sollten aus seiner Sicht natürliche Unterschiede wie die des Geschlechts oder des Grades der Intelligenz für den Anspruch von Menschen auf Beachtung ihrer Interessen nicht ausschlaggebend sein?
2. Wenden Sie das von Singer entwickelte Moralprinzip gleicher Interessenabwägung in der Argumentation zum „Heinz-Dilemma" an.

## Verantwortungsinstanzen: Das Gewissen als »innerer Richter«

Es gibt verschiedene Instanzen, denen gegenüber wir uns rechtfertigen müssen. Zur Verantwortung gezogen werden können wir zum einen von einer äußeren rechtlichen Instanz, dem Gericht. Hier ist nicht nur wichtig, was wir getan haben, sondern auch, ob uns die Schuld nachgewiesen werden kann. Ansonsten können wir im strafrechtlichen Sinne nicht zur Verantwortung gezogen werden, gelten wir weiter als unschuldig.

Es gibt aber andererseits auch eine individuelle Verantwortungsinstanz, die selbst dann in Aktion ist, wenn uns keine sozialen Instanzen zur Rechenschaft ziehen. Eine Besonderheit der moralischen Verantwortung ist, dass sie *individuell-gewissensbezogen* ist.

Das Gewissen als Verantwortungsinstanz in uns

Sprüche

**Jeder Mensch hat Gewissen und fühlt sich durch einen inneren Richter beobachtet.**
*(Immanuel Kant)*

**Niemals tut man derart vollständig und heiter das Böse, als wenn man es mit gutem Gewissen tut.**
*(Pascal)*

**Ein gutes Gewissen ist ein sanftes Ruhekissen.**
(Sprichwort)

Unser Trost ist der, dass wir ein gutes Gewissen haben und uns befleissigen, guten Wandel zu führen in allen Stücken.
*(Brief des Johannes an die Hebräer; 13,18)*

Man entgeht wohl der Strafe, aber nicht seinem Gewissen.
*(Spruch)*

**Mein Gewissen bedeutet mir mehr als aller Leute Gerede.**
*(Cicero)*

**Der Glaube an Autoritäten ist die Quelle des Gewissens.**
*(Friedrich Nietzsche)*

Wenn sich das Gewissen meldet, meldet sich die Gesellschaft in uns.
*(Emile Durkheim)*

**Gewissen – eine erste Annäherung**

Bei der Analyse des Gewissens hat man es mit nicht wenigen Schwierigkeiten zu tun.

Es gibt immer wieder Leute, die meinen, sich Gewissen nicht leisten zu können oder die es gar als bloßes Hirngespinst abzutun versuchen. Das hat sicher etwas damit zu tun, dass sich das Gewissen manchmal als lästiger Mahner erweist, dem man sich gern entziehen möchte. Gegen diese These von der Nichtexistenz des Gewissens spricht allerdings, dass die Erscheinung des Gewissens in mehr oder weniger allen Kulturen und Religionen der Welt bekannt ist, wie auch die auf der anderen Seite zusammengestellten Sprüche zum Gewissen aus ganz unterschiedlichen Zeiten zeigen. In dem, was man Gewissen nennt, drückt sich eine menschliche Grunderfahrung aus. Deshalb können mehr oder weniger alle Menschen, kommt das Gespräch auf das Gewissen, mit diesem Ausdruck etwas anfangen.

Allerdings ist die nähere Bestimmung des Gewissens und seiner Herkunft in der Ethik umstritten. Zudem ist es schwierig zu beschreiben, wie das Gewissen „funktioniert", was passiert, wenn das Gewissen in Aktion tritt.

Dennoch scheint soviel sicher zu sein: Beim Gewissen handelt es sich um eine Art internen Maßstab für „Gut und Böse." Gewissen – das ist die innere Stimme, die uns besonders bei Normverstößen mahnt. Das Gewissen zeigt sich also weniger in Form des guten Gewissens, wie sich mit dem Sprichwort „ein gutes Gewisses ist ein sanftes Ruhekissen" belegen lässt. Vielmehr meldet es sich vor allem in Form von Gewissensqualen und Gewissensbissen. Wir alle kennen dieses Gefühl.

John Stuart Mill, der Begründer des klassischen Utilitarismus, beschreibt dieses Gefühl sehr treffend als Empfindung des innerlichen Unwohlseins, »die sich in uns bemerkbar macht, sobald wir unserer Pflicht zuwider handeln«.

**A**

1. Worin unterscheidet sich die moralische von der rechtlichen Verantwortung hinsichtlich der Verantwortungsinstanzen?
2. Rufen Sie sich Situationen in Erinnerung, in denen Sie selbst Gewissensbisse empfanden. Versuchen sie mit eigenen Worten zu beschreiben, in welcher Form sich bei Ihnen das Gewissen gemeldet hat!
3. Ergründen Sie durch Diskussion in Kleingruppen die spezifische Bedeutung der folgenden Wortverbindungen:
   - Gewissensbildung
   - Gewissensfreiheit
   - Gewissensentscheidungen
   - Gewissensnot
   - Gewissensprüfung
4. Suchen Sie nach weiteren sprachlichen Ausdrücken, in denen das Wort Gewissen vorkommt, nutzen Sie dafür den Duden sowie das Internet.

### Gewissensentscheidungen und Gewissenskonflikte

Das Gewissen meldet sich weniger, wenn man sich in Übereinstimmung mit allgemein geltenden Normen befindet. Vielmehr kommt es vor allem bei Normverstößen und bei Normkonflikten, in denen unterschiedliche Normen miteinander in Widerspruch geraten, zur Geltung. Die folgenden beiden Beispiele sollen zeigen, wie das Gewissen wirkt.

### Wehrdienst – ja oder nein?

Jedes politische Gemeinwesen hat ein Recht, sein eigenes Territorium vor äußeren Feinden zu schützen. In der Bundesrepublik Deutschland wurde zur Durchsetzung dieses legitimen Rechts auf Selbstverteidigung per Gesetz die allgemeine Wehrpflicht eingeführt, die sich auf die jungen Männer bestimmten Alters bezieht. Von der dadurch hergestellten Sicherheit profitieren alle Bürger.

Für manche der von diesem Gesetz Betroffenen bedeutet dies jedoch eine schwierige Entscheidung. Es besteht deshalb die Möglichkeit, aus Gewissensgründen den Dienst an der Waffe zu verweigern. Auf einen entsprechenden schriftlichen Antrag hin wird eine Gewissensprüfung durchgeführt. Wird diesem Antrag stattgegeben, leistet derjenige dann statt des Wehrdienstes den Zivildienst ab.

Berufen können sich die Wehrdienstverweigerer dabei auf ein im Artikel 4 des Grundgesetzes dargestelltes Grundrecht.

**Q**

*Artikel 4 (Glaubens-, Gewissens- und Bekenntnisfreiheit)*

*(1) Die Freiheit des Glaubens, des Gewissens und die Freiheit des religiösen und weltanschaulichen Bekenntnisses sind unverletzlich.*

*(2) [...]*

*(3) Niemand darf gegen sein Gewissen zum Kriegsdienst mit der Waffe gezwungen werden. Das Nähere regelt ein Bundesgesetz.*

*Grundgesetz für die Bundesrepublik Deutschland. Stand August 2006, Bundeszentrale für politische Bildung. S. 11*

**Q** *Abtreiben?*

*Es ist Freitagabend, der 22. Januar. Als meine Eltern endlich im Bett sind, schließe ich mich im Bad ein. Fünf Minuten soll es dauern, bis das Ergebnis sichtbar ist. Eine rote Linie bedeutet, nicht schwanger. Zwei Linien – schwanger. Ich schließe die Augen, halte es aber schon nach einer Minute nicht mehr aus. Und da ist sie schon, die zweite Linie. Nicht nur schwach rosa, sondern leuchtend rot. Mir wird heiß, die Knie werden mir weich. Wieso ist das passiert? Und was jetzt?*

*In einer schlaflosen Nacht erwäge ich die Alternativen, pendele ich ständig zwischen Zweifeln und Freude hin und her. Die Prüfungen könnte ich beenden, ehe das Kind geboren wird. Aber was wird aus meiner Lehrstelle? Wird der Optikermeister Gutmann eine Azubi nehmen, die gleich zu Beginn der Lehre ausfällt? Was mache ich, wenn er den Lehrvertrag löst? Ohne Berufsausbildung, da bist du faktisch eine Null, ein Nichts. Wie soll ich mein Kind ernähren und kleiden ohne einen Beruf? Ob ich das auch mit Sozialhilfe schaffen könnte? Meine Eltern besitzen keine Ersparnisse und auch kein großes Einkommen, um mich zu unterstützen. Ihnen werde ich erst einmal nichts sagen, bevor ich mit Frank geredet habe.*

*Am Wochenende kommt Frank. Er lernt im Fränkischen Industriemechaniker. Dass er Bedenken haben würde, hatte ich kalkuliert, aber was er jetzt sagt, kann ich nicht glauben. Ich bin fassungslos: Ein Kind könnten wir uns nicht leisten ohne ab-*

*geschlossene Lehre, ohne eigene Wohnung, und er wolle jetzt auch noch kein Kind. Er wolle erst einmal leben, klagt er mich an.*

*»Aber es ist doch nun mal da«, werfe ich ein, »wenn du das Kind nicht willst, wie soll es dann mit uns weiter gehen, he?«*

*»Ich lasse mich nicht erpressen, man muss heute kein Kind kriegen, wenn man es nicht will«, lautet seine lakonische Antwort.*

*Also abtreiben, denke ich. Aber er muss es ja nicht machen, er ist fein aus dem Schneider, halst mir einfach die ganze Last der Entscheidung auf. Aber will ich abtreiben? Wenn ich das nur selber wüsste.*

*In den nächsten Tagen kann ich mich in der Schule kaum konzentrieren, verspüre ich keine Lust, mit den Freunden zusammen zu sein. Angespannt warte ich auf ein Versöhnungszeichen von Frank. Mein Handy aber bleibt stumm.*

*Endlich wage ich es, mich meiner Freundin Lucy anzuvertrauen. Das Reden erleichtert mich, schafft das Problem aber nicht aus der Welt und macht mich nervös. Die Spannung ist unerträglich und eines Morgens beim Frühstück, ich weiß auch nicht, was mich treibt, erzähle ich Mutti von meinen Sorgen.*

*»Ach Kind«, sind ihre ersten verzweifelten Worte …*

*Nach Nora Zimmermann: Die Abtreibung. In: Das Magazin. Heft 8/1999. S. 48 ff.*

**A**

1. Erkundigen Sie sich, welche Gewissensgründe von Wehrdienstverweigerern für die Verweigerung des Dienstes an der Waffe ins Spiel gebracht werden.
2. Verständigen Sie sich in einer Diskussionsrunde darüber, warum das Mädchen in seiner Entscheidung hin und her schwankt. Diskutieren Sie Verantwortungsgründe, die gegen, aber auch solche, die eventuell für die Abtreibung sprechen!
3. Nennen Sie weitere Beispiele für Gewissenskonflikte, wo unterschiedliche Normen und Anforderungen aufeinander prallen.

### Deutungen des Gewissens

Aber was versteht man in der Ethik unter Gewissen? Worin hat es seinen Ursprung, woraus resultiert seine Kraft als innere Instanz zur Sicherung moralisch verantwortlichen Handelns? Zwei unterschiedliche Antwortmöglichkeiten sollen hier dargestellt werden.

### Das Gewissen als innerer Gerichtshof – Immanuel Kant

Das wohl bekannteste philosophische Konzept des Gewissens wurde vom deutschen Philosophen Immanuel Kant (1724–1804) entwickelt.

**Q** *Das Bewusstsein eines inneren Gerichtshofes [...] im Menschen ist das Gewissen. Jeder Mensch hat Gewissen und findet sich durch einen inneren Richter beobachtet, bedroht und überhaupt im Respekt (mit Furcht verbundener Achtung) gehalten, und diese über die Gesetze in ihm wachende Gewalt ist nicht etwas, was er sich selbst (willkürlich) macht, sondern es ist seinem Wesen einverleibt. Es folgt ihm wie sein Schatten, wenn er zu entfliehen gedenkt. Er kann sich zwar durch Gelüste und Zerstreuung betäuben oder in Schlaf bringen, aber nicht vermeiden, dann und wann zu sich selbst zu kommen oder zu erwachen, wo er alsbald die furchtbare Stimme desselben vernimmt [...].*

*Ebenso ist das Gewissen nicht etwas Erwerbliches, und es gibt keine Pflicht, sich eines anzuschaffen, sondern jeder Mensch, als sittliches Wesen, hat ein solches ursprünglich in sich. [...] Wenn man daher sagt, dieser Mensch hat kein Gewissen, so meint man damit: er kehrt sich nicht an den Anspruch desselben.*

*Eine Pflicht ist nur, sein Gewissen zu kultivieren, die Aufmerksamkeit auf die Stimme des inneren Richters zu schärfen und alle Mittel anzuwenden [...], um ihm Gehör zu verschaffen.*

*Immanuel Kant: Metaphysik der Sitten. Akademie, Berlin 1969, Bd. 6, S. 400 f.*

***Gewissen als Ausdruck des Über-Ichs in mir – Sigmund Freud***

Über den Ursprung und die Ausprägung des Gewissens denkt auch Sigmund Freud (1856-1939), der Begründer der modernen Psychoanalyse, nach.

Q

*Das Böse ist also anfänglich dasjenige, wofür man mit Liebesentzug bedroht wird; aus Angst vor diesem Verlust muss man es vermeiden. Darum macht es auch wenig aus, ob man das Böse bereits getan hat, oder es erst tun will; in beiden Fällen tritt die Gefahr erst ein, wenn die Autorität es entdeckt, und diese würde sich in beiden Fällen ähnlich benehmen. Man heißt diesen Zustand »schlechtes Gewissen«, aber eigentlich verdient er diesen Namen nicht, denn auf dieser Stufe ist Schuldbewusstsein offenbar nur Angst vor dem Liebesverlust, »soziale Angst«. Beim kleinen Kind kann es niemals etwas anderes sein, aber auch bei vielen Erwachsenen ändert sich nichts mehr daran, als dass an Stelle des Vaters oder beider Eltern die größere menschliche Gemeinschaft tritt.*

*Darum gestatten sie sich regelmäßig, das Böse, das ihnen Annehmlichkeiten verspricht, auszuführen, wenn sie nur sicher sind, dass die Autorität davon nichts erfährt oder ihnen nichts anhaben kann, und ihre Angst gilt allein der Entdeckung. Mit diesem Zustand hat die Gesellschaft unserer Tage im Allgemeinen zu rechnen.*

*Eine große Änderung tritt erst dann ein, wenn die Autorität durch die Aufrichtung eines Über-Ichs verinnerlicht wird. Damit werden die Gewissensphänomene auf eine neue Stufe gehoben, im Grunde sollte man jetzt von Gewissen und Schuldgefühl sprechen. Jetzt entfällt auch die Angst vor dem Entdecktwerden und vollends der Unterschied zwischen Böses tun und Böses wollen, denn vor dem Über-Ich kann sich nichts verbergen, auch Gedanken nicht. Der reale Ernst der Situation ist allerdings vergangen, denn die neue Autorität, das Über-Ich*, hat unseres Glaubens kein Motiv, das Ich, mit dem es innig zusammengehört, zu misshandeln. Aber der Einfluss der Genese [Entstehung], der das Vergangene und Überwundene weiterleben lässt, äußert sich darin, dass es im Grunde so bleibt wie es zu Anfang war.*

*Das Über-Ich peinigt das sündige Ich mit den nämlichen Angstempfindungen und lauert auf Gelegenheiten, es von der Außenwelt bestrafen zu lassen.*

*Sigmund Freud: Das Unbehagen in der Kultur. Fischer, Frankfurt am Main 1979. S. 111 ff.*

A

1. Deuten Sie Kants Bild vom Gewissen als innerem Gerichtshof mit seinen Elementen Richter, Verteidiger und Angeklagter!
2. Was versteht Freud unter dem Gewissen im Sinne des Über-Ich, wie bildet es sich heraus, in welchem Verhältnis steht es zum Ich?
3. Erläutern sie Gemeinsamkeiten und Unterschiede zwischen den von Kant und Freud entwickelten Modellen des Gewissens!

## 3.3. Berufliche Verantwortung

Neben Hilfsverpflichtungen, die alle Menschen gleichermaßen betreffen, gibt es Verpflichtungen, die nur für bestimmte Gruppen von Menschen zutreffen. Deren spezifische Verantwortung ist abhängig von besonderen Zuständigkeiten, die üblicherweise mit einer bestimmten *beruflichen Tätigkeit* in Verbindung stehen (vgl. dazu auch das 5. Kapitel Arbeit und Beruf). Die Art der Verantwortung ist hier von der Stellung des Menschen im arbeitsteiligen Organismus einer Gesellschaft abhängig. So besitzt ein Gerüstbauer eine andere Verantwortung als ein Altenpfleger, ein Wissenschaftler eine andere als ein Politiker etc.

Was ist kennzeichnend für diese spezielle Verantwortung? Einer der ersten, der im Rahmen der modernen Ethik, exemplarisch für den Beruf des Politikers, über berufliche Verantwortung nachgedacht hat, war der deutsche Soziologe Max Weber (1864–1920).

Webers Ausgangspunkt ist die Frage, welche spezifischen Anforderungen in dieser beruflichen Tätigkeit zu meistern sind. Politik als Beruf hat es, so Weber, mit der Leitung des Staates zu tun. Politiker üben daher in besonderem Maße Macht über andere Menschen aus.

### Politik als Beruf

Q *Aber die Frage ist nun für ihn [den Politiker]: durch welche Qualitäten kann er hoffen, dieser [...] Macht und also der Verantwortung, die sie auf ihn legt, gerecht zu werden? Damit betreten wir das Gebiet ethischer Fragen [...].*

*Man kann sagen, dass drei Qualitäten vornehmlich entscheidend sind für den Politiker: Leidenschaft – Verantwortungsgefühl – Augenmaß. Leidenschaft im Sinne von Sachlichkeit: leidenschaftliche Hingabe an eine »Sache« [...]. Denn mit der bloßen, als noch so echt empfundenen Leidenschaft ist es freilich nicht getan. Sie macht nicht zum Politiker, wenn sie nicht, als Dienst in einer »Sache«, auch die Verantwortlichkeit gegenüber eben dieser Sache zum entscheidenden Leitstern des Handelns macht. Und dazu bedarf es – und das ist die entscheidende psychologische Qualität des Politikers – des Augenmaßes, der Fähigkeit, die Realitäten mit innerer Sammlung und Ruhe auf sich wirken zu lassen, also: der Distanz zu Dingen und Menschen.*

*Max Weber: Politik als Beruf. Reclam, Stuttgart 1992. S.61 ff.*

## Berufsständische Verpflichtungen

Neben dieser von Weber akzentuierten Entscheidungsverantwortung, die in der Gesellschaft ungleich verteilt ist, spielen in der beruflichen Verantwortung noch andere Momente eine Rolle.

So ist jeder Beruf durch spezifische fachliche Anforderungen charakterisiert: Damit ist die Verantwortung des Berufstätigen für die Sicherung seiner Qualifikation und die ständige Weiterbildung im Beruf angesprochen. Zudem sind die Berufsausübenden immer auch bemüht, »schwarze Schafe«, die den Berufsstand in Misskredit bringen, zu identifizieren und an ihrer Arbeit zu hindern.

Deshalb werden durch die entsprechenden Berufsorganisationen häufig berufliche Qualitätsstandards formuliert. Das folgende Beispiel soll das zeigen.

Q

***Berufliche Standards der beratenden Volks- und Betriebswirte (bdvb)***

1. *[...]*
2. *Die bdvb beratenden Volks- und Betriebswirte haben erfolgreich ein wirtschafts- oder sozialwissenschaftliches Studium absolviert.*
3. *Die bdvb beratenden Volks- und Betriebswirte haben ihr breites wirtschafts- oder sozialwissenschaftliches Wissen auf ihren Spezialgebieten vertieft und erfolgreich in die Praxis umgesetzt.*
4. *Die bdvb beratenden Volks- und Betriebswirte bilden sich regelmäßig in ihren Spezialgebieten und auf den allgemeinen Gebieten der Wirtschaftswissenschaften fort. Zudem nutzen sie die Mitgliedschaft im Bundesverband aktiv für die interdisziplinäre fachliche Diskussion.*
5. *Die bdvb beratenden Volks- und Betriebswirte verfolgen bei ihrer Berufsausübung weder parteipolitische noch religiöse Ziele oder Ziele anderer Organisationen.*
6. *Die bdvb beratenden Volks- und Betriebswirte sind Dienstleister ihrer Kunden, Mandanten und Klienten. Sie sind kompetenter und seriöser Partner bei den Lösungen der Problemstellungen ihrer Auftraggeber.*
7. *Die bdvb beratenden Volks- und Betriebswirte erbringen ihre Dienstleistungen gewissenhaft nach bestem Wissen gemäß dem schriftlich oder mündlich erteilten Auftrag. Sie handeln persönlich und wirtschaftlich unabhängig von den Interessen Dritter [...] und sind absolut verschwiegen.*
8. *Die bdvb beratenden Volks- und Betriebswirte stellen für die erbrachten Dienstleistungen ihrem Auftraggeber ein der Leistung angemessenes Honorar in Rechung, das vor Auftragsbeginn vereinbart wurde.*
9. *Die bdvb beratenden Volks- und Betriebswirte verhalten sich untereinander im fairen Wettbewerb und unterstützen sich gegenseitig in ihren jeweiligen Fachgebieten.*
10. *Die bdvb beratenden Volks- und Betriebswirte werben für ihre Beratungsleistungen informativ. Werbebeschränkungen einzelner Berufsgruppen, z. B. Steuer- oder Rechtsberater, werden von diesen beachtet.*
11. *Die bdvb beratenden Volks- und Betriebswirte leben in geordneten wirtschaftlichen Verhältnissen.*

*www.fg-berater.bdvb.de*

**Handwerksordnung Ehrenkodex**
**Betriebsordnung Firmenimage**
**Selbstverpflichtung Leitbild**

A

1. Inwieweit sind die von Weber für den Beruf des Politikers herausgearbeiteten besonderen Qualitäten für Ihre berufliche Tätigkeit unter Umständen von Bedeutung/nicht von Bedeutung? Führen Sie dazu eine Gruppendiskussion durch.
2. Informieren Sie sich darüber, ob es bezogen auf den von Ihnen angestrebten beruflichen Abschluss eine berufsständische Vertretung gibt, die über die Einhaltung beruflicher Qualitätsstandards wacht.
3. Begründen Sie, warum auch für Ihren Beruf die Entwicklung einer speziellen Berufsethik notwendig wäre. Welche besonderen Verpflichtungen sollte sie enthalten? Erarbeiten Sie einen Katalog solcher berufsethischer Standards und verteidigen Sie ihn vor der Klasse.

## 3.4. Soziale Verantwortung

Menschen nehmen vor allem durch ihre berufliche Tätigkeit am gesellschaftlichen Leben teil. Die Verantwortung ist hier durch die berufliche Aufgabe klar umrissen und zudem auf die Angehörigen der Berufsgruppe begrenzt.

Die Frage lautet aber: Haben wir darüber hinaus auch eine allgemeine Verantwortung als Mitglieder der Gesellschaft, in der wir leben? Wenn es um Klagen über einen verbreiteten Rückzug ins Private geht, dann ist besonders die ungenügende Wahrnehmung der *sozialen Verantwortung* gemeint.

### Was soziale Verantwortung meint

Was gehört zum Bereich der sozialen Verantwortung? Bei der Verwendung des Ausdrucks „soziale Verantwortung" gilt es zwei verbreitete Fehler zu vermeiden; zum einen die Beschränkung auf die Verantwortung von Eliten, zum anderen die Einschränkung auf die politische Verantwortung als Wahlbürger. Zweifellos haben Funktionseliten wie z. B. Manager eine besondere Verantwortung, aber die »einfachen Bürger« sind damit nicht von ihrer Verantwortung entlastet. Andererseits ist die Verantwortung des Bürgers nicht auf Wahlen begrenzt. Ohne bürgerschaftliches Engagement in einem umfassenden Sinne verliert die demokratische Gesellschaft ihren Zusammenhalt, verkommt sie zur »Zuschauerdemokratie« oder geht gar in autoritäre Herrschaftsformen über.

Unter »sozialer Verantwortung« werden die vielfältigen (mehr oder weniger freiwillig übernommenen) sozialen Verpflichtungen von Menschen verstanden, die auf die Erhaltung der gemeinschaftlichen Existenzbedingungen gerichtet sind. Die Wahrnehmung der sozialen Verantwortung ist zumeist in soziale Institutionen (wie Firma, Familie, Partei, Verein) eingebettet.

Sternschema sozialer Verantwortung

| | |
|---|---|
| **Staat:** | Wahlaktivitäten, politisches Engagement |
| **Verein:** | sportliche und kulturelle Aktivitäten, Wohltätigkeit |
| **Familie:** | Fürsorge, Vorsorge |
| **Kommune:** | lokale Selbstverantwortung, Bürgerinitiativen |
| **Firma:** | Umweltschutz, Sozialstandards |

1. Welche Ebenen des sozialen Engagements von Bürgern lassen sich unterscheiden? Nutzen Sie dazu das Sternschema sozialer Verantwortung als Anhaltspunkt.
2. Fragen Sie Ihre Eltern, in welchen Vereinen (einschließlich Fußball- oder Gartenvereinen), Parteien oder Organisationen sie sich unter Umständen engagieren.
3. Erkundigen Sie sich, durch welche konkreten Aktionen Ihre Schule bzw. Firma ihrer Verantwortung für die Region und ihre Mitarbeiter gerecht wird oder ob sie in dieser Hinsicht eher unauffällig agiert.

## Individualismus und Gemeinsinn

In einer Richtung der modernen Ethik, dem Kommunitarismus, wird die Einbindung der Individuen in Gemeinschaften und ihre daraus erwachsende Verantwortung verstärkt thematisiert. Amitai Etzioni, ein Vertreter dieses Ansatzes, beklagt für moderne westliche Gesellschaften einen ausufernden Individualismus, im Rahmen dessen Freiheitsrechte in exzessiver Weise eingefordert werden, ohne dass dies mit einer entsprechenden Bereitschaft zur Übernahme von sozialer Verantwortung einhergeht.

***Die neue »Goldene Regel«***

*In diesem Zusammenhang spielen der Begriff der Verantwortung des einzelnen für die soziale Ordnung und die Aufgeschlossenheit der Gesellschaft gegenüber individueller Autonomie gleichermaßen eine wichtige Rolle.[...]*

*In der Folge dieser Entwicklung haben einige Gesellschaften ihr Gleichgewicht verloren und nunmehr schwer an der Last zu tragen, die ihnen die unsozialen Folgen* ***exzessiver*** *Freiheit auferlegt haben. [...]*

*Folglich gilt es, ein Gleichgewicht zu finden zwischen universalen individuellen Rechten und dem Allgemeinwohl [...], zwischen dem Selbst und der Gemeinschaft. Vor allem aber muss der Frage nachgegangen werden, wie ein solches Gleichgewicht praktisch verwirklicht und bewahrt werden kann. [...]*

*Meine Argumentation führt somit zu einer neuen goldenen Regel: Achte und wahre die moralische Ordnung der Gesellschaft in gleichem Maße, wie du wünschst, dass die Gesellschaft deine Autonomie achtet und wahrt.*

*Amitai Etzioni: Die Verantwortungsgesellschaft. Individualismus und Moral in der heutigen Demokratie. Ullstein, Berlin 1999. S. 9 und S. 19*

**Was du nicht willst, dass man dir tu, das füg auch keinem anderen zu.**

4. Inwiefern werden Freiheitsrechte in unserer Gesellschaft mitunter in exzessiver Weise, ohne Bereitschaft zur Übernahme von Verantwortung, eingefordert? Suchen Sie dafür nach Beispielen aus der Tagespresse und aus Ihrem Alltag.
5. Vergleichen sie die alte Goldene Regel mit der von Etzioni formulierten neuen »Goldenen Regel«. Worin liegen aus Ihrer Sicht wesentliche Unterschiede?

## 3.5. Zukunftsverantwortung: Verantwortung für nachfolgende Generationen

Die moralische Verpflichtung wurde in der Ethik lange Zeit hauptsächlich auf den Mitmenschen bezogen. Die Natur, so die verbreitete Auffassung, sorgt für sich selbst, sie war daher kein Gegenstand der moralischen Verantwortung. Die Sphäre der Herstellung, der Bereich der Technik galt dementsprechend als ethisch neutral.

Das änderte sich jedoch spätestens mit dem 20. Jahrhundert. Neue Technologien wie die Atomtechnologie, die Automatisierungs- und Computertechnik sowie die Biotechnologie führten zwar einerseits zu einer Revolutionierung der produktiven Fähigkeiten des Menschen, waren aber andererseits mit weit reichenden Folgen für die Natur und das soziale Zusammenleben verbunden. Neben den Chancen kamen nun auch die Risiken moderner Technik mehr und mehr in den Blick. Damit kam die Frage auf, ob alles, was technisch möglich ist, auch moralisch gerechtfertigt ist. Der folgende Text umreißt eher die Chancen der sich abzeichnenden technologischen Revolution.

### Die biotechnische Revolution

**Q** *Die Roboterrevolution steht an ihrem Anfang und wird uns zu Beginn des 21. Jahrhunderts überrollen. Das jahrhundertealte Projekt der Menschheit, künstliche Wesen zu schaffen, fängt an, Früchte zu tragen. Maschinen werden nun auch in Gebieten autonom, an denen die industrielle Revolution vorübergegangen ist. Sie fällen jetzt die Entscheidungen und Urteile, die die Menschen in den letzten 200 Jahren auf Trab gehalten haben. Bald werden immer weniger Menschen zur ständigen Überwachung von Produktionsmaschinen bereitstehen müssen, denn es zeichnen sich die ersten intelligenten Roboter ab, die in unstrukturierten Umgebungen operieren und damit Aufgaben übernehmen können, für die bislang Menschen noch als unentbehrlich galten.[...] Die nahende Roboterrevolution wird unsere Gesellschaft in fundamentaler Weise verändern.*

*Dicht auf den Fersen dieser Revolution befindet sich die biotechnische Revolution. Wir mögen glauben, dass die Biotechnologie bereits da ist, doch lassen sich ihre künftigen Möglichkeiten noch kaum in Umrissen erahnen. Sie wird nicht nur die „Technologie“ unserer Körper, sondern auch die unserer Maschinen verändern, die uns immer ähnlicher werden, während wir uns gleichzeitig immer stärker unseren Maschinen annähern. Diese biotechnische Revolution wird unser Wesen auf Grund verändern.*

*Rodney Brooks: Menschmaschinen. Wie uns die Zukunftstechnologien neu erschaffen. Campus, Frankfurt 2002. S. 19*

## Neue Dimensionen der Verantwortung in der Gegenwart

Einer der ersten, der neben den Chancen auch auf die schwer absehbaren Risiken moderner Technik aufmerksam machte, war der Philosoph Hans Jonas (1903–1993). In seinem Buch „Das Prinzip Verantwortung“ plädiert er für eine gänzlich neue Verantwortungsethik, die dem technologischen Zeitalter gerecht wird.

Um die Gefahren, die von neuen Technologien für die natürliche Umwelt und die Fortexistenz der Menschheit ausgehen, zu verdeutlichen, nutzt Jonas das Bild vom entfesselten Prometheus.

Einer griechischen Sage folgend hat Prometheus Gottvater Zeus das Feuer gestohlen, um es den bedürftigen Menschen zu bringen. Er wurde daraufhin von Zeus zur Strafe an einen Felsen im Kaukasus geschmiedet, wo ein Adler tagsüber an seiner Leber fraß, die sich jedoch stets erneuerte. Nach langem Leiden wurde er schließlich von Heraklit befreit.

Heinrich Friedrich Füger, „Prometheus bringt der Menschheit das Feuer“1817

Q

***Der »entfesselte Prometheus«***

*Der endgültig entfesselte Prometheus, dem die Wissenschaft nie gekannte Kräfte und die Wirtschaft den rastlosen Antrieb gibt, ruft nach einer Ethik, die durch freiwillige Zügel seine Macht davor zurückhält, dem Menschen zum Unheil zu werden. Dass die Verheißung der modernen Technik in Drohung umgeschlagen ist oder diese sich mit jener unlösbar verbunden hat, bildet die Ausgangsthese des Buches. Sie geht über die Feststellung physischer Bedrohung hinaus. Die dem Menschenglück zugedachte Unterwerfung der Natur hat im Übermaß ihres Erfolges, der sich nun auch auf die Natur des Menschen selbst erstreckt, zur größten Herausforderung geführt, die je dem menschlichen Sein aus eigenem Tun erwachsen ist. Alles daran ist neuartig, dem Bisherigen unähnlich, der Art wie der Größenordnung nach. […].*

*Das eigentliche Thema jedoch ist diese neu hervortretende Pflicht selber, die im Begriff der* ***Verantwortung*** *zusammengefasst ist. Gewiss kein neues Phänomen in der Sittlichkeit, hat die Verantwortung doch nie ein derartiges Objekt gehabt, auch bisher die Ethik wenig beschäftigt. Sowohl Wissen wie Macht waren zu begrenzt, um die entferntere Zukunft in die Voraussicht und gar den Erdkreis in das Bewusstsein der eigenen Kausalität einzubeziehen. […] Im Zeichen der Technologie aber hat es die Ethik mit Handlungen zu tun […], die eine beispiellose kausale Reichweite in die Zukunft haben, begleitet von einem Vorwissen, das ebenfalls, wie immer unvollständig, über alles ehemalige weit hinausgeht. Dazu die schiere Größenordnung der Fernwirkungen und oft auch ihre Unumkehrbarkeit. All dies rückt Verantwortung ins Zentrum der Ethik, und zwar mit Zeit- und Raumhorizonten, die denen der Taten entsprechen.*

*Hans Jonas: Das Prinzip Verantwortung. Versuch einer Ethik für die technologische Zivilisation. Suhrkamp, Frankfurt am Main 1984. S. 7 ff.*

A

1. Erläutern Sie das sprachliche Bild vom „entfesselten Prometheus“.
2. Suchen Sie nach Belegen für die These, dass die moderne Technik zu Handlungen von neuer Größenordnung, mit einer nie da gewesenen Reichweite und ganz neuartigen Folgen geführt hat, die für die Menschheit selbst gefährlich werden könnten.

## Chancen und Risiken moderner Technologien: Das Beispiel der Gentechnologien

Zu den herausragenden technologischen Neuerungen unserer Zeit gehört im Ergebnis der Erfolge bei der Entschlüsselung des genetischen Codes die Möglichkeit, gezielt Veränderungen am genetischen Erbgut von Pflanzen, Tieren und Menschen vorzunehmen. Ziel ist es dabei, die Lebewesen unter solchen Gesichtspunkten wie Leistung, Gesundheit oder Schönheit zu „optimieren".

Mit den Fortschritten von Wissenschaft und Technik scheint Wirklichkeit zu werden, was die Menschen sich früher bestenfalls in Form künstlerisch-phantastischer Darstellungen ausmalen konnten.

Im Zusammenhang mit der Gentechnologie finden besonders drei technische Anwendungsmöglichkeiten bezogen auf den Menschen in der Öffentlichkeit breites Interesse: die Präimplantationsdiagnostik, die Stammzellenforschung und die Möglichkeit, Lebewesen zu klonen. Für alle drei Anwendungsfälle ist charakteristisch, dass die Diskussionen sehr kontrovers geführt werden.

**Q** *PID*

*Die PID, die Präimplantationsdiagnostik, ist die Untersuchung der künstlich befruchteten Eizelle vor ihrer Einpflanzung in die weibliche Gebärmutter. Der Embryo besteht in dieser Phase aus wenigen, meist acht Zellen, von denen ein oder zwei »abgezwackt« und in ihrer Gegenstruktur auf Defekte überprüft werden, die auf das Vorliegen einer Erbkrankheit schließen lassen.*

*Die PID ist in Deutschland verboten. Erst durch Fruchtwasseruntersuchungen dürfen Ärzte bei den Embryos oder Föten mögliche Behinderungen feststellen, die eine eugenische Abtreibung ermöglichen.*

*Eine Einpflanzung und anschließende Abtreibung mit allen psychischen Folgen könnte man den Betroffenen ersparen, wenn eine PID vorgeschaltet werden dürfe, sagen Befürworter der PID. Kritiker halten dagegen, dass das Lebensrecht Behinderter dann massiv beschränkt werde und irgendwann auch das Tor zum »Designerbaby" offen stehe, indem alle im Reagenzglas gezeugten Kinder mittels PID vernichtet werden, wenn sie nicht den Wünschen nach Geschlecht, Haar- oder Augenfarbe entsprechen."*

*Aus: Blickpunkt Bundestag, Heft 6, 2001, S. 6*

**Q** *Stammzellen*

*Stammzellen haben die Eigenschaft, nahezu unendlich teilbar zu sein. Deshalb stammen sämtliche auf der ganzen Welt zu Forschungszwecken verwendeten Stammzellen von nur acht Embryos, die bei der künstlichen Befruchtung entstanden, als »Reserve« aber nicht mehr eingepflanzt und somit überflüssig wurden. Ihnen werden bei Bedarf neue, durch weitere Teilungen entstandene Stammzellen entnommen.*

*Diese Zellen sind noch nicht auf ein bestimmtes Wachstumsziel festgelegt. Aus ihnen können Haar- oder Herzzellen, Gallen- oder Gehirnzellen, Hand-, Fuß- oder Zungenzellen werden. Das macht sie für die Grundlagenforschung so herausragend interessant. In der aktuellen Diskussion geht es darum, ob und unter welchen Umständen sie auch in Deutschland zu Forschungszwecken gewonnen, ob nicht benötigte Embryonen dazu »verbraucht« oder gar gezielt »gezüchtet« werden dürfen oder ob mit im Ausland gekauften Stammzellen geforscht werden darf.*

*Aus: Blickpunkt Bundestag, Heft 6, 2001, S. 8*

**Klonen**
Unter Klonen versteht man die Erzeugung erbgleicher Nachkommen durch ungeschlechtliche Zellteilung.

## Das Klonschaf Dolly

Erstmals gelang das Klonen eines Lebewesens 1996 in einem schottischen Labor. Das Klonschaf, eine exakte Kopie eines erwachsenen Schafes, ging unter dem Namen Dolly in die Wissenschafts- und Technikgeschichte ein.

Inzwischen ist es gelungen, viele andere biologische Arten erfolgreich zu klonen. Man erhofft sich mittels dieser Technik nicht nur, besonders leistungsfähige Tiere zu vervielfältigen, sondern auch, bestimmte fast ausgestorbene Tierarten wieder zu reproduzieren, vorausgesetzt, es können lebende Zellen geborgen werden.

## Menschliche Klone?

Prinzipiell erscheint auch ein Klonen von Menschen technisch möglich.

Allerdings ist das Klonen von Menschen umstritten und bis auf weiteres in Deutschland und anderen europäischen Staaten verboten. Viele Menschen meinen, dass diese Technologie gar nicht angewandt werden sollte, weil eine Reihe technischer Probleme zu erwarten sind – beim Klonschaf Dolly klappte es erst beim 277. Versuch.

Der Ethiker Ludwig Siep argumentiert in seinem Aufsatz zu ethischen Problemen des Klonens aber nicht technisch, sondern auf einer prinzipiellen moralphilosophischen Ebene. Er meint, dass durch das Klonen von Menschen das Konzept der Menschenwürde in dreierlei Hinsicht fragwürdig wird:

Q

- ***Erstens*** *läge eine Verletzung der Einmaligkeit des menschlichen Individuums vor: Zur Hochschätzung des menschlichen Individuums gehöre die Unverwechselbarkeit und Unersetzbarkeit des Menschen.*
- ***Zweitens*** *bedeute das Klonen eine Verletzung der Autonomie des Individuums: Damit werde die genetische Ausstattung des Individuums nämlich vom Willen anderer Menschen abhängig gemacht.*
- ***Drittens*** *verletze das Klonen die Natürlichkeit der Entstehung und körperlichen Beschaffenheit des Menschen. Dadurch werde die menschliche Natur zum beliebigen Reservoir der Erfüllung menschlicher Wünsche degradiert.*

*Nach: Ludwig Siep: Zur ethischen Problematik des Klonens. In: Ethik in der Medizin. Reclam, Stuttgart 2000. S. 373 ff.*

Dürfen wir alles tun, was wir technisch können?

Q **stern:** *Der Bauplan des Lebens ist entschlüsselt, Wissenschaftler sinnen über seine Veränderung nach. Wie wird unser Leben in ein paar Jahrzehnten aussehen?*

**Kollek:** *Wenn es nach den Visionen mancher Forscher ginge, wären wir bis dahin dem gesundheitlich »perfekten« Menschen deutlich näher. Embryonen würden routinemäßig im Reagenzglas untersucht und nur bei genetischer Unauffälligkeit in den Mutterleib gepflanzt. Einige Wissenschaftler denken sogar an zusätzlich ins Erbgut eingesetzte Eigenschaften: einen genetischen Schutz gegen Aids und Grippe oder auch gegen weit verbreitete Krankheiten an Herz und Kreislauf.*

**stern:** *Wunderbar – oder spricht etwas gegen eine gesunde Menschheit?*

**Kollek:** *Einiges an diesen Fantasien ist einfach kaum realisierbar. Ein Beispiel: Nur etwa zwei bis drei Prozent aller Leiden lassen sich auf jeweils ein einziges Gen zurückführen. Die meisten Massenerkrankungen entstehen durch ein schwer durchschaubares Bündel von Ursachen und sind darum genetisch nicht zu beheben. Vom Brustkrebs etwa hieß es zunächst, das Erkrankungsrisiko läge bei bestimmten erblichen Veranlagungen bei 85 Prozent. Inzwischen geht man davon aus, dass es in den meisten Fällen doch nur etwa 50 Prozent sind.*

**stern:** *Viele Menschen mit schweren Erbkrankheiten möchten sicherstellen, dass ihr Nachwuchs gesund zur Welt kommt. In immerhin zehn europäischen Ländern ist es darum erlaubt, Embryonen im Reagenzglas zu zeugen und nach medizinischer Prüfung einige von ihnen in den Mutterleib [zu] setzen. In Deutschland hingegen darf die Präimplantationsdiagnostik (PID) nicht angewandt werden. Aber auch bei uns wünschen sich Paare gesunde Kinder.*

**Kollek:** *Natürlich. Aber es ist die Frage, ob man diesen Wunsch zum Maßstab für Gesetze machen sollte. Bei der PID werden Embryonen nach eugenischen Kriterien selektiert und verworfen. Da müssen wir uns schon fragen, wer eigentlich das Recht hat, für einen werdenden Menschen zu entscheiden, ob sein künftiges Leben lebenswert wäre – zumal vielen betroffenen Paaren auch schon mit einer bestimmten Eizellenuntersuchung – der sogenannten Polkörperbiopsie – geholfen wäre, die in Deutschland erlaubt ist.*

**stern:** *Bei der Abtreibung dürfen selbst mehrere Wochen alte Embryonen getötet werden, bei der PID geht es um Achtzeller. Wann ist ein Mensch ein Mensch – und hat ein unantastbares Lebensrecht?*

**Kollek:** *Werdendes Leben ist bei uns vom Zeitpunkt der Kernverschmelzung an verfassungsrechtlich geschützt – die Abtreibung ist die große Ausnahme. Da geht es um eine Notlage während der Schwangerschaft. Und ausschließlich in dieser Notlage darf die Frau sich straffrei über das Tötungsverbot hinweg setzen.*

**stern:** *Für den Embryo ist es kein Unterschied, ob er im Mutterleib oder in der Petrischale stirbt.*

**Kollek:** *Es gibt eben nicht nur das Recht des Embryos, sondern auch die Sicht der Frau, die Sicht der Behinderten und die grundsätzliche Frage: Wie gehen wir mit dem Leben um, das nach unseren Vorstellungen nicht perfekt ist? Wenn wir PID zulassen, droht eine Verrohung im Umgang mit Embryonen, die dann auch für andere Zwecke verfügbar werden könnten – etwa für die wissenschaftliche Forschung und medizinische Anwendungen. Das Grundproblem liegt darin, dass man sich daran gewöhnt, werdendes menschliches Leben für Zwecke Dritter zu opfern oder gar zu erzeugen. Und das ist etwas ganz anderes, als wenn eine Frau in einer Notlage eine Schwangerschaft abbricht. Unter Berücksichtigung der vielfältigen Aspekte und Probleme komme ich zu dem Schluss, dass die Vorteile der PID für einzelne Paare in keinem vertretbaren Verhältnis zu den möglichen gesellschaftlichen Folgen stehen. Wir werden derartige Konflikte zwischen Einzel- und Gesellschaftsinteressen auch noch mit anderen Neuerungen der Biomedizin erleben. Und sie sollten zugunsten einer möglichst menschlichen Gesellschaft entschieden werden.*

*Dagmar Gassen/Rank Ochmann: Dürfen wir, was wir können? Interview mit der Vorsitzenden des Ethikbeirates des Bundesgesundheitsministeriums, Prof. Dr. Regine Kollek. In: stern 27/2000, S. 68*

**A**

1. Wägen Sie die Argumente der Befürworter und Gegner der Präimplantationsdiagnostik gegeneinander ab. Wegen welcher Folgen spricht sich die Vorsitzende des Ethik-Beirates des Bundesgesundheitsministeriums insgesamt gegen die Zulassung dieser Technologie aus?
2. Welche Argumente lassen sich in ethischer Perspektive gegen das Klonen von Menschen anbringen? Gehen sie dabei von dem Begriff der Menschenwürde aus, mit dem Siep gearbeitet hat (siehe Vorderseite).

## Imperative der Verantwortung im technologischen Zeitalter:

## Die Zukunftsethik von Hans Jonas

Angesichts der unabsehbaren Risiken moderner Technologie plädiert Hans Jonas für eine neue Ethik der Verantwortung für die Zukunft. Im Rahmen dieser Zukunftsethik führt er eine neue Handlungsregel (Imperativ) ein.

**Q** ***Alte und neue Imperative***

*Ein Imperativ, der auf den neuen Typ menschlichen Handelns passt und an den neuen Typ von Handlungssubjekt gerichtet ist, würde etwa so lauten: »Handle so, dass die Wirkungen deiner Handlung verträglich sind mit der Permanenz echten menschlichen Lebens auf Erden«; oder negativ ausgedrückt: »Handle so, das die Wirkungen deiner Handlung nicht zerstörerisch sind für die künftige Möglichkeit solchen Lebens« oder einfach: »Gefährde nicht die Bedingungen für den indefiniten Fortbestand der Menschheit auf Erden« oder wieder positiv gewendet: »Schließe in deine gegenwärtige Wahl die zukünftige Integrität des Menschen als Mit-Gegenstand deines Wollens ein«. [ ...] der neue Imperativ sagt eben, dass wir zwar unser eigenes Leben, aber nicht das der Menschheit wagen dürfen, [...] dass wir aber nicht das Recht haben, das Nichtsein künftiger Generationen wegen des Seins der jetzigen zu wählen oder auch nur zu wagen.*

*Hans Jonas: Das Prinzip Verantwortung. Versuch einer Ethik für die technologische Zivilisation. Suhrkamp, Frankfurt am Main 1985. S. 36*

Welche konkreten Verpflichtungen im Umgang mit risikoreicher Technik leiten sich aus diesem neuen Imperativ der Zukunftsverantwortung ab?

Insbesondere gibt es, so Jonas, neue Verpflichtungen hinsichtlich des Wissenserwerbs.

**Q** ***Die neue Rolle des Wissens in der Moral***

*Früher lagen die Folgen nahe bei der Handlung und waren keine Sache entfernterer Planung. Was das Gute war, war für jeden unmittelbar einsichtig. Insofern war nur gesunder Menschenverstand notwendig, um zu wissen, was moralisch geboten war. Mit den Folgen der modernen Technik, die weit in die Zukunft reichen, ändert sich dies. Jetzt äußert sich verantwortliches Handeln zu allererst darin, sich alles verfügbare Wissen um tatsächliche und mögliche Fernwirkungen des Einsatzes der Technik zu besorgen. Hier sind zunächst einmal die Naturwissenschaften mit ihrer Sachkompetenz gefragt. Es geht aber auch um das Aufspüren noch unbekannter Wirkungen durch hypothetische Vorhersagen als Sache vergleichender Futurologie*.*

*Nach: Hans Jonas: Das Prinzip Verantwortung. A.a.O., S. 61 ff.*

**Vorrang der schlechten vor der guten Prognose**

Dennoch bleibt nach Hans Jonas trotz dieses Gebots zum umfassenden Wissenserwerb ein Problem: Es besteht in der prinzipiellen Unsicherheit von Zukunftsprognosen. Was sollen wir tun, wenn die Wirkungen, wie zum Beispiel beim Einsatz von Gentechnologien, nicht sicher vorhersehbar sind, sondern sich gute und schlechte Prognosen gegenüberstehen?

Gerade in solchen Fällen soll nach Jonas eine »Heuristik* der Furcht« zur Anwendung kommen. Wir sollen uns durch optimistische Prognosen bestimmter Interessengruppen nicht vorschnell beschwichtigen lassen, sondern uns selbst eine Vorstellung von den möglichen negativen Spätwirkungen der Eingriffe in die Natur verschaffen.

Jonas plädiert also dann, wenn die Risiken moderner Technologien schwer abschätzbar sind, für eine Ethik der Begrenzung. Er nennt diesen Grundsatz „Vorrang der schlechten vor der guten Prognose“:

Q

*Es ist die Vorschrift, primitiv gesagt, dass der Unheilsprophezeiung mehr Gehör zu geben ist als der Heilsprophezeiung.*

*Nach: Hans Jonas: Das Prinzip Verantwortung. A.a.O., S. 70*

A

1. Deuten Sie den Inhalt des von Jonas im Rahmen seiner Zukunftsethik eingeführten kategorischen Imperativs. Was sollen wir tun, wie weit reicht unsere Verantwortung?
2. Führen Sie eine Pro-Kontra-Diskussion zur Berechtigung des Einsatzes riskanter Technologien (etwa des strittigen Anbaus von genetisch verändertem Mais) durch. Stellen Sie dabei die vorhergesagten guten den möglichen negativen Wirkungen auf Mensch und Umwelt gegenüber!
3. Begründen Sie, warum im Sinne von Hans Jonas im Falle unabsehbarer Risiken des Einsatzes moderner Technologien den schlechten Prognosen Vorrang bei der Entscheidung über den Einsatz der modernen Technologie gegeben werden sollte.
4. Für wie realistisch halten Sie den Jonas’schen Grundsatz des Vorrangs der schlechten vor der guten Prognose? Untersuchen sie am Beispiel des in der BR Deutschland durch die Politik beschlossenen Ausstiegs aus der Kernenergie, unter welchen Voraussetzungen die Nichtanwendung einer riskanten Technologie sich als gesellschaftlich durchsetzbar erweisen kann. Bedenken Sie dabei besonders die Rolle ökonomischer Interessengruppen, politischer Eliten sowie lokaler Bürgerbewegungen.

## 3.6 Fazit: Was heißt es, Verantwortung zu übernehmen

Stufenraster für ein Verfahren zur Auseinandersetzung mit der eigenen Verantwortung

**7. Stufe** Setze die gefundene Entscheidung in Motivation um. Handle gemäß Deiner Einsicht

**6. Stufe** Strebe einen möglichst hohen Grad an Akzeptanz für eine sich abzeichnende Entscheidung an.

**5. Stufe** Bemühe Dich ernsthaft um einen Konsens mit allen Beteiligten und Betroffenen.

**4. Stufe** Bedenke die Folgen und Nebenfolgen deiner Entscheidung und des daraus resultierenden Verhaltens. Bedenke nicht nur die unmittelbaren, kurzfristigen, sondern auch die mittelbaren, langfristigen Folgen.

**3. Stufe** Lege Norm- und Wertansprüche fest, über welche zwischen verschiedenen Partnern Einigkeit herrscht. Welches Handeln entspricht diesen Norm- und Wertansprüchen nicht, weil es ahuman, lieblos, kurzsichtig etc. ist?

**2. Stufe** Analysiere die Entscheidungssituation umfassend und in ihrer Komplexität. Beachte dabei die Umstände, verschiedene Interessenlagen von Beteiligten, politische und moralische Kräftekonstellationen etc.

**1. Stufe** Versichere Dich der Gründe (persönliche, situative, pragmatische, gesetzliche, moralische) für bestimmte Norm- und Wertvorgaben in Deinen Handlungsfeldern. In welcher Tradition stehen sie?

Der Bundestag hat im Juli 2009 über den Stellenwert einer Patientenverfügung entschieden. Im Falle schwerer Erkrankung muss diese von den behandelnden Ärzten beachtet werden.

**A**

1. Positionieren Sie sich mit Hilfe des Stufenmodells dazu, ob das Abfassen einer solchen Patientenverfügung Teil der Selbstverantwortung ist.

## Befragung

Die Befragung ist eine Arbeitsmethode, bei der mit Hilfe eines Fragebogens die Erfahrungen, Meinungen und Verhaltensweisen von Menschen erfasst werden.

### Anwendungsmöglichkeiten

Eine Befragung mittels Fragebogen wird dann eingesetzt, wenn festgestellt werden soll, wie eine größere Gruppe von Menschen denkt und handelt. Der Fragebogen bietet dabei die Möglichkeit, die Anonymität der Befragten zu wahren.

### Vorgehen

**1. Festlegung des Befragungsziels**

Genau festzulegen ist, zu welchem Thema die Befragung stattfindet.

**2. Bestimmung der Personen, die befragt werden sollen**

Neben der genauen Festlegung, wer eigentlich befragt werden soll, ist zu bestimmen, wie, wann und wo die Befragung erfolgt.

**3. Gestaltung des Fragebogens**

Die Fragestellungen müssen so formuliert werden, dass sie dem Ziel der Befragung dienen. Sie sollen kurz, präzise und leicht verständlich sein. Fremdwörter und komplizierte Satzkonstruktionen sind zu vermeiden.

Die Fragen in ihrer Gesamtheit sollen das Befragungsthema erschöpfend behandeln.

Zu jeder Frage sind die vorgegebenen Antwortmöglichkeiten zu bestimmen. Sie erlauben es, die ausgefüllten Fragebögen miteinander zu vergleichen und so Aussagen über alle Befragten zu treffen. Für die Antwortmöglichkeiten gelten die gleichen sprachlichen Anforderungen wie für die Fragestellungen. Die Antwortvorgaben zu einer Frage müssen die Gesamtheit aller möglichen Antworten abdecken. Die Entscheidung für eine bestimmte, vorgegebene Antwort erfolgt durch Ankreuzen oder das Eintragen einer entsprechenden Zahl.

**4. Durchführung der Befragung**

Für die Durchführung bestehen zwei Möglichkeiten: Entweder füllt jeder für sich einen Fragebogen aus oder jemand betätigt sich als Interviewer, stellt die Fragen und trägt dann die Antworten in den Fragebogen ein. Damit ist die Befragung allerdings nicht mehr anonym.

**5. Auswertung**

Die Fragebögen werden eingesammelt. Bei kleineren Befragungen genügt es in aller Regel, wenn die Auswertung mit Hilfe von Strichlisten geschieht. Zu jeder Frage wird festgehalten, wie häufig die einzelnen Antwortvorgaben gewählt wurden. Dabei ist es meistens angebracht, die Häufigkeitsangaben in Prozentwerte umzurechnen.

# 4. Pluralismus

## 4.1. Leben in einer pluralistischen Welt

Viele westliche Industriestaaten, darunter auch Deutschland, werden als pluralistische Gesellschaften bezeichnet. Pluralismus ist ursprünglich ein politischer Begriff. Heute, in seiner Bedeutung erweitert, bezeichnet er nebeneinander bestehende, unterschiedliche Anschauungen und Lebenskonzepte innerhalb einer Bevölkerung.

**Q**

**Hip-Hoper** – *Mein Leben orientiert sich am amerikanischen Lebensstil. Anerkennung, gute Lebensbedingungen, Toleranz und Antirassismus sind unsere Werte.*

**Biker** – *Ich lebe eigentlich nur fürs BMX-Fahren. Du musst ein totaler Freak sein. Politik, Kultur und der ganze Quatsch interessieren mich nicht.*

**Punk** – *Die spießbürgerliche Moral meiner Eltern, Mitschüler und Lehrer geht mir gegen den Strich. Meine Devise lautet: „Mach kaputt, was dich kaputt macht."*

**Skin** – *Ein wahrer Skinhead liebt seinen Kult und dessen Traditionen. Ich hasse Politik, arbeite schwer, kleide mich smart und bin stolz auf mich und meine Herkunft.*

**Gothik** – *Wir sind melancholische Menschen, aber Melancholie kann doch auch etwas sehr Schönes sein. Den modernen Heiterkeitszwang finde ich persönlich zum Kotzen. Ich würde jedenfalls um nichts auf der Welt mit einem oberflächlichen, dauergrinsenden Raver tauschen wollen, der keine Ahnung von sich selbst und von der Welt hat.*

**Muslima** – *Ich verstehe die Vorstellungen deutscher Jugendlicher überhaupt nicht. Selbstverwirklichung um jeden Preis, das ist doch krankhaft. Wichtig sind der Islam und meine Familie.*

*Nach: Axel Lisetz: Raver, Rapper und Rebellen. Ueberreuter, Wien 2000*

**A**

1. Ergänzen Sie die oben stehenden Ansichten um Ihre eigene und andere, Ihnen bekannte.
2. Entwerfen Sie in Gruppenarbeit ein Rollenspiel (siehe Methodenseite 51), in dem unterschiedliche Lebenseinstellungen zusammentreffen. Jede Gruppe spielt Ihr Szenario vor.
3. Sind Sie mit dem Ergebnis des jeweiligen Spiels einverstanden? Warum? Warum nicht?

Q

### *Über die pluralistische Gesellschaft*

*In einem Prozess der religiösen, sozialen, kulturellen und politischen Differenzierung haben sich die relativ homogenen und stabilen Lebensverhältnisse und Wertmaßstäbe der alteuropäischen Gesellschaft aufgelöst. Immer zahlreichere Gruppen sind mit eigenen Interessen, Glaubensüberzeugungen und Verhaltensmustern hervorgetreten, die im Vergleich der Gruppen untereinander große Unterschiede aufweisen. Das soziale und politische Leben besteht zu einem großen Teil aus dem Nebeneinander und Gegeneinander einer Mannigfaltigkeit von freien oder organisierten Gruppen, von Subgesellschaften und Subkulturen*, die etwa als Jugendliche und als Erwachsene, als Arbeiter, Angestellte und Unternehmer, als Wissenschaftler und Künstler, als Christen und Marxisten, als Konservative, Liberale und Revolutionäre jeweils ihren eigenen Werten, Normen und Bekenntnissen folgen, welche sich zum Teil ergänzen, zum Teil aber versteckt oder offensichtlich – auch einander widersprechen. [...]*

*Otfried Höffe: Werte, Normen und Grundhaltungen: die Perspektive philosophischer Ethik. In: Schneid, Konrad: Erziehen in der Schule. Aufgaben, Ziele und Methoden. Oldenbourg, München 1979. S. 35 f.*

Das Zusammenleben in einer pluralen oder pluralistischen Gesellschaft stellt stets eine Herausforderung für die Individuen und die Gemeinschaft dar.

### *Kritik und Anerkennung*

*Unter Pluralismus verstehen wir eine Haltung, die der Existenz verschiedener, miteinander konkurrierender Lebensformen einen Wert an sich zuspricht. In einer pluralistischen Gesellschaft kann ich den Wert einer bestimmten Lebensform auch dann anerkennen, wenn ich ihr selbst niemals angehören wollte, und auch nicht wünsche, dass sich meine Kinder ihr anschließen. [...]*

*In Konkurrenz stehen Lebensformen, wenn sie einander widersprechen, das heißt, wenn die Überzeugungen und Werte der einen im Widerspruch zu denen der anderen stehen. Mit Pluralismus ist nicht gemeint, dass man andere Lebensformen nicht kritisieren könnte. Kritik ist wichtig, doch darf sie nicht die Form einer generellen sozialen oder menschlichen Ablehnung annehmen: Vielmehr muss sie anerkennen, dass die konkurrierenden Lebensformen nicht nur für ihre jeweiligen Mitglieder, sondern für alle einen menschlichen Wert haben.*

*Avishai Margalit: Politik der Würde. Fischer TBV, Frankfurt 1999, S. 210*

A

1. Welche Aussagen werden zum Thema Pluralismus getroffen? Stellen Sie diese in einer Übersicht dar.
2. Setzen Sie die Ansichten der Jugendlichen auf der Vorseite in Beziehung zu Höffes und Margalits Aussagen.

Ü

3. Um sich und die Gemeinschaft nicht zu zerstören, ist es erforderlich, allgemeine Verbindlichkeiten für ein Miteinander festzulegen.
   Diskutieren Sie, welche Vereinbarungen Sie als sinnvoll erachten. Begründen Sie Ihre Auffassungen.
4. Die pluralistische Gesellschaft – Chance oder Risiko? Stellen Sie Ihre vorläufige Auffassung in einer Standpunktrede* dar.

# Identität – Finden zu sich selbst

Um andere Sichtweisen aushalten und anerkennen zu können, ist es notwendig, eigene Anschauungen und eine eigene Identität zu besitzen. Über sein Ich kann sich jeder Mensch Gedanken machen.

## Erkenne dich selbst

Eine der wichtigsten kultischen Stätten im antiken Griechenland war das Orakel von Delphi. Die Pythia* wurde von vielen Menschen um Rat gefragt. Am Eingang der Kultstätte war der Spruch „Erkenne dich selbst!" zu lesen.

**A** 1. Warum ist es wichtig, über sich selbst Bescheid zu wissen?
Finden Sie heraus, wer Sie sind. Entwickeln und vervollständigen Sie dazu eine Mindmap (siehe dazu Methodenseite, S. 45).
Tragen Sie in diese Mindmap alle Faktoren ein, die für Ihr Ich bedeutsam sind.
Vergleichen Sie ihre Gedankenkarte mit denen Ihrer Mitschüler. Wo gibt es Unterschiede, wo Gemeinsamkeiten? Interpretieren Sie die Ergebnisse.

## Mindmap Ich – Identität

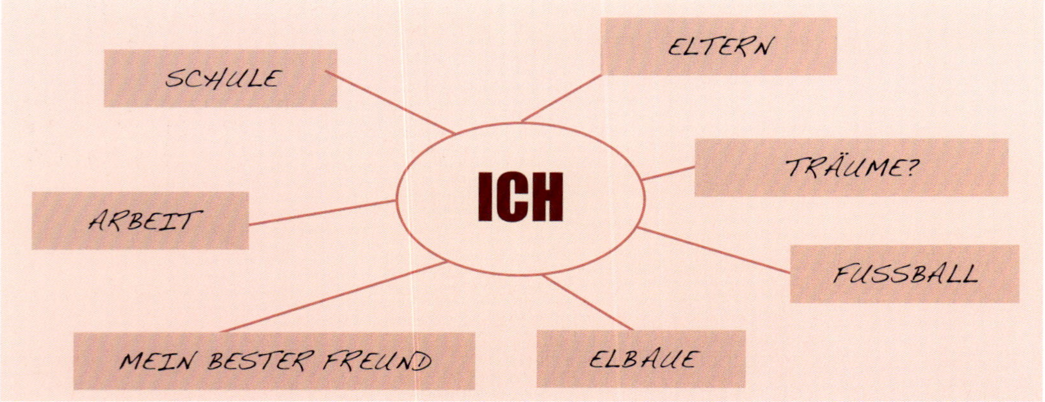

Es reicht nicht aus, sich selbst zu erkennen, das Individuum muss auch zu sich selbst „stehen", ein gewisses Maß an Eigenliebe und Selbstvertrauen besitzen.

Q

***Selbstvertrauen***

*Ein alter weiser Mann hatte einen Sohn, der nie aus dem Haus ging, weil er sich wegen seines Aussehens schämte. Da erklärte ihm sein Vater, dass man nicht auf die Leute hören sollte.*

*„Morgen«, kündigte er an, „gehen wir gemeinsam auf den Markt!«*

*Bei Sonnenaufgang verließen sie das Haus. Der Alte ritt auf dem Esel, sein Sohn lief neben ihm her. Als sie zum Marktplatz kamen, schimpften die Händler:*

*„Seht euch nur diesen Mann an. Er ruht sich auf dem Eselsrücken aus und lässt seinen armen Sohn zu Fuß laufen!« Der Weise sagte zu seinem Sohn: „Hast du das gehört? Morgen kommst du wieder mit zum Markt!«*

*Am nächsten Tag tauschten Vater und Sohn die Plätze: Der Junge stieg auf den Eselsrücken und der alte Mann ging zu Fuß. Am Markteingang warteten schon die gleichen Händler:*

*„Seht nur dieses ungezogene Kind«, sagten sie. „Es sitzt ruhig auf dem Eselsrücken, während sich sein armer Vater durch den Staub schleppen muss. Ein solches Schauspiel zerreißt einem doch das Herz!«*

*„Hast du das gehört?«, sagte der Vater zu seinem Sohn, „Auch morgen gehen wir wieder gemeinsam auf den Markt!«*

*Am dritten Tag gingen Vater und Sohn zu Fuß, den Esel führten sie an der Leine.*

*„Seht nur diese beiden Dummköpfe«, spotteten die Händler. „Sie laufen zu Fuß, als ob sie nicht wüssten, dass man auf einem Esel reiten kann.«*

*„Hast du das gehört?«, sagte der Weise.*

*„Morgen nehme ich dich auch wieder mit auf den Markt!«*

*Als sie am vierten Tag das Haus verließen, setzten sie sich beide auf den Rücken des Esels. Die Händler, die wie immer am Eingang zum Markt standen, riefen voller Empörung:*

*„Was für eine Schande! Schaut euch nur die beiden an!"*

*So sprach der Weise abschließend:*

*„Mein Sohn du hast es wohl gehört: Egal was du im Leben tust, die Leute werden immer etwas auszusetzen haben. Deshalb sollst du dich nicht um ihre Meinung scheren. Handele so, wie es dir richtig erscheint, und gehe deinen Weg.«*

*Michel Piquemal, Philippe Lagautriere: Philo fabelhaft. Moses-Verlag, Kemper 2004. S. 80 ff.*

A

1. Stellen Sie das Problem, das in dieser Parabel angesprochen wird, dar.
2. In welchem Zusammenhang stehen das Individuum mit seinen Besonderheiten und die Gesellschaft bzw. die Anderen?
3. Diskutieren Sie folgende Aussage: In einer pluralistischen Gesellschaft ist es schwer, seine *eigene* Identität zu finden.

## Kulturelle Identität

Im Verlaufe seines Lebens formt jeder Mensch eine unverwechselbare Identität aus. Diese ist nicht angeboren, sie entsteht im Ergebnis der Auseinandersetzung des Einzelnen mit seiner Umwelt. Neben einer personalen Identität, welche jeder Einzelne selbst ausformen muss, benötigt jeder Mensch auch eine kulturelle Identität, die ihm von seinen Vorfahren vererbt wurde, die ihm Sicherheit verleiht und die ihm hilft, in Gemeinschaft mit anderen zu leben.

**Q** *Kultur als Stützskelett*

*Der Mensch, von Natur aus ein Kulturwesen, kann ohne das Stützskelett, das ihm seine Zugehörigkeit zu einer Kultur und seine Teilhaberschaft an ihren Gütern verleihen, schlechterdings nicht existieren. Aus dem Nachahmen des Kindes wird ein Nachleben, das sich nach einem Vorbild orientiert, man fühlt sich mit diesem Vorbild identisch und als Träger - wie auch als Besitzer - seiner Kultur. Ohne diese Identifizierung mit einem Traditionsspender besitzt der Mensch offenbar kein richtiges Identitätsbewusstsein. [...]*

*Wenn ein junger Mensch das geistige Erbe der Kultur, in der er aufwuchs, verloren und keinen Ersatz in der Geistigkeit einer anderen gefunden hat, ist es ihm verwehrt, sich mit irgend etwas und irgend jemandem zu identifizieren, er ist tatsächlich ein Nichts und ein Niemand, wie man heute in der verzweifelten Leere vieler jugendlicher Gesichter deutlich lesen kann. [...]*

*Konrad Lorenz: Die Rückseite des Spiegels. Versuch einer Naturgeschichte menschlichen Erkennens. Piper, München/Zürich 1973. S. 270f.*

**A** Deutschland ist ein Zuwanderungsland. Das heißt, jedes Jahr kommen Menschen ins Land, die eine andere Kultur als die deutsche im Gepäck tragen, die in dieser verwurzelt sind und aus ihr Sicherheit beziehen.

1. Informieren Sie sich, aus welchen Ländern und Regionen Zuwanderer nach Deutschland kommen, wie hoch der Anteil der einzelnen Gruppen ist und was dies mittel- und langfristig für das Zusammenleben bedeuten könnte. Beziehen Sie in Ihr Nachdenken über die Folgen auch die Aussagen von Konrad Lorenz über den Ersatz der Herkunftskultur mit ein.
2. Wie beeinflussen Kultur und Zivilisation, in der der Mensch lebt, die Identität des Menschen? Finden Sie Beispiele.
3. Stimmen Sie der Auffassung Lorenz' zu, der behauptet, dass viele Jugendliche ein Nichts sind, weil sie keinen kulturellen Halt haben? Warum? Warum nicht?

Kultur bezeichnet ein Programm, das die Ausdrucksformen des individuellen Denkens und Verhaltens steuert und dabei ständigen Veränderungen unterliegt. Jedes Individuum arbeitet an diesem Programm mit, dennoch ist die Kultur einer Region oder einer Nation nicht identisch mit dem Programm, das dem Einzelnen zur Verfügung steht, um sein Verhalten zu lenken.

Q

***Anspruch und Verbindlichkeit von Kultur***

*Kultur verweist auf etwas Überindividuelles, das die einzelnen Individuen prägt. Sie besitzt verschiedene Dimensionen, die für den Anspruch und die Verbindlichkeit einer Kultur von Bedeutung sind.*

**1** *Die nationale Dimension, die sich aus dem geographischen Lebensmittelpunkt ergibt. Hierfür spielt z. B. eine Rolle, ob man in Deutschland, in Polen oder in Japan lebt.*

**2** *Die ethische, religiöse und sprachliche Dimension, die aus dem genetischen Lebenszusammenhang der Individuen erwächst, ob jemand als Christ, Moslem oder Freigeist, in seiner Mutter- oder einer anderen Sprache aufwächst.*

**3** *Die geschlechts- und rollenspezifische Dimension, die aus dem sozialen Zusammenleben und seinen Traditionen folgt. Hier ist bedeutsam, ob die Frau gleichberechtigt am gesellschaftlichen Leben teilnimmt oder ob sie gesellschaftlich auf das Haus und die Hausarbeit festgelegt ist.*

**4** *Die generationsspezifische Dimension, welche den Reihenfolgeeffekt widerspiegelt, ob man jung oder bereits alt ist.*

**5** *Die soziale Platzierungsdimension, die sich aus dem Kontext der Lebenswelt und der sozialen Milieus ergibt, ob man in wohlhabenden oder ärmlichen Verhältnissen lebt.*

**6** *Die organisatorische Dimension, die an Arbeitsteilung und Kooperationszusammenhänge gebunden ist, ob jemand körperlich schwer und in Schichten oder bei freier Zeiteinteilung schriftstellerisch arbeitet.*

*Frei nach: Reinhold Viehoff/Rien Segers (Hrsg.): Die Konstruktion Europas. In: Dies.: Kultur – Identität – Europa. Suhrkamp, Frankfurt/M. 1999. S. 34 f.*

A

1. Tragen Sie für jede der Dimensionen von kultureller Identität einige Standards zusammen, die die Unterschiede und Gemeinsamkeiten in den Denk- und Verhaltensmustern von Nationen, Religionen, Generationen, Geschlechtern und sozialen Positionen widerspiegeln.
2. Wenn es kulturell bedingte Unterschiede in den Denk- und Verhaltensweisen von Menschen verschiedener Nationalität, Religion, Geschlecht und Generationszugehörigkeit gibt, bedeutet das dann, dass im Zuge der Gleichberechtigung der Kulturen jedes Verhalten gleichermaßen legitim (Zum Beispiel: Beschneidung von Frauen, Alkoholexzesse, Blutrache, Regelwidrigkeiten), dass alles erlaubt ist? Wo würden Sie persönlich Grenzen ziehen und welches Kriterium würden Sie Ihren Grenzziehungen zugrunde legen?

# Integration in die Gesellschaft – muss das sein?

Der Begriff Integration kommt aus dem Griechischen und bedeutet Herstellung eines Ganzen, Erneuerung. Da in einer pluralistischen Gesellschaft ständig Neues hinzukommt, muss es in die Gemeinschaft eingegliedert werden, damit die Gesamtheit wieder hergestellt wird.

**Q** ***Ich will Euer Leben nicht***

*Ich bin nicht geschaffen für ein Leben voller Zwang.*
*Was soll ich also machen, wenn ich auf euch nicht kann.*
*An alle Freaks, wanna be some Pisser, ich mein die großen Kinder!*
*Ihr Besserwisser, wollt mir in mein Leben reinreden,*
*Das muss ich mir nicht geben!*
*Ich hab nur eins davon und jetzt hört meine Stimme beben!*
*Wenn ich euch erzähle, was da draußen passiert,*
*Wo täglich irgendeiner den Verstand verliert.*
*Ich sehe Menschenmassen, die früh das Haus verlassen,*
*Um Geld zu verdienen, das sie sinnlos verprassen,*
*Sich gestalten, die Individuen verwalten, in Klassen*
*Einteilen und so ein Ganzes spalten.*

*Ich will euer Leben nicht!*
*Ich will euer Leben nicht, nein!*
*Ich will euer Leben nicht!*
*Ich will euer scheiß Leben nicht!*

*CD: Basis: Ich will euer Leben nicht. 1998*

**A**

1. Nennen Sie Gründe, warum sich der Interpret des Songs widersetzt.
2. In welche Gemeinschaften haben Sie sich integriert bzw. integrieren müssen? Welche Erfahrungen haben Sie dabei gemacht. Schreiben Sie darüber einen Bericht.
3. Gemeinschaft – welche Assoziationen verbinden Sie mit diesem Begriff? Diskutieren Sie, inwieweit in einer pluralistischen Gesellschaft die Gemeinschaft wichtig ist.

Integration bedeutet, sich in ein größeres Ganzes einzugliedern, sich als ein Glied dieses Ganzen zu sehen und zu erleben. Integration verlangt von jedem Menschen eine aktive Auseinandersetzung mit den Lebensmustern der Gemeinschaft. Für Menschen, die ihre Wurzeln in einer anderen Kultur haben, gestaltet sich Integration manchmal schwierig.

Q

***Leben zwischen den Welten***

*Morgens stand ich als Türkin auf und machte mich für die Schule fertig. Unterwegs zur Schule war ich neutral und wägte ab, was bei dem einen gut und schlecht war und verglich das mit dem anderen. In der Schule war ich deutsch. Nach der Schule musste ich direkt nach Hause, weil es zum einen Ärger gab, wenn ich zu spät kam […]. Wieder war ich unterwegs neutral, wobei ich sagen muss, dass ich mich auf dem Weg zur Schule wohler fühlte als auf dem Weg nach Hause. Sobald ich zu Hause war, musste ich wieder mein türkisches Gesicht aufsetzen, sonst kam ich mit den Leuten überhaupt nicht klar.*

*Mein wahres Ich war eher in dem deutschen Gesicht, weil ich damit ehrlicher war als mit dem türkischen. Das türkische Gesicht war voller Lügen oder eher Verschwiegenheit. Ich konnte ja zu Hause nicht alles sagen, was ich dachte und wollte. […] Ich fand das nicht besonders lustig, dass ich zwei Gesichter hatte. Es machte mir sehr viel Kummer, dass ich mich andauernd ändern musste. Ich durfte zu Hause nicht mit meinem deutschen Gesicht ankommen, weil ich mich dann noch unwohler fühlte und es nur Streitigkeiten gab, weil meine Eltern mich gar nicht mehr verstanden oder verstehen wollten. Ich liebte die Schule und hasste mein Zuhause, weil ich mich dort nicht so zeigen konnte, wie ich wirklich war, was ich in der Schule konnte. Die Leute in der Schule akzeptierten mich so, wie ich war, und haben nie empört geschaut, wenn ich eine andere Meinung als sie hatte. Bei meinen Eltern und auch bei anderen Türken durfte ich zwar eine eigene Meinung haben, aber wenn sie von der üblichen, typisch türkischen abwich, war es besser, sie für mich zu behalten oder sogar sie zu ändern, sollte mein Leben nicht zur Hölle werden.*

*Ayse und Devrim: Wo gehören wir hin? Lamuv, Göttingen 1989. S. 35*

A

1. Diskutieren Sie: Ist dem türkischen Mädchen die Integration gelungen? Warum? Warum nicht?
2. Welche Gründe kann es dafür geben, dass Integration in eine Gemeinschaft misslingt?
3. Finden Sie weitere Beispiele aus der Tagespresse, die von den Schwierigkeiten einer Integration ausländischer Mitbürger berichten. Versuchen Sie in der Klasse einen Lösungsweg anzudenken.
4. Diskutieren Sie folgende Aussage: Identität bildet die Voraussetzung für Integration.

# Die Begegnung mit Fremdem

Jeder Mensch macht irgendwann in seinem Leben die Erfahrung, fremd zu sein. Sei es, dass er als Tourist ferne Länder bereist, in denen andere Sitten herrschen oder eine andere Sprache gesprochen wird, sei es, dass seine Familie in einen anderen Ort zieht, wo das Umfeld unbekannt ist. Jede Begegnung mit Unbekanntem stellt für das eigene Denken und Handeln eine Herausforderung dar, der man auf unterschiedliche Art und Weise genügen kann.

***Fremdenfeindlichkeit***

*Ablehnende Einstellungen und Verhaltensweisen bis hin zur Gewaltanwendung gegenüber Fremden: Fremdenfeindlichkeit ist häufig Ausdruck von diffusen Ängsten und Aggressionen. Den Fremden wird pauschal eine Sündenbock-Funktion zugeschrieben und ihnen damit die Schuld an vielen gesellschaftlichen (oder sozialen) Problemen in Deutschland gegeben (Arbeitslosigkeit, Kriminalität, Belastung der Sozialsysteme, kulturelle Überfremdung«).*

*Uli Jäger: Pocket global. Globalisierung in Stichworten. bpb, München 2004. S. 15f.*

**Q** ***Hautfarbe Nebensache?***

*Als Brigitte und er in das Marktcafe kamen, war der Raum schon fast gefüllt. Sie fanden einen Platz am Tisch eines älteren Ehepaares. Schräg gegenüber saßen an vier Tischen Lehrlinge des Heimes mit Freundinnen und Kameraden aus der Stadt.*

*Jonny bestellte zwei Eisbecher und beobachtete, dass drüben die Köpfe zusammengesteckt wurden.*

*»Du verwirrst Erhard und seine Gesellschaft«, flüsterte er Brigitte zu.*

*Das Mädchen war unruhig. »Sie haben irgend etwas vor.« Und in diesem Augenblick rief Erhard auch schon: »Frau Wirtin!«*

*Die Frau mit der weißen Schürze ging lustlos an den Tisch Erhards. Sie schätzte es nicht, von so jungen Burschen herbeigerufen zu werden.*

*»Ja, was ist denn?«*

*»Schicken Sie doch bitte den Schwarzen hinaus.«*

*Die Worte waren überall deutlich zu verstehen, und die meisten Gäste horchten erstaunt und interessiert, was sich da entwickeln mochte.*

*Die Wirtin verschränkte die Hände unter der Schürze und schüttelte den Kopf wie über einen dummen Scherz. »Wie stellen Sie sich das vor, junger Mann? Ich kann keinen Gast hinausschicken, solange er sich anständig benimmt.«*

*»Wir verkehren aber nicht in Lokalen, in denen Farbige geduldet werden. «*

*»Ich kann es nicht ändern.«*

*»Na schön, wie Sie wollen.«*

*Erhard zuckte die Schultern und stand auf. Zugleich erhoben sich seine Freunde an den Nachbartischen, und wer nicht sofort begriff, dem gaben die anderen zu verstehen, wie er sich verhalten sollte. Mehr als zwanzig junge Leute verließen das Cafe.*

*Hans-Georg Noack: Hautfarbe Nebensache. Otto Maier, Ravensburg 1981. S. 83.*

**A**

1. Nennen Sie mögliche Gründe für Erhards Haltung. Überprüfen Sie, ob diese Argumente stichhaltig sind.
2. Entwerfen Sie einen Dialog zwischen Erhard und Jonny.

Die Begegnung mit Fremdem vermag den Einzelnen zu verunsichern. Die Strategien, Fremdem gegenüber zu treten, weisen daher eine große Bandbreite auf.

Geflügelte Worte

**Fremde sind Freunde, die man nur noch nicht kennen gelernt hat.**

**Der Fremde hat keine Freunde.**

**Fremd ist nur der Fremde in der Fremde.**

**Der Neger malt den Teufel weiß. (Herder)**

**Achten die Menschen sich selbst, so achten sie gewöhnlich auch die fremde Persönlichkeit. (Samuel Smiles)**

**Die Fremde lehrt uns nicht bloß sehen, sie lehrt uns auch richtig sehen. Sie gibt uns auch das Maß für die Dinge. Sie leiht uns auch die Fähigkeit, Groß und Klein zu unterscheiden. (Theodor Fontane)**

**Innere Leere und Überdruss sind es, von denen sie sowohl in die Gesellschaft wie in die Fremde und auf Reisen getrieben werden. (Arthur Schopenhauer)**

**Das Fremde ist das Noch-Nicht-Verstandene. (Hegel)**

**Wer aus der Fremde kommt, bringt Neues mit.**

1. Wählen Sie ein Sprichwort aus, welchem Sie zustimmen. Legen Sie dar, warum. **A**
2. Welche Erfahrungen haben Sie mit Fremden (der Fremde, dem Fremden) gemacht? Beantworten Sie die Frage in Partnerarbeit im Schreibdialog.

3. Führen Sie in Gruppenarbeit Interviews (s. Methodenblatt Interview S.251) zum Thema „Das Fremde, der Fremde, die Fremde" durch. Konzipieren Sie im Vorfeld einen kurzen Fragebogen. Führen Sie die Interviews durch und präsentieren Sie Ihre Ergebnisse im Plenum. **P**
4. Vergleichen Sie die Ergebnisse der einzelnen Arbeitsgruppen und versuchen Sie Ihre Ergebnisse zu deuten.

Andere Länder – andere Sitten **P**

Jedes Jahr verlassen Menschen ihre Heimat, um in andere Länder zu gehen, um dort zu arbeiten und zu leben. Manche bleiben für immer dort, andere kehren zurück, unter ihnen auch solche, die beteuern, in der Fremde nicht heimisch geworden zu sein.

5. Tragen Sie Gründe zusammen, warum Menschen ins Ausland gehen.
6. Laden Sie Menschen ein, die längere Zeit im Ausland lebten. Lassen Sie sich von ihren Erfahrungen berichten.
7. Berichten Sie über Ihre Auslandsreisen bzw. ihre Begegnungen mit dem Fremden. Was war für Sie fremd? Wie wirkte das Fremde auf Sie?
8. Formulieren Sie Regeln, wie man sich anderen Kulturen gegenüber verhalten sollte.

## Anderssein – (k)ein Problem?

Nicht nur Ausländer fallen durch ihr Anderssein auf, auch Behinderte.

Behinderungen sind individuelle Beeinträchtigungen eines Menschen, die umfangreich, vergleichsweise schwer und langfristig sind. Auf diese Beeinträchtigungen reagieren andere Menschen oft reserviert.

Im Alltag findet man viele Wörter und Redewendungen, die direkt oder indirekt Bezug zu Behinderungen haben:

- lahme Veranstaltung, stumme Anklage, blindes Vertrauen, blinder Alarm, blindes Huhn
- Schwachsinn, Blödsinn, Irrsinn, Wahnsinn, Verrückte, Narren
- taube (leere) Nuss, taubes Gestein (ohne Erzgehalt)
- eine Sache hat Hand und Fuß, ein Vergleich hinkt
- an den Rollstuhl gefesselt, mit Blindheit geschlagen ...

**A**

1. Tragen Sie weitere Redewendungen, die Bezug auf Behinderung und Behinderte nehmen zusammen. Erläutern Sie, wann die jeweilige Redewendung gebraucht wird und was damit ausgesagt wird.
2. Welches Bild von Behinderten und Behinderung wird durch diese Redewendungen transportiert?
3. In welchen Situationen haben Sie selbst solche Wendungen schon benutzt? In welchen Zusammenhängen ist ihr Gebrauch unpassend? Warum?
4. Informieren Sie sich über den Begriff „Behinderung“ und „Behinderte“. Fertigen Sie dazu eine Mindmap an.

Viele Gegebenheiten im Alltag, die man normalerweise gar nicht bemerkt – etwa zu hohe Bordsteinkanten, Treppenstufen, zu kleine Schriftgrößen auf Ausschilderungen oder fehlende Handläufe – erschweren Behinderten die alltägliche Lebensbewältigung. Was aber ist zu tun, wenn menschliches Verhalten, wenn Worte oder Gesten die Schwierigkeiten potenzieren?

Q

***Behinderungen im Alltag***

*Mein linkes Bein ist von Geburt an etwas kürzer als das rechte. Also hinke ich, zwar nicht sehr stark, aber es fällt auf. Und beim Sport kann ich auch nicht glänzen. In meiner Heimatstadt, wo ich aufgewachsen bin, kannte man mich nicht anders und niemand hat jemals ein Wort darüber verloren. Es gehörte einfach zu mir, wie meine Sommersprossen und meine roten Haare, und ich hatte mich dort nie dafür schämen müssen.*

*Irgendwie hatte ich geglaubt, dass das hier auch nicht anders sein würde. Oder genauer, ich war gar nicht auf die Idee gekommen, dass es überhaupt anders sein könnte. – Aber in dieser neuen Stadt war alles anders. Bald wurde mir klar, dass mein Dialekt nicht das Einzige war, was mich angreifbar machte. Meine Kleidung zum Beispiel – zu Hause waren einfach andere Sachen angesagt gewesen als hier in der Großstadt.*

*An meinem ersten Schultag ignorierten sie mich. Als die Klassenlehrerin – der man übrigens die Angst vor ihren Schülern deutlich ansehen konnte – mich bat, mich der Klasse vorzustellen, tat ich es mit zitternder Stimme. Ich sah nur steinerne Gesichter um mich herum, nicht ein freundliches war dabei. Am Tag danach begannen die ersten laut zu lachen, sobald ich den Mund aufmachte. Eine Zeit lang lachte ich noch gutmütig mit, denn ich wollte zeigen, dass ich Humor hatte und nicht empfindlich war, obwohl es mir sehr wehtat. Das hatte aber nur zur Folge, dass sie mich jetzt für leicht beschränkt hielten – sie dachten wohl, ich merkte gar nicht, dass sie sich über mich lustig machten. Es sollte aber noch viel schlimmer kommen. Nach ein paar Tagen konnte ich schon nirgendwo mehr hingehen, ohne dass einer hinter mir herlief und meinen Gang nachäffte, während die Zuschauer sich vor Lachen bogen. Wenn ich durch die Gänge humpelte, wurden mir Gemeinheiten nachgerufen. Ich ging jeden Tag sehr früh zur Schule, damit ich bereits auf meinem Platz saß, wenn die anderen eintrafen. Und nach Schulschluss verließ ich die Schule als eine der Letzten, um dem Spießrutenlauf zu entgehen, der mir sonst drohte. Früher war ich eine gute Schülerin gewesen, jetzt sagte ich im Unterricht gar nichts mehr, und wenn ein Lehrer mich anrief, zuckte ich nur mit den Schultern. Falls die Lehrer etwas merkten, unternahmen sie jedenfalls nichts.*

*Aktion Mensch, ai (Hrsg.): Voll die Helden, München 2005. S. 40 ff.*

A

1. Die Ich-Erzählerin wird von ihren Mitschülern ausgegrenzt. Welche möglichen Gründe kann es dafür geben?
2. Soll sie sich um Integration bemühen? Warum? Warum nicht?
3. Gestalten Sie ein Rollenspiel, in welchem sich Erzählerin und Mitschüler annähern.
4. Informieren Sie sich über Konzepte der Integration behinderter Menschen in Ihrer Umgebung. Führen Sie dazu Interviews oder laden Sie sich Experten in den Unterricht ein.

# 4.2. Pluralismus und universale Werte

## Universale Werte in der Diskussion

In der europäischen Geistesgeschichte findet sich seit der Antike der Gedanke, dass alle Menschen gleich sind und dass ihnen deshalb gleiche Rechte zustehen. Andere Kulturen sehen ihre Wertvorstellungen in anderen Ursprüngen und stehen deshalb den Menschenrechten kritisch gegenüber. Sie betrachten diese als westliche Vorstellungen, die für ihr Land und ihre Traditionen zu spezifizieren sind.

Auch in Europa selbst galten die Menschen keineswegs immer als gleich. Bis in die Neuzeit hinein war das Recht und die Rechtsordnung ein kompliziertes Geflecht von Sonderrechten (Privilegien), die man mit der Geburt erbte, wenn man dem richtigen Stand (z. B. dem Adel) angehörte. Erst mit der Französischen Revolution von 1789 begann der Siegeszug der individuellen Rechte, die jedem gleichermaßen zustehen.

**Q** *Afrikanische Sicht auf die Menschenrechte*

*Auch wenn man die Grundlage schon früher findet, ist die ausgeprägte Idee der Menschenrechte die Errungenschaft der Aufklärung im 17. und 18. Jahrhundert. Im Mittelpunkt steht die Würde des Einzelnen: Wer Mensch ist, hat Ansprüche auf Rechte. Betont wird dabei das Individuum und nicht die Gesellschaft: geachtet werden soll die einzelne Person als solche „[…] nicht aufgrund ihrer Beziehungen zu anderen". Selbst wenn die Menschenrechte, da sie sich etwa in Bezug auf Ehe und Familie, Gewerkschaften und anderes mehr nur innerhalb einer Gemeinschaft verwirklichen lassen, eine Gemeinschaftsdimension haben, so geht es auch dort immer um die Selbstverwirklichung des Einzelnen. Das Stichwort, das diesem Denken zugrunde liegt, lässt sich seit Immanuel Kant mit dem Begriff „Autonomie" zum Ausdruck bringen.*

*Das Individuum ist in Afrika in die Gemeinschaft eingebettet, jedoch als ein einmaliges und unaustauschbares Wesen, das unersetzliche Aufgaben innerhalb dieser Gemeinschaft hat. Der Einzelne muss sippensolidarisch handeln, aber gleichzeitig soll er seine Identität bewahren und die Verantwortung, die ihm als Einzelnem auferlegt ist, deutlich hervortreten lassen. […] Die negro-afrikanische Interaktion will deutlich machen, dass die einzelne Person ein unvollendetes Wesen ist, das grundsätzlich auf die Gemeinschaft angewiesen ist.*

*Bénézet Bujo: Afrikanische Anfrage an das europäische Menschenrechtsdenken. In: Johannes Hoffmann (Hg.): Begründung von Menschenrechten aus der Sicht unterschiedlicher Kulturen, Bd.1. Verlag für Interkulturelle Kommunikation, Frankfurt am Main 1991, S. 212.*

**A**

1. Informieren Sie sich mittels des Internets (Zum Beispiel auf den Seiten der EU) darüber, ob es spezifische europäische Werte gibt und wie diese definiert und begründet werden.
2. Um welche Werte handelt es sich? Welche sind warum europaspezifisch, welche sind universal?
3. Konfrontieren Sie die von Ihnen recherchierten europäischen Werte mit den Ausführungen Bujos. Zu welchen Ergebnissen kommen Sie?
4. Welcher Wert kommt dem Individuum in Afrika zu? Woraus begründet sich dieser?
5. Lesen sie den Auszug von Bujo noch einmal genau durch! Tragen Sie Argumente zusammen, ob Bujo mit seinen Ausführungen die Universalität der individuellen Freiheitsrechte bestreitet.

### Globale Werte im 21. Jahrhundert

Q

*Jede Gesellschaft muss durch gemeinsame Werte verbunden sein, sodass ihre Mitglieder wissen, was sie voneinander erwarten können und dass es bestimmte, von allen getragene Grundsätze gibt, die ihnen eine gewaltlose Beilegung ihrer Differenzen ermöglichen.*

*Dies gilt für örtliche Gemeinwesen ebenso wie für Staatsgemeinschaften. Heute, da die Globalisierung uns alle einander näher bringt und Dinge, die Menschen am anderen Ende der Welt sagen oder tun, sich nur Augenblicke später auch auf unser Leben auswirken, empfinden wir auch die Notwendigkeit, in einer globalen Gemeinschaft zu leben. Wir können dies nur tun, wenn wir über globale Werte verfügen, die uns verbinden. [...]*

*Unsere universellen Werte verlangen von uns auch, dass wir die menschlichen Eigenschaften, sowohl die guten als auch die schlechten, die wir mit allen unseren Mitmenschen gemein haben, anerkennen und dass wir die gleiche Achtung vor der Menschenwürde und der Sensibilität der Angehörigen anderer Gemeinschaften zeigen, die wir auch von ihnen erwarten.*

*Das bedeutet, dass wir stets bereit sein sollten, andere Menschen ihre Identität selbst definieren zu lassen, und dass wir nicht darauf bestehen sollten, sie nach unseren eigenen Kriterien einzuteilen, so wohlgemeint es auch sein mag. Wenn wir aufrichtig an individuelle Rechte glauben, dann müssen wir anerkennen, dass das Identitätsgefühl des Einzelnen nahezu immer mit dem Gefühl der Zugehörigkeit zu einer oder mehreren Gruppen verknüpft ist, wobei die Zugehörigkeiten sich manchmal konzentrisch gestalten, andere Male wiederum sich überschneiden. Daher gehört zu den Rechten des Einzelnen auch das Recht, Empathie und Solidarität mit anderen Menschen zu empfinden, die den einen oder anderen Aspekt seiner Identität mit ihm teilen.*

*Kofi Annan: Auszug aus der Rede zum Weltethos. http://www.weltethos.org/00-annan.htm. (25.2.2009)*

A

1. Sind die Menschenrechte als ein europäisches Produkt übertragbar auf andere Kulturen? Welche Antwort gibt Kofi Annan? Welche Auffassung haben Sie zu dieser Frage? Begründen Sie.

P

2. Sammeln Sie aktuelle Daten und Informationen aus der Presse über Menschenrechtsverletzungen.
3. Präsentieren Sie Ihre Ergebnisse in einer geeigneten Form.
4. Führen Sie ein Streitgespräch zum Thema: Menschenrechtsverletzungen – nur ein Problem der Anderen?
5. Welche Konsequenzen hat das unterschiedliche Verständnis von Grundrechten für das Leben von Immigranten in einer pluralistischen Gesellschaft?

## Sind in einer pluralistischen Gesellschaft gemeinsame Werte nötig?

Der Begriff Konsens stammt aus dem Lateinischen und bedeutet übereinstimmen, zusammenfühlen und meint die Übereinstimmung von Menschen – meist innerhalb einer Gruppe – hinsichtlich einer gewissen Angelegenheit ohne verdeckten oder offenen Widerspruch.

**Q** ***Wolf oder Schaf?***

*Tatsächlich stehen an der Spitze der großen gesellschaftlichen Auseinandersetzungen gewöhnlich nicht Menschen, die als Einzelpersonen gewalttätig sind, sondern Gruppen von disziplinierten und folgsamen Leuten, die überzeugt wurden, dass ihr gemeinsames Interesse gewahrt wird, wenn sie gegen »fremde« Feinde kämpfen und diese vernichten. Sie sind nicht aus »antisozialen« Gründen gewalttätig, sondern aus übermäßiger Betonung der Gesellschaft: Diese Leute sehnen sich so sehr nach »Normalität« und danach, so weit wie möglich dem Rest der Gruppe zu gleichen und ihre »Identität« mit ihr um jeden Preis zu bewahren, dass sie bereit sind, Andersartige, Ausländer, Andersgläubige oder Menschen mit fremden Sitten zu vernichten – alle, die ihrer Meinung nach ihre rechtmäßigen Interessen bedrohen oder ihrer Gruppe Schaden zufügen. Nein, es gibt nicht so viele reißende Wölfe, und die vorhandenen stellen auch nicht das größte Risiko für das einträchtige Zusammenleben der Menschen dar. Die wahre Gefahr kommt von den wild gewordenen Schafen.*

*Fernando Savater: Die Fragen des Lebens. Campus Verlag, Frankfurt am Main/ New York 200. S. 199.*

**A**

1. Warum gibt es nach Savater Konflikte in pluralistischen Gesellschaften? Stimmen Sie Savaters Auffassung zu? Begründen Sie.
2. Suchen Sie im Alltag und in Zeitungen und Zeitschriften Beispiele, die Savaters Ansicht untermauern.
3. Welche Möglichkeiten sehen Sie, die Gefahr durch die wild gewordenen Schafe zu verringern? Begründen Sie Ihre Vorschläge.
4. Wie viel Gemeinsamkeit ist nötig, damit die Gemeinschaft als Einheit Bestand hat, wie viel Differenz ist für sie verkraftbar? Beantworten Sie die Frage schriftlich.

Q

*Alles egal?*

*Gerade die kulturellen Verschiedenheiten sind es, die uns dazu herausfordern, nach einem Maßstab der Beurteilung zu fragen. Gibt es einen solchen Maßstab? [...]*

*Wir wollen uns einer Beantwortung der Frage dadurch annähern, dass wir zwei extrem entgegengesetzte Standpunkte prüfen. [...]*

*Die erste These lautet etwa: Jeder Mensch sollte der in seiner Gesellschaft herrschenden Moral folgen. Die zweite lautet: Jeder sollte seinem Belieben folgen und tun, wozu er Lust hat. Beide Thesen halten einer vernünftigen Prüfung nicht stand.*

*(Robert Spaemann: Moralische Grundbegriffe. Beck, München 1994. S. 16*

A

1. Diskutieren Sie die beiden Extrempositionen. Warum halten sie einer „vernünftigen Prüfung nicht stand"?
2. Skizzieren Sie eine Gesellschaft, in der jeder tun und lassen kann, was er will.
3. Warum/warum nicht möchten Sie in ihr leben?
4. Welche Konsequenzen kann es haben, immer der herrschenden Moral zu folgen? Erläutern Sie einige anhand aktueller und geschichtlicher Beispiele.

T

Schauen Sie sich gemeinsam den Film „Herr der Fliegen" nach dem Roman des Literaturnobelpreisträgers William Golding an.
Diskutieren Sie anschließend die Frage: Warum scheitern die Jungen?

Ü

Stellen Sie sich vor, dass Sie mit Ihrer Gruppe auf einer Insel leben müssen. Nach welchen moralischen Standards wollen Sie Ihr Leben hier ordnen?

5. Notieren Sie, jeder für sich, die wichtigsten moralischen Grundsätze, die Sie von jedem beachtet haben möchten.
6. Ordnen Sie die Prinzipien nach ihrer Bedeutsamkeit.
7. Erarbeiten Sie nun in der Gruppe (4–5 Schüler) gemeinsam 10 Grundsätze (Gebote), nach denen sich jeder richten soll. Jeder Grundsatz kann nur dann notiert werden, wenn wirklich alle zustimmen (Konsens finden).
8. Stellen Sie als Gruppe (oder ein Vertreter der Gruppe) Ihre Entscheidung vor. Verteidigen und begründen Sie die Notwendigkeit der Einhaltung Ihrer Positionen.

A

9. Welche Werte schaden einer pluralistischen Gesellschaft? Darf man diese in einer pluralistischen Gesellschaft verbieten? Warum? Warum nicht?
10. In einer pluralistischen Gesellschaft kann es keinen Grundkonsens über Werte geben! Formulieren Sie zu dieser Behauptung eine Standpunktrede.

## Wertevielfalt und Gemeinwohl

| | |
|---|---|
| **Mut** | **Schönheit** |
| **Alter** | **Wissen** |
| **Besitz** | **Vertrauen** |
| **Reichtum** | ........... |

**Q** *Ich will Spaß*

*Eines Tages haben wir ein neues Spiel erfunden. Besser gesagt, wir haben es gefunden. Es lag quasi auf der Straße. Wir nennen es „Das Laternenspiel«. War echt reiner Zufall. Wir alberten noch spät im Park rum, es begann schon dunkel zu werden. Da sprang einer von uns an so einer rumstehenden Laterne hoch. Wie ein Affe wollte er sich dran festhalten. Und genau in dem Augenblick gibt die Laterne ihren Geist auf. Was haben wir gelacht, und ich wollte das auch gleich bei den anderen Laternen ausprobieren. Also sprang ich in Kung-Fu Manier auf den nächsten Laternenmast zu. Man muss mit beiden Beinen gleichzeitig vom Boden abheben und mit den Fersen voll den Mast treffen. Das ist gar nicht immer so einfach. Wenn du nicht triffst, haut es dich voll auf die Fresse. Oft klappt es nicht gleich beim ersten Mal. Und es geht auch nur bei den kleineren Laternen, ist ja logisch. Wenn der Impuls stark genug ist, gerät der Mast in Schwingung, die setzt sich nach oben fort und erschüttert die Leuchtstoffröhre, oder was da oben halt drin ist. Und peng, schon ist es dunkel. Das ist so ähnlich wie Hau-den-Lukas. Derjenige, der die wenigsten Versuche braucht, hat gewonnen.*

*Ganz ungefährlich ist das Spiel nicht, weil sich oft die Spaziergänger aufregen und Stress machen. Aber das macht die Sache auch spannend.*

*Paul, 17 Jahre. Aus: Gottfried Moeckl: Treffpunkt Clique. Spectrum, Fellbach 1992. S. 30.*

**A**
1. Erstellen Sie ein Werte-ABC. Welche Werte Ihres ABCs verhalten sich konträr zueinander?
2. Diskutieren Sie Pauls Auffassung, nur seine Werte auszuleben.
3. Finden Sie Beispiele, die eine ähnliche Einstellung wie Pauls aufweisen.
4. Welche Möglichkeiten sehen Sie, Eigeninteressen und Gemeinwohl zu vereinbaren?

***Soll jeder tun, was ihm beliebt?***

*Richtig leben, gut leben, heißt zunächst einmal, seine Vorlieben in eine richtige Rangordnung bringen. Die antiken Philosophen glaubten nun, ein Kriterium für die richtige Rangordnung angeben zu können. Richtig ist danach diejenige Rangordnung, bei der der Mensch glücklich und mit sich selbst in Freundschaft lebt. Gerade das nämlich kann er nicht bei jeder beliebigen Rangordnung, sodass der Rat »Tu, was dir beliebt« nicht ausreicht zur Beantwortung der Frage, was mir denn belieben sollte.*

*Es gibt nämlich nicht nur mein Belieben, es gibt auch das Belieben der anderen. Jeder sollte tun, was ihm beliebt, ist daher eine zweideutige Regel. Sie kann meinen: Jeder soll mit dem Belieben der anderen umgehen, wie es ihm selbst beliebt, friedlich und tolerant oder gewalttätig und intolerant. Sie kann auch meinen, jeder soll das Belieben der anderen respektieren. Eine solche allgemeine Toleranzforderung schränkt aber das eigene Belieben gerade ein. […]*

Q

*Im Übrigen aber genügt die Toleranzforderung keineswegs, um die Konflikte zwischen den Wünschen des einen und denen des anderen zu lösen. Manche Wünsche sind einfach miteinander unverträglich. So wie es in mir selbst widerstreitende Wünsche von verschiedenem Rang gibt, so können auch die Wünsche verschiedener Personen von verschiedenem Rang sein. Es ist weder immer gut, den eigenen Wünschen den Vorzug zu geben, noch denen des anderen.*

*Auch hier muss man wissen, welche Wünsche des einen mit welchen Wünschen des anderen konkurrieren. Eine zumutbare Lösung für beide freilich gibt es nur, wenn es einen möglichen gemeinsamen und das heißt einen wahrheitsfähigen Maßstab für die Beurteilung von Wünschen gibt.*

*Robert Spaemann: Moralische Grundbegriffe. Beck, München 1994. S. 19.*

A

1. Geben Sie den Inhalt des Textes mit eigenen Worten wieder.
2. Welche Werte halten Sie für wichtig, um ein gutes und richtiges Leben zu führen? Erstellen Sie Ihre Wertepyramide.
3. Vergleichen Sie Ihre Vorstellungen mit denen Ihrer Mitschüler. Wo gibt es Unterschiede? Wo Gemeinsamkeiten? Warum?

P

4. Befragen Sie Ihre Eltern, Großeltern, Verwandten etc., welche Werte vor 30 Jahren aktuell waren.
5. Vergleichen Sie diese Werte mit den Ihrigen. Interpretieren Sie die Ergebnisse.
6. Tragen Sie zusammen, wodurch das eigene Belieben eingeschränkt werden kann. Lesen Sie hierzu auch im Grundgesetz nach.

## 4.3. Zusammen leben

### Leben nach eigener Fasson

Wenn Menschen zusammenleben, sei es in einer Familie, in einem Mietshaus oder in einer Gesellschaft, dann bleiben Missverständnisse und Spannungen nicht aus. Das bemerkte auch Beatrice Durand, die als Französin seit mehr als 15 Jahren mit ihrem deutschen Mann und ihren Kindern in Deutschland lebt. Sie blickt sozusagen durch die Brille einer Fremden auf deutsche Traditionen und Werte und befragt, angeregt dadurch, ihre französischen Traditionen kritisch.

**Q** ***Typisch Deutsche – typisch Franzosen***

*Deutsche Eltern haben ein völlig anderes Verständnis davon, wie die Eltern-Kind-Beziehungen sein sollen. Ich habe Deutsche sagen hören, sie fänden ihre französischen Elternkollegen gleichgültig oder distanziert, weil sie nicht mit ihren Kindern spielen. Deutsche Eltern sehen es als ihre Rolle an, mit ihren Kindern zu spielen. Dies wird sehr deutlich, wenn man das Treiben auf einem Spielplatz beobachtet. In Frankreich sieht man weniger Eltern auf den Schaukeln oder beim Sandkuchenformen. Sie sitzen auf den Bänken und lesen die Zeitung. Französische Eltern unternehmen zwar auch etwas zusammen mit ihren Kindern, dies aber eher, um etwas, wie z. B. ein Hobby, zu vermitteln. Französische Eltern würden nicht so tun, als ob sie den Geschmack und die Interessen der Kinder teilen. Aus französischer Sicht vermitteln vielleicht deshalb deutsche Eltern den Eindruck, sie ließen sich von ihren Kindern versklaven.*

*Selbst über die Kleinkindphase hinaus meinen deutsche Eltern, sie müssten sich ihren Kindern anpassen und sich an ihre Stelle versetzen. Diesen Satz entnehme ich einem Elternratgeber: "Ein Kind erziehen bedeutet, es in der Besonderheit seines kindlichen Wesens bedingungslos und ohne Vorbehalte anzunehmen." Das Kind schreibt dem Erwachsenen seine Rhythmen und Normen vor, nicht umgekehrt. Alles andere wäre beschädigende Dressur. Ein französischer Elternratgeber würde dagegen immer an die Notwendigkeit fester Grenzen erinnern. Erziehung hat wohl überall das Ziel, kleine Menschen auf die Welt vorzubereiten, in der sie leben sollen. Die Art und Weise, wie diese Abstimmung des Individuums auf seine Umwelt zu erreichen ist, fällt aber nicht überall gleich aus. In Frankreich wäre niemand von der Idee schockiert, Erziehung bringe das Menschenkind dazu, einige seiner rauen natürlichen Triebe abzulegen, was eventuell nicht ganz freiwillig geschieht. In Deutschland hingegen ist alles Kindliche gut und schön und darf nicht angetastet werden.*

*Beatrice Durand: Die Legende vom Typisch Deutschen. Militzke, Leipzig 2004. S. 52/53*

**A**

1. Was betrachtet Beatrice Durand in der Kindererziehung als typisch deutsch? Halten Sie Beatrice Durandes Beobachtungen für zutreffend?
2. Was sollten die Deutschen Ihrer Meinung nach in der Kindererziehung von den Franzosen lernen? Was die Franzosen von den Deutschen?

## Leben und leben lassen

Nicht nur zwischen Menschen, die in unterschiedlichen Traditionen aufwuchsen, existieren Differenzen. Auch im unmittelbaren Umfeld stößt man auf Lebensmuster und Lebensstile, die einen befremden können. Manche davon erscheinen einem gut und richtig. Einige beäugt man mit Neugier, andere eher mit gemischten Gefühlen. Verdienen auch letztere Achtung und Respekt? Und wie viel Verständnis kann ich für meine Art, zu leben, erwarten?

***Maloche – nein, danke!***

*Anne ist 24 Jahre alt und lebt in einer WG in Berlin. Miete zahlt niemand aus der WG, denn das Haus ist „Instandbesetzt“ wie es im Szenejargon heißt. Anne gehört seit Jahren zu den Autonomen. Sie ist gegen den Kapitalismus und sie lässt sich nicht ausbeuten, um ein paar Kröten für den Lebensunterhalt zu verdienen. Sie hat das Abi abgelegt und ist danach ausgestiegen. Ab und an, wenn das Geld nicht reicht, spielt sie in der U-Bahn Geige, erspielt sie sich ein paar Münzen fürs Nötigste. Früher, in ihrem bürgerlichen Leben, wollte sie einmal Musik studieren. Aber das war einmal.*

Q

*Heute lebt sie weitgehend vom Geld ihrer Eltern. Sie findet es okay, dass die Eltern ihr jeden Monat das staatliche Kindergeld plus 100 Euro zur Verfügung stellen, dass die Eltern malochen, um das ungebundene Leben ihrer Tochter mit zu finanzieren, „schließlich“, so Anne, „haben sie mich ja in die Welt gesetzt“.*

*frei nach: Helmut Kopetzky: Bürgerschreck, lass nach. In: Das Magazin. H.5/2005. S. 35ff.*

Für ein ganz anderes Lebensmuster entschied sich Beate.

*Beate hat einen Nachmieter für die Wohnung gefunden, Verträge gekündigt, ihr Eigentum verschenkt und sich von Verwandten und Freunden in Rheine verabschiedet. Die 45-Jährige geht ins Kloster.*

*Mit 17 musste sie ihren Traumberuf, Krankenschwester, wegen eines Babys vergessen. Sie heiratete, war nur zwei Jahre später bereits geschieden.[...] Ein zufälliges Gespräch im Zug, ein Artikel über das Kloster Helfta änderten ihr Leben. Ihre Töchter sind erwachsen und kommen allein zurecht. Als Älteste von acht Geschwistern empfindet Beate die Gemeinschaft des Klosters als Familie. Zwischen 5.30 Uhr und 19.45 Uhr beten die vier Schwestern und zwei Novizinnen sieben Mal gemeinsam. Dazwischen ist Zeit zur persönlichen Zwiesprache mit Gott und zur Arbeit. Dass sie keine Briefe mehr schreiben und keine Telefonate mehr führen darf, erscheint Beate sinnvoll. Es würde von der Beschäftigung mit Gott und der Suche nach einem inneren Frieden ablenken.*

Q

*frei nach: Gertruds Schwestern. LVZ Journal vom 15.4.2005*

A

1. Vergleichen Sie die geschilderten Lebensweisen miteinander und filtern Sie heraus, welche Gründe die einzelnen Personen veranlasst haben könnten, gerade diesen Lebensweg für sich zu wählen.
2. Gibt es Lebensmuster, die Sie (wenn ja, warum) überhaupt nicht billigen können?
3. Betrachten Sie die Vielfalt von Lebensentwürfen in der Moderne eher als eine Bereicherung oder eher als verwirrend? Wovon lassen Sie sich bei Ihrer Beurteilung leiten?

## Toleranz – wie weit?

Wenn Menschen auf engem Raum zusammenleben, dann verlangt das stets ein Minimum an Achtung und Respekt füreinander, für den Lebensstil des Anderen. Dies ist umso mehr der Fall, wenn unterschiedliche Traditionen, Religionen, Lebensformen und Lebensstile in einer Gesellschaft nebeneinander existieren.

Toleranz besteht im Aushalten und in der Duldung anderer Meinungen und Verhaltensweisen (lateinisch tolerantia: Ertragen, Erdulden). Toleranz verlangt die Achtung anderer Menschen und ihrer Selbstbestimmung. Toleranz ist eine Tugend, die ein friedliches Miteinander ermöglicht, eine aktive Einstellung, welche auf der Anerkennung der Grundfreiheiten anderer Menschen basiert.

Q *Warum Intoleranz gefährlich ist*

*Unter dem Wort* ***Intoleranz*** *versteht man im Allgemeinen jene schreckliche Leidenschaft, die dazu führt, alle in Irrtum befangenen Menschen zu hassen und zu verfolgen. [...] Die kirchliche* ***Intoleranz*** *besteht darin, jede andere Religion als die, zu der man sich bekennt für unwahr zu halten und dies überall auszuposaunen, ohne sich von irgendeiner Befürchtung, irgendeiner menschlichen Rücksicht zurückhalten zu lassen, sogar auf die Gefahr hin, das Leben zu verlieren.[...] Die staatliche* ***Intoleranz*** *besteht darin, jeden Umgang mit denen abzubrechen, die über Gott und dessen Verehrung anders denken als wir, und sie mit allen möglichen Gewaltmitteln zu verfolgen ...[...] Man darf weder die Aufrichtigen noch die Unaufrichtigen verfolgen, sondern muss das Urteil über sie Gott überlassen. Wenn man das Band zu dem zerreißt, den man gottlos nennt, so wird man auch das Band zu dem zerreißen, den man habgierig, schamlos, ehrgeizig, jähzornig, lasterhaft nennt. Man wird auch den anderen zu diesem Bruch raten, und so werden drei oder vier* ***Intolerante*** *ausreichen, um die ganze Gesellschaft aufzulösen.*

*Wenn man dem, der anders denkt als wir, ein Haar krümmen darf, so wird man auch über seinen Kopf verfügen, weil es keine Grenzen für die Ungerechtigkeit gibt. Das Interesse, der Fanatismus, der Augenblick oder die Umstände werden über das Mehr oder Weniger an Unrecht entscheiden, das man sich erlaubt.*

*Intoleranz. Artikel aus der von Diderot und D'Alembert herausgegebenen Enzyklopädie. Reclam, Leipzig 1984. S. 559/60*

A
1. Zählen Sie aus Ihrem Erfahrungsbereich Beispiele für Intoleranz auf und bewerten Sie diese.
2. Geben Sie mit eigenen Worten wieder, was Intoleranz ist. Nutzen Sie dafür sowohl die Bestimmung von Toleranz als auch den Artikel aus der Enzyklopädie.
3. Geben Sie ebenfalls mit eigenen Worten wieder, warum Intoleranz geeignet ist, „die ganze Gesellschaft aufzulösen".

Der Toleranz-Begriff ist nicht unproblematisch, wenn es darum geht, Leitwerte für das Zusammenleben in einer pluralen Welt zu finden. Natürlich ist es besser, eine andere Meinung zu „dulden", anstatt sie zu bekämpfen. Aber reicht das für die Entwicklung einer gemeinsamen Zukunft aus?

Alltägliche Erfahrungen mit der Toleranz schildert Ayse.

Q

***Wie mir Deutsche begegneten***

*In den vier Jahren, die ich auf dieser Schule verbracht habe, ist mir vieles klar geworden. Ich verstand, dass ich als Türkin in Deutschland nicht nur wegen meines Verhaltens, sondern auch wegen meiner Herkunft abgelehnt werde. Das Schlimme an der ganzen Sache ist, dass du nie oder sehr selten erfährst, warum du abgelehnt wirst. Ich habe es in der Schule nie begriffen, außer einmal: Da hat mir ein Typ ins Gesicht gesagt, dass ich ein stinkender Kanake bin. Der war wenigstens so gut, dass er die Fehler, die er scheinbar bei mir entdeckt hatte, mir sagte.*

*Ich wusste meistens nur, dass ich abgelehnt wurde, aber nie warum. Ich hätte es gern gewusst, um mich eventuell zu bessern. Aber niemand sagte es mir, und so blieb ich, wie ich war. Ab und zu verhielt ich mich einigen Leuten gegenüber auf verschiedene Art und Weise, was zu keinem Erfolg führte. Also musste ich davon ausgehen, dass diese Leute etwas gegen mich hatten, weil ich eine Türkin bin. Dass es so viel ausmacht, eine Türkin zu sein, wenn man in Deutschland lebt, hätte ich nie vorher gedacht.*

*Ayse und Devrim: Wo gehören wir hin? Lamuv, Göttingen 1989. S. 32*

Q

***Keine Kehrerlaubnis für rechten Schornsteinfeger***

*Schornsteinfeger Lutz Battke aus Laucha (Burgenlandkreis) soll seinen Kehrbezirk verlieren, weil er für die NPD im Kreistag sitzt und laut Innenministerium ein führender Rechtsextremer der Region ist.*

*pr-sozial, 30. Dezember 2007*

A

1. Warum ist Ayse dem Typen, der ihr ihre Fehler sagt, dankbar.
2. Inwiefern ist die Meinung „des einen Typen" Ausdruck von Intoleranz und wie erklären Sie sich ihr Zustandekommen?
3. Gestalten Sie ein Rollenspiel, in dem Sie Ayse nicht nur dulden.
4. Informieren Sie sich darüber, welche Grundsätze des Grundgesetzes das Zusammenleben regeln und welche Konsequenzen sich daraus ergeben.
5. Sind Kündigungen bzw. Entlassungen ein geeignetes Mittel im Kampf gegen Intoleranz?

## Streiten will gelernt sein

Andere Lebensweisen tolerieren bedeutet nicht, sie gut zu heißen. Unterschiedliche Ansichten und Wertvorstellungen dürfen und müssen auch in einer pluralistischen Gesellschaft hinterfragt werden, um ein friedliches Miteinander zu gewährleisten. Um sich gegenseitig zu verstehen, bedarf es der Sprache. Zuerst sollte man miteinander reden, sich mit den Positionen anderer auseinandersetzen, ehe man diese be- oder gar verurteilt.

**Q**

***Der Turmbau zu Babel***

*Es hatte aber alle Welt einerlei Zunge und Sprache.*

*Als sie nun nach Osten zogen, fanden sie eine Ebene im Lande Schinar und wohnten daselbst.*

*Und sie sprachen untereinander: Wohlauf, lasst uns Ziegel streichen und brennen - und nahmen Ziegel als Stein und Erdharz als Mörtel und sprachen: Wohlauf, lasst uns eine Stadt und einen Turm bauen, dessen Spitze bis an den Himmel reiche, damit wir uns einen Namen machen; denn wir werden sonst zerstreut in alle Länder.*

*Da fuhr der HERR hernieder, dass er sähe die Stadt und den Turm, die die Menschenkinder bauten.*

*Und der HERR sprach: Siehe, es ist einerlei Volk und einerlei Sprache unter ihnen allen, und dies ist der Anfang ihres Tuns; nun wird ihnen nichts mehr verwehrt werden können von allem, was sie sich vorgenommen haben zu tun. Wohlauf, lasst uns herniederfahren und dort ihre Sprache verwirren, dass keiner des andern Sprache verstehe!*

*So zerstreute sie der HERR von dort in alle Länder, dass sie aufhören mussten, die Stadt zu bauen.*

*Daher heißt ihr Name Babel, weil der HERR daselbst verwirrt hat aller Länder Sprache und sie von dort zerstreut hat in alle Länder.*

*Altes Testament, 1. Mose, 11. Kapitel*

**A**

1. Wie wird im Alten Testament die Vielzahl von Sprachen erklärt? Welche Folgen hat es, dass die Menschen viele Sprachen sprechen?

***Der Streit***

*Das Geschrei wurde lauter. Sie stritten heftig, heftiger als je zuvor. Er schrie sie an: „Du dumme Kuh, niemals lässt du mich ausreden.« „Na und? Ich weiß doch sowieso, dass aus deinem Mund nur Müll kommt, du Affe«, warf sie ihm entgegen.*

*Für einen kurzen Moment herrschte Stille. Sie hatten sich beleidigt, in all den Streits zuvor hatten sie sich nie beleidigt, aber jetzt. Umso heftiger ging es weiter - nun flogen Gegenstände. Jegliche Grenzen waren verloren gegangen. Den Wurfgeschossen des Anderen ausweichend trieben sie sich durch die ganze Wohnung. Immer lauter, immer schneller, immer heftiger, immer hemmungsloser.*

*Sie stand nun oben an der Treppe, er warf mit dem guten Hochzeitsgeschirr. Erst vor einem Monat hatten sie geheiratet, sie liebten sich doch eigentlich. Sie wich aus, machte dabei einen Schritt nach hinten. Einen lauten Schrei des Entsetzens ausrufend fiel sie und blieb regungslos unten liegen.*

*Florian, 17 Jahre*

**Q**

*Der Begriff Dialog kommt aus dem Griechischen und bedeutet so viel wie „Zwiegespräch«. Die Bereitschaft zum Dialog, also zu einem fairen Gespräch mit Personen, die anders fühlen, denken oder auch handeln als man selbst, wird in einer Welt der Globalisierung immer wichtiger. Besonders der interkulturelle Dialog verlangt viel Empathie, also die Fähigkeit, sich in andere hinein zu versetzen.*

*Uli Jäger: pocket global. Globalisierung in Stichworten. Bpb 2004. S. 26*

***Hilfreiche Diskussionsregeln***

*Das Ergebnis der Diskussion kann nicht vorab festgelegt werden, sondern muss offen bleiben. Keine Person darf der anderen ein Bekenntnis abverlangen.*

*Keine Person darf der anderen ihren Diskussionsstil aufzwingen. Jede muss ihren Weg finden, mit dem/den Diskussionsstilen aller anderen umzugehen - sei es durch Übernahme, sei es durch Kritik, sei es durch Thematisierung der Wirkungen.*

*Keine Person darf die Richtigkeit der eigenen Position mit der Fehlerhaftigkeit der anderen begründen. Die Überzeugungen und Werte der anderen Personen sollen nicht verletzend oder diffamierend wiedergegeben werden.*

*Niemand darf in einen Konsens gezwungen werden. Die Gemeinsamkeiten zu suchen heißt, das Trennende auszuhalten.*

*Verletzungen der Diskussionsregeln, die unausweichlich in einem lebendigen Gespräch geschehen, wenn Spannungen ans Licht drängen, sollen benannt und produktiv aufgegriffen, aber nicht übelgenommen werden.*

*Hanne Margret Birckenbach zit. Aus: Uli Jäger: pocket gobal. Globalisierung in Stichworten. Bpb 2004. S. 26*

**Q**

**A**

1. Obwohl in der Kurzgeschichte beide Streitenden eine Sprache sprechen, finden sie keine gemeinsame Sprache und verstehen sich nicht. Wie kommt es, dass dieselbe Sprache keine Gewähr für das Verstehen bietet? Was fehlt den Streitenden?
2. Welche Möglichkeiten sehen Sie, dass es zu einem Verstehen der Streithähne und nicht zu einer Katastrophe kommt.

**Ü**

3. Führen Sie einen Dialog zu einem strittigen aktuellen Problem (Genmais, Sterbehilfe, Schwangerschaftsabbruch, Stammzellenforschung, Krieg gegen den Terror o.a.). Halten Sie sich dabei an die vorgeschlagenen Diskussionsregeln.
4. Schätzen Sie anschließend die Diskussion ein.
5. Soll man über alles und mit jedem in einen Dialog treten oder gibt es Grenzen des Dialogs? Formulieren Sie Ihren Standpunkt.
6. Wie stehen Sie dazu, dass in einer Diskussion nichts übelgenommen werden sollte? Gibt es etwas, was Sie Ihrem Gegenüber sehr wohl (Warum?) übelnehmen würden?

## Zivilcourage – nein danke?

Zivilcourage lässt sich mit Bürgermut oder Beherztheit übersetzen. Zivilcourage beschreibt eine mitmenschliche Haltung, die den anderen Menschen nicht sich selbst überlässt, sondern auf Beistand und Hilfe abzielt.

- Jeder ist sich selbst der nächste.
- Was gehen mich die anderen an?
- Ich kann mich nicht um alle kümmern.
- Wenn sich jeder um sich sorgt, ist auch an alle gedacht.

**A** 1. Positionieren Sie sich zu diesen Standpunkten.

Ist Zivilcourage noch nötig?

**Gestern Morgen wurde in der Innenstadt ein Mädchen von sieben Männern misshandelt**

**Sechs davon haben dabei einfach weitergelesen**

**Wer nichts tut, macht mit.**

**Q** *Muss man dem Gewissen folgen?*

*[...] es gibt keine Zeit, in der das Gewissen nicht gefordert ist. Es gibt immer Mächte, die es bedrohen. Mehr oder weniger ist der Einzelne immer vor die Entscheidung gestellt, Mitläufer zu sein oder Verdächtiger, Ja-Sager oder Gegner, Willfähriger oder Verfolgter. In einer Zeit, da das Wort »radikal« zum Schimpfwort geworden und damit das Mittelmaß zur Maxime erhoben ist, sollten wir uns trotzdem radikal zu der Pflicht bekennen, jeder den Menschen bedrohenden Macht der Mächtigen zu widerstehen. Es sind immer nur einzelne, die diese Pflicht leben. Und dies nicht nur, wenn Widerstand die Gefährdung des eigenen Lebens bedeutet. Das Bekenntnis zum Gewissen wird immer gehemmt durch die Angst, sich zu isolieren. Die Furcht, sich abzusondern, ist Anlass, sich der Menge anzuschließen, auch wenn man nicht wie die Menge denkt, um dann schließlich doch auch wie die Menge zu denken, da man dem Urteil des eigenen verborgenen Gewissens weniger glauben will als den lauten Parolen der vielen.*

*Doch wie Widerstand Sache des einzelnen ist, so ist auch Schuld – so sehr sie die Schuld vieler ist – nicht Sache einer bestimmten Gruppe.*

*Es wird für jeden viele Scheidewege geben, es wird kein Stern sein, dem er folgen könnte, aber solange das Gewissen nicht müde und nicht gleichgültig ist, wird der Weg offen bleiben in die Zukunft einer Erde der Menschen.*

*Uta Ranke-Heinemann: Dem Gewissen folgen.*
*In : Dies.: Widerworte. Friedensreden und Streitschriften.*
*Goldmann, München 1987. S. 18 f.*

**A** 2. Definieren Sie für sich selbst den Begriff „Zivilcourage". Was gehört für Sie dazu?

3. Recherchieren Sie im Internet und wählen Sie sich eine Persönlichkeit aus, die durch ihre Courage auf sich aufmerksam machte. Stellen Sie in einem kurzen Vortrag Ihren Mitschülern diese Person vor und begründen Sie, was Sie an dieser Person bewundern.
4. Ist eine Zeit, welche solche Menschen braucht, eine traurige Zeit?

## Dokumentation

Ein Dokument ist ein amtliches Schriftstück, ein Beweis und eine Dokumentation dient zur systematischen Sammlung von Materialien zu einem bestimmten Thema. Mit ihrer Hilfe erhält man eine Übersicht über die jeweilige Problematik.

### Anwendungsmöglichkeiten

Die Dokumentation findet vor allem bei komplexen, umfangreichen Problemstellungen Anwendung. Sie kann z. B. zu einer Entscheidungsfindung bzw. zur Gewinnung eines Gesamtbildes beitragen, indem sie entweder eine Sachlage unter den verschiedenen Gesichtspunkten oder in ihrer chronologischen Abfolge widerspiegelt.

### Vorgehen

1. *Bestimmung des genauen Zwecks der Dokumentation und Vorbereitung der Recherche.* Neben der genauen Festlegung zu welchem Thema eine Dokumentation angelegt wird, ist über die Art des Materials, die einbezogenen Quellen und eventuelle Grenzen der Sammlungstätigkeit zu entscheiden.

2. *Materialrecherche:* Entsprechend den getroffenen Festlegungen findet die Sammlung von geeignetem Material statt.

3. *Ordnen und Aufbereiten des Materials:* Der Aufbau einer Dokumentation folgt immer bestimmten Ordnungsprinzipien. Diese Struktur ist abhängig von Thema und Zielstellung. Sehr häufig wird dabei ein chronologisches Vorgehen oder eine Anordnung des Materials nach bestimmten inhaltlichen Gesichtspunkten angewendet. Zuletzt steht die Gestaltung der Dokumentation an, die das Titelblatt, ein Inhaltsverzeichnis und die Darstellung des genauen Vorgehens (z. B. die Dokumentation erfolgt nach Bundesländern) umfassen sollte.

1. Fertigen Sie eine Dokumentation zum Thema „Unsere Stadt wird immer bunter“ an. Nutzen Sie dazu Materialien (Zeitungen, Bilder) aus dem letzten Kalenderjahr. A

# 5. Arbeit und Beruf

## 5.1. Arbeit und Menschsein

Vor Millionen von Jahren begann ein Prozess, in dessen Ergebnis der Mensch sich aus dem Tierreich heraushob. Diesen Prozess nennt man die Anthropogenese. In ihm griffen viele Faktoren ineinander.

Meilensteine der Anthropogenese:
- aus den Krallen bildet sich die Greifhand
- aufrechter Gang
- Herausbildung der Sprache und ihrer Organe

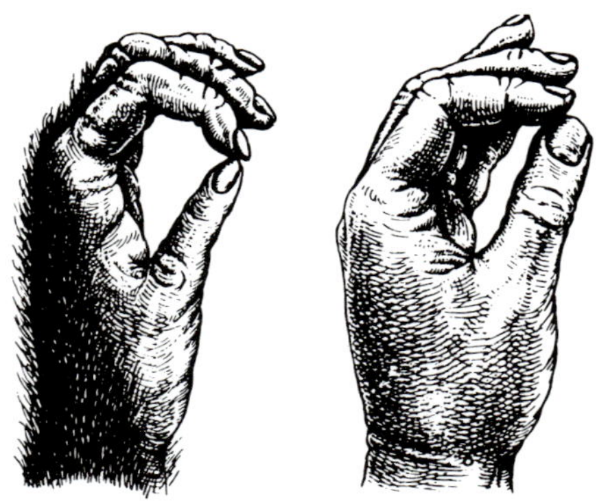

Greifhand mir opponiertem Daumen als Resultat der Feinkoordination von Auge und Hand. Der „Präzisionsgriff“ ist dem Menschen und dem hochentwickeltem Anthropoiden gemeinsam.

**Q** *Arbeit und Menschwerdung*

*Die ersten Werkzeuge steigern den Wirkungsgrad organismischer Aktivität. Nachgerade wie Körpermerkmale schaffen sie Selektionsvorteil: Sie erhöhen die Chance des Jagderfolgs, die Kraft seiner Abwehrhandlung, die Sicherheit und damit die Überlebenschance. Die ersten Auswirkungen geistiger Prozesse im Werkzeug gehorchen noch ganz den Evolutionsgesetzen. Und doch liegt darin schon der Keim zur Überwindung ihrer alleinigen Bedeutsamkeit: Mit den ersten Werkzeugen beginnt der Prozess der Umwandlung von der Anpassung des Menschen an die Natur zu ihrer Kontrolle und teilweisen Beherrschung. Und wenn auch zunächst nur in kleinen Kieseln; die Umwelt begann damit, menschliche Züge anzunehmen.*

*Man darf bei diesen individuellen Betrachtungen keinen Augenblick vergessen, dass alle Leistungen in ein Gefüge differenzierter Sozialbeziehungen eingebettet sind. Vormachen und Nachmachen ist, was die Werkzeuge betrifft, die hauptsächliche Vermittlungs- und Übertragungsform gewesen. Die Anweisungen für den Gebrauch, die Durchführung der Werkzeugbehandlung sind von Lob und Tadel des Könners begleitet, seien sie lautlich oder gestisch-mimisch. Schließlich muss jede Gruppenaktion auch eine Organisation haben, und sei sie noch so grob. Dazu wird das Werkzeug der Kommunikation, die möglichst eindeutige Übermittlung innerer oder äußerer Zustände, ständig verfeinerungsbedürftig.*

*Friedhart Klix: Erwachendes Denken. Dt. Verlag der Wissenschaften, Berlin 1985. S. 35/36*

**A**
1. Zählen Sie weitere wichtige Meilensteine im Prozess der Menschwerdung auf.
2. Was macht Ihrer Meinung nach das Besondere des Menschen aus? Was unterscheidet ihn vom Tier?
3. Inwiefern stellt der erste Gebrauch von Kieseln als Werkzeug einen ersten Schritt zur Beherrschung der Natur dar?

Ein geflügeltes Wort behauptet, der Mensch sei zum Arbeiten gemacht wie der Vogel zum Fliegen. Karl Marx charakterisierte den Menschen als „animal laborans“, als ein Wesen, das sich von anderen durch seine Fähigkeit, Werkzeuge zu produzieren, unterscheidet.

Q

***Arbeit und Veränderung der Natur***

*Die Arbeit ist zunächst ein Prozess zwischen Mensch und Natur, ein Prozess, worin der Mensch seinen Stoffwechsel mit der Natur durch seine eigne Tat vermittelt, regelt und kontrolliert. Er tritt dem Naturstoff selbst als eine Naturmacht gegenüber. Die seiner Leiblichkeit angehörigen Naturkräfte, Arme und Beine, Kopf und Hand, setzt er in Bewegung, um sich den Naturstoff in einer für sein eignes Leben brauchbaren Form anzueignen. Indem er durch diese Bewegung auf die Natur außer ihm wirkt und sie verändert, verändert er zugleich seine eigne Natur. Er entwickelt die in ihr schlummernden Potenzen und unterwirft das Spiel ihrer Kräfte seiner eignen Botmäßigkeit. [...]*

*Wir unterstellen die Arbeit in einer Form, worin sie dem Menschen ausschließlich angehört. Eine Spinne verrichtet Operationen, die denen des Webers ähneln, und eine Biene beschämt durch den Bau ihrer Wachszellen manchen menschlichen Baumeister. Was aber von vornherein den schlechtesten Baumeister vor der besten Biene auszeichnet, ist, dass er die Zellen in seinem Kopf gebaut hat, bevor er sie in Wachs baut. Am Ende des Arbeitsprozesses kommt ein Resultat heraus, das beim Beginn desselben schon in der Vorstellung des Arbeiters, also schon ideell vorhanden war. Nicht dass er nur eine Formveränderung des Natürlichen bewirkt; er verwirklicht im Natürlichen zugleich seinen Zweck, den er weiß, der die Art und Weise seines Tuns als Gesetz bestimmt und dem er seinen Willen unterordnen muss.*

*Karl Marx: Das Kapital. Bd. 1. MEW. Bd. 23. Dietz, Berlin 1973. S. 192/193*

A

1. Bestimmen Sie, was Arbeit ist. Beziehen Sie dazu auch die Ausführungen aus Kapitel 6 (S. 168) ein.
2. Was unterscheidet die Aktivitäten von Tieren von menschlicher Arbeit?
3. Begründen Sie, ob es Ihrer Meinung nach berechtigt ist oder nicht, die Menschwerdung an die Arbeit zu binden.
4. Beantworten Sie die Frage, ob und warum bzw. warum nicht für Sie Arbeit zum Menschsein dazugehört.
5. Erläutern Sie an einem Beispiel, inwiefern der Mensch durch seine Arbeit seine eigene Natur verändert.
6. Stellen Sie sich vor, Sie würden den Lotto-Jackpot knacken. Würden Sie auch dann noch arbeiten? Legen Sie kurz dar, warum Sie danach arbeiten bzw. nicht mehr arbeiten würden.

## 5.2. Zur Bedeutung und Funktion von Arbeit

Tätigsein und Arbeit bilden die Grundpfeiler einer jeden Gesellschaft. In den Anfängen menschlicher Existenz waren es einfache Tätigkeiten wie das Jagen und Sammeln, durch welche die notwendigen Lebensgüter gesichert wurden. Im Laufe der Menschheitsgeschichte entwickelten sich aus diesen einfachen Formen von Arbeit außerordentlich komplexe Tätigkeiten.

### Der Stellenwert der Arbeit für das eigene Leben

**Q** *Arbeit müsste nicht sein, wenn alles kostenlos wäre.*

*Arbeit ohne Zwang kann produktiv sein. Arbeit schafft kurze Weile.*

*Arbeit bedeutet, auf verschiedene Weise produktiv sein und die Früchte (Geld, Besitz, selbsterschaffene Dinge) als „Lohn" bekommen. Arbeit schafft Zufriedenheit durch Stolz auf die eigene Leistung.*

*Arbeit bedeutet für mich Ausgleich. Ich könnte nie nur zu Hause sitzen und nix tun. Sie bedeutet auch soziale Sicherheit, seine Familie ernähren können, sich Träume erfüllen, das Gefühl haben, für etwas nützlich zu sein und gebraucht zu werden.*

*Arbeit bedeutet für mich Zukunft. Keine Armut. Dass ich meine Familie und meine Eltern materiell versorgen kann. Spaß, Verhalten im Team. Arbeit muss zu meinen Interessen passen.*

*Ich möchte flexible Arbeitszeiten, selbst bestimmen, was ich wann mache und sehr viel Geld verdienen. Wenn die ersten beiden Sachen nicht zutreffen, dann wenigstens viel Geld. Wenn sie mir dazu noch Spaß macht, ist das schon schön, aber ich würde auch eine Arbeit machen, die mir überhaupt nicht passt, wenn das Geld stimmt. Denn mit dem Geld kann ich mir meine Freizeit angenehm machen, da kann die Arbeit auch Scheiße sein.*

*(Meinungen von Berufsschülern, Texte beim Autor)*

**Q** *Jeder Tag hat sein Tagwerk und das muss so sein. Anders kann ich mir das Leben nicht denken, da würd' ich mich gar nicht wohl fühlen. Mit 14 kam ich aus der Schule und begann in der Landwirtschaft. Jeden Tag auf dem Acker und im Stall, auch Sonn- und Feiertags. Ich habe die Arbeit gern gemacht, hatte mein Auskommen. Heute bin ich 81 und noch immer ist ein Tag ohne Arbeit nicht denkbar. Die Hühner, die Enten, der Garten. Meine Kinder reden: „Wozu die viele Mühe? Was du und Mutter braucht, das könnt ihr kaufen." Was verstehen die Kinder schon vom Leben?*

*(Hans B., Interview beim Autor)*

**A**
1. Setzen Sie sich mit den Sichtweisen der Berufsschüler und denen des alten Mannes auseinander.
2. Wie sehen Ihre Vorstellungen von Arbeit aus? Umreißen Sie diese kurz schriftlich.
3. Was möchten Sie an Ihrem 50. Geburtstag im Berufsleben erreicht haben? Stellen Sie sich vor, Sie begehen Ihren 50. Geburtstag und ein guter Freund hält eine Rede, in welcher er Ihre Leistungen würdigt. Entwerfen Sie diese Rede.

Die Arbeit nimmt im Leben eines jeden Erwachsenen einen immensen Raum ein. Auch wenn sich Menschen zu Recht dagegen wehren, mit ihrer Arbeit gleichgesetzt zu werden, dient der Beruf als ein Erkennungszeichen, an welchem sich vieles ablesen lässt.

Q

***Der Beruf als Visitenkarte***

*Die Bedeutung der Erwerbsarbeit für das Leben der Menschen in der Industriegesellschaft liegt nicht oder nicht wesentlich in der Arbeit selbst begründet. [...] Erwerbsarbeit und Beruf sind im Industriezeitalter zur Achse der Lebensführung geworden. Zusammen mit der Familie bildet sie das zweipolige Koordinatensystem, in dem das Leben in dieser Epoche befestigt ist. Dies lässt sich [...] veranschaulichen. Bereits in der Kindheit, noch ganz in die Familie eingebunden, erfährt der Heranwachsende den Beruf über den Vater als den Schlüssel zur Welt. Später bleibt Ausbildung durch alle Stationen hindurch auf das in ihr nicht vorhandene »Jenseits« des Berufs bezogen. Das Erwachsensein steht ganz unter den Sternen der Erwerbsarbeit, nicht nur allein aufgrund der zeitlichen Beanspruchung durch die Arbeit selbst, sondern auch deren Verarbeitung oder Planung in der Zeit außerhalb, davor und danach. Selbst »Alter« wird durch Nichtberuf definiert. Es fängt dort an, wo die Berufswelt die Menschen entlässt. [...]*

*Nirgendwo wird vielleicht die Bedeutung, die Erwerbsarbeit für das Leben der Menschen in der industriellen Welt gewonnen hat, so deutlich wie an der Situation, in der zwei Unbekannte sich begegnen und fragen: »Was sind Sie?« und antworten nicht mit dem Hobby, [...] der Religionszugehörigkeit [...] sondern [...] mit dem Beruf. [...] Der Beruf dient zur wechselseitigen Identifikationsschablone, mit deren Hilfe wir die Menschen [...] einschätzen in ihren persönlichen Bedürfnissen, Fähigkeiten, ihrer ökonomischen und sozialen Stellung. So seltsam es ist, die Person mit dem Beruf gleichzusetzen, den sie hat, enthält dieser tatsächlich einige Schlüsselinformationen: Einkommen, Status, sprachliche Fähigkeiten, mögliche Interessen, Sozialkontakte usw.*

*Ulrich Beck: Risikogesellschaft. Suhrkamp, Frankfurt/M.1986. S.220/221*

A

1. Notieren Sie in Stichpunkten, worin Sie die Bedeutung der Erwerbsarbeit für Ihr Leben sehen.
2. Fragen Sie Ihre Eltern, welche Bedeutung Erwerbsarbeit für deren Leben besitzt und notieren Sie sich die wichtigsten Punkte. Vergleichen Sie Ihre Notizen mit den Antworten, die Ulrich Beck gibt! Woraus ergeben sich Unterschiede zwischen Beck und Ihren Bewertungen?
3. Welche Informationen enthalten folgende Berufsbezeichnungen: Altenpflegerin, Koch, Netzwerkadministrator, Maurer, Bürokauffrau, Rechtsanwaltsgehilfin, Verkäuferin? Nutzen Sie hierzu auch Becks Aufzählung der Schlüsselinformationen des Berufes.

# Das Arbeitsverständnis in verschiedenen Kulturen

Was ist Arbeit? Was macht ihr Wesen aus? Auf diese Fragen wurden in der Geschichte verschiedene Antworten gegeben. In der Antike beispielsweise wurde die körperliche Arbeit verpönt. Sie blieb Sklaven und Unfreien vorbehalten. Bis heute finden sich im Kastenwesen des Hinduismus Parallelen dazu.

Als Hindu wird man in eine Kaste hineingeboren und man verbleibt sein ganzes Leben lang darin. Durch die Zugehörigkeit zu einer bestimmten Kaste ist festgelegt, wo man wohnen und welche Arbeiten man verrichten darf. Offiziell wurde das Kastenwesen durch die indische Verfassung von 1949 verboten. Dennoch wird durch die kulturelle Verwurzelung im Volk selbst heute noch an den traditionellen Strukturen und Verhaltensregeln festgehalten.

**Die Kasten im Hinduismus**

**Brahmanen**
*Priester und Gelehrte*
Sie sind zuständig für Götter und die heiligen Schriften.

**Kshatriyas**
*Krieger, Könige, Fürsten und Adlige*
Sie sorgen für die Sicherheit der Gesellschaft.

**Vaishyas**
*Handwerker, Bauern und Händler*
Sie bilden die wirtschaftliche Grundlage der Gesellschaft.

**Shudras**
*Diener, Arbeiter, Sklaven*
Sie erledigen die anfallenden Arbeiten.

**Parias**
*Unberührbare*
Sie gelten als unrein und sind sozial verachtet. Sie dürfen nur solche Arbeiten tun, die niemand übernehmen will, weil sie ebenfalls als unrein gelten wie z. B. Leichenwäscher, Totengräber, Straßenkehrer oder Toilettenreiniger.

**A**
1. Welche Auswirkungen hat das Kastenwesen auf das Leben eines Hindu?
2. Welchen Stellenwert hat in diesem System die persönliche Arbeitsleistung eines Einzelnen?

## Christliches und marxistisches Arbeitsverständnis

Für das Leben in unserem Kulturkreis erlangten vor allem zwei Positionen großes Gewicht:

- Zum einen das christliche Arbeitsverständnis, das seinen Ausgangspunkt in der Schöpfungsgeschichte des alten Testaments hat.
- Zum anderen das marxistische Verständnis von Arbeit, das mit einer Kritik an den sozialen Verhältnissen des Kapitalismus einhergeht.

### *Gottes Fluch*

Q

*Da sprach Gott […] zu Adam: Weil du auf deine Frau gehört und von dem Baume gegessen hast, von dem zu essen ich dir verboten hatte: so ist verflucht der Ackerboden deinetwegen. Unter Mühsal wirst du von ihm essen alle Tage deines Lebens. Dornen und Disteln lässt er dir wachsen, und die Pflanzen des Feldes musst du essen. Im Schweiße deines Angesichts sollst du dein Brot essen, bis du zurückkehrst zum Ackerboden. Denn Staub bist du, zum Staub musst du zurück.*

*Bibel. Altes Testament. 1. Moses 3.*
*Katholische Bibelanstalt, Stuttgart 1997*

### *Arbeit und Würde*

Q

*Nach Gottes Ebenbild geschaffen, als Mittelpunkt der sichtbaren Welt und in sie hinein gestellt mit dem Auftrag, die Erde sich untertan zu machen, ist der Mensch von seinem Ursprung her zur Arbeit berufen. Und diese Arbeit ist eines der Merkmale, die den Menschen von allen anderen Lebewesen unterscheidet. Was diese tun, um ihr Leben zu erhalten, verdient nicht als Arbeit bezeichnet zu werden. Zur Arbeit fähig ist einzig und allein der Mensch. Er allein leistet Arbeit im wahrsten Sinne des Wortes und erfüllt damit zugleich sein irdisches Dasein mit sinnvollem Gehalt. Von daher empfängt und trägt die Arbeit das Merkmal der Menschen und der Menschlichkeit […] Dennoch ist Arbeit […]ein schwieriges Gut […] bleibt doch die Arbeit als solche eine Wohltat für den Menschen, und zwar nicht ein „nützliches" oder ein „angenehmes", sondern ein „würdiges", das heißt der Würde des Menschen entsprechendes Gut, das diese Würde zum Ausdruck bringt und sie vermehrt […] Die Arbeit ist eine Wohltat für den Menschen – für sein Menschsein – weil er durch die Arbeit nicht nur die Natur umwandelt und seinen Bedürfnissen anpasst, sondern auch sich selbst als Mensch verwirklicht, ja gewissermaßen „mehr Mensch wird".*

*Papst Johannes Paul II.: Enzyklika „laborem excercens"*
*In: Texte zur katholischen Soziallehre. Ketteler, Bornheim 1992. S. 529F und S.551*

A

1. Geben Sie mit eigenen Worten wieder, worin der Kern eines christlichen Arbeitsverständnisses besteht.
2. Nach dem Verständnis des Alten Testaments ist Arbeit dem Menschen als Strafe auferlegt worden. Wieso kann sie dann aber eine Wohltat für den Menschen verkörpern?

Im marxistischen Arbeitsverständnis nimmt das Problem der Entfremdung unter den Bedingungen, dass der Mensch seine Arbeitskraft auf dem Markt feilbieten und verkaufen muss, breiten Raum ein.

***Entfremdung***

In Jostein Gaarders Buch „Sofies Welt" erklärt Roberto dem Mädchen Sofie in einem Dialog Marx' Auffassung:

*„Sage mir, welche Arbeit du hast, und ich sage dir, wer du bist."*

*„Genau. Marx meinte, wie wir arbeiten, prägt unser Bewusstsein, aber unser Bewusstsein prägt auch die Art und Weise, wie wir arbeiten. Du kannst sagen, dass eine Wechselbeziehung zwischen ‚Hand' und ‚Kopf' besteht. Auf diese Weise hängt die Erkenntnis des Menschen eng mit seiner Arbeit zusammen."*

*„Dann muss es ganz schön schlimm sein, arbeitslos zu sein."*

*„Ja, wer keine Arbeit hat, hängt irgendwie in der Luft. Das hat schon Hegel betont. Für Hegel und Marx ist die Arbeit etwas Positives, etwas, das zum Menschsein dazugehört."*

*„Dann muss es doch auch positiv sein, Arbeiter zu sein?"*

*„Im Grunde ja. Aber gerade da setzt Marx` vernichtende Kritik an der kapitalistischen Produktionsweise an.[...] Im kapitalistischen System arbeitet der Arbeiter für einen anderen. Und so wird die Arbeit etwas außerhalb seiner selbst oder etwas, das nicht ihm gehört. Der Arbeiter wird seiner eigenen Arbeit fremd – und damit auch sich selber. Er verliert seine Menschenwürde. Marx spricht mit einem hegelschen Ausdruck von Entfremdung."*

*„Ich habe eine Tante, die seit über zwanzig Jahren in einer Fabrik Pralinen verpackt, und deshalb verstehe ich sofort, was du meinst. Sie sagt, dass sie fast jeden Morgen den Gang zur Arbeit hasst."*

*„Und wenn sie ihre Arbeit hasst, Sofie, dann muss sie irgendwie auch sich selber hassen."*

*„Sie hasst jedenfalls Pralinen."*

*„In der kapitalistischen Gesellschaft ist die Arbeit so organisiert, dass ein Arbeiter in Wirklichkeit für eine andere Gesellschaftsklasse Sklavenarbeit verrichtet. Auf diese Weise >entäußert< der Arbeiter nicht nur seine eigene Arbeitskraft, sondern sein gesamtes menschliches Dasein."*

*„Ist es wirklich so schlimm?"*

*„Wir reden jetzt davon, wie Marx die Dinge sah. Deshalb müssen wir den Ausgang auch von den Verhältnissen in den europäischen Gesellschaften um 1850 nehmen. Und da muss die Antwort ein lautes, deutliches Ja sein. Arbeiter hatten oft einen Vierzehnstundentag in eiskalten Fabrikhallen. Die Bezahlung war oft so schlecht, dass auch Kinder und Wöchnerinnen arbeiten mussten. Das führte zu unbeschreiblichen sozialen Verhältnissen. Oft wurde ein Teil des Lohns in Form von billigem Schnaps bezahlt, und viele Frauen mussten sich prostituieren. Ihre Kunden waren dann die besseren Herren der Stadt. Kurz gesagt: Genau das, was Adelszeichen des Menschen sein sollte, die Arbeit also, machte den Arbeiter zum Tier."*

*Jostein Gaarder: Sofies Welt. Bertelsmann, Gütersloh 1994. S. 442/443*

1. Geben Sie mit eigenen Worten wieder, was „Entfremdung" ist!
2. Tragen sie Argumente zusammen, was die Situation eines Arbeiters von heute von dem 1850 unterscheidet!

# Arbeitslosigkeit als soziale Herausforderung

Das Mädchen Sophie aus Jostein Gaarders Buch „Sophies Welt" resümierte auf der Vorseite, dass es, wenn Arbeit zum Wesen des Menschseins gehört, schlimm sein muss, arbeitslos zu sein. Zu Beginn jedes neuen Monats veröffentlicht die Bundesagentur für Arbeit die aktuellen Angaben zur Arbeitslosigkeit. Arbeitslosigkeit ist nicht nur ein Problem der über 50-Jährigen, auch junge Leute sind davon betroffen. Was bedeutet Arbeitslosigkeit für die Betroffenen?

### *Verlorenes Selbstbewusstsein*

Q

*Sie wartet noch immer auf das Klingeln des Weckers, dabei weiß sie, dass er nicht klingeln wird. Sie hat ihn abgestellt, sie braucht ihn nicht mehr, sie kann so lange im Bett liegen bleiben, wie sie will, aber sie wartet und denkt: Wie schön wäre es, wenn ich jetzt zur Arbeit gehen könnte, wenn ich gebraucht würde, wenn der Tag einen Sinn hätte. Sie denkt immer die gleichen Worte, liegt zusammengekrümmt, als könnte sie sich auf diese Weise verbergen, sich unsichtbar machen. [...] Auf Null gestellt! Drei Worte, die sie hasst! Sie schieben sie brutal auf ein Abstellgleis. Null, Null, so hämmert es in ihr, du bist eine Null, ein Nichts, eine Last, aus dem Rennen geworfen.*

*Manchmal buchstabiert sie das Wort Zeit vor sich hin. Zeit, nach der sie sich früher gesehnt hat, früher, als alles so ganz anders gewesen ist. Da hat sich eine Arbeit an die andere angeschlossen, Langeweile gab es nicht, sie hat im Gegenteil oft ein bisschen geseufzt und gejammert. Mal krank sein, nur wenig, keine Schmerzen haben, aber eben Zeit, um geruhsam frühstücken zu können, nicht im Stehen eine Tasse Kaffee trinken und das war`s dann. Gleichzeitig hat sie diese Hetzerei genossen, sie hat sich bis in die Haarspitzen hinein am Leben gefühlt, gefordert und gebraucht. Das hat ihr gefallen. Wie sehr es ihr gefallen hat, weiß sie erst jetzt, wo sie Zeit hat, zuviel Zeit, mit der sie nichts anzufangen weiß.*

*Anneliese Probst: Auf dem Abstellgleis In: dies: Steh-auf-Lieschen. Dingsda, Querfurt 2000. S. 35f.*

### *Politik gefragt?*

Q

*Die Depression eines Arbeitslosen könnte man nur in sinnvoller Weise behandeln, wenn Arbeitslosigkeit aus einem individuellen Problem entstanden wäre. Wenn der Arbeitswillige aber keine wirkliche Chance mehr hat, Arbeit zu finden, müsste eine erfolgreiche Therapie zwangsläufig zu politischem Kampf für sozialere Verhältnisse führen. Ansonsten würde sich die Therapie beteiligen an der Verschleierung der Verhältnisse und an der Unterdrückung notwendiger Auseinandersetzungen, wenn dem Arbeitslosen zum Beispiel ein Leben ohne Lohnarbeit, in Abhängigkeit vom Arbeits- oder Sozialamt, in kontemplativer oder meditativer Weltabkehr zugemutet oder sogar anempfohlen würde.*

*Hans-Joachim Maaz: In schlechter Gesellschaft. In: In einem reichen Land hrsg. von Günter Grass u.a. Steidl, Göttingen 2003, S.275/76*

A

1. Befragen Sie in ihrem Umfeld (Familie, Wohnort, Bekanntenkreis) Menschen, die Arbeitslosigkeit am eigenen Leib erlebten, wie sie sich fühlten und vergleichen Sie die Schilderungen mit denen von Anneliese Probst und mit denen aus der FAZ auf der nächsten Seite.
2. Setzen Sie sich argumentativ mit den Aussagen von Maaz auseinander! Formulieren Sie eine Erwiderung für ein Internetforum.

Arbeitslosigkeit macht nicht depressiv, sondern glücklich. Eine solche Meinung konnte man in der Frankfurter Allgemeinen Zeitung (FAZ) lesen.

**Q** *Glückliche Arbeitslose*

*[...] Wer kann von sich heute noch behaupten, er mache sich mit seiner Arbeit nützlich? Der „Dienst"leistungssektor beschäftigt nur Dienstboten und Computeranhängsel, die keinen Grund haben, stolz zu sein. Selbst ein Arzt fungiert nur noch als Handelsvertreter der pharmazeutischen Konzerne. Entscheidend ist nicht mehr, wozu etwas nützt, sondern wie viel man damit verdienen kann. Gerade, weil Geld das Ziel der Arbeit ist und nicht ihr gesellschaftlicher Nutzen, existiert Arbeitslosigkeit. Was passiert, wenn ein Konzern ankündigt, dass er so und so viele Arbeitsplätze vernichtet? Alle Börsenspekulanten loben seine Sanierungsstrategie, die Aktien steigen, und bald darauf wird die Bilanz die entsprechenden Gewinne ausweisen.*

*Auf diese Weise schaffen die Arbeitslosen mehr Profit als ihre Ex-Kollegen. Man sollte dem Arbeitslosen dafür danken, dass er wie kein anderer das Wachstum fördert. Der glückliche Arbeitslose ist der Meinung, dass er für seine Nichtarbeit entlohnt werden muss. Wenn der Arbeitslose unglücklich ist, so liegt das nicht daran, dass er keine Arbeit hat, sondern dass er kein Geld hat. Also sollten wir nicht von „arbeitslos", sondern von „geldlos", nicht mehr von „Arbeitssuchenden", sondern von „Geldsuchenden" reden, um die Dinge klarer zu stellen.*

*Manifest der Glücklichen Arbeitslosen. In: Frankfurter Allgemeine Zeitung vom 30.3.1998*

**A** 1. Nutzen Sie die Antworten, die Sie auf ihre kleine Befragung in Ihrem Umfeld erhielten und setzen Sie sich mit den Behauptungen aus dem „Manifest der Glücklichen Arbeitslosen" auseinander.
2. Formulieren Sie in einer fiktiven Zuschrift für eine Zeitung oder ein Internetforum eine kurze zustimmende oder ablehnende Erwiderung.
3. Erarbeiten Sie eine Argumentation zu der Aussage: Wer wirklich arbeiten will, der findet auch Arbeit!
4. Was prangert die Karikatur an? Halten Sie den Vorwurf für berechtigt?

## Wege aus der Arbeitslosigkeit

Arbeitslosigkeit hat verschiedene Ursachen. Sie kann jeden treffen. Doch wie kann man sie überwinden? Um diese Frage beantworten zu können, müssen die Ursachen von Arbeitslosigkeit geklärt sein.

**Strukturelle Gründe:** Fehlen von Industrie und Dienstleistungen

**Konjunkturelle Gründe:** Auf- und Abschwünge im Wirtschaftszyklus

**Merkmalsstrukturelle Gründe:** Qualifikationen der Suchenden passen nicht zum Bedarf

**Globalisierung:** Verlagerung von Arbeit ins Ausland, Zuwanderung von Billiglohnkräften

**Schwarzarbeit:** Arbeiter werden beschäftigt, ohne Sozialabgaben zu leisten

Arbeitslosigkeit ist ein soziales Problem, zu dessen Lösung soziale und politische Konzepte benötigt werden. Doch bedeutet das, dass der Einzelne gar nichts tun kann, um Arbeitslosigkeit zu überwinden?

**Einige Antworten, was Arbeitslose tun wollen:**

- Mich umorientieren, etwas Berufsfremdes machen. Hauptsache, irgendetwas arbeiten.
- Da werde ich wohl doch in den Westen gehen müssen. Die Familie lasse ich erst mal hier. Wir haben uns ein Haus gebaut, das ist noch nicht abbezahlt. Ich muss etwas finden, sonst hat die Bank das Haus.
- Ich würde sogar einen schlechter bezahlten Job annehmen, mich mit weniger Geld einrichten und notfalls beim Sozialamt Stütze beantragen. Obwohl es das eigentlich auch nicht sein kann. Man will von seiner Arbeit ja leben.
- Über eine Zeitarbeitsfirma mich vermitteln lassen.
- Heiraten, ein Kind kriegen und mich versorgen lassen.
- Muss ick wohl in den sauren Apfel beißen und mich selbständig machen: Gardinen abnehmen, waschen, aufhängen, Wäscheservice, bügeln. Obs laufen wird, weiß ick nicht, aber das kann ich eben gut und eine andere Wahl hab ick nicht.

1. Zu den politischen Konzepten, Arbeitslosigkeit entgegenzuwirken, gehört das von Peter Hartz entwickelte, bekannt als „Hartz IV“. Tragen Sie zusammen, aus welchen Bausteinen sich das Konzept zusammensetzt und bewerten Sie diese nach sozialen, politischen, wirtschaftlichen und moralischen Kriterien. **A**
2. Bewerten Sie die aufgezählten Strategien auf ihre Wirksamkeit hin.

3. Entwerfen Sie in Gruppenarbeit (je Gruppe arbeiten 4–5 Schüler zusammen) ein Modell wie Sie sich eine gerechtere Verteilung von Arbeit vorstellen könnten. Beziehen Sie dazu auch die Modelle zur Zukunft der Arbeit auf Seite 136/137 ein. **P**
4. Jede Gruppe stellt das von ihr entwickelte Modell anschließend zur Diskussion.
5. Bewerten Sie, welches Angebot das Überzeugendste ist und begründen Sie Ihre Meinung.
6. Bilden Sie sich eine Position dazu, ob und inwiefern Sie die Forderung nach einer gerechteren Verteilung von Arbeit für berechtigt halten.

# Modelle zur Zukunft der Arbeit

Einige Experten gehen davon aus, dass bereits heute nur zwanzig Prozent der erwerbsfähigen Weltbevölkerung genügen, um alle notwendigen Güter zu produzieren.

Das heißt, achtzig Prozent aller Erwerbsfähigen sind aus rein wirtschaftlicher Sicht überflüssig. Es ist vom Ende der Arbeitsgesellschaft die Rede. Wie soll und kann angesichts dessen das knappe Gut „Arbeit" gerecht auf alle Menschen verteilt werden? Hierzu wurden verschiedene Modelle entwickelt.

## 1. Modell: Orio Giarini/ Patrick M. Liedtke: Wie wir arbeiten werden. Der neue Bericht an den Club of Rome. Hoffmann & Campe, Hamburg 1998

Die Autoren gehen davon aus, dass die gesamtgesellschaftliche Arbeit neu zu bewerten ist und dass dabei nicht nur die klassische Erwerbsarbeit Berücksichtigung finden darf. Nach ihrer Meinung gibt es drei Schichten oder Ebenen gesamtgesellschaftlicher Arbeit, die allesamt notwendig sind und die von den einzelnen Personen im Laufe ihres Lebenszyklus unterschiedlich gewichtet und geleistet werden.

Erste Schicht: Alle Menschen arbeiten hier auf der Basis eines Entgelts, das von seiner Höhe in der Nähe des Sozialhilfesatzes liegt. Der Umfang dieser Arbeit beträgt 20 Wochenstunden. Die Mittel zur Finanzierung dieser Arbeiten sollen aus den Quellen kommen, aus denen bislang Arbeitslosigkeit und ihre sozialstaatlichen Nebenkosten finanziert wurden.

Zweite Schicht: Formelle Erwerbstätigkeit nach bisherigem Muster, die jedem offen steht, der über die 20 Stunden hinaus arbeiten möchte.

Dritte Schicht: Unentgeltliche Familienarbeit (Kindererziehung, Haushaltsführung ) und alle Formen ehrenamtlicher Tätigkeit (Sportverein, Kirche, Wohlfahrtsverbände o.ä.).

## 2. Modell: Ulrich Beck: Schöne neue Arbeitswelt. Vision: Weltbürgergesellschaft. Campus, Frankfurt/New York 1999

Die Arbeitsgesellschaft wandelt sich zu einer politischen, der Bürgergesellschaft. Ziel der Bürgergesellschaft ist es, den Individuen Lebenssinn und Befriedigung zu verschaffen, welche die Menschen bis heute aus dem Erwerbsleben beziehen, sowie in einer individualisierten Gesellschaft Zusammenhalt zu erzeugen.

Bürgerarbeit ist freiwillige, selbstorganisierte Arbeit, welche Anliegen aufgreift, die von der Verwaltung vernachlässigt werden (Minderheiten vertreten, Protestbewegungen initiieren). Sie ist verbunden mit politischem und sozialem Engagement, ist projektgebundene Arbeit für Dritte. Sie wird durch Bürgergeld anerkannt und aufgewertet. Das Bürgergeld soll mindestens Sozialhilfeniveau erreichen und alle Bürger von der Sorge ums tägliche Brot entlasten. Die Mittel für das Bürgergeld sollen aus Transfergeldern, betrieblichem Sponsoring, kommunaler Eigenfinanzierung und Beträgen, die durch Bürgerarbeit erwirtschaftet werden, kommen. Bürgerarbeit kann eine Chance für Frauen sein, wenn diese einhergeht mit einer radikalen Arbeitszeitverkürzung im Bereich der Vollerwerbsarbeit, einer Gleichberechtigung der Haus- und Sorgearbeit mit anderen Bürgerarbeiten (Kunst, Kultur, Politik) und der Gleichverteilung der (jetzt) bezahlten und der (jetzt) nicht bezahlten Arbeit auf Männer und Frauen.

## 3. Modell: Bernd Rüthers: Die Arbeitsgesellschaft im Umbruch – Krise auf Zeit oder Zerfall eines Leitbildes. Wirtschaftsverlag Bachem, Köln 2000, S. 80 ff.

Aus der Arbeitsgesellschaft wird eine partielle Freizeit- oder Beschäftigungsgesellschaft. Das heißt, die entgeltliche Erwerbsarbeit verliert ihr Monopol als Spenderin von Lebenssinn und Lebensfülle. Die Grundlagen unserer humanen Existenz ändern sich.

Es sind neue Bildungskonzepte auf allen Ebenen und für alle Altersstufen nötig. Dominante Faktoren für die Verteilung von sozialem Ansehen werden Muße und die freiwillige Übernahme von Aufgaben im Dienste des Gemeinwohls.

Nichterwerbstätige haben einen Anspruch auf soziales Ansehen und die gleiche Menschenwürde wie Erwerbstätige. Die soziale Anerkennung nicht- oder unterbezahlter Leistungen wie Hausarbeit, Familienarbeit, Pflege und Erziehung ist dringend geboten und als gleichwertig zur Erwerbsarbeit anzusehen auch im System sozialer Sicherungen.

Die Verteilung der zurzeit üblichen Vergütungssysteme für Erwerbsarbeit sind auf ihre Rationalität, Leistungsgerechtigkeit und Verhältnismäßigkeit hin zu überprüfen und umzudenken. Das gilt für alle Vergütungsebenen, wenn Widersprüche und Assymetrien von systemgefährdender Sprengkraft vermieden werden sollen. Ein Gemeinwesen, das große soziale Ungerechtigkeiten zu seinen systemspezifischen Merkmalen zählt und duldet, läuft Gefahr, zu einer Räuberbande im Sinne des Heiligen Augustinus zu verkommen.

Ein Umbau der sozialen Sicherungssysteme und der Arbeitslosen- und Altersversicherung etwa nach dem Vorbild der Schweiz ist unvermeidbar.

**A**

1. Vergleichen Sie die Vorschläge von Rüthers, Beck und Giarini/Liedtke miteinander. Welche Unterschiede und welche Gemeinsamkeiten weisen die Vorschläge auf?
2. Bewerten Sie die unterbreiteten Vorschläge. Welchen Vorschlag halten Sie aus welchen Gründen für den besten?
3. Unterbreiten Sie selbst einen Vorschlag, wie Arbeit gerecht auf alle Mitglieder der Gesellschaft verteilt werden kann und begründen Sie diesen.

## 5.3. Vielfalt von Arbeit

Arbeit wird häufig auf Erwerbsarbeit reduziert. Arbeit ist jedoch mehr als Erwerbsarbeit. Sie weist vielfältige Formen auf.

### Einige Formen der Arbeit

**1. Form der Unterscheidung**

| | |
|---|---|
| Produktion | Reproduktion |
| körperliche Arbeit | geistige Arbeit |
| Sklaven-/ Zwangsarbeit | „freie“ Arbeit |
| Handwerksarbeit | Fabrikarbeit |
| Handarbeit | maschinelle Arbeit |
| Wertarbeit | Pfusch |
| bezahlte Arbeit | unbezahlte Arbeit |
| sinnvolle Arbeit | sinnlose Arbeit |

**2. Form der Unterscheidung**

| | |
|---|---|
| anleitende Arbeit | ausführende Arbeit |
| kreative Arbeit | monotone Arbeit |
| Teamarbeit | Einzelarbeit |
| legale Arbeit | illegale Arbeit |

illegale Arbeit → Schwarzarbeit, kriminelle Arbeit

**3. Form der Unterscheidung**

- Pflicht
  - Lebensunterhalt
  - gesetzliche
  - moralische
  - Erwerbsarbeit
    - Haupterwerb
    - Nebenerwerb
      - selbstständig
      - angestellt
- freiwillige Arbeit
  - Hobby
  - Gemeinschaftsarbeit
  - Nichterwerbsarbeit
    - Familie
    - Muße
    - Weiterbildung
    - soziale Arbeit / Ehrenamt

**A** 1. Greifen Sie sich aus jeder Unterscheidung mindestens eine Art der Arbeit heraus und geben Sie mit eigenen Worten wieder, was deren Besonderheit gegenüber anderen Arten von Arbeit ausmacht.

Arbeit – was ist das eigentlich?

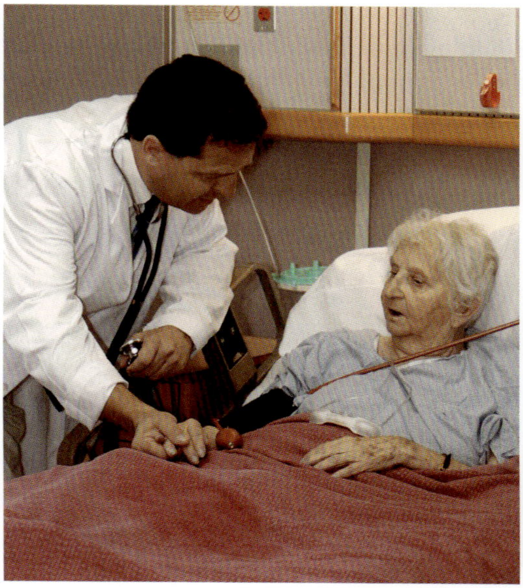

*Zwischen einem Landarbeiter aus Ghana und einem Arzt entwickelte sich folgendes Gespräch:*

**Arzt:** *Hast du viele Kinder?*

**Landarbeiter:** *Gott war nicht sehr gut zu mir. Von sechzehn, die geboren wurden, sind nur neun am Leben.*

**Arzt:** *Arbeitet deine Frau?*

**Landarbeiter:** *Nein, sie bleibt zu Hause.*

**Arzt:** *Ich verstehe. Was macht sie den ganzen Tag?*

**Landarbeiter:** *Nun, sie steht um vier Uhr früh auf, holt Wasser und Feuerholz, macht Feuer und bereitet das Frühstück. Dann geht sie zum Fluss und wäscht Kleider. Danach geht sie in die Stadt und holt gemahlenes Getreide und kauft auf dem Markt, was sie braucht. Dann kocht sie Mittagessen.*

**Arzt:** *Du kommst zum Mittagessen nach Hause?*

Q

**Landarbeiter:** *Nein, nein. Sie bringt mir das Essen aufs Feld – etwa drei Kilometer von zu Hause.*

**Arzt:** *Und danach?*

**Landarbeiter:** *Dann kümmert sie sich um die Hühner und Schweine. Und natürlich versorgt sie die Kinder rund um die Uhr. Dann macht sie das Abendessen, damit es fertig ist, wenn ich heimkomme.*

**Arzt:** *Geht sie nach dem Abendessen zu Bett?*

**Landarbeiter:** *Nein, ich gehe ins Bett. Sie muss noch Dinge im Haushalt erledigen.*

**Arzt:** *Du sagtest, dass deine Frau nicht arbeitet.*

**Landarbeiter:** *Nein, wie ich schon sagte, sie bleibt zu Hause.*

*Zit. nach: Monika Bunte: Arbeit – was ist das eigentlich? In: Familienarbeit – Basis der Wirtschaft auch für Europa. Stuttgart 1999*

A

1. Beantworten Sie die Frage, was Arbeit ist.
2. Wie erklären Sie sich, dass der Landarbeiter meint, seine Frau arbeite nicht?
3. Halten Sie diese Sichtweise für berechtigt? Warum bzw. warum nicht?
4. Ist die Sichtweise des Landarbeiters auch hierzulande verbreitet? Listen Sie Indizien dafür und dagegen auf und wägen Sie diese ab.

## Karriere oder Familie?

Zu den wichtigsten Ergebnissen der 15. Shell-Studie aus dem Jahre 2006, in welcher Jugendliche in Deutschland zu ihrem Leben und den Vorhaben für die Zukunft befragt wurden, gehört der Befund, dass eine starke Generation junger Frauen heranwächst, die nahezu durchgängig ihren Lebensentwurf entlang der Achsen Beruf und Familie plant und die traditionelle Hausfrauenrolle für sich ablehnt. Junge Frauen sind eher bereit auf eigene Kinder (nur 62% bejahen, später einmal eigene Kinder haben zu wollen) als auf einen eigenen Beruf zu verzichten.

**Q** ***Beruf und Familie***

*Eine 19-jährige Abiturientin äußerte sich folgendermaßen:*

*Karriere machen. (lacht) Also, da habe ich auch schon drüber nachgedacht, weil ja, eine Freundin von mir, die möchte keine Kinder haben nämlich und die möchte gern nur Karriere machen. Da hatten wir so ein Gespräch darüber. Also, für mich ist Karriere machen schon wichtig, weil ich gerne unabhängig sein möchte. Ich denk, das ist auch später, wenn man eine längere Beziehung hat, ziemlich wichtig. Wenn man eine Familie gründen möchte, dass man nicht unbedingt so abhängig ist vom Partner, damit man freiwillig beieinander bleibt. Ich glaub, das bringt Probleme mit sich, wenn da einer abhängig ist vom anderen. Das ist nicht so gut. Auf der anderen Seite denke ich aber, dass Familie genau so wichtig ist, weil ohne dass man die Basis hat ... Ich würd das wahrscheinlich auch brauchen. Wenn ich nicht zu Hause was habe, wo was Festes und Solides da ist, dann wäre irgendwann nach ein paar Jahren einfach auch ... Karriere machen ist ja nicht für immer. Irgendwann hat man dann ja auch mal Karriere gemacht. Und was ist dann? Ich denke, man ist dann auch wahnsinnig allein, und das möchte ich auf keinen Fall sein.*

*Jugend 2006 Hrsg.: Shell Deutschland Holding. Fischer Taschenbuch, Frankfurt/M. 2006. S. 258*

**Q** ***Heirate doch dein Büro***

*So schleuderte die Frau ihrem Mann entgegen, als er sie bat, den diesjährigen Jahresurlaub zum zweiten Male zu verschieben, weil es in der mittelständischen Firma, die ihm gehört und die er leitet, Lieferschwierigkeiten gab. Klar, als Firmenchef, trägt ihr Mann letztlich die Verantwortung für alles, dafür, dass die Kunden fristgerecht ihre Bestellungen bekommen, dafür, dass die Angestellten ihre Löhne erhalten, dass neue Aufträge reinkommen, aber müssen sie und ihre kleine Tochter deshalb immer das Nachsehen haben. Sie sind auf die Einnahmen aus der Firma elementar angewiesen, die Firma ernährt sie. Jedoch möchte sie einmal auftanken und Luft holen, oder ist das zu viel verlangt?*

*Frei nach: P.T. Magazin 6/2007. S. 16*

**A**
1. Begründen Sie, ob nur Frauen hinsichtlich Arbeit und Familie ein Vereinbarkeitsproblem haben.
2. Wo sehen Sie die Gründe für die Schwierigkeiten von Männern und Frauen, Beruf und Familie unter einen Hut zu bringen?
3. Worin sehen Sie für sich selbst Schwierigkeiten, Beruf und Familie zu vereinbaren? Wie planen Sie diese Schwierigkeiten zu meistern?

## Jenseits der Erwerbsarbeit

Arbeit wird oftmals mit Erwerbsarbeit gleichgesetzt und auf diese reduziert. Keine Volkswirtschaft jedoch könnte auf Dauer funktionieren, gäbe es nicht neben der formellen Ökonomie, in welcher die Erwerbsarbeit ihren Platz hat, den außerordentlich breit gefächerten Bereich der informellen Ökonomie, in welchem in aller Regel Menschen unentgeltlich arbeiten.

### Segmente der informellen Ökonomie

| Selbsthilfeökonomie | Hauswirtschaft | Selbstversorgungswirtschaft |
|---|---|---|
| ► Nachbarschaftshilfe *(die Kinder der Nachbarn beaufsichtigen, wenn diese länger arbeiten müssen)*<br>► Selbsthilfegruppen<br>► Ehrenamtliche Tätigkeiten<br>► Mitarbeit in Bürgerinitiativen, Vereinen usw. | ► Kranken- und Altenpflege<br>► Erziehung und Betreuung von Kindern<br>► Einkaufen von Waren und Dienstleistungen für den familiären Bedarf<br>► Materielle Hausarbeit *(Abwasch, Wäsche, Saubermachen)*<br>► Psychische Hausarbeit *(Schaffung einer harmonischen Atmosphäre, Kontaktpflege)* | ► Gartenarbeit *(Obst-, Blumen- und Gemüseanbau)*<br>► Handwerkliche Eigenleistungen *(z. B. Renovierung der Wohnung, Reparatur von Fahrrad oder Auto etc.)*<br>► Sammeln und Verarbeiten von Wildfrüchten oder Pilzen für den Eigenbedarf<br>► Angeln |

1. Ordnen Sie folgende Tätigkeiten den Segmenten der informellen Ökonomie zu: **A**
   Rasen mähen, einen Zahnarzttermin für die Tochter vereinbaren, Heidelbeeren sammeln, einen Strauß Margeriten auf der Wiese pflücken, dem Nachbarskind bei der Matheaufgabe helfen, den Fahrradschlauch der alten Nachbarin flicken, Marmelade kochen, das Dorffest mit organisieren.
2. Befragen Sie Personen in Ihrem Umfeld, die ehrenamtlich tätig sind, nach ihren Beweggründen für diese Tätigkeit.
3. Sind Sie selbst ehrenamtlich tätig bzw. können Sie sich vorstellen, selbst einmal ehrenamtlich tätig zu werden? Auf welchem Gebiet? Welche Beweggründe leiten Sie für bzw. gegen ein solches Engagement?

## Für und Wider Ehrenamt

Alljährlich, am 2. Dezember, wird der Tag des Ehrenamts begangen. An diesem Tag werden Menschen geehrt, die, ohne dafür Geld zu verlangen und zu bekommen, sich in vorbildlicher Weise für die Allgemeinheit engagieren. Schätzungsweise arbeiten deutschlandweit 25 Millionen Menschen über viele Jahre hinweg ehrenamtlich in Vereinen, Initiativen und Kirchen mit. Sich für andere einsetzen, sich nützlich machen und fühlen, soziale Kontakte besitzen, gebraucht werden – das führen ehrenamtlich Tätige als Beweggründe für ihren Einsatz an. Kann es angesichts dessen überhaupt ein Aber geben?

**Q** *Arbeitsdiebstahl*

*Ich möchte nicht falsch verstanden werden: ich bin froh, dass die grünen Damen kommen, dass sie Patienten besuchen, die niemand sonst besucht, dass sie ihnen ein Ohr leihen und Zuspruch spenden, aber... Es ist für mich auch zwiespältig. Ich bin Krankenschwester geworden, weil für mich ein anderer Beruf undenkbar war. Ich wollte kranken Menschen helfen, das bedeutete für mich nicht nur, ihre Nachtgeschirre leeren, ihre Wunden versorgen, sondern auch mit ihnen reden, ihnen Mut und Zuversicht im Heilungsprozess vermitteln, sie über ihre Hänger und Ängste hinweg geleiten. Wenn ich heute schaue, was davon übrig blieb, dann erschaudere ich manchmal. Wir sind auf der Station noch acht Schwestern und Pfleger. Die Arbeiten sind auf das Notwendigste reduziert, im Dienst haste ich eilig von einem „Notfall" zum anderen. Für die menschliche Seite unserer Arbeit bleibt kaum noch Zeit. Das, was eigentlich Spaß machte, wird einfach wegreduziert; die Gespräche mit den Patienten. Manchmal orakle ich zu Hause zynisch, dass, wenn es so weiter geht, demnächst die Kranken ihre Angehörigen als Pfleger mit ins Krankenhaus bringen müssen. Wie kann man angesichts dieser Zustände als Klinikum stolz darauf sein, mehrere Millionen Gewinn erwirtschaftet zu haben?*

*Was ich sagen will, ich sehe das so, dass die Ehrenamtlichen längst unsere eigentlichen Aufgaben übertragen bekommen haben, ohne einen Pfennig*

*Geld dafür zu erhalten. Wenn die Grünen nicht mehr kämen, dann müssten für diese Aufgabe Leute eingestellt und bezahlt werden. Eben deswegen bin ich nicht uneingeschränkt begeistert von den Grünen und ich kann mir vorstellen, dass auch in anderen Bereichen die Ehrenamtlichen anderen die Arbeit stehlen.*

*Manja S. Krankenschwester an einer Universitätsklinik in Mitteldeutschland, Interview beim Autor*

**A**

1. Setzen Sie sich mit den Bedenken der Krankenschwester auseinander. Befragen Sie dazu auch Familienangehörige oder Bekannte, die im Krankenhaus lagen, nach ihren Eindrücken und Erfahrungen.
2. Tragen Sie zusammen, in welchen anderen Bereichen ehrenamtliche Helfer tätig sind. Sind auch für diese Bereiche die Bedenken der Krankenschwester berechtigt? Warum ist dem so/nicht so?

Das Ehrenamt ist nur eine Form der Bürgerarbeit. Eine andere sind zum Beispiel Tauschringe.

***Wie funktioniert ein Tauschring?***

*A hat drei Kinder, geht gerne aus und besitzt eine Fotoausrüstung mit allen Raffinessen, die er nie benutzt. Er braucht dringend einen Babysitter. B kann prima mit Kindern umgehen, hat aber zwei linke Hände und sein Wasserhahn tropft seit Wochen. C liebt alles, was mit Zangen, Hämmern und Schrauben zu tun hat. Sie ist außerdem leidenschaftliche Fotografin, aber vor einigen Wochen ging ihre Kamera kaputt. Sie ist pleite und kann sich keine neue leisten.*

*Wenn A für seine Fotoausrüstung 200 Talente (die Tauschwährung) verlangt, werden ihm diese auf seinem Konto gutgeschrieben und Cs Konto wird mit 200 Talenten belastet, wenn sie sich die Ausrüstung leiht. B hält vier Stunden lang die Kinder von A bei Laune und bekommt dafür 120 Talente gutgeschrieben. Derweil repariert C den Wasserhahn von B und noch ein paar Kleinigkeiten, die B einfielen, für 150 Talente. So braucht C für die Fotoausrüstung keine Kinder hüten, was ihr keinen Spaß machen würde. Am Ende dieser Tausch-Sequenz haben alle verschiedene Guthaben und Verpflichtungen, die als Konten im Tauschring geführt werden und der Kreisel kann sich weiterdrehen.*

*Frei nach: www.tauschring-ka.de*

Eng verbunden mit verschiedenen Formen der Bürgerarbeit ist die Idee eines Bürgergeldes. Einer der prominentesten Verfechter dieser Idee ist Götz W. Werner, Gründer der Drogeriemarktkette dm.

***Grundeinkommen für alle?***

*Jeder, vom Säugling bis zum Greis, muss ein steuerfinanziertes Grundeinkommen erhalten. Dadurch würde der Mensch frei, sein kreatives Potenzial für die Allgemeinheit zu aktivieren. Der Zwang, Geld verdienen zu müssen, um überhaupt am Leben teilzunehmen, führt zu Unfreiheit und macht aus vielen von uns Zwangsarbeiter, die ihre Fähigkeiten nicht ausschöpfen. [...] Die meisten werden über das allgemeine Grundeinkommen hinaus verdienen wollen, denn wir streben nach mehr. Diejenigen aber, die aus verschiedenen Gründen am Arbeitsleben nicht teilnehmen können oder wollen, verfügen trotzdem über ein menschenwürdiges Einkommen. Kindheit und Alter wären wieder finanzierbar und auch die Hausfrau würde endlich für ihre Arbeit entlohnt. Hartz IV, für mich nicht mehr als ein offener Strafvollzug, wäre Geschichte.*

*Franz Hünnekens: Freiheit als Lebenselixier. Interview mit Götz W. Werner. In: Prisma H. 10/ 2007, S. 12)*

1. Setzen Sie sich in Arbeitsgruppen mit der Idee eines Grundeinkommens oder Bürgergeldes für alle (siehe auch: Modelle zur Zukunft der Arbeit) kritisch auseinander.
2. Welche Vor- und welche Nachteile sehen Sie darin?
3. Welche Wirkungen könnten von einem solchen Bürgergeld auf die Allgemeinheit ausgehen?

4. Können Tauschringe eine Chance für Menschen mit wenig Geld sein, am gesellschaftlichen Arbeits- und Lebensprozess teilzunehmen?

## Arbeitszeitmodelle

Nur noch ein Drittel aller Erwerbstätigen arbeitet gegenwärtig in traditionellen Arbeitszeitstrukturen.

**Q** *Nur auf Zeit*

*Leiharbeit boomt, qualifizierte Kräfte werden händeringend gesucht und zwar nicht nur in einzelnen Wirtschaftszweigen. Zeitarbeiter gibt es inzwischen fast überall, Bürotätigkeiten sind das drittgrößte Einsatzgebiet, gleich hinter „Hilfspersonal" und „Metall und Elektro". Keine andere Branche ist in den vergangenen Jahren so sprunghaft gewachsen: 2002 wurden rund 267 000 Zeitarbeiter gezählt, Ende 2006 waren es 631 000. Knapp die Hälfte der 2006 neu geschaffenen Stellen waren Zeitarbeitsstellen. Vor allem für Frauen scheint dieser Weg attraktiv. 30% der Zeitarbeiter sind weiblich. Auch Berufsanfänger, die noch Arbeitserfahrung sammeln wollen, oder ältere Arbeitssuchende haben über Zeitarbeit bessere Chancen. Vor allem, wenn sie arbeitslos waren. So wie Klaudia Schadock. Nach mehreren Bewerbungen ging die Mittfünfzigerin zu einer Zeitarbeitsfirma. Inzwischen ist sie seit fünf Jahren im Einsatz als Sekretärin oder Telefonistin und weiß die unterschiedlichen Anforderungen zu schätzen.*

*Der Vorteil von Zeitarbeit sei vor allem die „Flexibilität für die Wirtschaft", sagt Volker Enkerts, Präsident des Bundesverbandes Zeitarbeit (BZA). Laufen die Geschäfte mal nicht so gut, ist man externe Mitarbeiter schneller wieder los, der Aufwand für die Rekrutierung und Verwaltung von Personal ist geringer – bequem für Arbeitgeber. Billiger als Festangestellte sind Leiharbeiter für Unternehmen nicht: Die Vermittlerfirmen kassieren kräftig mit. Die meisten Zeitarbeiter verstehen sich nicht als solche, Zeitarbeit ist für sie nur eine Zwischenlösung. Sie sind motiviert von der Aussicht auf einen festen Job.*

*Frei nach: Anja Wetter: Nur auf Zeit. Frankfurter Rundschau vom 16.2.2008)*

**A**

1. Welche Vorteile und welche Nachteile bietet Zeitarbeit für die Zeitarbeiter und die Unternehmen, tragen Sie diese zusammen und wägen Sie beides gegeneinander ab. Zu welchem Schluss kommen Sie?
2. Haben Sie sich schon einmal mit dem Gedanken auseinandergesetzt, selbst als Leiharbeiter zu arbeiten. Welche Überlegungen spielen für Ihre Entscheidung dafür bzw. dagegen eine Rolle?

## Grenzen für die Flexibilisierung von Arbeitszeit

Leih- oder Zeitarbeit ist nur eine Form von Flexibilisierung von Arbeitszeit. Arbeitszeitkonten, Jobsharing oder Telearbeit sind weitere. Jedoch, diese Entwicklung ist nicht unendlich fortsetzbar. Es gibt Grenzen für die Flexibilisierung der Arbeitszeit.

**1**

Wach- und Schlaf-/Anspannungs- und Erholungsrhythmen
Nach Anspannung benötigt jeder Mensch Ruhephasen und Schlaf zur körperlichen und seelischen Erholung. Kein Mensch kann ohne Pause 60 Stunden hintereinander arbeiten. Kein Mensch kann über Jahre täglich 18 Stunden arbeiten, ohne auszubrennen.

**2**

Die individuelle Arbeitszeit muss mit gesellschaftlich etablierten (Normal-) Zeitstrukturen synchronisiert sein, um dem Individuum die Teilnahme am gesellschaftlichen Leben zu ermöglichen. Arbeit ist nur ein Bestandteil eines jeden Menschenlebens neben anderen wie Familie, Kindererziehung, Geselligkeit. Ladenöffnungszeiten, Kultur und Freizeit, politische Betätigung, Feiertage sowie die Möglichkeiten zu einer familiären Lebensführung mit Kindern unterliegen einem gesellschaftlich etablierten Zeitrhythmus, von dem niemand dauerhaft ausgeschlossen werden will und darf.

**3**

Ein Konstrukteur kann in seinem Zu-Hause-Büro bei freier individueller Zeiteinteilung ein Auto konstruieren, montiert werden kann es jedoch nicht in einer Zu-Hause-Werkstatt bei ebenso freier Zeiteinteilung jedes einzelnen Monteurs. Das Material muss rechtzeitig da sein, der achte Montageschritt kann nicht vor dem zweiten erfolgen. Die Arbeitsabfolge infolge von Arbeitsteilung und Spezialisierung ist eine aufeinander aufbauende, bei der Zeitdisziplin und -planung unumgänglich sind.

**4**

Zeit kann nicht beliebig durch Geld aufgewogen, das Leben nicht beliebig auf später vertagt werden. Die verfügbare Zeit verkörpert einen Rahmen für die Teilnahmemöglichkeiten am gesellschaftlichen Leben, das verfügbare Geld bestimmt Art, Umfang und Qualität der Nutzung sozialer, kultureller und infrastruktureller Ressourcen. Mit Geld kann man nur bis zu einem bestimmten Grade Zeit „erkaufen“. Doch nicht von allen Lebensverrichtungen kann und will sich das Individuum freikaufen. Essen, trinken und schlafen muss es selbst. Auch darüber hinaus gibt es Aktivitäten (Freunde, Liebe, Sexualität) neben der Arbeit, die das Leben bereichern und die man nicht an Dienstleister abtreten kann oder möchte.

**A**

1. Notieren Sie in Stichpunkten, was sich im Einzelnen hinter den verschiedenen Arbeitszeitmodellen (Schichtsystem, Teilzeitarbeiten, Arbeitszeitkonten, Jobsharing, Telearbeit, Gleitzeit mit oder ohne Kernarbeitszeiten) verbirgt.
2. Welche Vorteile bringen die jeweiligen Arbeitszeitmodelle für ein Unternehmen und welche für die Arbeiter?
3. Setzen Sie sich mit den Grenzen für die Flexibilisierung der Arbeitszeit auseinander. Warum sollten und wie könnten diese aufgehoben werden bzw. warum sollten sie bestehen bleiben?

## Wandel der Arbeit

Bedingt durch die technische und technologische Entwicklung in den letzten Jahrzehnten vollzogen sich eine Reihe von Veränderungen, welche oft unter dem Stichwort „Wandel der Arbeitswelt" zusammengefasst werden. Die Kernprozesse dieses Wandels werden in der Übersicht dargestellt.

| Prozess | Inhalte |
|---|---|
| I. Veränderungen der allgemeinen Struktur des Arbeitsmarktes | Verlagerung von Beschäftigung aus dem primären (Landwirtschaft, Ernährung) und aus dem sekundären (produzierendes Gewerbe) in den tertiären (Handel, Dienstleistungen) Wirtschaftsbereich |
| II. Wandel der rechtlich regulierten Beschäftigungsformen | Unterwanderung des sog. Normalarbeitsverhältnisses; Zunahme befristeter Arbeitsverhältnisse, von Zeit- und Leiharbeit, Teilzeitarbeit und sog. geringfügiger Beschäftigungsverhältnisse |
| III. Veränderung der Qualifikationsanforderungen an die Arbeitskräfte | Hoher Bedarf an qualifizierten Arbeitskräften (durch Zunahme von sog. „sekundären" Dienstleistungen wie Betreuen und Beraten) mit hohem Fachwissen und ausgeprägten sozialen Kompetenzen wie Kommunikationsfähigkeit, komplexes Herangehen, Zeitautonomie, Eigenverantwortung etc. |
| IV. Veränderung der zeitlichen Organisation von Erwerbsarbeit | Aushöhlung des Normalarbeitstages zugunsten flexibler Arbeitszeiten, Arbeitszeitkonten und einer Entkopplung von Betriebszeit und individueller Arbeitszeit |
| V. Strukturwandel der betrieblichen Arbeitsorganisation | Telearbeit und neue Formen der Autonomie; Prozess- und Ergebnisorientiertheit der Aufgaben; Ausgliederung ganzer Aufgabenbereiche aus den betrieblichen Abläufen |
| VI. Wandel der Arbeitseinstellungen | Wunsch nach gleichberechtigter Verbindung von Arbeit und Leben, Beruf und Familie; Aufwertung der Freizeit; Distanzierung gegenüber der Arbeit |

**A**

1. Informieren Sie sich in Ihrem Umfeld, bei den Eltern, Bekannten oder Freunden darüber, inwiefern diese von den Wandlungsprozessen in der Arbeitswelt betroffen sind und welche konkreten Auswirkungen diese auf sie haben.
2. Führen Sie in der Klasse eine Diskussion zum Thema „Welche Folgen hat der Strukturwandel in der Arbeitswelt für die Berufsausbildung?" durch und fassen Sie die wichtigsten Diskussionsergebnisse in einem Thesenpapier zusammen.
3. Welche Chancen und Risiken sehen Sie für sich persönlich durch die skizzierten Wandlungsprozesse?

## Humane Arbeitswelt?

Das Wort human kommt aus dem Lateinischen und heißt „menschenwürdig“, „menschenfreundlich“. Wann ist eine Arbeitswelt menschenfreundlich? Wer oder was macht sie dazu? Lange Zeit wurde eine Humanisierung der Arbeitswelt mit den Fortschritten in Wissenschaft und Technik gleichgesetzt.

Q

### *„Freundin“ Technik – „Feindin“ Technik*

*Technik. Sie ist – hier nicht als Arbeitsfähigkeit oder -fertigkeit, sondern als Gesamtheit der Instrumente verstanden, deren sich der Mensch bei seiner Arbeit bedient – zweifellos eine Verbündete des Menschen. Sie erleichtert die Arbeit, vervollkommnet, beschleunigt und vervielfältigt sie. Sie begünstigt die quantitative Mehrung der Arbeitsprodukte und bei vielen auch die Verbesserung der Qualität.*

*Doch ist es auch eine Tatsache, dass die Technik sich in manchen Fällen aus einer Verbündeten in eine Art Gegenspielerin des Menschen verwandeln kann, wie etwa dann, wenn die Mechanik der Arbeit den Menschen verdrängt, indem sie ihn jeder Freude an seiner Tätigkeit beraubt, wenn sie viele Arbeitnehmer zu deren Sklaven macht.*

*Papst Johannes Paul II. Laborem exercens. In: Texte zur Katholischen Soziallehre. Ketteler, Bornheim 1992. S. 540*

Die Technik selbst ist weder gut noch schlecht, sie ist ambivalent. Der Einsatz von Technik jedoch berührt verschiedene Werte: die Lebensqualität der Gesellschaft und der Individuen, die Wirtschaftlichkeit der Unternehmen, die Sicherheit der Individuen und der Gemeinschaft, die Umweltqualität, den Wohlstand einer Gesellschaft und die Gesundheit ihrer Mitglieder.

Q

### *Software statt Monteur*

*Im Februar 2008 gab der Siemens-Konzern eine Pressekonferenz, auf welcher offiziell mitgeteilt wurde, dass sich das Unternehmen von seiner Telefonanlagensparte trennen wird und dass deshalb bei Siemens Enterprise Netwoks, kurz: SEN, deutschlandweit 3 200 Stellen abgebaut werden. In der Begründung für den massiven Abbau von Arbeitsplätzen hieß es, SEN habe zu spät begonnen, auf den technologischen Wandel hin zur Internettechnologie zu reagieren. Alle Telefonanlagenhersteller kämpfen heute mit gravierenden Umbrüchen. Wo früher über Schaltkästen telefoniert wurde, regelt heute eine CD mit Software die Firmenkommunikation. Fernwartung über das Internet ersetzt die Service-Techniker vor Ort und macht sie überflüssig.*

*Thomas Magenheim: Böse Erinnerungen an BenQ. Frankfurter Rundschau vom 27.2.2008, S. 15)*

A

1. Zählen Sie drei Beispiele dafür auf, wie Technik menschliche Arbeit erleichtert hat.
2. Welche technischen Veränderungen hielten in den letzten 10 Jahren Einzug in Ihren Ausbildungsberuf und wie veränderten sich dadurch die Arbeitsbedingungen?
3. Tragen Sie Beispiele dafür zusammen, welche Technik und technische Neuerungen als Gegenspieler des arbeitenden Menschen zeigen!
4. Ist auch in Ihrem Beruf denkbar, dass eine technische Neuerung Ihre Arbeit über kurz oder lang ersetzt? Entwerfen Sie ein Szenario, was passieren könnte und welche Folgen sich daraus für Sie ergäben.

## 5.4. Haben Arbeit und Beruf ein Ethos?

Wenn das Wort Berufsethos fällt, dann denken viele automatisch an den Eid, den Ärzte am Beginn ihrer beruflichen Laufbahn ablegen. Doch nicht nur Ärzte besitzen eine Berufsmoral und ein Berufsethos.

Bei einem Berufsethos handelt es sich um moralische Grundsätze, welche das fachliche und zwischenmenschliche Verhalten in der beruflichen Arbeit leiten. Sie existieren nicht zusätzlich zu fachlichen Tugenden, sie sind ihnen nicht nebengeordnet oder aufgestülpt. Berufsmoralische Grundsätze fließen in die fachliche Arbeit ein, sie manifestieren sich im fachlichen Herangehen und in den zwischenmenschlichen Beziehungen im Arbeitsprozess. Das Berufsethos verkörpert eine moralische Gesittung und Gesinnung für die Berufsarbeit.

### Berufskodices und „Hippokratische Eide“

Berufsmoralische Grundsätze existieren in zwei Formen: als Berufskodices oder als Hippokratische Eide.

**„Hippokratische“ Eide**
Es handelt sich hierbei um freiwillige Selbstverpflichtungen mit nur persönlichem Verbindlichkeitscharakter. Ihr Name leitet sich vom Eid des Hippokrates ab, der als die älteste berufsmoralische Selbstverpflichtung gilt. Diese Selbstverpflichtung ist mehr als 2000 Jahre alt und wird dem Arzt Hippokrates von der Insel Kos, der aus dem Geschlecht der Asklepiaden[1] stammte, zugeschrieben.

Hippokrates beschreibt den Idealtypus des Arztes, der sich dem Wohl des Patienten und der Schadensvermeidung verpflichtet.

Der Hippokratische Eid soll einen Missbrauch der ärztlichen Macht verhindern. Indem er die moralische Integrität der Berufsangehörigen festschreibt, soll er für den Patienten eine Vertrauensbasis herstellen. Damit unterstellt der Eid zu Recht, dass es sich bei Arzt-Patient-Beziehungen um funktionale Beziehungen handelt, die durch ein Machtgefälle, das auf einem Kompetenzvorsprung basiert, gekennzeichnet sind.

**Berufskodices**
Im Gegensatz zu „Hippokratischen Eiden“ handelt es sich bei einem Berufskodex um eine berufsspezifische, rechtsverbindliche und somit einklagbare Verpflichtung, über deren Wahrung unter anderem spezifische Berufsverbände wachen.
Berufskodices sind somit eine Form der rechtlichen Absicherung des Individuums in einem beruflichen Interessendilemma. Sie sollen dem Einzelnen in seinem beruflichen Handeln Alternativen zwischen Heroismus* und Anpassung eröffnen, das Problembewusstsein fördern und zur Nachdenklichkeit über berufliche Entscheidungssituationen anregen.

**A** 1. Positionieren Sie sich mit Sachargumenten dazu, ob auch Ihr Beruf ein Berufsethos besitzt bzw. braucht und welche inhaltlichen Eckpunkte es enthalten sollte.

---

*1 Äskulap gilt als der Gott der Heilkunde und der Äskulapstab, der sog. Schlangenstab bis heute als das Sinnbild für die Medizin*

Auf dem ICN-Kongress für Pflegende 2000 wurde der Ethik-Kodex für Pflegende aktualisiert.

Q

***Ethik-Kodex für Pflegende** (Auszug)*
*Pflegende[1] haben vier grundlegende Aufgaben:*

- **Gesundheit zu fördern**
- **Krankheit zu verhüten**
- **Gesundheit wiederherzustellen**
- **Leiden zu lindern**

*Es besteht ein universeller Bedarf an Pflege. Untrennbar von Pflege ist die Achtung der Menschenrechte, einschließlich des Rechts auf Leben, auf Würde und auf respektvolle Behandlung. Sie wird ohne Rücksicht auf das Alter, Behinderung oder Krankheit, das Geschlecht, den Glauben, die Hautfarbe, die Kultur, die Nationalität, die politische Einstellung, die Rasse oder den sozialen Status ausgeübt.*

- *Die Pflegende übt ihre berufliche Tätigkeit zum Wohle des Einzelnen, der Familie und der sozialen Gemeinschaft aus; sie koordiniert ihre Dienstleistungen mit denen anderer beteiligter Gruppen.*
- *Die grundlegende berufliche Verantwortung der Pflegenden gilt dem pflegebedürftigen Menschen.*
- *Die Pflegende gewährleistet, dass der Pflegebedürftige ausreichende Informationen erhält, auf die er seine Zustimmung zu seiner pflegerischen Versorgung gründen kann.*
- *Die Pflegende behandelt jede persönliche Information vertraulich und geht verantwortlich mit der Informationsweitergabe um.*
- *Die Pflegende ist persönlich verantwortlich und rechenschaftspflichtig für die Ausübung der Pflege sowie für die Wahrung ihrer fachlichen Kompetenz durch kontinuierliche Fortbildung.*
- *Die Pflegende achtet auf ihre eigene Gesundheit, um ihre Fähigkeit zur Berufsausübung zu erhalten*
- *Die Pflegende beurteilt die individuellen Fachkompetenzen, wenn sie Verantwortung übernimmt oder delegiert.*
- *Die Pflegende soll in ihrem beruflichen Handeln jederzeit auf ein persönliches Verhalten achten, das dem Ansehen der Profession dient und das Vertrauen der Bevölkerung in sie stärkt.*
- *Die Pflegende gewährleistet bei der Ausübung ihrer beruflichen Profession, dass der Einsatz von Technologie und die Anwendung neuer wissenschaftlicher Erkenntnisse vereinbar sind mit der Sicherheit, der Würde und den Rechten der Menschen.*
- *Die Pflegende greift zum Schutz des Patienten ein, wenn sein Wohl durch einen Kollegen oder eine andere Person gefährdet ist.*

A

1. Entwerfen Sie unter Nutzung dieses Musters für Ihren Ausbildungsberuf einen kurzen Berufskodex. Beachten Sie, für welche Belange Sie in Ihrem Beruf Verantwortung tragen!
2. Sprechen Sie über das Verhältnis von Leitbild und Realität. Wo sehen Sie Schwierigkeiten? Ist es dennoch wichtig ein Leitbild zu besitzen?

---

*1 Pflegende sind Männer und Frauen, die von Berufs wegen Aufgaben im Bereich Pflege ausüben.*

## Haben Beruf und Arbeit ein Geschlecht?

Die Frage mag seltsam anmuten und doch erkennt man bei genauerem Hinsehen, dass es Branchen gibt, in denen Frauen und solche, in denen Männer dominieren. Auch auf den unterschiedlichen Hierarchieebenen von Wirtschaft und Gesellschaft sind geschlechterspezifische Verteilungen unübersehbar.

**Q** ***Gegen den Strom schwimmen***

*Ich war dagegen, dass meine Tochter ein Ingenieurstudium aufnahm. Ich versuchte ihr die Betriebswirtschaft schmackhaft zu reden. Ich hatte selbst in den 1970er-Jahren Elektrotechnik studiert, als einziges Mädchen unter 80 Jungs, hatte als Ingenieur in einem großen Werk gearbeitet und erlebt, wie mir in der Wendezeit meine männlichen Kollegen jegliche Fachkompetenz abzusprechen versuchten. Diese bitteren Erfahrungen wollte ich meinem Kind ersparen. Sie aber wollte partout in die Technik und dann hörte sie von einem Projekt, das Mädchen für technische Studien gewinnen wollte und Liane begann das Studium. Das Fachliche meisterte sie gut, leichter als ich damals und gab es sonst mal Probleme, half die Projektkoordinatorin. Sie motivierte, sie vermittelte fachliche Kontakte zu den wenigen Mitstudentinnen und zu Mentorinnen im Lehrkörper. Heute arbeitet meine Tochter in einem Unternehmen der Luft- und Raumfahrtindustrie als Ingenieurin. Im Team ist ihre Kompetenz anerkannt, sie verdient gutes Geld und ich bin sehr stolz auf sie.*

*Interview mit Monika L. Frei nach: Hochschulinitiative zur Steigerung des Anteils von Frauen in technischen Studiengängen. Podium. HTWK Leipzig H. 9/2004, S. 8f*

Noch immer ist es nicht einfach, als Frau einen Männerberuf ergreifen zu wollen. Noch immer werden Männer in Frauenberufen belächelt.

**Wann drängen Männer in Frauenberufe?**

- in Zeiten knapper Ausbildung und Arbeit
- bei Aufwertung traditioneller Frauenberufe durch einen Statusgewinn
- durch Verbesserung des Lohnniveaus
- wenn es dort gute Aufstiegschancen gibt

**Wann öffnen sich Männerberufe für Frauen?**

- wenn der Bedarf an Fachkräften anders nicht gedeckt werden kann

**A**

1. Ordnen Sie den folgenden Berufsfeldern ein Geschlecht zu: Management, Altenpflege, Landwirtschaft, Politik, Bauwesen, Hotelwesen, Bankwesen, Kunsthandwerk, Automobilbranche.
2. Verständigen Sie sich in einer Diskussion darüber, welche Ursachen für die jeweilige Zuordnung ausschlaggebend sind.
3. Welche Folgen hat Ihrer Meinung nach das Eindringen von Männern in Frauenberufe und das Eindringen von Frauen in Männerberufe?
4. Ist Ihr Ausbildungsberuf ein typischer Männer- oder Frauenberuf? Aus welchen Erwägungen heraus haben Sie sich (bewusst) für einen Männer- oder Frauenberuf/nicht dafür entschieden?

## Arbeit – Wozu?

Nicht nur, als was man arbeitet, auch wie man arbeitet, mit welcher Einstellung man an Arbeit und Beruf herangeht, erzählt viel über die eigene Person und das berufliche Ethos.

ARBEIT SCHÄNDET NICHT, ARBEIT ADELT!

Sein Leben war Arbeit …

Blau machen
Grün denken
Rot wählen
Schwarz arbeiten

Wer die Arbeit kennt
und sich nicht verdrückt,
ist verrückt.

Wir haben keine Chance, aber wir nutzen sie.

Arbeit ist nur das halbe Leben.

Was du heute kannst besorgen,
das verschieb getrost auf morgen.

Du hast zwei Hände zum Arbeiten und zwei Beine, um der Arbeit aus dem Wege zu gehen.

NO school
job
problems

Es gibt viel zu tun,
warten wir's ab!

Deutsche
Wertarbeit

(Arbeit ist die wärmste Jacke)

WENN DU KEINE ARBEIT HAST, BIST DU EINE GROSSE NULL.

Zuvieldienstleistender

1. Tragen Sie weitere Sprüche und Aphorismen zum Thema Arbeit und Beruf zusammen!
2. Welches Verhältnis zur Arbeit kommt in den einzelnen Aussprüchen zum Ausdruck?

A

## Arbeitstugenden gestern und heute

Den Deutschen werden von anderen Völkern zahlreiche Arbeitstugenden zugeschrieben z. B.:

**• Fleiß • Pünktlichkeit • Disziplin • Zuverlässigkeit • Ordnung • Respekt • Qualitätsarbeit •**

Seit einigen Jahren aber kursieren Schlagzeilen wie:

**• • • • Der Verlust der Arbeitstugenden • • • • Pflichtwerte verlieren an Akzeptanz • • • • •**

Sind die klassischen Arbeitstugenden überholt? Was ist an ihre Stelle getreten? Heute ist häufig von Soft skills, als den „weichen Qualifikationen" oder von Sozialkompetenzen die Rede.

| Kompetenz | Was Berufsschüler darunter verstehen | Was noch dazu gehört |
|---|---|---|
| Zeitsouveränität | ► Pünktlichkeit<br>► Keine festgelegten Arbeitszeiten | ► Zeitplanung, d. h. sich die Zeit für eine Aufgabe selbständig einteilen können<br>► Eine Aufgabe innerhalb des gesetzten zeitlichen Rahmens zu Ende bringen, ohne dass Zwischenkontrollen erfolgen<br>► Zeitdifferenzen bei der Aufgabenerfüllung rechtzeitig signalisieren |
| Sprachkompetenz | ► Etwas sprachlich auf den Punkt bringen können<br>► Fremdsprachenkenntnisse<br>► Je nach Gegenüber den richtigen Ton treffen | ► Deutlich und möglichst dialektfrei (hochdeutsch) sprechen<br>► In Wort und Schrift die deutsche Rechtschreibung und Grammatik beherrschen<br>► Einen umfangreichen Wortschatz besitzen |

**A**

1. Bestimmen Sie für die oben genannten alten Arbeitstugenden und die nachfolgenden Sozialkompetenzen, was sich jeweils dahinter verbirgt: Teamfähigkeit, Kooperationsfähigkeit, Konfliktfähigkeit, Verhandlungsgeschick, Verantwortungsbewusstsein, Eigeninitiative.
2. Analysieren Sie Stellenanzeigen im Internet oder einer Zeitung daraufhin, welche alten und neuen Arbeitstugenden die jeweiligen Stellenbewerber mitbringen sollen.
3. Achten Sie darauf, ob in Männerberufen andere Arbeitstugenden vorausgesetzt werden als in Frauenberufen! Wenn ja: Welche Unterschiede fielen Ihnen auf und wie erklären Sie sich diese?

*Neoliberale Arbeitstugenden*

*Erfolgreich ist am Ende nur der, der sein Leben und Handeln ganz der ökonomischen Rationalität unterwirft, der alle traditionellen Hemmungen und Rücksichten abwirft und sich selbst ganz zu einem Funktionselement des Marktes macht […] Wer heute nicht bereit ist, eine Arbeit 200, 500 oder 1000 Kilometer von seinem Wohnort, von seiner Familie entfernt aufzunehmen, wer es für unzumutbar hält, rund um die Uhr über Handy abrufbar zu sein, weil er sein Leben planen, sich um seine Kinder kümmern will, der kann leicht arbeitslos werden[…]*

*Aus den Unternehmen verschwindet das alte Kommandosystem. Statt Weisungen und Kontrolle werden durch das Management Rahmenbedingungen gesetzt: Hier ist der Markt, hier ist eure Konkurrenz, hier sind die Investitionen – und hier seid ihr, und das sind eure Gewinnvorgaben. Seht zu, dass ihr euch gewinnbringend betätigt!*

*In vielen Industrien gibt es viel weniger Zwang als jemals zuvor – und doch gibt es mehr Druck. Techniker machen sich Gedanken über Vertriebsstrategien, Krankenschwestern über die Bettenauslastung. Da niemand die Leute mehr laufend überwacht, tun sie es selbst.*

*Die betriebliche Zeiterfassung wird abgeschafft, und die Menschen arbeiten länger als je zuvor, obwohl keiner sie dazu zwingt. Wo die Zeit noch überwacht wird, stempeln manche nach acht Stunden aus, damit der Betriebsrat nicht nörgelt, und gehen an ihren Arbeitsplatz zurück.*

*Nicht länger können sich Mitarbeiter darauf verlassen, dass sie ihr Lebtag in einem Unternehmen gebraucht werden. Sie müssen ihre eigene Selbstvermarktung betreiben, flexibel sein, lebenslang lernen, mitdenken, sich selbst marktfähig halten. Wer nicht mithalten kann, der muss sich anderweitig orientieren.*

*Nach: Grass, G./Dahn, D./Strasser, J. (Hg.) In einem reichen Land. Steidl, Göttingen 2003, S. 20 ff.*

Q

A

1. Filtern Sie die Arbeitstugenden, welche im Text beschrieben werden, heraus und notieren Sie diese.
2. Was verbirgt sich hinter jeder einzelnen dieser Tugenden? Bewerten Sie diese aus Ihrer persönlichen Sicht!
3. Begründen Sie, ob und warum bzw. warum nicht, das Nörgeln des Betriebsrates bei Überschreiten der Arbeitszeit berechtigt ist.

## Unternehmenskultur und Firmenphilosophien

Die Philosophie, die eine Firma hinsichtlich ihres Geschäftsgebarens und des Umgangs mit den Mitarbeitern vertritt, spiegelt sich auf vielfältige Art und Weise wider.

**Q** *Die amerikanische Supermarktkette Winn-Dixie praktiziert ein besonders mühseliges Bewerbungsverfahren: das 20-minütige „Interview" wird von einem Computer vorgenommen, da man offenbar kein menschliches Wesen für fähig hält, den Unternehmerstandpunkt zu vertreten. [...] Das „Interview" läuft nach dem multiple-choice-Verfahren, die anzukreuzenden Antworten lauten zum Beispiel: Gibt es etwas, was es mir erschweren könnte, pünktlich zur Arbeit zu erscheinen, etwa zu versorgende Kinder? Glaube ich, dass für die Sicherheit am Arbeitsplatz das Management verantwortlich ist? Und dann überfallartig die tückische Frage, wie viele Dollars ich innerhalb des letzten Jahres für Hehlerware ausgegeben habe. Ob ich andere Angestellte anzeigen würde, wenn ich sie beim Stehlen erwische?*

*Nach: Barbara Ehrenreich: Arbeit poor. Kunstmann, München 2001. S. 19/20*

**Q** *Die rund 8000 Mitarbeiter der Porsche AG sollen von der positiven Geschäftsentwicklung des Unternehmens profitieren. Wie der Stuttgarter Sportwagenbauer mitteilte, werde jeder vollzeitbeschäftigte Mitarbeiter, der vor dem 1. August 2005 in das Unternehmen eingetreten ist, zusätzlich zur übertariflichen Weihnachtsgratifikation einen Betrag in Höhe von 3500 Euro erhalten. Außerdem werden für jeden Mitarbeiter weitere 300 Euro in einen Fonds für die betriebliche Altersvorsorge eingezahlt.*

*DPA, 5.10.2006*

**Q** *Zwei Tage vor Weihnachten wurde ich in meiner Mittagspause zum Geschäftsführer bestellt. Ohne lange Umschweife eröffnete er mir, dass er mit Wirkung zum 1. Januar meinen Arbeitsvertrag zu ändern gedenke. Statt der bisherigen 30 Stunden solle ich nur noch 24 pro Woche arbeiten. Ich gab ihm zu bedenken, dass ich eine Vollzeitstelle anstrebe, dass ich nur, weil es anders nicht ging, beim Berufseinstieg die Teilzeitarbeit annahm. Laut Vertrag arbeitete ich 30 Wochenstunden, real, das sei belegt, jedoch nahezu 40. Eine Reduzierung auf 24 Stunden bedeute dann wohl, dass ich noch mehr unbezahlt arbeiten solle. Auch die mit der Stundenreduzierung einhergehende Kürzung meiner Bezüge sei für mich nicht mehr verkraftbar. Schließlich müsse ich die Miete bezahlen und davon leben. Unbeeindruckt von meinen Argumenten, so als habe ich nichts gesagt, schob er mir den Änderungsvertrag zum Unterschreiben über den Tisch: „Wenn Sie nicht unterschreiben, dann können Sie ja gehen. Niemand ist unersetzbar."*

*Michaela U, Sozialpädagogin, Leipzig*

**A**
1. Analysieren Sie die Beispiele und arbeiten Sie die Schwerpunkte der jeweiligen Firmenphilosophien heraus.
2. Bewerten Sie diese jeweils aus der Sicht des Unternehmers und aus der Sicht der Mitarbeiter. Zu welchen Folgerungen kommen Sie?
3. Welche Firmenphilosophie ist Ihnen am sympathischsten? Begründen Sie Ihre Auffassung kurz. Wechseln Sie dann die Perspektive:
4. Betrachten Sie das Ganze nun aus der Sicht der jeweiligen Firma.

## Das Aushängeschild eines Unternehmens

Vor allem große und traditionsreiche Unternehmen entwickeln häufig Leitbilder, die unter dem Namen „Corporate Identity“ firmieren. Sie werden von dem Gedanken getragen, dass die Firma von außen als *eine* Person wahrgenommen werden soll. Zu diesem Zwecke werden Verhalten, Kommunikation und das Erscheinungsbild der Mitarbeiter nach innen und außen abgestimmt.

Im Bewerbungsgespräch beurteilt das Unternehmen neben den fachlichen Fähigkeiten eines Bewerbers auch, ob dieser Mitarbeiter in das Unternehmen passt. Umgekehrt muss auch der Mitarbeiter schauen, ob er die Firmenphilosophie mittragen und nach außen vertreten kann.

**Faktoren für das Wohlfühlen im Unternehmen**

- Gemeinsame Aufgaben und Ziele – *Identifikation mit dem bzw. Stolz auf das „Produkt“*
- Arbeitsinhalte – *Zufriedenheit mit der persönlichen Arbeitsaufgabe/dem Aufgabenbereich, Möglichkeit, die eigenen fachlichen Fähigkeiten und Fertigkeiten anzuwenden und zu vervollkommnen*
- Niveau der Entlohnung
- Führungsstil im Unternehmen – *Betriebliche Hierarchien, Mitspracherechte, Kritikfähigkeit, Führungsqualitäten*
- Offene Kommunikation zwischen Management und Mitarbeitern – *Information über Ziele, Termine, Schwierigkeiten*
- Arbeitsklima – *Kollegialität, Teamgeist, Kooperation, Umgangston und Umgangsformen*
- Arbeitsorganisation – *Kontinuität der Arbeitsabläufe, Zeitregime, Materialfluss*
- Aufstiegschancen und betriebliche Qualifizierungen
- Anerkennung und Respektierung als Persönlichkeit
- Fachliche Anerkennung und Wertschätzung

A

1. Ergänzen Sie die Liste um weitere Faktoren, die Ihrer Meinung nach für das Wohlfühlen im Unternehmen bedeutsam sind.
2. Bringen Sie die aufgezählten Faktoren in eine Rangfolge. Welche sind Ihnen aus welchen Überlegungen heraus am wichtigsten? Auf welche glauben Sie am ehesten verzichten zu können?

## 5.5. Wunschvorstellungen und Realität im Konflikt

Nicht allein in der Phase der Berufswahl, auch im späteren Lebensverlauf stellt sich die Frage nach einem passenden Arbeitsfeld immer einmal wieder. Der Wunsch, sich selbst beruflich umzuorientieren, betriebliche Umstrukturierungen, der Konkurs des Betriebes oder Arbeitslosigkeit können für den Einzelnen zum Auslöser einer neuerlichen Jobsuche werden. Dabei geht es nicht darum, irgendeinen Job zu ergreifen, sondern einen, der zu einem selbst, zu den eigenen Ansprüchen und Vorstellungen passt. Nicht selten kollidieren hierbei die Wunschvorstellungen des Einzelnen mit der Realität des Arbeitsmarktes.

### Den richtigen Beruf finden

**Gezielte Jobsuche auf dem Arbeitsmarkt**

**Individuum**

**Was will ich?**

- Welche Branchen kommen in Betracht?
- Welche Arbeitsfunktionen/Tätigkeitsfelder (Vertrieb, Fertigung, Service, Dienstleistung, Beratung, Entwicklung) strebe ich an?
- Welche Unternehmensart und -größe schwebt mir vor?
- Was ist mir neben dem Beruf noch wichtig und wie ist das mit den beruflichen Aufgaben vereinbar?

**Was kann ich?**

| Sach-/Fachkompetenz | Sozialkompetenz |
|---|---|
| ► meine Stärken | ► meine Stärken |
| ► meine Schwächen | ► meine Schwächen |

- Körperliche & geistige Konstitution/Voraussetzung

Stimmen meine Kenntnisse und meine Fähigkeiten mit den Anforderungen des Marktes überein?

**Arbeitsmarkt**

**Welche Stellen gibt es?**

- In welchen Branchen?
- In welchen Funktionsbereichen?
- In welchen Unternehmensarten?

**Mit welchen Anforderungen sind diese verbunden?**

- Hinsichtlich Sach-/Fachkompetenz?
- Hinsichtlich Sozialkompetenz?
- Hinsichtlich Körperliche & geistige Konstitution/Voraussetzungen

**Was kann und was muss ich tun, um den Anforderungen des Marktes gerecht werden zu können?**

Anschluss-qualifizierung? | Neugewichtung der Lebenswerte? | Territoriale Mobilität? | Weiterbildung und Zusatzqualifikationen? | Berufliche Neuorientierung? | Umschulung?

**A**

1. Notieren Sie für Ihren Ausbildungsberuf, welche sozialen und fachlichen Kompetenzen er erfordert.
2. Welche Anforderungen Ihres Berufes machen Ihnen in besonderem Maße Freude?
3. Beurteilen Sie dann, in welchem Maße Sie die im Beruf notwendigen Kompetenzen bereits besitzen bzw. wie und wann Sie diese erwerben werden.
4. Notieren Sie anschließend, welche anderen und zusätzlichen Fach- und Sozialkompetenzen Sie besitzen. In welchen anderen Berufsfeldern sind diese ebenfalls gefragt?

## Worauf es ankommt

Die Suche nach einer Ausbildung oder einem Job will wohlüberlegt sein. Schließlich will man nicht tausend Mal anfangen. Worauf also kommt es bei der Suche an?

Die Rockgruppe „Die Ärzte“ hat einige Aspekte dieses Suchprozesses beleuchtet.

***Junge***

*Junge, warum hast du nichts gelernt?*
*Guck dir den Dieter an, der hat sogar ein Auto.*
*Warum gehst du nicht zu Onkel Werner in die Werkstatt?*
*Der gibt dir ne Festanstellung – wenn du ihn darum bittest.*
*Junge ...*

*Und wie du wieder aussiehst – Löcher in der Hose und ständig dieser Lärm*
*[Was sollen die Nachbarn sagen?]*
*Und dann noch deine Haare, da fehlen mir die Worte – musst du die denn färben?*
*[Was sollen die Nachbarn sagen?]*
*Nie kommst du nach Hause, wir wissen nicht mehr weiter...*

*Junge, brich deiner Mutter nicht das Herz.*
*Es ist noch nicht zu spät, dich an der Uni einzuschreiben.*
*Du hast dich doch früher so für Tiere interessiert, wäre das nichts für dich*
*Eine eigene Praxis?*
*Junge ...*

*Und wie du wieder aussiehst – Löcher in der Nase und ständig dieser Lärm*
*[Was sollen die Nachbarn sagen?]*
*Elektrische Gitarren und immer diese Texte – das will doch keiner hörn*
*[Was sollen die Nachbarn sagen?]*
*Nie kommst du nach Hause, so viel schlechter Umgang – wir werden dich enterben*
*[Was soll das Finanzamt sagen?]*
*Wie soll das alles enden? Wir machen uns doch Sorgen...*

*Und du warst so ein süßes Kind.*
*Du warst so süß.*

*Und immer deine Freunde, ihr nehmt doch alle Drogen – und ständig dieser Lärm*
*[Was sollen die Nachbarn sagen?]*
*Denk an deine Zukunft, denk an deine Eltern – willst du, dass wir sterben?*

*Farin Urlaub aus: Booklet der CD: Die Ärzte: Jazz ist anders. 2007 Hot Action Records GmbH*

1. Betrachten Sie das Foto auf Seite 53 und beantworten Sie dann die Frage, ob Sie diese junge Frau einstellen würden als: Altenpflegerin, Kindergärtnerin, Kassiererin im Supermarkt, Netzwerkadministratorin, Orthopädietechnikerin. Warum bzw. warum nicht ?
2. Kommt es Ihrer Meinung nach auf das an, was die Eltern ihrem Jungen empfehlen?

Ist es heute überhaupt noch wichtig, etwas gelernt zu haben? Die wenigsten Menschen üben den erlernten Beruf ein Leben lang aus.

**Zum Beispiel René**

René hat seine dritte Lehrstelle und er überlegt ernsthaft, ob er die Ausbildung nicht abbrechen soll. Zunächst lernte er Schonsteinfeger. Diese Lehre hätte er gern beendet, aber seine Leistungen reichten trotz seines Mühens dafür einfach nicht aus. Er hatte nicht damit gerechnet, dass solch immense Kenntnisse in Mathematik und Informatik nötig sind. Schornsteinfeger kehren ja kaum noch Essen, sondern sie messen mit modernster Computertechnik Abgaswerte, sie errechnen Abgaskurven und das beherrschte René nicht. Auf seinem Zeugnis standen in Mathematik und in Informatik Fünfen und auch als er das Jahr wiederholt hatte, war keine Besserung in Aussicht. Sein Meister kündigte ihm nach zwei Lehrjahren.

Guter Rat war teuer. Was sollte er nun lernen? Er ließ sich im Berufsinformationszentrum beraten und lernte Koch in einer überbetrieblichen Ausbildung. Warum, das vermag er heute nicht mehr so genau zu sagen, denn eigentlich wusste er nichts vom Kochen und es interessierte ihn nicht wirklich, vielleicht, weil die Ausbildung machbar schien und weil er schnell den Vorhaltungen der Eltern entkommen wollte. Er fand die Ausbildung nicht schlecht, er fand sie aber auch nicht so interessant, dass er sie unbedingt abschließen und später als Koch arbeiten wollte. In seinem Praktikumsbetrieb, einer Hotelküche, kam er mit dem Chef und dessen Forderungen nicht klar. Er ließ sich krankschreiben und kündigte dann spontan. Er hatte Glück, das Arbeitsamt bot ihm eine Überbrückung an, eine Art Praktikum, das er in einem Gartenbaubetrieb absolvierte. Die Arbeit gefiel ihm und er zeigte sich als anstellig und fleißig, so dass der Meister René anbot, ihn mit Beginn des neuen Ausbildungsjahres als Azubi zu nehmen. In der Schule kommt er gut mit und die praktische Arbeit gefällt ihm nach wie vor, auch wenn er bei jedem Wetter im Freien arbeiten muss. Zwei Lehrjahre liegen bereits hinter ihm, eines noch vor ihm. Man sollte meinen, alles sei im Lot. Vor ein paar Wochen deutete René seinem besten Freund, Kevin, gegenüber erstmals an, die Lehre hinwerfen zu wollen. Kevin glaubte zunächst, sich verhört zu haben oder an einen Scherz, doch René meint es ernst. Mehrfach hat er inzwischen dem Freund seine Erwägungen dargelegt: Die Arbeit gefalle ihm, aber sie habe doch keine Zukunft. Immer öfter übernähmen Ein-Euro-Jobber die Pflege der städtischen Anlagen und grüben seinem Meister die Existenz ab. Er würde nur ein weiteres Jahr vertun und am Ende doch nicht übernommen werden.

**A**

1. Versetzen Sie sich an Kevins Stelle und beraten Sie René.
2. Die Managerin einer großen deutschen Immobilienfirma erklärte einem Praktikanten: „Einmal muss man eine Ausbildung abgeschlossen haben. Ob man dann in dem Beruf arbeitet, ist eine andere Frage, allein der Abschluss zählt."
   Positionieren Sie sich mit überzeugenden Argumenten für oder gegen die Aussage der Managerin.
3. Tragen Sie Aspekte zusammen, welche Sie für Ihre Ausbildung und Ihren Beruf als wichtig erachten und erläutern Sie kurz, warum diese für Sie bedeutsam sind.

## Gehen oder Bleiben?

Eine Arbeit nach eigenem Geschmack findet man nicht immer da, wo man zu Hause ist. Das war auch in früheren Zeiten so. Für die Handwerkerburschen vergangener Jahrhunderte war es Pflicht, zu wandern, um das fachliche Können bei unterschiedlichen Meistern zu vervollkommnen und sein Handwerk in allen Facetten gründlich zu erlernen. Daneben kennen wir aus der Geschichte Wanderungswellen, Perioden, in denen aus wirtschaftlichen Erwägungen heraus Menschen ihre Heimat verließen, um sich in der Fremde eine wirtschaftliche Existenz aufzubauen. Gehen oder Bleiben ist also kein neues Problem.

### *Auswandern?*

*Familie Hultzsch aus Halberstadt lebt seit 1994 mit ihren Kindern in Malmkrog, einem verschlafenen Dörfchen in Siebenbürgen/Rumänien. Sie zog mit der Vision hierher, eine eigene Tischlerei aufzubauen. Torsten Hultzsch brachte als gelernter Orgelbauer das nötige Know-How mit. Die Tischlerei läuft gut. Inzwischen bekommt die Firma sogar kleine Aufträge aus Deutschland und der Schweiz. Vier junge Leute aus dem Dorf hat Torsten angestellt, doch er ist nicht ganz zufrieden. Viele, die er ausbildete, gaben auf oder hatten nicht das Zeug, einen Betrieb selbständig zu leiten. „Es gibt in Rumänien keine Handwerkertradition wie in Deutschland. Genauigkeit und Zuverlässigkeit werden hier anders buchstabiert", beschreibt er vorsichtig seine Erfahrungen.*

*Matthias Wetzel: Es muss nicht immer Neuseeland sein. In: Das Magazin H. 1/2008. S. 44/45*

### *Gutes Geld verdienen*

*Ich bin in den Westen gegangen, nicht weil es hier keine Arbeit gäbe, der Markt für Maschinenbauer boomt im Moment, aber hier hätte ich nur die Hälfte dessen verdient, was ich im Westen bekomme. Das Leben dort besteht nur aus Arbeit. Abends in der Pension bin ich allein und am Wochenende geht es heim, zur Freundin und zu den Eltern. Ein paar Jahre will ich das so durchhalten.*

*Matthias L., Maschinenbauer, Text beim Autor*

### *Ich will bleiben*

*Warum, das weiß ich nicht genau. Kinder gibt es schließlich überall und vielleicht fände ich als Kindergärtnerin im Westen eher eine passende Stelle. Aber ich will bleiben. Wenn alle gehen, was soll dann hier werden? Und ich habe auch Angst vor dem Leben in der Fremde, wenn man gar niemanden kennt.*

*Maika S., 30 Jahre, Kindergärtnerin, Text beim Autor*

1. Haben Sie sich selbst schon einmal mit dem Gedanken, wegzugehen, beschäftigt? Wie stehen Sie dazu?
2. Aus welchen Erwägungen heraus könnten Sie sich vorstellen, zu gehen bzw. keinesfalls zu gehen?

## Ein Leben lang lernen?

Ein altes Sprichwort behauptete: Was Hänschen nicht lernt, lernt Hans nimmermehr. Lernen jedoch ist ein lebenslanger Prozess, um die Anpassungsfähigkeit des Menschen an neue berufliche und soziale Herausforderungen zu sichern. Das Konzept des lebenslangen Lernens soll Menschen befähigen, eigenständig über die gesamte Lebensspanne hinweg zu lernen bzw. sich dazu Mittel und Wege zu erschließen.

**Weiterbildungsmöglichkeiten**

- Individuelles Lernen *z. B. durch regelmäßige Lektüre, Volkshochschulkurse oder Internetprogramme*
- Nutzung berufsbezogener Angebote vom Betrieb, der Handwerkskammer oder Arbeitsagenturen
- Zusatzausbildungen, *z. B. Meisterkurse, Studium*
- Umschulung, Erlernen eines völlig neuen Berufes

Im Konzept des lebenslangen Lernens geht es darum, neuen technischen, organisatorischen und wirtschaftlichen Gegebenheiten Rechnung zu tragen. So ist eine Sekretärin, welche die Geschäftspost noch immer auf der Schreibmaschine tippt, ebenso undenkbar wie ein Programmierer, der heute noch neue Computerprogramme in BASIC* entwickelt. Wer nicht bereit ist, sein Wissen und Können ständig zu erweitern, bleibt schnell auf der Strecke.

### Abendschule

Werner A. hätte sich nicht träumen lassen, dass er mit 55 Jahren noch einmal freiwillig die Schulbank drücken würde, um nach Feierabend das zu lernen, was ihm in der Schule große Schwierigkeiten bereitete: Russisch. Er ist Entwicklungsingenieur in einem großen Unternehmen. Sein Unternehmen will nach Russland expandieren, ein großes Werk ist im Bau. Werner A. hat sich für eine Stelle dort beworben, er sieht darin eine lange gesuchte Herausforderung. Zwar ist die neue Werkhalle noch im Bau, hat das hiesige Management noch nicht endgültig entschieden, wer dort im Interesse der Firma arbeiten wird, aber er möchte sich nachdrücklich - nicht allein durch seine fachliche Arbeit - empfehlen.

**A**

1. Kennen Sie in Ihrem Umfeld Personen, die sich selbst in fortgeschrittenem Alter auf die eine oder andere Art weitergebildet haben?
   Befragen Sie einige dieser Personen, welche Gründe sie veranlassten, sich weiterzubilden und wie sie die Weiterbildung bewerten.
2. Haben Sie sich gedanklich schon einmal damit befasst, ob und wie Sie sich nach der Ausbildung weiterbilden wollen? Welche Ziele möchten Sie durch Weiterbildung erreichen?

## Streitgespräch/Pro-und-Kontra-Diskussion

In einem Streitgespräch geht es darum, dass gegensätzliche Standpunkte zu einer Thematik dargestellt und mit Argumenten vertreten werden. Ein Streitgespräch ist keine spontane Diskussion, sondern beruht auf festen Regeln und einer guten Vorbereitung.

### Anwendungsmöglichkeiten

Das Streitgespräch kann bei Themen angewendet werden, bei denen sich die Standpunkte und Meinungen polarisieren. Das Ziel eines Streitgespräches ist es, die Richtigkeit eines bestimmten Standpunktes in einer Auseinandersetzung nachzuweisen bzw. dessen Geltungsbedingungen zu klären.

### Vorgehen

- **Formulierung der Streitfrage**
  Zur Vorbereitung des Streitgespräches müssen als erstes die Streitfrage und die verschiedenen Standpunkte klar formuliert werden.
- **Erste Abstimmung**
  Nach der Formulierung der Streitfrage, noch vor der weiteren Vorbereitung des Streitgesprächs, sollte eine erste Abstimmung in der Klasse stattfinden. Diese ermöglicht es, nicht nur zu erkennen, wer welchen Standpunkt vertritt, sondern nach dem Streitgespräch einzuschätzen, welche Position überzeugender vertreten wurde.
- **Vorbereitung des Streitgesprächs**
  Als erstes werden – mit Hilfe des Abstimmungsverhaltens - die beiden Gruppen gebildet, welche die Pro- bzw. Kontraposition vertreten. Sie wählen jeweils einen Sprecher. Dann wird ein Gesprächsleiter bestimmt. Er nimmt einen neutralen Standpunkt ein; seine Aufgabe ist es, die Diskussion zu leiten, auf die Einhaltung der Diskussionsregeln zu achten und die Abstimmung vornehmen zu lassen. Die übrigen Schüler sind Beobachter, die für sich die geäußerten Argumente notieren und bewerten. Schließlich werden die Regeln für das Streitgespräch vereinbart. Sie betreffen im Wesentlichen den Ablauf der Diskussion, die Dauer der Redezeit und die Zulässigkeit von Zwischenfragen und Zwischenrufen. Dann beginnt die inhaltliche Vorbereitung, die darin besteht, dass sich jede Gruppe Argumente für die eigene Position bzw. zur Kritik am gegnerischen Standpunkt erarbeitet.
  *Die Sprecher bekommen zu Beginn drei Minuten Zeit, um ihre eigene Position darzustellen, ansonsten bleibt die Redezeit auf eine Minute beschränkt. Zwischenfragen und Zwischenrufe sind nicht zulässig.*
- **Durchführung der Diskussion**
  Zu Beginn des Streitgesprächs stellen die Gruppensprecher ihre Position kurz dar und begründen sie. Es folgt das eigentliche Streitgespräch: Auf die Darstellungen der einen Seite folgen die Erwiderungen der anderen Seite, wobei auf gegnerische Argumente Bezug genommen werden sollte. Den Schluss bestimmt der Gesprächsleiter dann, wenn keine neuen Aspekte mehr genannt werden können.
- **Schlussabstimmung**
  Am Schluss sollte noch einmal eine Abstimmung stehen, in der sich zeigt, ob sich durch die Diskussion Meinungen verändert haben.

# 6. Wirtschaftsethik

## 6.1. Alles eine Frage des Geldes?

Q ***Ich wär' so gerne Millionär***

*Ich wär' so gerne Millionär.*
*Dann wär' mein Konto niemals leer.*
*Ich wär' so gerne Millionär.*
*Millionenschwer.*

*Ich hab kein Geld, hab keine Ahnung, doch ich hab ein großes Maul,*
*bin weder Doktor noch Professor, aber ich bin stinkend faul,*
*ich habe keine reiche Freundin und keinen reichen Freund,*
*von viel Kohle hab ich bisher leider nur geträumt.*

*Was soll ich tun, was soll ich machen, bin vor Kummer schon halb krank*
*Hab mir schon n' paar Mal überlegt: Vielleicht knackst du eine Bank.*
*Doch das ist leider sehr gefährlich – bestimmt werd' ich gefasst,*
*und außerdem bin ich auch ehrlich und will nicht in den Knast.*

*Es gibt so viele reiche Witwen, die begehren mich sehr,*
*sie sind so scharf auf meinen Körper, doch den geb' ich nicht her,*
*ich glaub, das würd' ich nicht verkraften – um keinen Preis der Welt,*
*deswegen werd' ich lieber Popstar und schwimm' in meinem Geld.*

*Ich wär so gerne Millionär*

*Text: Sebastian Krumbiegel. www.dieprinzen.de*

A 1. Warum träumen die meisten Menschen davon, viel Geld zu haben?
2. Stellen Sie sich vor, Sie würden eine Million Euro gewinnen. Was würden Sie mit dem Geld machen? Schreiben Sie eine kleine Geschichte dazu.

**Geld regiert die Welt.**

**Für Geld und gute Worte kann man alles haben.**

**Geld ist die Welt und die Welt ist Geld.**

**Geld genommen, um Freiheit zu bekommen.**

**Beim Geld hört die Freundschaft auf.**

**Wer alles nur des Geldes wegen tut, wird bald des Geldes wegen alles tun.**

**Über Geld spricht man nicht, Geld hat man.**

**Geld stinkt nicht.**

**Zeit ist Geld.**

**Man muss Geld von Leuten nehmen, von Bäumen kann man es nicht schütteln.**

**Geld verdirbt den Charakter.**

*Wer viel Geld hat, kann spekulieren.*
*Wer wenig Geld hat, darf nicht spekulieren.*
*Wer kein Geld hat, muss spekulieren.*
*(André Kostolany)*

**Wie gewonnen, so zerronnen.**

1. Welche Erfahrungen haben Sie bisher mit Geld gemacht? Wählen Sie sich ein Sprichwort aus, das Ihren Erfahrungen am nächsten kommt. Begründen Sie Ihre Wahl.
2. Könnten Sie sich vorstellen, auch ohne Geld glücklich zu sein? Warum? Warum nicht? Führen Sie ein Streitgespräch in der Klasse.
3. Stellen Sie sich vor, Ihr Monatsgehalt beträgt 1500 Euro. Wenn Sie eine Gehaltserhöhung um 10% bekommen, sind Sie dann 10% glücklicher? Warum/ warum nicht?
4. Ein geflügeltes Wort behauptet, für Geld könne man alles kaufen. Zählen Sie mindestens fünf Dinge auf, die man für Geld nicht kaufen kann.

## 6.2. Vom Geld zum Markt

Dieses Gemälde von Quentin Massys d. Ä. entstand 1520. Es heißt „Der Geldwechsler".

**A** 1. Beschreiben Sie den Gesichtsausdruck und die Gesten des Mannes und der Frau.
2. Welche Rolle spielt das Geld in den Beziehungen der beiden?

### Wie das Geld entstanden ist

**Q** *Wann und wo es zum ersten Mal auf unserem Planeten Geld gab, lässt sich nicht mehr feststellen. Fest steht nur, dass sich überall dort, wo Menschen zusammenlebten und einen wenn auch primitiven Handel betrieben, sich irgendwann eine Art von Geld herausbildete. Das konnten Muscheln sein, Schnecken – wie z. B. die Kauri-Porzellanschnecke – Perlen, Pfeilspitzen, Vieh oder auch Metalle. Eines hatten allerdings alle Geldsorten gemeinsam, sie mussten äußerst selten und nicht beliebig vermehrbar sein. In dem Augenblick, wo z. B. eine Sturmflut Millionen von Kauri-Schnecken an den Strand spülen würde, wäre diese Form des Geldes nichts mehr wert gewesen. Man hätte dann wieder zur Tauschwirtschaft übergehen müssen, bis sich neues Geld – z. B. Vieh – herausgebildet hätte. […]*

*Die Entstehung des Papiergeldes verlief in Europa von Land zu Land unterschiedlich, aber immer nach dem gleichen Muster: Die Kaufleute deponierten ihre Goldbestände oder Münzen bei einer Depot- oder Wechselbank und erhielten dafür eine Quittung. Diese Quittung berechtigte dazu, jederzeit oder zu einem bestimmten Datum das Hinterlegte wieder abzuholen.*

*Nun war es für die Kaufleute mit viel Aufwand verbunden, jedes Mal bei einem Zahlvorgang zur Depotbank zu gehen, um die entsprechende Anzahl von Gold oder Münzen abzuheben. Außerdem machte der Empfänger des Geldes häufig nichts anderes, als selbst wieder zur Bank zu laufen, um das Erhaltene wieder zu deponieren. Daher bürgerte es sich ein, dass man schließlich nur noch mit den Quittungen zahlte und das Gold unangetastet in den jeweiligen Banken verblieb.*

*Conrad Naber: Das kleine Buch vom lieben Geld. Simmering, Lilienthal 2004. S. 11ff.*

**A** 3. Charakterisieren Sie welche Rolle Geld für den Tausch unterschiedlicher Waren spielt.

*Es gibt keine Gesellschaft ohne Markt*

Q

*Der Markt ist ein nach Regeln und Gebräuchen ablaufendes Verfahren des Tausches. Keine auch noch so primitive, aber eben doch arbeitsteilige Gesellschaft konnte je ohne den Mechanismus des Marktes auskommen. Das Regelsystem des Marktes musste unter den jeweiligen wirtschaftlichen und politischen Rahmenbedingungen immer für beide Seiten des „Tausches" zweckmäßig (um nicht zu sagen fair) und akzeptierbar sein[...].*

*Im Laufe der Jahrhunderte wurden immer mehr Güter und Dienstleistungen von den ursprünglich lokalen Märkten auf größere nationale und schließlich internationale Märkte gebracht. Vom Apfel zum Telefonbuch, vom Küchenbesen zum Personalcomputer, vom Brotgetreide zum Waschpulver, vom Sportwagen bis hin zum Fahrrad, von der Bluse bis zum Schraubenzieher. Heute ist alles Gegenstand einer internationalen Wirtschaft geworden. Oder besser: Gegenstand der Weltmärkte [...].*

*Klaus von Dohnanyi: Im Joch des Profits. Dt. Verlagsanstalt, Stuttgart 1997. S. 102*

A

1. Keine Gesellschaft kann ohne den Markt auskommen. Teilen Sie diese Meinung? Warum? Warum nicht?

**Was ist der Markt?**
Als Markt bezeichnet man in der ersten Bedeutung einen konkreten Ort, an dem Verkäufer und Käufer von Gütern zusammenkommen, um zu handeln. Dies kann sowohl ein Marktplatz sein oder auch eine Markthalle, wie sie heute noch in allen größeren Städten zu finden ist.

In der zweiten Bedeutung ist der Markt ein abstrakter Ort, an dem Güter durch Angebot und Nachfrage getauscht werden und auf welchem der Preis für diese Güter nach Angebot und Nachfrage ermittelt wird. In dieser Bedeutung ist der Markt kein konkreter Ort, sondern ein abstrakter Begriff. So sprechen wir beispielsweise vom Arbeitsmarkt, vom Finanzmarkt oder vom Weltmarkt.

P

2. Informieren Sie sich darüber, wo und wie im Mittelalter in Ihrer Stadt oder in Ihrem Dorf Handel getrieben wurde. Was und wie wurde gehandelt? Schreiben Sie dazu einen kleinen Bericht für eine lokale Zeitung.

A

3. Beschreiben Sie, wie ein moderner Markt aussieht. Worin unterscheidet er sich vom mittelalterlichen? Bedenken Sie hierbei auch, wo und wie Sie selbst einkaufen.
4. Arbeiten Sie die Unterschiede und die Gemeinsamkeiten eines mittelalterlichen und eines modernen Marktes heraus.

# Wer bestimmt die Bedürfnisse des Menschen?

**Q** ***Zwischen Bedarf und Luxus***

*Viele der Produkte, die wir kaufen, sind z. B. Luxus- aber keine Bedarfsgüter. Wenn diese Dinge auf den Markt kommen und vielfältige Interessen und Bedürfnisse wecken, so bieten sie Anlass zu einigen ethischen Fragestellungen. So muss man sich beispielsweise fragen, ob es richtig ist, eine große Anzahl von Luxusgütern zu produzieren, ohne die wir durchaus leben könnten, wenn auf der anderen Seite notwendige Bedarfsgüter nicht allen Menschen verfügbar sind? Sollte der Staat beispielsweise einige seiner Angelegenheiten in private Hände geben, wenn z. B. öffentliche Dienstleistungen wie das Transportwesen nicht funktionieren? Ist es moralisch vertretbar, wenn geschäftstüchtige Unternehmer den Wunsch nach Luxusartikeln durch eine ausgeklügelte Werbung „schaffen", zumal anstelle der Luxusgüter bessere Bedarfsgüter produziert werden könnten? Ist es richtig, wenn in einem Land mehr Mittel für Kosmetik ausgegeben werden als für die Bildung?*

*Solche Fragen hört man oft – sie werden auch in Zukunft nicht beantwortet werden. Es ist sehr schwer, eine Trennungslinie zwischen notwendigen Bedürfnissen und dem Wunsch nach Luxusgütern zu ziehen. Man muss auch beachten, dass befriedigte Bedürfnisse zu neuen Bedürfnissen führen. Ein Auto war vielleicht vor einigen Jahren ein Luxusartikel heutzutage ist es für viele Familien ein Gebrauchsgegenstand. Das Auto hat natürlich seinerseits zu größeren Verkehrsproblemen geführt und neue Bedürfnisse geschaffen – so entwickelte sich z. B. das Bedürfnis nach einem verbesserten System des öffentlichen Transports in den Städten.*

*Es ist noch weitaus schwieriger, die Frage zu beantworten, wer darüber entscheidet, welche Bedürfnisse Menschen haben. Ein Argument, das häufig von Vertretern der Privatindustrie verwendet wird, bezieht sich darauf, dass die Konsumenten darüber entscheiden, welche Bedürfnisse sie haben. Wenn man diesen Standpunkt akzeptiert, so hätte der Verbraucher immer Recht und der Geschäftsmann kein Interesse, ihm ein Produkt anzubieten. Es ist jedoch oft so, dass der Verbraucher ein bestimmtes Produkt gar nicht kaufen würde, wenn der Wunsch danach nicht durch eine intensive und subtile Werbestrategie des Produzenten „geschaffen" würde. Der Produzent meint allerdings, dass die Entscheidung letztendlich dem Kunden überlassen bleibt. Schließlich muss der Verbraucher sogar noch die Werbekosten bezahlen, die auf das Produkt aufgeschlagen werden.*

*Konstantin Kolenda: Ethik für die Jugend. V. für Kinder und Eltern, Hamburg 1996. S.34/35*

**A**

1. Wer entscheidet darüber, was für den Markt produziert wird, die Verbraucher oder die Industrie? Führen Sie dazu ein Streitgespräch in der Klasse.
2. Tragen Sie Dinge des Alltags zusammen, die vor 50 Jahren als Luxusgüter galten. Woher rührt ihr veränderter Stellenwert?
3. Was ist für Sie Luxus?

Luxus?

Was ist Marktwirtschaft?

Die wirtschaftlichen Aktivitäten einer Gesellschaft finden auf einer Vielzahl von Märkten statt. Deshalb bezeichnet man die Wirtschaftssysteme auch als Marktwirtschaften. Ihre wesentlichen Merkmale sind das Privateigentum an Produktionsmitteln (freie Unternehmen), freier Wettbewerb und freie Preisbildung sowie die Gewerbefreiheit, d.h. jeder hat das Recht auf freie wirtschaftliche Betätigung. Hinzu kommen Vertragsfreiheit und Konsumfreiheit.

| Zwei Formen der Marktwirtschaft | |
|---|---|
| **freie Marktwirtschaft** | **soziale Marktwirtschaft** |
| Die Vertreter dieser Form wollen wenig Regeln für den Markt | Die Vertreter dieser Form wollen den Markt z. B. durch Gesetze, Beihilfen und Kartellbehörden regulieren |
| Der Wettbewerb ist die oberste Richtschnur | Der Wettbewerb muss sozial verträglich gestaltet werden und sich am Menschen orientieren |
| Der Staat soll sich weitgehend aus dem Markt heraus halten; freies Unternehmertum ist gefragt | Der Staat muss soziale Härten des Marktes durch eine Sozialgesetzgebung auffangen, z. B. Arbeitslosengeld |
| Wichtiger Vertreter: Adam Smith (1723–1790) | Wichtiger Vertreter: Ludwig Erhard (1897–1977) |

1. Suchen Sie nach weiteren Unterscheidungsmerkmalen von freier und sozialer Marktwirtschaft. **A**
2. Wie beurteilen Sie die Rolle des Staates in einer Marktwirtschaft? Führen Sie dazu ein Streitgespräch in der Klasse. Lesen Sie hierzu auch den Beitrag von Hans Küng unter „Wozu Wirtschaftsethik?“ auf der Seite 177 in diesem Buch.

# Der Arbeitsmarkt

## Erst der Traumjob, und dann?

### Lieber in die Südsee

Oliver muss jeden Morgen um 5 Uhr aufstehen, um rechtzeitig um 7 Uhr in der Autowerkstatt anzufangen. Das geht ihm ziemlich auf die Nerven, denn er muss abends immer zeitig schlafen gehen, um am nächsten Tag fit zu sein.

„Sei froh, dass du überhaupt Arbeit hast“, sagt seine Freundin Merle. Viele ihrer ehemaligen Mitschülerinnen und Mitschüler konnten keinen Ausbildungsplatz finden und hängen zu Hause herum. Merle wollte eigentlich eine kaufmännische Lehre beginnen. Sie träumte davon, später einmal ein eigenes Geschäft zu führen. Doch als Kauffrau fand sich keine Ausbildung und so lernt sie notgedrungen Kosmetikerin. Den Traum vom eigenen Geschäft hegt sie noch immer. Doch sie beneidet Oliver. Er hat seinen Traumjob als Automechaniker gefunden. Inzwischen aber träumt er davon, auf eine Insel in der Südsee auszuwandern, wo es immer warm ist und wo man nicht vor 9 Uhr aufstehen muss. Er würde dort gern als Kellner oder Animateur jobben.

**A**

1. Was verstehen Sie unter einem Traumjob? Lesen Sie hierzu auch die Seiten „Gezielte Jobsuche“ (S. 156) in diesem Buch.
2. Wovon ist es abhängig, ob sich der Traum vom Traumjob erfüllt?
3. Warum ist es überhaupt wichtig zu arbeiten? Wäre das Leben auf einer einsamen Insel für Sie eine Alternative? Warum? Warum nicht?

### Was ist Arbeit?

Arbeit ist ein Prozess zwischen Mensch und Natur, in welchem sich der Mensch aktiv mit der Natur auseinandersetzt, in welchem er sich die Natur aneignet und sie seinen Bedürfnissen dienstbar macht. Arbeit ist zielgerichtete planmäßige Tätigkeit zur Befriedigung menschlicher Bedürfnisse, bei der körperliche oder geistige Fähigkeiten des Menschen eingesetzt werden. Man unterscheidet hierbei zwei grundlegende Formen:

1. Tätigkeiten, die wirtschaftlichen Zwecken dienen, zum Beispiel die Herstellung von materiellen Gütern (z. B. Autos) oder von Dienstleistungen. Diese Form der Arbeit wird als Erwerbsarbeit bezeichnet und entlohnt.
2. Die zweite Form umfasst Tätigkeiten, die nichtwirtschaftliche Zwecke verfolgen, wie beispielsweise die Kindererziehung zu Hause oder ehrenamtliche Arbeit in Vereinen und Organisationen. Diese Form der Arbeit wird nicht entlohnt.

**A**

4. Nennen Sie weitere Beispiele für die beiden grundlegenden Formen von Arbeit. Beachten Sie dazu auch das Kapitel „Jenseits der Erwerbsarbeit“ in diesem Lehrbuch S. 141.
5. Finden Sie es gerecht, dass nicht alle Arbeitstätigen entlohnt werden? Begründen Sie Ihre Meinung.

### *Auf einmal arbeitslos*

*Mayas Leben hat sich von einem Tag auf den anderen völlig verändert. Gestern noch hatte sie einen Traumjob, heute nagt der Frust an ihr. Fünf Jahre lang hat Maya als Kamerafrau beim Fernsehen gearbeitet. Mal posierten Politiker vor ihrer Linse, mal filmte sie Popstars. Und immer ließ Maya ihre Kamera surren und drehte Aufnahmen, die abends das ganze Land sehen konnte. Vorbei.*

*Jetzt sitzt sie am Küchentisch und blättert in der Zeitung die Seiten mit den Stellenanzeigen durch. Maya ist arbeitslos. Plötzlich fühlt sie sich ganz alt und traurig, obwohl sie erst 22 Jahre alt ist.*

*Alles fing damit an, dass Mayas Fernsehsender Geldsorgen hatte, weil die großen Firmen immer weniger Werbung für Kaffee, Autos und all die anderen Produkte zeigen wollten. Irgendwann musste der Sender eine ganze Menge Menschen entlassen. Auch Maya gehörte dazu.*

*Seit sie arbeitslos ist, muss die Kamerafrau mit weniger Euro als zuvor auskommen. Zwar hilft der Staat allen Arbeitslosen in jedem Monat mit etwas Geld, dafür hat er sogar eine eigene Versicherung eingeführt. Dieses Arbeitslosengeld ist aber viel weniger als der Lohn, den Mayas Chef früher regelmäßig auf Mayas Konto in der Bank überwiesen hat. Beim Einkaufen muss Maya jetzt auf jeden Cent achten. Und ihre Lieblings-Pizza beim Italiener kann sie sich nur noch selten leisten, zum Geburtstag vielleicht. Früher war das anders. Als Maya noch eine Stelle als Kamerafrau hatte, aß sie an jedem Wochenende mit ihren Freunden im „Ristorante Pepe".*

*Nun, wahrscheinlich können Pepe und seine Pizzeria es irgendwie verschmerzen, einen einzigen Stammkunden zu verlieren. Allerdings liegt das kleine Restaurant ganz nah an jenem Fernsehsender, für den Maya früher gearbeitet hat. Vor ein paar Monaten noch waren stets alle Tische bei Pepe besetzt, mittags und abends. Manchmal mussten die Gäste sogar Schlange stehen, um auf einen freien Tisch zu warten.* **Q**

*Seit aber der große Fernsehsender auf der anderen Straßenseite so viele Menschen entlassen musste, ist es bei Pepe ruhig geworden. Diejenigen, die wie Maya ihren Job verloren haben, kommen überhaupt nicht mehr vorbei, weil sie es sich nicht mehr leisten können. Und diejenigen, die noch Arbeit haben, kommen seltener, weil sie Angst haben, dass auch sie ihren Job verlieren könnten. Da sparen sie lieber ihr Geld. Deshalb bleiben viele Tische bei Pepe jetzt frei, mittags und abends.*

*Cornelia Schmergal: Wirtschaftspolitik. Hanser, München 2005. S. 13/14*

**A**

1. Warum leidet auch Pepe darunter, dass Maya arbeitslos ist?
2. Welchen Zusammenhang gibt es zwischen Marktwirtschaft und Arbeitslosigkeit? Gestalten Sie dazu eine Mindmap.
3. Sollte es Ihrer Meinung nach ein im Grundgesetz festgeschriebenes und einklagbares Recht auf Arbeit geben? Welche Folgen hätte das? Bedenken Sie bei Ihren Überlegungen, dass Rechte Pflichten nach sich ziehen.

## 6.3. Unternehmen zwischen Effizienz und Moral

### Wo soll die neue Firma hin?

**Wo werden künftig Autos gebaut? – ein Planspiel**

Ein großer deutscher Autohersteller möchte gern seine Produktion erweitern. Entweder könnte er sein Werk in einer strukturschwachen Region bauen, wo es bisher wenig Industrie gibt. Die Wirtschaftsministerien in Thüringen und Sachsen-Anhalt haben bereits großes Interesse bekundet und wirtschaftliche Subventionen (finanzielle Unterstützung) angeboten.

Aber auch die neuen EU-Mitgliedsstaaten Bulgarien und Rumänien haben Interesse bekundet. Sie wollen neue Arbeitsplätze schaffen und ihre Industrie auf ein hohes technisches Niveau bringen. Außerdem zahlen die Unternehmen in diesen Ländern niedrigere Löhne als in Deutschland.

**A** 1. Bilden Sie fünf verschiedene Gruppen (Vertreter Thüringens, Sachsen-Anhalts, Bulgariens, Rumäniens, Autohersteller) und übernehmen Sie im Spiel eine bestimmte Rolle. Erarbeiten Sie zunächst in der Gruppe Argumente, mit denen Sie den Autohersteller überzeugen wollen, gerade in Ihrer Region das Werk zu bauen. Organisieren Sie das Spiel nach den auf der Methodenseite skizzierten Schritten. An der Diskussion beim Autohersteller selbst, dem eigentlichen Planspiel, sollten nur ein bis zwei Vertreter jeder Gruppe teilnehmen, die nach der Erarbeitung der Argumente ausgewählt werden. Sie sollten die Argumente besonders überzeugend vortragen können.

**1. Rolle:** Sie sind Vertreter des Thüringer Wirtschaftsministeriums und wollen, dass die Firma in den Erfurter Raum kommt.

**2. Rolle:** Sie sind Vertreter des Wirtschaftsministeriums aus Sachsen-Anhalt und wollen, dass die Firma nach Magdeburg kommt.

**3. Rolle:** Sie sind Vertreter des Wirtschaftsministeriums aus Bukarest/Rumänien und wollen, dass das Werk nach Siebenbürgen kommt (Lebensraum der deutschsprachigen Minderheit Rumäniens).

**4. Rolle:** Sie sind Vertreter des Wirtschaftsministeriums aus Sofia/Bulgarien und wollen, dass das Werk direkt in die bulgarische Hauptstadt kommt. Sie soll zum Superwirtschaftszentrum Bulgariens ausgebaut werden.

**5. Rolle:** Vertreter des Autoherstellers, der entscheiden muss.

## Planspiel

### Wie sollte das Planspiel durchgeführt werden?

**1. Informationsphase**
Sammeln Sie in Sach- und Lehrbüchern oder durch Recherchen bei Behörden bzw. im Internet Informationen und Argumente zu Ihrer Rolle. Legen Sie hierfür eine Vorbereitungszeit fest, zum Beispiel ein oder zwei Wochen.

Welche Vorteile bringt eine Ansiedlung des Unternehmens in Ihrer Region
a) der Region selbst
b) dem Unternehmen?

Sammeln und systematisieren Sie so viele gute Gründe wie nur möglich! Richten Sie sich darauf ein, Bedenken und Einwände des Herstellers glaubwürdig zu entkräften.

**2. Durchführung des Planspiels**
Nach der Informationsphase und der Vorbereitung auf Ihre Rolle in der Arbeitsgruppe wird die eigentliche Diskussion in den Räumen des Autoherstellers durchgeführt. Sie kann ununterbrochen stattfinden oder in mehrere Phasen unterteilt werden (zum Beispiel, wenn eine Partei sich aufgrund neuer Einsichten oder Einwürfe beraten und neue Argumente finden muss).

Sie sollten eine oder mehrere Beobachter benennen, welche die Diskussion im Nachhinein beurteilen.

Das Planspiel ist beendet, wenn eine Lösung gefunden wurde, d.h. die Vertreter des Autoherstellers müssen entscheiden, wo sie das Werk bauen wollen.

**3. Reflexionsphase**
Gemeinsam mit den Beobachtern sollten das Verhalten und vor allem die Argumentationsstärke der einzelnen Vertreter beurteilt werden.

Am Schluss sollten Sie eine Gesamtauswertung des Spiels vornehmen. Hier könnten folgende Fragestellungen diskutiert werden:

- Wer hatte die besten Informationen?
- Wer hat sie am überzeugendsten eingesetzt, am besten argumentiert?
- Gab es Bemühungen, einen Kompromiss zwischen allen Beteiligten zu finden?
- Lässt sich ein solcher Kompromiss in Wirtschaftsfragen überhaupt herstellen?
- Wie lässt sich das gefundene Ergebnis beurteilen? Wurde es gut begründet? Ist es ethisch zu vertreten?

Lesen Sie dazu auch die beiden folgenden Seiten „Chancen und Risiken der Globalisierung“.

1. In welchem Zusammenhang steht das Bild „Die Argumente“ von Paul Weber zu den Ergebnissen des Planspiels?

A

# Chancen und Risiken der Globalisierung

*Das Bild von Daniel heißt „In der Möbelfabrik“*

**A** 1. Welche Gedanken und Gefühle verbinden Sie mit dieser Möbelfabrik? Notieren Sie sich dazu Stichworte und sprechen Sie anschließend in der Klasse darüber.

**Q** ***Auf Lohn verzichten?***

*Die Wirtschaft ist international geworden. Es scheint ganz normal für uns, in Hamburg oder München Produkte aus fernen Ländern zu kaufen. Es ist auch normal, dass Unternehmer aus Hamburg oder München nicht nur in Deutschland, sondern auch in Polen oder China neue Fabriken bauen und Mitarbeiter einstellen. Und alle großen Unternehmen, die Konzerne, produzieren und verkaufen ihre Produkte ohnehin in alle Herren Länder. Wenn es um diese weltweiten Verflechtungen der Wirtschaft geht, dann reden die Fachleute und Politiker von „Globalisierung“.*

*Schon seit Jahrhunderten treiben die Menschen Handel mit fremden Ländern, das ist eigentlich nichts Neues. Bereits in der Antike handelten die Menschen fern ihrer Heimat mit Gewürzen, Gold, Silber oder Edelsteinen.*

*In den vergangenen Jahrzehnten ist aber so viel zwischen verschiedenen Ländern und Erdteilen gehandelt worden wie nie zuvor, und immer mehr Firmen ließen sich in fremden Staaten nieder. Das liegt daran, dass die Menschen inzwischen sehr große Schiffe und sehr große Flugzeuge bauen können. Im Vergleich zu früher ist es viel schneller und günstiger geworden, Produkte durch die ganze Welt zu schicken. Deshalb sind die Rosen aus Ecuador auch noch ganz frisch und nicht verwelkt, wenn sie in Deutschland ankommen.*

*Heute können die Unternehmer und Manager außerdem viel besser und schneller mit ihren Geschäftspartnern auf der ganzen Welt Kontakt auf-*

nehmen. In den vergangenen Jahrhunderten waren sie auf Briefe und Boten angewiesen, die wochen- und monatelang unterwegs waren. Heute schreiben sie einfach eine E-Mail oder rufen an, wenn sie eine neue Ladung Rosen in Ecuador bestellen wollen. Und per Internet kann ein Firmenchef schnell eine Videokonferenz mit seinen Kollegen am anderen Ende der Welt abhalten.

So nimmt die Globalisierung ihren Lauf. Und eigentlich hat sie viele Vorteile. Ohne sie gäbe es in Deutschland keine amerikanischen Pop-Charts, keine mexikanischen Tacos und keine brasilianischen Spitzenfußballer.

Ohne Globalisierung wären einige Produkte viel teurer. Schließlich lassen viele Unternehmen ihre Güter (oder wenigstens Teile davon) in anderen Ländern produzieren, weil es dort billiger ist und sie Geld sparen können. Wenn aber die Unternehmer Geld sparen, dann werden auch die Produkte für die Kunden preiswerter. Auch die Krabben in den Supermärkten sind viel billiger geworden, seit sie in Marokko gepult werden. Genau das hat die Globalisierung allerdings auch ins Gerede gebracht. Viele Menschen hierzulande haben einfach Angst um ihre Arbeitsplätze. Häufig berichten die Zeitungen und das Fernsehen über große Firmen, die ihre neuen Fabriken nicht in Hamburg oder München bauen wollen, sondern in weit entfernten Ländern. Neue Stahlwerke entstehen dann in Brasilien, neue Chemiefabriken in China. Meistens liegt das daran, dass die Löhne in Brasilien oder China viel niedriger sind als in Deutschland und die Unternehmen auf diese Weise Geld sparen können. Vor allem die einfachen Tätigkeiten, für die keine lange Ausbildung nötig ist, verschwinden als Erste in diese Länder. Und weil die Menschen dort viel weniger verdienen als hierzulande, reden die Politiker oft etwas hilflos und etwas böse über jene „Billiglohnländer".

Schließlich gibt es in Deutschland den Tarifvertrag, den die Gewerkschaftschefs und Firmenbosse miteinander ausgehandelt haben. Er schreibt vor, wie viel Geld die Beschäftigten für ihre Arbeit bekommen müssen. Weniger als diesen Lohn darf ein Unternehmer in Deutschland normalerweise nicht zahlen.

Viele Chefs drohen jetzt aber, sie würden mit ihrer Firma einfach in billigere Länder übersiedeln. Damit sie das nicht tun, verlangen sie von ihren Beschäftigten, auf etwas Lohn zu verzichten. So war das auch bei Opel, einer großen, alteingesessenen Firma, die in Rüsselsheim und in Bochum Autos baut. Die Manager dachten darüber nach, ob es nicht besser wäre, die Autos in anderen Ländern zusammenschrauben zu lassen, wo die Löhne etwas günstiger sind – in Schweden beispielsweise. Sie verlangten daher, dass ihre Mitarbeiter weniger Lohn bekommen müssten, damit das Unternehmen in Deutschland bleiben könne. Allen Beschäftigten bei Opel hat das natürlich einen Schrecken eingejagt. Und es gibt noch viel mehr Unternehmen, die damit drohen, ihre Fabriken in andere Länder zu verlegen. Viele Menschen haben deshalb Angst vor der Globalisierung. Denn das alles könnte im schlimmsten Fall bedeuten, dass die Unternehmen vielleicht in Deutschland Beschäftigte entlassen.

Cornelia Schmergal: Wirtschaftsethik. Hanser, München 2005. S.59-62

A

1. Wie sieht es heute mit Opel aus? In welchem Zusammenhang steht die heutige Situation zur Globalisierung?
2. Wie stehen Sie zu einem Lohnverzicht, um einen Standort zu erhalten?
3. Erläutern Sie den Begriff Globalisierung.
4. Nennen Sie ein Beispiel für Globalisierung aus Ihrem Berufsbereich.
5. Sehen Sie einen Zusammenhang zwischen dem Bild von Daniel und der Globalisierung? Begründen Sie Ihren Standpunkt.
6. Wie beurteilen Sie das Ergebnis Ihres Planspiels auf der Seite 170 in diesem Buch im Lichte der Globalisierung?

# Wie ist das „Klima“ in meiner Firma?

**A** 1. Wie würden Sie sich als Chef und als Auszubildende in diesen Situationen verhalten? Spielen Sie in der Klasse in kleinen Szenen verschiedene Varianten durch.

2. Sprechen Sie anschließend darüber, was für Sie höfliches Verhalten am Arbeitsplatz bedeutet. Erarbeiten Sie im Kurs Kriterien für ein solches Verhalten.

**Was würden Sie tun?**

Bilden Sie kleine Gruppen und entscheiden Sie, wie Sie sich in den genannten Fällen verhalten würden:

- Sie haben am Sonntagabend zu viel gefeiert und kommen am Montag früh nicht aus dem Bett heraus.
- Ein Familienmitglied ist so schwer krank, dass Sie mit ihm vor der Arbeit erst einmal ins Krankenhaus fahren müssen.
- Ihr Zahnarzt meint, er hätte für die jährliche Vorsorgeuntersuchung für Sie nur einen freien Termin am Dienstag früh um 11 Uhr.
- Sie haben schon eine Abmahnung wegen häufigem Zu-Spät-Kommens erhalten, und nun haben Sie schon wieder den Zug verpasst.
- Ihr Chef sagt, Sie müssen unbedingt in der Firma helfen, obwohl Sie gerade die Berufsschulphase haben.
- Ihr Team unternimmt einen Betriebsausflug und Sie wurden nicht eingeladen.
- Ihre Chefin sagt zu Ihnen, Sie sollen bei ihr zu Hause saubermachen, obwohl das nichts mit Ihrer Ausbildung zu tun hat.

**A** 3. Denken Sie sich weitere Konfliktsituationen im Zusammenhang mit Ihrer Ausbildung und Ihrem Beruf aus und suchen Sie nach Lösungen, die sowohl für Sie als auch für die Firma akzeptabel sind.

### *Was kennzeichnet ein familienfreundliches Unternehmen?*

Q

*Notwendige Voraussetzung für eine familienfreundliche Gesellschaft ist die Vereinbarkeit von Familie und Beruf. Immer mehr Menschen suchen nach der Balance zwischen Leistungs- und Lebenszielen. Die veränderte Arbeitswelt stellt zwar komplexere Anforderungen an die Mitarbeiter – bietet aber gleichzeitig auch die Chance, sowohl ein zufriedenes berufliches als auch privates Leben zu führen.*

*Unbestritten ist, dass Unternehmen wirtschaftlich leistungsfähig sein müssen und eine klare Gewinnorientierung brauchen. Ein kurzsichtiger Blick auf diese Ziele verhindert aber oft, dass der gesellschaftliche, emotionale und auch wirtschaftliche Nutzen familienfreundlicher Maßnahmen erkannt wird. Das können wir uns angesichts des demographischen Wandels nicht länger leisten. Unser Land verfügt heute über hervorragend ausgebildete Frauen. Nur etwa 10 Prozent von ihnen haben es jedoch in die deutschen Führungsetagen geschafft. Das ist zu wenig. Dabei beherrschen vor allem Mütter ein gutes Zeitmanagement und zeigen Pragmatismus und Kompromissbereitschaft. Das sind Fähigkeiten, die auch in der Arbeitswelt zunehmend gefragt sind, wie die jüngste Studie der Bertelsmann Stiftung und des Bundesfamilienministeriums mit dem Titel „Karrierek(n)ick Kinder – Mütter in Führungspositionen – ein Gewinn für Unternehmen" zeigt.*

*Lösungen, die etwa durch die Flexibilisierung von Arbeitszeitsystemen die Vereinbarkeit von Familie und Beruf ermöglichen, sind oft gar nicht so schwer zu finden. Noch immer herrschen in Deutschland großes Zaudern und Zögern, aber andere Länder haben gezeigt, wie es gehen kann. In Dänemark und Finnland beispielsweise liegt die Frauenerwerbsquote bei 75 Prozent; in Deutschland sind es dagegen nur 67 Prozent. Ein wichtiger Grund dafür sind die oft unzureichenden Rahmenbedingungen bei der Ganztagsbetreuung von Kindern, die jünger als drei Jahre sind. So wundert es nicht, dass 40 Prozent der Mütter, die Elternzeit in Anspruch nehmen, auch nach drei Jahren nicht wieder in den Beruf zurückkehren.*

*Dabei rechnet sich die Familienfreundlichkeit für die Unternehmen. Nimmt eine Frau die vollen drei Jahre Elternzeit in Anspruch, entsprechen die Aufwendungen für die Wiedereingliederung den Kosten für die Suche und Einarbeitung neuer Arbeitnehmer. Kehrt die Mutter hingegen bereits nach sechs Monaten an den Arbeitsplatz zurück, entstehen dem Unternehmen durchschnittlich nur 15 Prozent der Kosten, die bei einer Neueinstellung anfallen. Nach einer Modellrechnung der Prognos AG bringen die Investitionen in eine familienfreundliche Unternehmenspolitik langfristig eine Rendite von bis zu 25 Prozent. Eine familienbewusste Personalpolitik führt nachweislich zu geringeren Krankenständen, erzeugt eine größere Zufriedenheit und stärkeres Engagement der Mitarbeiter.*

*Liz Mohn: Was die Familie für die Zukunft braucht.*
*In: Forum-Magazin der Bertelsmann-Stiftung.*
*H2/2006. S. 5/6*

A

1. Welche Vorteile hat eine familienfreundliche Unternehmenspolitik nach Ansicht von Liz Mohn?
2. Wie stellen Sie sich ein familienfreundliches Unternehmen vor? Notieren Sie sich Stichworte dazu und tragen Sie Ihre Ideen in der Klasse zusammen.
3. Alljährlich werden besonders familienfreundliche Unternehmen ausgezeichnet. Recherchieren Sie im Internet, ob auch Unternehmen aus Ihrer Region zu den ausgezeichneten gehören und stellen Sie ein solches Unternehmen vor.

## 6.4. Wozu Wirtschaftsethik?

### Wirtschaftsethik als Teilbereich der Sozialethik

**Ethik**
stellt die Frage nach dem guten moralischen Handeln
und den Merkmalen eines guten Lebens

**Sozialethik**
stellt die Frage, wie Menschen gut zusammenleben können

**Wirtschaftsethik**
stellt die Frage, wie die Wirtschaft ethisch, sozial und ökologisch gestaltet werden kann

| Unternehmensethik | Managementethik |
|---|---|
| Mitspracherechte von Mitarbeitern und Mitarbeiterinnen in Firmen | Führungsstile |
| Umgang mit Konkurrenten auf dem Markt | Organisationsformen von Unternehmen |
| faire Preisgestaltung gegenüber Kunden und Konkurrenten | ethische Werte in der Unternehmensführung |
| Gute (ansprechende und qualitativ hochwertige) Produkte | |

**A**
1. Suchen Sie weitere Themenschwerpunkte zu den beiden Unterkategorien der Wirtschaftsethik, Unternehmensethik und Managementethik.
2. Welche zentralen ethischen Werte würden Sie für eine gute Unternehmensführung vorschlagen? Lesen Sie hierzu auch die Seiten „Werte“ (S. 20 f.) in diesem Buch.

Die **Wirtschaftsethik** verkörpert einen Zweig der Sozialethik und deshalb stehen im Bereich der Wirtschaftsethik auch vor allem Fragen der Gerechtigkeit, insbesondere der Verteilungsgerechtigkeit im Vordergrund: Wer hat einen gerechten Anspruch auf die Profite, die lokale, nationale und globale Unternehmen abwerfen, und in welchem Maß hat er das?

**A**
3. Beantworten Sie schriftlich die letzte Frage. Stellen Sie Ihre Sichtweise in der Klasse zur Diskussion.

### *Ohne Gewinne gehen Unternehmen pleite*

Q

*Man muss sich zunächst mit den Zielen seines Unternehmens identifizieren können. Man muss aber auch dazu stehen, Gewinne zu machen. Denn ohne Gewinne geht das Unternehmen irgendwann pleite. Das gehört auch zur Ethik. Außerdem muss man stets die Balance zwischen Aktienmehrheitsinteressen, Interessen der Mitarbeiter und Kundeninteressen halten. So tut man gleichzeitig etwas für die Aktionäre und für die Mitarbeiter. Und wenn man die Interessen der Kunden aus dem Auge verliert, scheitert man meistens.*

*Hans-Olaf Henkel: Ohne Gewinne gehen Unternehmen pleite. In: Hanno Gerwin: Was Deutschlands Prominente glauben. Gütersloher Verlagshaus; Gütersloh 2005. S. 79*

A

1. Wie könnte es gelingen, eine Balance zwischen allen Interessengruppen in einem Unternehmen herzustellen? Unterbreiten Sie begründete Vorschläge.

### *Die Bedürfnisse der Menschen beachten*

Q

*Das menschliche Leben besteht nicht nur aus Wirtschaft, das weiß jeder. Aber es müsste durchgängig auch in der Praxis ernst genommen werden: Die Marktwirtschaft ist nicht Selbstzweck, sie muss im Dienst der Bedürfnisse der Menschen stehen und nicht die Menschen restlos der Logik des Marktes unterwerfen. Auch der Weltmarkt ist um der Menschen willen da und nicht umgekehrt. Und was die Politik betrifft: Die Marktwirtschaft soll die Demokratie ergänzen, nicht aber ersetzen oder überformen. Diese Gefahr ist unter den Bedingungen der Globalisierung mehr denn je real.*

*Soziologisch ausgedrückt: Die Wirtschaft (und damit der Markt) ist nur ein Subsystem der Gesellschaft, neben und mit dem andere Subsysteme wie Recht, Politik, Wissenschaft, Kultur und Religion existieren. Das ökonomische Rationalitätsprinzip hat seine Berechtigung, wie wir noch genauer sehen werden, aber es darf nicht verabsolutiert werden […].*

*Hans Küng: Weltethos für Weltpolitik und Weltwirtschaft. Piper, München 1997. S. 283*

A

2. Vergleichen Sie die Auffassungen von Olaf Henkel und Hans Küng. Was verbindet beide und worin unterscheiden sich ihre Auffassungen?
3. Warum darf das Ökonomische nicht verabsolutiert werden? Stimmen Sie Hans Küng zu? Warum? Warum nicht?
4. Inwiefern geht gerade von der Globalisierung die Gefahr aus, dass die Ökonomie die Demokratie gefährdet? Tragen Sie hierzu Argumente und Informationen zusammen und bewerten Sie diese.

# Wie man ein guter Manager wird

**Wie ein Vogel im Aquarium...**

Der ehemalige VW-Manager Daniel Goeudevert wurde 1942 in Reims geboren. Er studierte in Paris Literaturwissenschaft mit dem Ziel, Lehrer zu werden. Aber bereits während des Studiums kam er zu der Einsicht, dass dieser Beruf nicht der richtige für ihn ist.

**Q** *Meiner Familie hatte ich nichts von meiner Kündigung gesagt. Liliane wunderte sich zwar, dass ich plötzlich so häufig zu Hause war. Aber ich erfand tausendundeine Ausrede von ausgefallenen Stunden und dergleichen.*

*Arbeitslosigkeit stellte damals kein Problem dar. Die Zeitungen waren voll mit Jobangeboten. Doch für welchen Beruf sollte ich mich entscheiden?*

*Da stieß ich auf eine Stellenausschreibung für einen Autoverkäufer bei einer Citroen-Niederlassung, die so verlockend klang, als sollte die Position eines Generaldirektors besetzt werden. Gleich am nächsten Tag begab ich mich zu der angegebenen Adresse in die Rue Saint Lazare, wo ich einer unter mehreren war, die sich um diesen Job bewarben. Wir mussten jeder einen Fragebogen ausfüllen und unseren bisherigen Werdegang darlegen. Anschließend fand ein persönliches Gespräch mit dem Personalchef, Monsieur Pelsenaire, statt.*

*Er überflog den von mir ausgefüllten Fragebogen und blickte mich erstaunt an. „Sie sind Gymnasiallehrer", stellte er fest. „Wissen Sie, dass wir hier Verkäufer suchen?" „Mag sein", erwiderte ich. „Aber ich habe keinen Job und muss irgendwo anfangen."*

*Er brachte noch einige Einwände vor, doch als ich beharrlich bei meiner Entscheidung blieb, Autoverkäufer werden zu wollen, stellte er mich an der Peripherie von Paris in einer großen Citroen-Niederlassung vor.*

*Bei dieser ersten Begegnung mit dem jungen Inhaber der Niederlassung, Monsieur Dechamps, kam mir das Glück zu Hilfe. Denn statt mich als unerfahren abzulehnen, fand Monsieur Dechamps Gefallen an mir und stellte mich mit sehr viel Stolz ein – der Gymnasiallehrer, der Autos verkaufen will.*

*„Jetzt werden Sie nicht mehr die Eltern Ihrer Schüler empfangen", sagte er in freundschaftlichem Ton, „sondern Sie müssen Klinken putzen, bei den Leuten an die Türen klopfen und Autos verkaufen."*

*Ich wurde einer Gruppe von erfahrenen Verkäufern zugeteilt, deren Sprache ich anfangs kaum verstand. Für sie war ich wie der Vogel, der ins Aquarium gefallen war. Sie nahmen mich jedoch herzlich auf und fühlten sich eher geschmeichelt, dass jemand mit meiner Ausbildung diesen Beruf ergriff, der nicht unbedingt in hohem gesellschaftlichen Ansehen stand.*

*Daniel Goeudevert: Wie ein Vogel im Aquarium. Rowohlt, Berlin 1996. S.71/72*

**A**
1. Wie kommt es Ihrer Meinung nach, dass der Beruf eines Autoverkäufers kein besonders gutes Ansehen besitzt?
2. Welche Eigenschaften hatte Goeudevert Ihrer Meinung nach, die ihm den Einstieg vom Literaturfachmann zum Autoverkäufer ermöglichten?

**T** Wenn Sie Goeudeverts Autobiografie interessiert, dann lesen Sie nach: Daniel Goeudevert: Wie ein Vogel im Aquarium. Rowohlt, Berlin 1996.

### Managerinnen und Manager als Querdenker

*Ich bekenne mich zu einer offenen Kommunikationskultur. Sie ist der Boden, auf dem Inspiration, Visionen und Motivation gedeihen.*

*Ich plädiere für Intuition im Management, und vielleicht kann ich den Querdenker auch so definieren: Ein Querdenker ist, wer seine Intuitionen nicht zu zügeln sucht, sondern sich davon führen lässt, indem er immer auch dem ganzen weiten Umfeld und dessen Reaktionen Rechnung trägt […]. Qualitäten wie die Fähigkeit, seinem Tun einen Sinn zu verleihen, Flexibilität, Anpassungs-, Aufnahme- und Kommunikationsfähigkeit und nicht zuletzt Intuition (stehen in Managerkreisen weniger hoch im Kurs). Es heißt, das seien Fraueneigenschaften.*

*Jeder Mensch aber verfügt im Grunde seines Wesens über Ansätze zu all den genannten Eigenschaften. Erziehung und soziales Umfeld haben nur über Jahrzehnte hinweg eine ausgeglichene Entwicklung der so genannten männlichen und der so genannten weiblichen Qualitäten verhindert.*

*Daniel Goeudevert: Wie ein Vogel im Aquarium. Rowohlt, Berlin 1996. S. 239ff.*

Q

1. Wie beurteilen Sie die von Goeudevert geforderten Eigenschaften eines Managers? Warum sind Phantasie und Intuition für diesen Beruf besonders wichtig?

A

### Managerinnen und Manager als Meister der Kommunikation

*Es liegt mir fern, meinen eigenen Führungsstil zu beurteilen. Dafür sind andere zuständig. Ich habe nie die Mühle einer Managerschule durchlaufen, und das hat meine Sicht der Dinge geprägt. Ich kann deshalb die Arbeit derjenigen, die heute an Managerschulen unterrichten, auch gar nicht umfassend in Zweifel ziehen. Ein guter Manager kann durchaus, muss aber nicht zwingend, aus einer Managerschule kommen.*

*Aber ich glaube, dass an den Managerschulen heute allenthalben ein kapitaler Fehler gemacht wird: Man lehrt die Studenten, ein guter Manager müsse eine feste Vorstellung von Unternehmensführung haben. Ein Unternehmen ist aber sehr unberechenbar, so unberechenbar wie die Menschen, die darin tätig sind. Deshalb steht und fällt meiner Ansicht nach die Qualität des Managements mit der menschlichen Qualität und der Flexibilität derjenigen, die die Führungsverantwortung tragen.*

*Weil ich ohne Managerdiplom keine verbindliche „Methode“ der Unternehmensführung aus der Tasche ziehen konnte und weil ich mich immer wieder mit der Unternehmenskultur einer anderen Firma konfrontiert sah, war ich zwangsläufig sehr auf mein jeweiliges Umfeld angewiesen. Ich hatte auch keine bestimmte Methode, die ich von einer Firma auf die andere hätte übertragen können. Es ist ohnehin töricht zu glauben, dass die Methode, die in einem Unternehmen die Mitarbeiter motiviert und zu Erfolgen geführt hat, mit den Mitarbeitern eines anderen Unternehmens genauso funktioniert.*

*Daniel Goeudevert: Wie ein Vogel im Aquarium. Rowohlt, Berlin 1996*

Q

2. Warum betont Goeudevert die Wichtigkeit einer gelungenen Kommunikation für die gute Funktionsweise eines Unternehmens?
3. Was verstehen Sie unter einer gelungenen Kommunikation?
4. Weist gelungene Kommunikation im Alltag, in der Liebe, unter Freunden und im Betrieb die selben Merkmale auf? Welche sind das bzw. worin unterscheidet sich eine gelungene Kommunikation in den einzelnen Bereichen?

A

# Die ethische Verantwortung der Unternehmen

**A** 1. Geben Sie der Zeichnung einen prägnanten Titel. Denken Sie dabei an die Probleme der Globalisierung bzw. an das folgende Projekt „Mondialogo".

**Mehr Toleranz – Mondialogo**

Das Unternehmen DaimlerChrysler beschäftigt als so genannter Global Player weltweit etwa 360.000 Mitarbeiterinnen und Mitarbeiter. Seit 1999 ist der Konzern Mitglied des vom ehemaligen UN-Generalsekretär Kofi Annan gegründeten „Global Compacts", dem verschiedene internationale Konzerne angehören. Der „Global Compact" setzt sich dafür ein, die Vorteile der Globalisierung den Menschen in allen Teilen der Welt gleichermaßen zugänglich zu machen.

Im Rahmen des „Global Compacts" engagiert sich DaimlerChrysler u. a. in der Aidsbekämpfung und dem Programm „Mehr Toleranz".

**Q** *Einander verstehen, miteinander leben lernen – so lässt sich die Leitidee einer Initiative zusammenfassen, die DaimlerChrysler im Oktober 2003 gemeinsam mit der UNESCO gestartet hat. Mondialogo heißt das Projekt, mit dem die beiden Partner den Dialog der Kulturen fördern und für Verständnis, Respekt und Toleranz werben wollen. Mondialogo ermutigt junge Menschen, den Kontakt mit Gleichaltrigen aus anderen Erdteilen aufzunehmen, sich auszutauschen und gemeinsam Probleme zu lösen. Gelegenheit hierzu bieten ihnen drei Teilprojekte: ein Schulwettbewerb, ein internationaler Förderpreis und ein Internetportal.*

*Mondialogo School Contest. Der Mondialogo-Schulwettbewerb spricht Schülerinnen und Schüler aus den rund 4.000 weiterführenden Schulen des „UNESCO Associated Schools Project Network" an. Es können aber weltweit auch andere Schulen mitmachen. Jede teilnehmende Schule geht eine Partnerschaft mit einer Schule auf einem anderen Kontinent ein. Gemeinsam wird dann ein Projekt entwickelt, das den Dialog in den Mittelpunkt stellt. Ob die Schüler ein Spiel austüfteln, ein Lied komponieren, eine Zeitung drucken oder ein Video drehen – bei der Wahl der Mittel und Ausdrucksformen sind der Kreativität keine Grenzen gesetzt. Eine internationale Jury bewertet die Resultate und wählt 25 besonders engagierte Partner-Teams aus.*

*Bericht zur gesellschaftlichen Verantwortung von DaimlerChrysler für das Jahr 2006. Stuttgart 2007*

### Nicht nur der Gewinn zählt

Im Jahr 1993 beschlossen führende internationale Geschäftsleute aus Europa, Japan und den USA den „Caux Round Table“ mit dem Ziel, weltweite ethische Standards für einen fairen Wettbewerb auf dem Markt zu etablieren.

Q

*Die Caux-Erklärung geht aus vom Faktum der Globalisierung: „Die Mobilität von Arbeit, Kapital, Produkten und Technologie macht die Wirtschaft zunehmend global in ihren Transaktionen und ihren Effekten.“ Doch stellt sie zugleich fest, dass die Unternehmen über die Gewinnerwirtschaftung hinaus Verpflichtungen haben und dass man sich für die Lösung der Probleme nicht nur auf die „Magie“ des Marktes verlassen kann: „Gesetze und Marktkräfte sind notwendige, aber ungenügende Verhaltensrichtlinien. Verantwortung für die Geschäftspolitik und –aktivitäten und Respekt für die Würde und Interessen ihrer Akteure sind grundlegend. Gemeinsame Werte, darin eingeschlossen die Verpflichtung auf gemeinsamen Wohlstand, sind ebenso wichtig für die globale Gemeinschaft wie für Gemeinschaften kleinen Ausmaßes.“ Deswegen wird in der Erklärung die „Notwendigkeit von moralischen Werten in den wirtschaftlichen Entscheidungsprozessen“ bejaht: „Ohne sie sind stabile Geschäftsbeziehungen und eine überlebensfähige Weltgemeinschaft unmöglich“ […].*

### *Ethische Verpflichtungen für Unternehmen*

Q

*[…] Die Caux-Erklärung führt aus: „Wir glauben an die Würde jedes Arbeitnehmers und ein Ernstnehmen ihrer Interessen. Deshalb haben wir die Verantwortung:*

- *für Arbeitsplätze und Lohn zu sorgen, welche die Lebensbedingungen der Arbeitnehmer verbessern […]*
- *in aufrichtige Verhandlungen einzutreten, wenn ein Konflikt ausbricht […]*
- *in der Wirtschaft selbst die Anstellung verschieden begabter Menschen an Arbeitsplätzen, an denen sie wirklich nützlich sind, zu fördern;*
- *und schließlich neben all den übrigen Arbeitgeberpflichten bezüglich Information und Kommunikation, Gesundheitsfürsorge und Weiterbildung besonders für die schwerwiegenden Probleme der Arbeitslosigkeit, die häufig mit Geschäftsentscheidungen in Verbindung stehen, sensibel zu sein […].“*

*Hans Küng: Weltethos für Weltpolitik und Weltwirtschaft. a. a. O. S. 335f.*

A

1. Wie beurteilen Sie die Chancen, eine Balance zwischen dem Gewinnstreben eines Konzerns auf der einen Seite und dem Wohlstand für alle seine Akteure auf der anderen Seite herzustellen?
2. Projektvorschlag: Schreiben Sie einige größere Unternehmen an, und lassen Sie sich deren „Berichte zur gesellschaftlichen Verantwortung“ schicken. Werten Sie diese im Kurs aus. Untersuchen Sie insbesondere auch die ethischen Wertvorstellungen, die in den betreffenden Unternehmen eine wichtige Rolle spielen.

# 7. Glück

## 7.1. Was zum Glück dazu gehört

Es gibt wohl niemanden, der sich nicht einen Hauch Glück in seinem Leben wünscht. Es gibt wohl niemanden, der sich danach sehnt, unglücklich zu sein. Und doch gehen die Ansichten, was genau sich hinter den eigenen Glücksvorstellungen verbirgt, weit auseinander.

Das zeigen auch die Ergebnisse eines Glücksprojektes, bei welchem Berufsschüler ihre Mitschülerinnen und Mitschüler auf dem Schulhof befragten.

### Alltägliche und philosophische Glücksansprüche

**Q** *Was ist Glück?*

*Wenn im Test genau die Fragen drankommen, für die du gelernt hast und du 'ne gute Note erreichst. Überhaupt, gute Noten sind Glückssache.*

*Den Jackpot im Lotto knacken, richtig Kohle haben und dann ab in die Karibik. Den ganzen Tag am Strand chillen, Cocktails schlürfen, von schönen Frauen umgeben sein – Party ohne Ende.*

*Abends mit Kumpels entspannt bei einem Bier zusammen sitzen, reden und den lieben Gott einen guten Mann sein lassen.*

*Meine Ausbildung erfolgreich abschließen und dann übernommen werden.*

*Gute Freunde haben, auf die man zählen kann.*

*Schön und berühmt sein, ein richtiger Star sein, den alle kennen und alle lieben.*

*Den Halbmarathon zu Ende laufen, im Ziel ankommen, auch wenn man zwischendurch aufgeben möchte.*

*Antworten von Berufsschülern*

Sprichworte über das Glück

**Dem Glücklichen schlägt keine Stunde.**

**Das Glück fliegt: Wer´s fängt, der hat´s.**

**Jeder ist seines Glückes Schmied.**

Er hat einen Stein geworfen und zwei Vögel getroffen.

**Glück und Glas, wie leicht bricht das.**

**A**
1. Was heißt für Sie persönlich Glück?
2. Ergänzen Sie die Sprichworte um weitere, Ihnen bekannte.
3. Analysieren Sie die Aussagen der Sprichworte daraufhin, was Glück in dem jeweiligen Ausspruch bedeutet. Gibt es verschiedene Arten von Glück?

## Glücksgüter

Oftmals wird Glück mit dem Besitz bestimmter Glücksgüter verbunden. Solange man sie entbehrt, verheißt ihr Besitz Glück, doch besitzt man sie, dann verliert das Glück seinen Glanz. Wer erinnert sich nicht des Märchens „Vom Fischer und seiner Frau“, in welchem die Fischersfrau sich bald dies und bald jenes wünschte und dennoch niemals zufrieden war. Suchte sie das Glück an der falschen Stelle? Vielleicht hilft es, verschiedene Arten des Glücks zu unterscheiden, wie der Philosoph Wilhelm Schmid vorschlägt.

### *Glück haben – glücklich sein*

Q

► ***Das Zufallsglück***
*Es ist unverfügbar, sondern es fällt einem unerwartet zu, indem etwas günstig für einen selbst ausgeht. Das Glückwünschen bringt die Hoffnung auf solch wohl gesonnene Zufälle zum Ausdruck.*

► ***Das Wohlfühlglück***
*Dieses Glück (englisch: happiness; französisch: bonheur) ist für das Individuum machbar, indem es bewusst Glücksmomente sucht und diese genießt. Es ist indes nicht unendlich dehnbar, sondern vergänglich. Das Glück über das neue Kleidungsstück verschleißt sich, es nutzt sich ab.*

► ***Das Glück der Fülle***
*Dieses Glück bezeichnet das eigentlich philosophische Glück. Es ist unabhängig von günstigen oder ungünstigen Umständen. Das Leben in seiner ganzen Fülle von Erfolg und Misserfolg, von Freude und Leid wird hier angenommen und als zum Leben gehörig und als bereichernd erfahren und akzeptiert. Es bezeichnet die Haltung des Mitfließens im Fluss des Lebens, die sich in Gelassenheit äußert.*

► ***Das Glück des Unglücklichseins***
*Diese Art des Glücks kennzeichnet das Innehalten, die Reflexion über die Fragwürdigkeit der Dinge und die Brüchigkeit allen menschlichen Lebens.*

*Frei nach Wilhelm Schmid: Glück. Insel, Frankfurt/Leipzig 2007. S. 10ff.*

A

1. Wählen Sie für Ihre jetzige Lebensphase die drei wichtigsten Glücksgüter aus und begründen Sie kurz, warum Sie diese gewählt haben.
2. Gibt es Ihrer Meinung nach einen Unterschied zwischen „Glück haben“ und „glücklich sein“? Worin besteht das Wesen dieser Unterscheidung?
3. Stellen Sie die Arten des Glücks pantomimisch dar.
4. Tauschen Sie sich in einem Disput darüber aus, wie sich die vier Arten des Glücks zueinander verhalten.
5. Lesen Sie die Märchen „Hans im Glück“ und „Vom Fischer und seiner Frau“. Vergleichen Sie die Glücksauffassungen von Hans und Ilsebill. Ist Hans dumm? Worin liegt sein Glücksgeheimnis?
6. Versuchen Sie ausgehend von den Bestimmungen, was Glück ist, zu definieren, was Unglück ist.

# Philosophische Glückstheorien

Seit der Antike bildet das Glück ein zentrales Thema des Philosophierens. Ein gutes Leben kann nach Aristoteles ( 384 v.u.Z.–322 v.u.Z.) nur ein glückliches Leben sein. Allerdings räumt er ein, dass jeder Mensch unter einem glücklichen Leben etwas anderes verstehe. Der Kranke sehe das Glück in der Gesundheit, der Arme im Wohlstand.

**Q** ***Welches ist das höchste Gut?***

*Als solches Gut aber gilt in hervorragendem Sinne das Glück. Denn das Glück erwählen wir uns stets um seiner selbst willen und niemals zu einem darüber hinausliegenden Zweck. Die Ehre dagegen und die Lust und die Einsicht und jegliche Tüchtigkeit wählen wir einmal um ihrer selbst willen – denn auch ohne weiteren Vorteil würden wir jeden dieser Werte für uns erwählen – sodann aber auch um des Glückes willen, indem wir annehmen, dass sie uns zum Glück führen. Das Glück aber wählt kein Mensch um jener Werte – und überhaupt um keines weiteren Zweckes willen.*

*Aristoteles: Nikomachische Ethik. Reclam, Stuttgart 1994. S. 15*

Der Römer Seneca (4 v.u.Z.–65), ein Stoiker* und Erzieher des späteren römischen Kaisers Nero, notierte zum Glück:

**Q** ***Sich in Einklang mit der eigenen Natur befinden***

*Demgemäß ist ein Leben dann glücklich zu nennen, wenn es sich im Einklang mit der eigenen Natur befindet. Das kann nur verwirklicht werden, wenn unser Geist gesund ist und immer gesund bleibt, wenn er weiterhin Tapferkeit und Tatkraft zeigt, wenn er ferner standfest auszuhalten vermag, sich den Zeitumständen anpassen kann, nicht ängstlich besorgt ist um den Körper und seine Ansprüche, wenn er dann noch eine Vorliebe hat für alle möglichen Dinge, die das Leben angenehm machen, freilich ohne eines dieser Dinge anzubeten, wenn er die Gaben des Glücks nutzt, aber nicht von ihnen abhängig ist. Auch ohne nähere Erklärung begreifst du, dass ungestörte Ruhe, Unabhängigkeit sich einstellen, sobald das vertrieben ist, was uns reizt oder schreckt. Erfüllt uns doch dann anstelle der Begierden und all des Niedrigen, Hinfälligen und in seiner Schändlichkeit Verderblichen eine hohe Freudigkeit, die nicht zu erschüttern ist und sich immer gleich bleibt; […]*

*Seneca: Von der Seelenruhe. Dieterich'sche Verlagsbuchhandlung, Leipzig 1986. S. 132*

**A**

1. Setzen Sie sich mit Aristoteles' Auffassung vom Glück als höchstem Gut auseinander. Welche Argumente nennt er? Warum bzw. warum nicht können Sie diese teilen?
2. Geben Sie mit eigenen Worten wieder, an welche Voraussetzungen ein glückliches Leben nach Seneca gebunden ist.
3. Was verstehen Sie unter „sich im Einklang mit der eigenen Natur befinden"?

## Das Prinzip des größten Glücks

John Stuart Mill (1806–1873) zählt zu den namhaften Vertretern des Utilitarismus, für den der Nutzen Bedingung für die Moralität einer Handlung ist.

Q

*Die Auffassung, für die die Nützlichkeit oder das Prinzip des größten Glücks die Grundlage der Moral ist, besagt, dass Handlungen insoweit und in dem Maße moralisch richtig sind, als sie die Tendenz haben, Glück zu befördern, und insoweit moralisch falsch, als sie die Tendenz haben, das Gegenteil von Glück zu bewirken. Unter „Glück" ist dabei Lust [...] verstanden [...]: dass Lust und das Freisein von Unlust die einzigen Dinge sind, die als Endzwecke wünschenswert sind, und dass alle anderen wünschenswerten Dinge (die nach utilitaristischer Auffassung ebenso vielfältig sind wie nach jeder anderen) entweder deshalb wünschenswert sind, weil sie selbst lustvoll sind, oder weil sie Mittel sind zur Beförderung von Lust und zur Vermeidung von Unlust.[...]*

*Der Gedanke, dass das Leben [...] keinen höheren Zweck habe als die Lust, kein besseres und edleres Ziel des Wollens und Strebens, erscheint ihnen im äußersten Grade niedrig und gemein; als eine Ansicht, die nur der Schweine würdig wäre [...]. Auf Angriffe dieser Art haben die Epikureer stets geantwortet, dass nicht sie, sondern ihre Ankläger es sind, die die menschliche Natur in entwürdigendem Licht erscheinen lassen, da die Anklage ja unterstellt, dass Menschen keiner anderen Lust fähig sind als der, deren auch Schweine fähig sind. [...] Von zwei Freuden ist diejenige wünschenswerter, die von allen oder nahezu allen, die beide erfahren haben [...] entschieden bevorzugt wird. Wird die eine von zwei Freuden, von denen, die beide kennen und beurteilen können, so weit über die andere gestellt, dass sie sie auch dann noch vorziehen, wenn sie wissen, dass sie größere Unzufriedenheit verursacht, und gegen noch so viele andere Freuden, die sie erfahren könnten, nicht eintauschen möchten, sind wir berechtigt, jener Freude eine höhere Qualität zuzuschreiben. [...] Nur wenige Menschen würden darein einwilligen, sich in eines der niederen Tiere verwandeln zu lassen, wenn man ihnen verspräche, dass sie die Befriedigungen des Tieres im vollen Umfange auskosten dürften. Kein intelligenter Mensch möchte ein Narr, kein gebildeter Mensch ein Dummkopf, keiner, der feinfühlig und gewissenhaft ist, selbstsüchtig und niederträchtig sein – auch wenn sie überzeugt wären, dass der Narr, der Dummkopf oder der Schurke mit seinem Schicksal zufriedener ist als sie mit dem ihren. Das, was sie ihm voraus haben, würden sie auch nicht für die vollständigste Erfüllung all der Wünsche aufgeben, die sie mit ihm gemeinsam haben.*

*John Stuart Mill: Der Utilitarismus. Reclam, Stuttgart 1976. S. 13f.*

A

1. Geben Sie mit eigenen Worten wieder, was Mill unter dem Prinzip des größten Glücks versteht.
2. Von Mill stammt der Ausspruch: „ Es ist besser, ein unzufriedener Mensch zu sein als ein zufrieden gestelltes Schwein; besser ein unzufriedener Sokrates als ein zufriedener Narr." Argumentieren Sie mit Mill, warum dem so ist. Wie stehen Sie persönlich zu dieser Aussage?

## 7.2. Glücksverheißungen verschiedener Coleur

Es gibt wohl keinen Menschen, der nicht danach strebt, ein glückliches Leben zu führen. Ein glückliches Leben führen kann vieles bedeuten. Es ist nicht einfach, den richtigen Weg zu einem solchen Leben zu finden. Da kommen Glücksversprechen, die in großen Lettern von Reklamewänden oder auf Jahrmärkten angepriesen werden, gerade recht. Einen Versuch, auf diese Weise das Glück schnell zu erlangen, sind sie allemal wert.

### Mein Leitstern – ein Star

Bei ihrer Suche nach dem Glück orientieren sich alle Menschen in ihrem Umfeld, in der Familie, in ihrem Freundeskreis und an ihren Vorbildern.

**Q** *Wenn Lara morgens aufwacht, dann erblickt sie als Erstes ein Bild von Stefanie Kloß, der Sängerin von „Silbermond". Das ganze Zimmer ist mit Bildern der Band und ihrer Sängerin förmlich tapeziert. Lara ist ganz versessen auf die Musik von Silbermond. Sie kennt alle Texte und kann jeden Song mitsingen. Sie besucht die Band beinahe täglich auf ihrer Homepage. Sie verfolgt jede Nachricht, die sie erhaschen kann und sie besucht die Konzerte. Ein Großteil ihrer Ausbildungsvergütung geht dafür drauf. Lara muss einfach dabei sein. Ihr großer Star ist nämlich Stefanie Kloß. Wie sie, so möchte Lara gerne sein. Nach Laras Vorstellung muss Stefanie einfach total happy sein. Sie jedenfalls wäre es, wenn sie nur halb so gut aussähe wie Stefanie. Stefanie Kloß hat einfach alles, wovon Lara träumt: Sie kann gut singen. Sie hat Erfolg. Sie wird geschätzt und geachtet von den Jungs in der Band. Die Fans liegen ihr zu Füßen und jubeln ihr zu. Sie ist berühmt, jeder kennt sie. Sie tanzt wie eine Göttin. Sie hat eine fabelhafte Figur. Ihre Kleider sind modern und chic, kein Ramsch aus dem Billigladen. Sie ist reich und schön. Wenn man so ist, dann plagen einen gewiss keine Sorgen, davon ist Lara überzeugt. Deshalb möchte sie gern sein wie ihr Star. Zumindest möchte sie Anteil nehmen an diesem tollen Leben, sich von dem großen Glück ihres Leitsterns hin und wieder eine kleine Zacke abzwacken.*

*Frei nach Tabea T., Text beim Autor*

**A**

1. Haben Sie Vorbilder oder Idole, denen Sie nacheifern? Wie heißt Ihr Vorbild und was macht diese Person für Sie zum Vorbild?
2. Wie erklären Sie sich, dass so viele Menschen im Nacheifern von Idolen und Vorbildern ihr Glück suchen?
3. Viele Menschen schauen sich im Fernsehen gern so genannte Seifenopern an, nehmen Anteil am Leben ihrer Fernsehhelden.
   Setzen Sie sich in einem Streitgespräch in der Klasse mit der Auffassung auseinander, dass das regelmäßige Verfolgen dieser Serien eine Flucht ins fremde Glück darstelle.
4. Gibt es TV-Serien, die Sie regelmäßig verfolgen? Was fasziniert Sie an Ihrer Serie besonders?

## Vom alltäglichen Hunger nach Glück

Gerade in der Glitzerwelt der Medien wird suggeriert, dass das persönliche Wohlbefinden in besonderem Maße von der äußeren Erscheinung abhängt, dass Glück und Schlanksein zusammengehören.

Q

*Mit 12 Jahren begann sie ihre erste Joghurtdiät, weil sie sich zu pummelig fand und den Models aus den Modemagazinen gleichen wollte und dann reihte sich 12 Jahre lang eine Diät an die andere. Abgelöst wurden die Diäten von regelrechten Fressattacken, in denen sie einen ganzen Kuchen alleine aufaß, um ihn sogleich über dem Toilettenbecken zu erbrechen. Hungern, essen und erbrechen reihten sich zwanghaft aneinander und es dauerte 12 Jahre lang, ehe Vera Tomsche sich eingestand, dass sie an Bulimie erkrankt ist und ihre Krankheit nicht allein zu besiegen vermag.*

*Bis dahin verbrachte sie ganze Nachmittage damit, sich voller Abscheu im Spiegel zu betrachten und sich in Hasstiraden auf ihren hässlichen Körper zu ergehen. Sie hielt ihren Körper für sündig, in seiner „Üppigkeit" für zu verführerisch, sich selbst für zu dick, selbst als sie nur noch knapp über 40 Kilo wog. Veras Eltern hatten bis zu ihrem Auszug aus dem Elternhaus nichts von der Krankheit ihrer Tochter bemerkt. Beide waren zu sehr mit sich und ihrem selbst gewählten Auftrag beschäftigt, um sich ihren Töchtern liebevoll zuwenden zu können. Veras Vater hatte sich zum Diakon weihen lassen und predigte allüberall, auch zu Hause, von Nächstenliebe, Satan, Laster, Versuchungen und der drohenden Apokalypse. Veras Mutter erteilte großmütig die Ratschläge einer gottestreuen Hobbypsychologin an ihre pubertierenden Töchter, statt ihnen mütterliche Liebe zu schenken. Vera vertraute nicht allein auf die heilende Kraft ihrer Gebete, sie hungerte, um ja nie so zu werden wie ihre Mutter. Niemals wollte sie deren Bauch, niemals deren Busen und niemals ihre Egomanie bekommen. Deshalb hungerte sie sich zum Skelett, hoffend, eine Model-Figur zu erreichen, Model zu werden und endlich aus der muffigen Enge ihres Elternhauses, aus dem Korsett einer streng gläubigen katholischen Moral und aus dem Verzicht auf ein bisschen Annehmlichkeit und Zuwendung ausbrechen zu können.*

*Frei nach: Vera Tomsche: Meine hungernde Seele. Bastei Lübbe, Bergischgladbach 2009. S. 20ff.*

A

1. Vera fühlte sich unglücklich, als sie ihre Diäten begann, sie will sich zum Glück hungern. Was fehlt Vera Ihrer Meinung nach zum Glück(lichsein)?
2. Beraten Sie Vera, wie sie das Glück, das sie sucht, finden kann.
3. Eine Reihe von Ländern, darunter Spanien, haben superdünne Models verboten. Was halten Sie von einem solchen Verbot? Begründen Sie Ihre Position.
   Hilft ein Verbot, das Leben von Vera und anderen – an Bulimie erkrankten Männern und Frauen – glücklicher zu machen?

## Schnelle Wege zum Glück

Einfache Wege zum Glück versprechen nicht allein TV-Serien oder die Werbung. Auch pharmazeutische Produkte, Drogen und esoterische Empfehlungen gehören dazu. Sie suggerieren ein schöneres, ein besseres Leben, das zudem für jedermann mühelos erreichbar ist.

**Q** ***Auf der Suche nach dem großen Kick***

*Ich gehörte endlich zur Clique. Außer Piet, Kessi und mir gingen schon alle zur Arbeit. Ihnen stank es zu Hause und bei der Arbeit. [...] Sie schmissen sich nach Feierabend in ihre geilen Sachen, rauchten Dope, hörten coole Musik, und es war der totale Frieden. Da vergaßen wir die ganze Scheiße, durch die wir den übrigen Tag draußen gehen mussten. [...]*

*Die anderen waren meine Vorbilder. Ich wollte möglichst so sein wie sie oder so werden. Von ihnen wollte ich lernen, weil ich dachte, sie wüssten, wie man cool lebt und sich von all den Arschlöchern und der ganzen Scheiße nicht anmachen lässt ... Irgendwann gab es dann einen Stillstand in der Gruppe. Shit, also Haschisch und Trips gaben nicht mehr den richtigen Kick. Man hatte sich daran gewöhnt. Irgendwie war das der Normalzustand, auf Shit oder Pille breit zu sein. Es brachte keine neuen Erfahrungen mehr. Ich war geil auf Heroin.*

*Christiane F: Wir Kinder vom Bahnhof Zoo. C. A. Koch's Verlag Nachf., Berlin/Darmstadt/Wien o. J. S. 49 ff.*

**Q** ***Glück durch Drogen***

*Viele nennen als Motive einfach Spaß haben wollen, die Lust am Rausch, Kick und an Grenzerfahrungen. Häufig wird als Grund auch Langeweile genannt, die durch leicht verfügbaren Alkohol und den schnellen Rausch behoben wird. In manchen Gesprächen wird deutlich, dass Alkoholexzesse, besonders am Wochenende, dazu dienen, aus einem sehr reglementierten Alltag in Schule oder Ausbildung auszubrechen. Und oft, besonders bei den Jüngeren, spielt auch Unerfahrenheit im Umgang mit Alkohol eine Rolle. Für manche endet der erste Kontakt mit Alkohol gleich im Krankenhaus. Manchmal wollen sich die Jüngeren in einer Clique durch einen demonstrativ hohen Alkoholkonsum auch die Gruppenzugehörigkeit „ertrinken". Und bei einer kleinen Teilgruppe deuten die Schilderungen und Begleitumstände darauf hin, dass Alkohol gezielt eingesetzt wird, um Probleme zu vergessen oder „sich wegzutrinken" aus einer Situation, die als überaus belastend und ausweglos erlebt wird.*

*Heidi Kuttler: Exzessiver Alkoholkonsum Jugendlicher. Auswege und Alternativen. In: Aus Politik und Zeitgeschichte. H. 28/2008. S. 16*

**A**

1. Jedes Kind weiß, dass von Drogen immense Gefahren ausgehen, dennoch greifen jeden Tag wieder Menschen danach. Tragen Sie Gründe zusammen, die Jugendliche immer wieder veranlassen können, Drogen zu konsumieren.
2. Spielen Sie folgende Szene in verschiedenen Varianten durch: Auf einer Fete im Freundeskreis werden Ihnen Drogen angeboten. Sie möchten keine Drogen zu sich nehmen. Sie möchten aber auch nicht verspottet werden. Finden Sie eine möglichst coole Ablehnungsformel für Ihr Nein.
3. Dope macht high, Alkohol beschwipst und enthemmt, man fühlt sich einfach besser. Der Ärger und die Sorgen sind ein Stück entrückt. Was ist also gegen derartige Glücksbringer einzuwenden? Klären Sie die Frage in einem Streitgespräch.

Gerade Menschen, die wenig Anerkennung durch andere erleben, die herumgeschubst und nicht geliebt werden, fühlen sich oft unglücklich und nutzlos. Sie können eine leichte Beute von Glücksfängern verschiedenster Art werden.

Elke Peters, eine Scientology-Aussteigerin berichtet über ihre ersten beglückenden Begegnungen mit Scientology.

Q

***Gebraucht werden als Schlüssel zum Glück***

*Permanent hatte ich das Gefühl, stets zur falschen Zeit am falschen Ort zu sein. Und immer dieses Vakuum im Nacken, das die nicht vorhandene Elternliebe hinterlassen hatte. […] Und dann betrat ich zum ersten Mal eine Organisation der Church of Scientology. Hier schien die Luft verzaubert zu sein. Die Menschen begegneten mir mit offenen Armen, und vor allem nahmen sie mich ernst. Schon im Vorgespräch hatte ich das Gefühl, zum ersten Mal in meinem ganzen Leben wirklich verstanden zu werden. Keine Idee war zu abstrus, um mich dafür auszulachen. Plötzlich war ich so wie ich dastand voll akzeptiert. Ich war o.k.!*

*Meine Probleme waren nur noch ein lästiger Ballast, den man durch Auditing und andere Scientology-Techniken schnell abwerfen kann. […] Ich fühlte, dass ich gerade gefunden hatte, wonach ich so lange gesucht hatte, ohne es zu wissen. Nichts wünschte ich mir sehnlicher, als so bald wie möglich wieder dorthin zurückzukehren, um die Gegenwart dieser Menschen zu genießen, die mir offen zeigten, dass ich für sie ein wertvoller Mensch war.*

*Elke Peters zit. Aus: Steven Hassan: Ausbruch aus dem Bann der Sekten. Rowohlt, Reinbek 1993.S. 150ff.*

A

1. Welche Sehnsüchte der Menschen werden durch Pillen, esoterische Angebote, Sekten und Psychogruppen angesprochen?
2. Welche Alternativen, diese Bedürfnisse zu befriedigen, sehen Sie?
3. Recherchieren Sie im Internet, welche Sekten und Psychogruppen in Deutschland aktiv sind. Wählen Sie sich eine Organisation aus. Erstellen Sie dazu ein Poster, auf welchem Sie die Ziele und die Gefahren, die von dieser Organisation ausgehen, darstellen.
4. Auch das Internet bietet Glück: Eine 3D-Online-Welt, welche den Namen „Second Life" trägt, in der jeder ein zweites Leben ganz nach seinem persönlichen Zuschnitt und eigenen Glücksvorstellungen führen kann.
   - Tragen Sie zusammen, was Sie über „Second Life" wissen.
   - Viele Jugendliche besuchen diese Kunstwelt und führen darin ein zweites Leben. Worin sehen Sie den Reiz und das Glück eines solchen zweiten Lebens?
5. Diskutieren Sie darüber, ob und warum/warum nicht Jugendliche in ihrem „Second Life" glücklicher sind als im realen Leben.

## 7.3 Wenn das Glück zu versiegen droht

Im Leben Glück zu haben, bedeutet nicht, dass alles glatt geht. Zu jedem Leben gehören auch krisenhafte Situationen. Sie treten dann auf, wenn man keinen Weg mehr sieht, seine Vorstellung vom Glück zu verwirklichen. Krisensituationen können als Schicksalsschläge eintreten oder auch selbstverschuldet sein. Schwere Lebenskrisen gehen häufig mit dem Gefühl von "Perspektivlosigkeit" einher. Menschen, die solch eine Lebenskrise durchleben, verzweifeln nicht selten.

### Lebenskrisen meistern

**Q** ***Wenn das Leben vergeigt wurde***

*Jürgen hat Mist gebaut. Er wurde zu 16 Monaten Jugendhaft verurteilt, weil er bei einem Diebstahl mit seiner Clique einen Mann niedergeschlagen hat. Seine Zukunft ist jetzt ein großes Fragezeichen. Die Lehrstelle ist futsch. Seine Freundin will mit einem Knacki nichts zu tun haben. Und seine Eltern? Werden sie zu ihm halten? 16 Monate allein in der Zelle – Bett, Tisch, Stuhl, Schrank, Klo, 1,50 x 3,50 m. Die Zeit schleicht dahin, am schlimmsten ist es nachts, wenn das Licht abgeschaltet wird. […] Die Gefahr durchzudrehen ist groß. Doch: "Richtig schlimm wird s erst, wenn du wieder draußen bist", meinte ein Mitinsasse, der aus Erfahrung spricht.*

*Endlich ein Brief von seinen Eltern. Aus dem gefalteten Papier fallen ihm zuerst die Briefmarken entgegen. Seine Mutter hat den Brief geschrieben; er beginnt aufgeregt den Text zu lesen.*

*Natürlich verstehen sie von alledem gar nichts. Sie stellen Fragen: Warum er sie nicht um Geld gebeten habe, wieso er so aggressiv habe sein können, ob ihn die anderen vielleicht gezwungen hätten, ob ihm klar sei, dass er sich damit sein Leben ruinieren könne. Nie hätten sie gedacht, dass er sich zu so etwas hinreißen lassen würde. Und dann auch noch eine so schwere Tat. Zum Glück sei der Mann nicht mehr in Lebensgefahr. Natürlich würden sie ihn unterstützen, er solle ihnen schreiben, was er brauche. Sobald der Richter ihnen einen Besuchsschein zugesandt habe, kämen sie ihn besuchen. Irgendwie werde es schon weitergehen, er solle ja nicht den Mut verlieren.*

*Er kann sein Glück kaum fassen. Tränen treten ihm in die Augen, dann legt er die Handflächen gegen das Gesicht. Irgendwann liest er den Brief ein zweites Mal, dann ein drittes Mal.*

*Frei nach: Uwe Britten: Ab in den Knast, Thienemann, Stuttgart/Wien 1999. S. 7 ff.*

**A**
1. Versetzen Sie sich an Jürgens Stelle und verfassen Sie einen Antwortbrief an die Eltern.
2. Schreiben Sie Jürgen einen Brief, in dem Sie ihm raten, was er jetzt tun soll. Versuchen Sie darin für ihn eine Perspektive zu entwickeln. Berücksichtigen Sie dabei seine wesentlichen Lebensbereiche.

Auch Sandra Schadek steckt in einer Krise. Sie ist 37 Jahre alt und leidet unter der unheilbaren Nervenkrankheit ALS, die zur Lähmung des Organismus führt. Von dem, was sie sich als Jugendliche unter einem glücklichen Leben vorstellte, ist nicht viel geblieben. Sandra Schadek ist krank; ist sie deshalb zwangsläufig unglücklich?

*Welch Glück, zu leben*

**R.W.:** *Frau Schadek, Sie leiden an der Nervenkrankheit ALS. Können Sie noch schreiben?*

**Sandra:** *Ich schreibe alles eigenhändig. Es ist ein Kraftakt, denn ich kann meine Tastatur nur noch mit dem Mittelfinger der rechten Hand bedienen – Klick für Klick ein Buchstabe.*

**R.W.:** *Warum tun Sie sich das an?*

**Sandra:** *Mir ist es wichtig, noch etwas ohne die Hilfe anderer machen zu können.*

**R.W.:** *Können Sie den Kopf heben und in den Himmel sehen?*

**Sandra:** *Nur mit großer Mühe, meist benötige ich die Hilfe anderer. Ist mein Kopf jedoch oben, fällt er mir, weil das aufrechte Obenhalten kaum mehr möglich ist, fast automatisch in den Nacken. So unbequem die Position auch sein mag, sie gibt mir einen uneingeschränkt schönen Blick in den Himmel frei. [...]*

**R.W.:** *Und welches sind die Freuden, die Sie heute haben?*

**Sandra:** *Am schönsten ist es, mit Familie, Freunden und Pflegekräften lachen zu können. Ich bin gerne draußen und freue mich auf den Frühling und die Wärme auf meiner Haut.*

**R.W.:** *Sie schreiben Ihre Homepage und ein Buch. Warum ist das noch wichtig?*

**Sandra:** *Früher hätte ich geantwortet, ich wünschte mir, dass meine Arbeit anderen Menschen hilft. Jetzt habe ich den Grimme Online Award erhalten und kann meine Lebensgeschichte veröffentlichen. So betrachtet, hat mir die Krankheit Wünsche erfüllt, die in einem gesunden Leben vermutlich Träume geblieben wären.*

**R.W.:** *Und welche sind die Freuden, die Sie schmerzlich vermissen?*

**Sandra:** *Ich würde liebend gern wieder richtig laufen, ausgelassen tanzen, schmerzfrei sitzen, ohne Hilfe essen, angstfrei schlucken, ohne Anstrengung atmen, auf dem Bauch schlafen, mit meiner eigenen Hand schreiben oder genauso schnell, wie ich denken kann, sprechen – und beim ersten Mal verstanden werden. Ich vermisse die körperliche Nähe eines Partners, aber am meisten die Leichtigkeit des Lebens, etwas „einfach" tun zu können: einfach mal eben meinen Hund streicheln, eine Freundin anrufen, mich eben mal kratzen, wenn es irgendwo juckt, einfach mal eben aufstehen und etwas aus dem Kühlschrank holen, einfach mal eben unter die Dusche springen, einfach mal eben zu Freunden fahren, ganz normal mit Messer und Gabel essen, einfach mal eben...*

*Sandra Schadek antwortet Roger Willemsen. Aus: ZEIT MAGAZIN. H. 15/2009. S. 54*

1. Sandra zählt auf, was sie gerne tun bzw. erleben möchte, aber nicht erleben kann. Was meinen Sie, ist sie dennoch glücklich?
2. Wenn Ja, woraus speist sich ihr Glücksempfinden? Wenn nein, warum kann sie in ihrer Situation Ihrer Meinung nach nicht glücklich sein?
3. Im Gegensatz zu Jürgen, der verzweifelt ist, erscheint Sandra fast heiter. Wie erklären Sie sich die unterschiedliche Sicht der beiden?

## 7.4. Allein kann niemand glücklich sein

Jeder Mensch lebt in einem Netz sozialer Beziehungen, das ihn hält und das ihn sich selbst als wichtig für andere erfahren lässt. Ohne ein solches Netz persönlicher Beziehungen ist das Wohlbefinden beeinträchtigt. Im Zusammenleben mit anderen, selbst wenn es einmal Streit gibt, erlebt der Einzelne Achtung, erfährt er Sicherheit, fühlt er sich zugehörig und gebraucht..

### Mein Glück inmitten der Anderen

Fernando Savater erläuterte seinem Sohn Amador, warum Glück an die Gemeinschaft mit anderen gebunden ist.

**Q** ***Ein schönes Leben***

*Du willst dir ein schönes Leben machen – wunderbar. Aber du willst auch, dass dieses schöne Leben nicht das eines Blumenkohls oder eines Käfers ist, bei allem Respekt für beide Arten, sondern ein schönes* **menschliches** *Leben. Das ist, was dir entspricht, glaube ich. Und ich bin sicher, dass du darauf für nichts auf der Welt verzichten würdest. Mensch zu sein, das haben wir bereits erwähnt, besteht in erster Linie darin, mit den anderen Menschen Beziehungen zu haben. Wenn du einen Haufen Geld haben könntest, ein Haus, viel prächtiger als ein Palast aus Tausendundeiner Nacht, die besten Klamotten, das teuerste Essen […], die modernste Elektronik, aber dies alles zu dem Preis, dass du niemals wieder Menschen siehst – wärst du dann glücklich? Wie lange könntest du so leben, ohne verrückt zu werden? Ist es nicht die größte Dummheit, Sachen haben zu wollen auf Kosten der Beziehung zu Menschen? Aber wenn genau der Vorzug all dieser Dinge darin besteht, dass sie dir zu erlauben scheinen, eine bessere Beziehung zu den anderen zu haben? Mit Hilfe des Geldes hofft man, die anderen blenden oder kaufen zu können; die Klamotten sollen helfen, dass wir ihnen gefallen oder dass sie uns beneiden; genauso ist es mit dem schönen Haus, den guten Weinen. Ganz zu schweigen von den E-Geräten: Video und Fernseher helfen uns, andere Menschen besser zu sehen, Platten und CDs, sie besser zu hören. Sehr wenige Sachen aber bewahren ihre Vorzüge in der Einsamkeit; und wenn sie vollständig und endgültig ist, werden alle Sachen unwiderruflich bitter. Das schöne Leben des Menschen ist ein schönes Leben* **unter Menschen** *– das Gegenteil könnte auch Leben sein, aber es wird weder schön noch menschlich sein.*

*Fernando Savater: Tu, was du willst. Campus, Frankfurt/New York 2007. S. 60f.*

**A**

1. Setzen Sie sich in einem Streitgespräch mit Savaters Auffassung auseinander. Begründen Sie dabei, ob und inwiefern er Ihrer Meinung nach Recht hat.
2. Jeder sehnt sich hin und wieder danach, allein sein zu können, fernab von Freunden und aller Geschäftigkeit auszuruhen, Gedanken zu ordnen usw. Was unterscheidet das Glück solcher Stunden von einem Leben in Einsamkeit?

## Selbstvertrauen und Glück

Auch etwas erreicht zu haben, worum man sich redlich mühte, macht glücklich und stolz. Dabei ist es gleichgültig, ob man mühsam einen Berggipfel erklommen oder ob man eine Arbeit, die zunächst gar nicht gelingen wollte, erfolgreich beendet hat. Was zählt ist, dass man nicht vorzeitig aufgegeben hat. Das weiß auch Annika.

Annika ist das einzige Mädchen in einer Klasse von lauter Jungs. Sie erlernt den Beruf eines technischen Assistenten für Software. Ihre Berufswahl traf sie ziemlich blauäugig, weil sie gern am Computer spielte und keine Lust verspürte, anderen Leuten die Haare zu frisieren oder den Brei für Zahnfüllungen anzurühren. Sie träumt davon, irgendwann ein eigenes, super spannendes Spiel zu programmieren. Ein Teil der Jungs aus ihrer Klasse guckt mit Herablassung auf Annika und spricht ihr von vornherein das Verständnis für Technik ab. Annika leidet unter der Situation. Sie müht sich redlich, will sich und andern etwas beweisen. Doch gerade Mathe fällt ihr sehr schwer.

### Auszüge aus Annikas Tagebuch: Das schaffe ich nie

| | |
|---|---|
| 30. September | Es geht mir nicht gut. Ich habe das Gefühl, ich schaffe es nicht. Mathe ist ein Scheißfach. Ich verstehe nichts. Herr Wengler kann nicht gut erklären und zu fragen wage ich nicht, weil die Jungs dann immer blöde Sprüche klopfen. Die Ausbildung werde ich wohl hinschmeißen müssen... |
| 9. Oktober | Ich bin krank. Der Arzt meint, organisch fehle mir nichts, ich sei nur nervlich sehr angespannt. Er war trotzdem gnädig, schrieb mich drei Tage krank. Ich bin ihm dankbar. Noch immer kapiere ich in Mathe nichts. Ich fürchte mich vor der Schule. |
| 23. Oktober | Manchmal ist eine Krankheit auch zu etwas gut. Als ich wiederkam, bot mir der stille Sebastian seine Hilfe an. Er lieh mir seine Hefter, damit ich den versäumten Stoff abschreiben konnte und mit Engelsgeduld erklärte er mir Mathe. |
| 30.Oktober | Heute nach dem Unterricht blieben wir im Klassenzimmer und arbeiteten zu viert an einem Projektauftrag: Sebastian, Tim, Patrick und ich. Es hat Spaß gemacht und ich fühlte mich erstmals richtig angenommen. Einmal in der Woche wollen wir künftig zusammen lernen. |
| 4. November | Herr Wengler ließ mich an der Tafel vorrechnen. Er lobte meine Fortschritte. Das tat gut. |
| 3. Dezember | Ich bin so happy! Wir bekamen die Mathearbeit zurück. Eine Drei lachte mir entgegen, eine wunderschöne Drei. Ich bin so happy, meine erste Drei in Mathe hier an der Berufsschule.<br>Ich fühle mich gut und die Ausbildung, ich werde sie schaffen. |

1. Schildern Sie aus ihrem Lebensumfeld ähnliche Situationen, in denen ein Ziel beinahe unerreichbar schien und dann doch erreicht wurde. Wodurch wurde es doch noch erreicht? **A**
2. Welche Gefühle beherrschten die Akteure in Phasen, in denen das Ziel unerreichbar schien?
3. Welche Wirkung hatte der Erfolg?
4. Führen Sie eine Diskussion zum Thema: Sind Erfolg und Glück Zwillinge?

## 7.5. Das eigene Glück schmieden

Zum Glücklichsein gehören bestimmte Fähigkeiten, eine bestimmte Art und Weise, das Leben zu leben.

### Glück ist machbar

Q *Die Pflicht glücklich zu sein*

*Unglücklich oder unzufrieden zu sein, ist leicht; es genügt, den Prinzen zu spielen, sich hinzusetzen und darauf zu warten, dass einem jemand die Zeit vertreibt; der Blick, welcher das Glück einer Ware gleich abschätzt, taucht alles in die Stimmung der Langeweile [...]. Die Erfahrung hat mich gelehrt, dass es unmöglich ist, jemand zu zerstreuen, der sich mit sich selber langweilt.*

*Umgekehrt ist es schön, das Schauspiel des Glücks mit anzusehen. Was gäbe es Schöneres als ein Kind? Allerdings ist es auch mit Leib und Seele bei seinem Spiel dabei; es erwartet nicht, dass ein anderer für es spielt. [...] Vor allem scheint mir klar, dass man unmöglich glücklich sein kann, wenn man es nicht sein will; man muss sein Glück wollen und es machen.*

*Alain: Die Pflicht, glücklich zu sein. Suhrkamp, Frankfurt am Main 1982, S. 223*

Bei Aristoteles findet man 7 Bestimmungen des Glücks, die beim Versuch, das Glück in Gang zu setzen hilfreich sein können.

Q *Glück in Gang setzen*

**1. Glück ist ein wählbares Gut**

*Glück ist entgegen verbreiteten Überzeugungen nichts, was den Einzelnen per Zufall überkommt. Er muss durch die Wahl einer Lebensart, die ihm gemäß ist, dazu beitragen.*

**2. Glück ist eine spezifische Tätigkeit**

*Die gewählte Lebensart erfordert eine aktive Verwirklichung. Aus der inneren Beschäftigung mit der gewählten Lebensart bereits erwächst Glück; selbst die Ausübung alltäglicher Tätigkeiten vermittelt beglückende Erfahrungen.*

**3. Glück ist ein Leben in der Verflochtenheit.**

*Es ist ein Leben des Einzelnen im Netz vielfältiger sozialer Beziehungen.*

**4. Glück setzt dreierlei Güter voraus: seelische, körperliche und äußerliche.**

*Zu den seelischen Gütern für ein glückliches Leben gehört die Lust und das lustvolle Genießen des Lebens, zu den körperlichen die Gesundheit und zu den äußerlichen Geld.*

*Letztere Voraussetzung wird in der Gegenwart oft als nebensächlich abgetan, verkennend, dass es nahezu unmöglich ist, durch edle Taten zu glänzen, wenn man über keinerlei Hilfsmittel verfügt.*

**5. Glück ist etwas, das man lernen kann.**

*Es steht allen offen. Glücklichsein kann man einüben wie andere Fertigkeiten auch.*

**6. Glück ist ein erfülltes Leben.**

*In diesem Sinne können Kinder noch nicht glücklich sein. Unter einem glücklichen Leben ist die gesamte Fülle des Lebens zu verstehen, Leid ebenso wie Freude. Nicht nur ein nur angenehmes Leben garantiert Glück, sondern ein Leben, das das Widrigste und das Angenehmste kennt. Die gesamte Spannbreite des Lebens muss durchlebt sein, um zu wissen, dass man auch die Wechselfälle des Lebens bewältigen kann.*

**7. Glück ist etwas Göttliches.**

*Es ist das A und O unseres Lebens, weil es Erfüllung und Vollendung bedeutet. Glück durchbricht die Begrenztheit des Endlichen und lässt das Individuum teilhaben an der Erfahrung der Unendlichkeit.*

*Frei nach Wilhelm Schmid: Schönes Leben. Suhrkamp, Frankfurt 2005. S. 175-181*

A 1. Entwerfen Sie eine Art Drehbuch für einen kurzen Videoclip mit dem Titel „Glück ist machbar."

## Mut zur Veränderung

„Wenn du immer nur tust, was du immer schon tatest, wirst du immer nur erhalten, was du immer schon erhalten hast." Dieser Ausspruch wird Benjamin Franklin (1706–1790) zugeschrieben. Er verweist auf den Stillstand und eine schleichende Unzufriedenheit, wenn dem Einzelnen Risiko- und Wagnisbereitschaft fehlen.

***Auf zu neuen Ufern***

*Carolin ist wie gewohnt um sechs Uhr aufgestanden, hat sich angezogen, das Frühstück für ihre Familie bereitet, Mann und Kindern die Pausenbrote eingepackt, die Küche aufgeräumt, die Betten gemacht. Jetzt ist es kurz vor halb neun. Carolin steht auf dem Weg zu ihrer Arbeitsstelle im Stau, auch dies nichts Ungewöhnliches. Die Chefin wird nur die Augenbrauen hochziehen, wie immer, wenn Carolin zu spät kommt. Es ist ihr letzter Arbeitstag vor dem Urlaub. Am Abend sind Meyers zu bewirten, ein Ehepaar aus der Nachbarschaft, das im Urlaub ihr Haus beaufsichtigen wird. Ach ja, der Urlaub! Carolin überschlägt, welche Vorbereitungen noch zu treffen sind ... Und plötzlich der Gedanke: Warum tue ich das eigentlich alles? Will ich so leben, wie ich lebe?*

*Meist überfällt uns diese Frage zum unpassenden Zeitpunkt und wird rasch abgetan. Carolin entscheidet sich an diesem Tag erstmals für eine andere Möglichkeit: Sie nimmt die Frage Ernst. [...] Es gibt plötzlich nichts Wichtigeres, als über ihr derzeitiges Leben nachzudenken. Sie muss jetzt allein sein, fährt in ein kleines Café am Fluss, das um diese Zeit fast menschenleer ist, und ruft von dort aus im Geschäft an, es ginge ihr nicht gut, sie könne heute nicht kommen. Das ist nicht einmal gelogen. Wenig später kritzelt Carolin in ein Schreibheft. Sie notiert, womit sie ihre Zeit verbringt. Täglich sechs Stunden Parfüm verkaufen ist ein Posten, gefolgt von kochen, waschen, putzen, spülen, bügeln, einkaufen. Gartenarbeit, Hausaufgaben nachsehen, Chauffeurdienste für die Kinder, Gespräche mit ihrem Mann, gemeinsame Unternehmungen, auch mit Freunden, sportliche Aktivitäten, lesen, reisen, schlafen, fernsehen, träumen ... Carolin versieht die einzelnen Positionen mit Punkten. Was ihr am wenigsten wichtig ist, bekommt einen Punkt. Die wesentlichen Aspekte hingegen bis zu sechs Punkte. Carolin stellt fest, dass der größte Teil ihrer Lebenszeit mit "Niedrigpunkte-Beschäftigungen" ausgefüllt ist. Tätigkeiten, die sie im Grunde nicht mag. Das ist der Beginn einer Wende in ihrem Leben.*

*Im Urlaub lässt sie die neuen Einsichten reifen, spricht auch mit der Familie darüber und trifft - ein Glücksfall – auf Verständnis. Gemeinsam tüfteln sie ein System aus, mit dessen Hilfe sich Carolins Ein-Punkt-Arbeiten im Haushalt auf alle Haushaltsmitglieder verteilen. Nach ihrer Rückkehr hört Carolin sich nach geeigneten Möglichkeiten zur Umschulung um. Sie überrascht die Chefin mit der Kündigung und beginnt eine Ausbildung zur Erzieherin. Ein Praktikum in einer Schule für lernbehinderte Kinder bestätigt sie darin, dass sie die richtige Entscheidung getroffen hat. Carolin verändert sich zunehmend unter diesem Ziel, für das sie ganzen Einsatz bringt. Die vage Unzufriedenheit, die sich mit den Jahren in ihr Leben eingeschlichen hatte und sie zu einer chronischen "Nörglerin" zu machen drohte, verschwindet.*

*Judith Sixel: Lebensziele. Gütersloher Verlagshaus, Gütersloh 2000. S. 63 f.*

Q

A

1. Was sind die Voraussetzungen dafür, dass Carolin ihr Leben ändern kann? Wie schätzen Sie ihr Risiko ein?
2. Was meinen Sie, wird Carolin sich glücklicher fühlen als bisher? Warum/ warum nicht?
3. Hegen auch Sie manchmal den Wunsch, Ihr Leben radikal zu verändern, um glücklicher zu leben? Wenn Ja, was stört Sie in Ihrem jetzigen Leben? Was hindert Sie gegenwärtig, so zu leben wie Sie es gern möchten? Wenn Nein, warum möchten Sie das jetzige Leben nicht missen?

# Glücksformeln?

Das Glück der Menschheit und des einzelnen Menschen zu mehren, ist ein Traum, der so alt ist wie die Menschheit selbst.

Der englische Philosoph Jeremy Bentham (1780–1832) ging davon aus, dass man das Glück, das durch eine Handlung bewirkt wird, berechnen kann. Er schlägt dafür sieben Kriterien vor. Der Wert für das Glück einer Handlung sei um so höher,

**Q**

*1. je intensiver die sich einstellende Lust ist,*
*2. je länger das Glück andauert,*
*3. je größer die Gewissheit ist, dass sich Glück einstellt,*
*4. je schneller sich das Glück einstellt,*
*5. je mehr Freuden der gleichen Art entstehen,*
*6. je mehr neuartige Freuden (keine Leiden) durch die Handlung geweckt werden,*
*7. je mehr Personen vom Glück durch diese Handlung profitieren.*

*Frei nach Jeremy Bentham: Eine Einführung in die Prinzipien der Moral und der Gesetzgebung. In: Einführung in die utilitaristische Ethik. Hg. v. Otfried Höffe, Beck, München 1975, S. 58*

Auch der Nobelpreisträger für Chemie, Wilhelm Ostwald (1853–1932) entwickelte eine Glücksformel.

**Q** *Die Glücksformel*

Sie lautet:

$$G = (E+W)(E-W) = E^2 - W^2$$

G = Glück / E = Energieaufwand für angenehme bzw. angenehm empfundene Dinge
W = Energieaufwand für unangenehme oder unangenehm empfundene Dinge
Betrachtet man die Faktoren (E+W) bzw. (E-W), so kann man Glück auf unterschiedliche Weise vergrößern.

**► Weg eines kraftvollen Lebens**

*(E+W) wird vermehrt, d. h. die gesamte Ausgabe der Energie wird vermehrt, unabhängig von Widersprüchen und Beschwerden. Dazu ist es notwendig, die Gesundheit auf den höchsten Punkt zu bringen, damit immer genügend Energie da ist. Man muss den Schlaf verkürzen, da im Schlaf E = W = 0 ist. Ostwald nennt dieses: Heldenglück.*

**► Weg des furchtsamen oder des einfachen Lebens**

*(E-W) wird so beeinflusst, dass W, der unangenehme Teil des Daseins, vermindert wird, statt E zu mehren. Diese Menschen meiden Wagnisse, dämpfen ihren Ehrgeiz, beschränken ihre Wünsche und suchen eher Befriedigung, denn Wonne. Es handelt sich hierbei um Glück durch Begrenzung, statt Betätigung. Ostwald nennt es: Glück der Hütte.*

*Frei nach: Freimaurer in Leipzig. Hrsg. von Otto Werner Förster. Taurus, Leipzig 1999. S. 105*

**A**

1. Entwerfen Sie, analog einem Lügendetektor, ein Verfahren oder ein Gerät, um Glück zu messen.
2. Berechnen Sie nach der Oswaldschen Formel Ihr persönliches Glück.

## Die Beobachtung

Die Beobachtung als Methode wissenschaftlichen Arbeitens basiert auf der sinnlichen Wahrnehmung, geht jedoch über Alltagswahrnehmungen hinaus.

Mittels der Methode der Beobachtung können wahrnehmbare, unmittelbar feststellbare soziale Tatbestände (etwa das Verhalten von Personen, konkrete Lebensumstände) erfasst werden.

Mittels Beobachtung wird ein Ziel verfolgt, welches im Vorfeld genau definiert wurde. Neben dem Ziel, das mittels Beobachtung erreicht werden soll, wird ebenfalls im Vorab festgelegt:

| | | |
|---|---|---|
| **wer** | – | wird beobachtet |
| **was** | – | wird beobachtet |
| **wo** | – | wird beobachtet |
| **wie lange** | – | wird beobachtet |
| **wie** | – | wird beobachtet *(offen oder verdeckt)* |

Bei der Festlegung des Beobachtungsziels muss beachtet werden, dass nur solche Gegenstände ausgewählt werden, die auch tatsächlich beobachtbar sind. Gefühle oder Handlungsmotive beispielsweise sind schwerlich beobachtbar.

Ein häufiger Fehler bei der Alltagsbeobachtung besteht darin, dass lediglich Auffälligkeiten registriert werden. Beim wissenschaftlichen Beobachten jedoch geht es darum, Sachverhalte in ihrer ganzen Komplexität zu erfassen. Deshalb bedarf es im Vorfeld einer genauen Festlegung, was zu beobachten ist und eines geübten Beobachters, der auch scheinbar unbedeutende Details beachtet, festhält und der sich nicht ablenken lässt.

Es gibt unterschiedliche Formen der Beobachtung:

- Selbst- (z.B. ein Tagesprotokoll über alle im Laufe eines Tages vollzogenen Aktivitäten) und
- Fremdbeobachtung
- teilnehmende (z.B. Wer aus meiner Klasse spricht mich im Laufe eines Schultages an) und
- nicht teilnehmende Beobachtung (ein Außenstehender registriert, wer mit wem wie oft an einem Schultag kommuniziert)

Die im Laufe einer Beobachtungsaufgabe gemachten Beobachtungen müssen sorgfältig protokolliert und nach Abschluss des Beobachtungsvorgangs systematisch im Hinblick auf das formulierte Ziel ausgewertet werden.

1. Beobachten Sie über den Verlauf eines gewöhnlichen Sonnabend Abends hinweg, wie oft und mit welchen Begründungen in Ihrer Freundesclique Alkohol angeboten und getrunken wird. **A**

# 8. Religion

**Q** *Stück vom Himmel*

*Warum in seinem Namen*
*Wir heißen selber auch*
*Wann stehen wir für unsere Dramen*
*Er wird viel zu oft gebraucht*
*Alles unendlich, unendlich*

*Welche Armee ist heilig*
*Du glaubst nicht besser als ich*
*Die Bibel ist nicht zum Einigeln*
*Die Erde ist unsere Pflicht*
*Sie ist freundlich, freundlich, wir eher nicht*

*Ein Stück vom Himmel*
*Ein Platz von Gott*
*Ein Stuhl im Orbit*
*Wir sitzen alle in einem Boot*
*Hier ist dein Haus*
*Hier ist, was zählt*
*Du bist überdacht*
*Von einer grandiosen Welt*

*Religionen sind zu schonen*
*Sie sind für Moral gemacht*
*Da ist nicht eine hehre Lehre*
*Kein Gott hat klüger gedacht*
*Ist im Vorteil, Vorteil*

*Welches Ideal heiligt die Mittel*
*Wer löscht jetzt den Brand*
*Legionen von Kreuzrittern*
*Haben sich blindwütig verrannt*
*Alles unendlich, warum unendlich, krude Zeit*

*Ein Stück vom Himmel*
*Ein Platz von Gott*
*Ein Stuhl im Orbit*
*Wir sitzen alle in einem Boot*
*Hier ist dein Heim*
*Dies ist dein Ziel*
*Du bist ein Unikat*
*Das sein eigenes Orakel spielt*

*Es wird zuviel geglaubt*
*Und zuwenig erzählt*
*Es sind Geschichten*
*Sie einen diese Welt*

*Nöte, Legenden*
*Schicksale*
*Leben und Tod*
*Glückliche Enden*
*Lust und Trost*

*Ein Stück vom Himmel*
*Der Platz von Gott*
*Es gibt Milliarden Farben*
*und jede ist ein eigenes Rot*
*Hier ist Dein Heim*
*Dies unsere Zeit*
*Wir machen vieles richtig*
*Doch wir machen's uns nicht leicht*
*Dies ist mein Haus*
*Dies ist mein Ziel*
*Wer nichts beweist*
*Der beweist schon verdammt viel*

*Es gibt keinen Feind*
*Es gibt keinen Sieg*
*Nichts gehört niemand alleine*
*Keiner hat sein Leben verdient*
*Es gibt genug für alle*
*Es gibt viel schnelles Geld*
*Wir haben raue Mengen*
*Und wir teilen diese Welt*
*Wir stehen in der Pflicht*

*Die Erde ist freundlich*
*Warum wir eigentlich nicht*

*Herbert Grönemeyer*

**A**
1. Hören Sie sich das Lied gemeinsam an.
2. Notieren Sie, welche Erscheinungsformen von Religion Grönemeyer zur Sprache bringt. Welche Probleme spricht er an? Welche Lösung schlägt er vor? Formulieren Sie den Grundgedanken des Liedes in einem Satz.
3. Schreiben Sie eine weitere Strophe zu diesem Lied.
4. Neben Herbert Grönemeyer beschäftigen sich viele Musiker wie etwa Xavier Naidoo, Phil Collins, Depeche Mode und Amy Grant mit dem Thema Religion. Recherchieren Sie dazu im Internet und drucken Sie sich die entsprechenden Texte aus. Veranstalten Sie eine Musikbörse.

## 8.1. Woran du dein Herz hängst – Vom Wesen der Religion

Seit es Menschen gibt, ist Religion ein Bestandteil ihres privaten und gesellschaftlichen Lebens. Das gilt bis heute. Religion beeinflusst nicht nur Kunst und Kultur, sie begegnet uns auch im Alltäglichen: kein Dorf ohne Kirchturm, der Aufkleber mit dem Fisch signalisiert einen Christen am Steuer, Plakate und Sticker verkünden: „Wir sind Papst“, wir zählen die Zeit seit „Christi Geburt“ und haben sonntags frei ...

Heute ist unsere Gesellschaft weitgehend säkularisiert, d.h. verweltlicht. Kann Religion für den modernen Menschen noch Antworten bereithalten?

### Individualismus ersetzt Tradition

In unserer Zeit vollziehen sich in den Lebensmodellen der Menschen große Veränderungen: Die Familie mit ihren starken Bindungen wird immer mehr durch Patchworkfamilien oder überzeugte Singles ersetzt. Die Arbeitswelt erfordert hohe Flexibilität und Mobilität, viele junge Menschen verlassen ihre Heimat, um in anderen Städten oder Ländern zu arbeiten. Freunde, Nachbarn oder Arbeitskollegen werden oftmals danach ausgewählt, ob sie Vorteile bringen oder die gleichen Anschauungen und Interessen haben. Jeder kann sich sein Leben nach seinem Geschmack selbst einrichten. Das gilt nicht zuletzt auch für die Religion. Immer mehr Menschen wenden sich von den traditionellen Kirchen und ihren überlieferten Werten ab. Sie halten alte Formen der Religion für nicht mehr zeitgemäß und suchen ihren eigenen Weg. Die religiöse Vielfalt erscheint dabei fast wie ein Supermarkt – man kann Religion wie eine Ware kaufen, ausprobieren und bei Nichtgefallen wieder aufgeben. Oder man mixt sich aus verschiedenen Elementen seine eigene Religion zusammen. Medienstars machen es vor: Cat Stevens konvertierte zum Islam und nennt sich jetzt Yussuf Islam, Richard Gere ist erklärter Buddhist und Madonna schwört auf die Kabbala, eine mystische Lehre des Judentums.

Q

*Woran glauben Sie?*
*Einstellungen zur Religiosität bei Jugendlichen im Alter von 12 bis 25 Jahren (in %)*

*30 % Es gibt einen persönlichen Gott.*
*28 % Ich glaube nicht, dass es einen persönlichen Gott oder eine überirdische Macht gibt.*
*23 % Ich weiß nicht richtig, was ich glauben soll.*
*19 % Es gibt eine überirdische Macht.*

*Shell Jugendstudie. Jugend 2006. hrsg. v. Shell Deutschland Holding. Fischer TBV, Frankfurt 2006, S. 208*

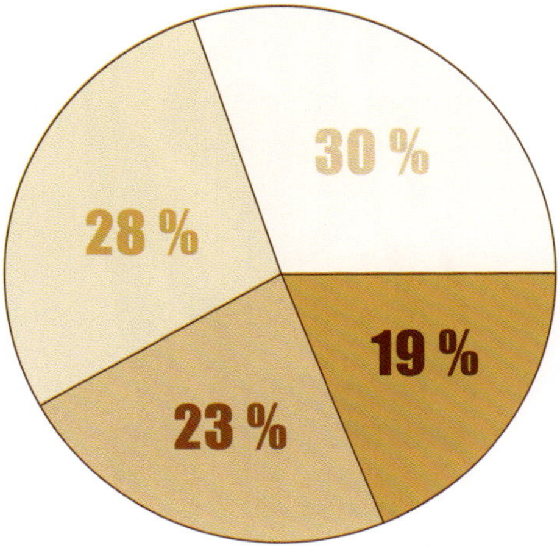


A

1. Was verstehen Sie unter Religion? Orientieren Sie sich bei Ihren Überlegungen an der ABC-Methode oder dem Brainstorming.
2. Überdenken Sie Ihre eigene Einstellung zur Religion. Welche Bedeutung hat Religiosität in Ihrem eigenen Leben? Wonach suchen Sie, was wünschen Sie sich? Haben Sie schon einen Weg gefunden?
3. Wie stehen Sie zu den großen Kirchen? Diskutieren Sie darüber.

# Was ist Religion?

Diese Frage wird unterschiedlich beantwortet. Für die einen ist es der Glaube an übernatürliche Wesen (Götter) und Kräfte, für andere sind es bestimmte Gegenstände oder rituelle Akte oder eine Gemeinschaft von Menschen mit bestimmten Moralvorstellungen. Was aber macht das Wesen von Religion aus?

**Q** ***Die Dimension der Tiefe***

*Das entscheidende Element in der gegenwärtigen Situation des westlichen Menschen ist der Verlust der Dimension der Tiefe.*

*„Dimension der Tiefe" ist eine räumliche Metapher* – was bedeutet sie, wenn man sie auf das geistige Leben des Menschen anwendet und sagt, dass sie ihm verloren gegangen sei? Es bedeutet, dass der Mensch die Antwort auf die Frage nach dem Sinn des Lebens verloren hat, die Frage danach, woher er kommt, wohin er geht, was er tun und was er aus sich machen soll in der kurzen Spanne zwischen Geburt und Tod. Diese Fragen finden keine Antwort mehr, ja, sie werden nicht einmal mehr gestellt, wenn die Dimension der Tiefe verloren gegangen ist. Und genau dies hat sich in unserer Zeit ereignet. Unsere Generation hat keinen Mut mehr, solche Fragen mit unbedingtem Ernst zu stellen, wie es frühere Generationen taten, und sie hat auch keinen Mut mehr, auf irgendwelche Antworten auf diese Fragen zu hören.*

*Ich beabsichtige, die Dimension der Tiefe im Menschen als seine „religiöse Dimension" zu bezeichnen. Religiös sein bedeutet, leidenschaftlich nach dem Sinn unseres Lebens zu fragen und für Antworten offen zu sein, auch wenn sie uns tief erschüttern. Eine solche Auffassung macht die Religion zu etwas universal Menschlichem, wenn sie auch von dem abweicht, was man gewöhnlich unter Religion versteht.*

*Religion als Tiefendimension ist nicht der Glaube an die Existenz von Göttern, auch nicht an die Existenz eines einzigen Gottes. Sie besteht nicht in Handlungen und Einrichtungen, in denen sich die Verbindung des Menschen mit seinem Gott darstellt. Niemand kann bestreiten, dass die geschichtlichen Religionen „Religion" in diesem Sinne sind. Aber Religion in ihrem wahren Wesen ist mehr als Religion in diesem Sinne: Sie ist das Sein des Menschen, sofern es ihm um den Sinn seines Lebens und des Daseins überhaupt geht.*

*Paul Tillich: Die verlorene Dimension. Furche, Hamburg 1962. S. 8f.*

**A**
1. Beantworten Sie die Frage, was Religion für Sie ist und begründen Sie ihre Sichtweise mit wenigen Worten.
2. Geben Sie den Inhalt des Textes von Paul Tillich in Thesen wieder. Nutzen Sie zur Erarbeitung die Methodenseite dieses Kapitels auf Seite 201.
3. Erläutern Sie die beiden Religionsbegriffe, die Tillich im Text gegenüberstellt.
4. Setzen Sie sich mit der Aussage des Textes auseinander.

## Inhaltsanalyse

„Der Mensch lernt, so lange er lebt.“
In der Ausbildung und auch später im Berufsleben werden Sie sich immer wieder Fachwissen aneignen und neue Informationen verarbeiten müssen. Dabei werden Sie besonders auf Fachliteratur zurückgreifen. Um den Inhalt eines Fachtextes verstehen zu können, ist es notwendig, sich eine Methode anzueignen, die es ermöglicht, das Wesentliche zu erfassen und den Inhalt korrekt wiederzugeben.

Bewährt haben sich dabei fünf Schritte:

1. Klären Sie, welche Erwartungen Sie an den Text stellen.
   Umreißen Sie das Thema und notieren Sie sich die Fragen, auf die Sie Antworten erwarten.

2. Verschaffen Sie sich einen Überblick über den Inhalt des Textes.
   Lesen Sie die Überschrift und überfliegen Sie den Text. So können Sie sehr schnell feststellen, ob er Informationen zu Ihrem Thema und Antworten auf Ihre Fragen enthält.

3. Lesen Sie den Text nun ein zweites Mal, diesmal gründlich und nehmen Sie Markierungen vor.
   Viele Schüler neigen dazu, den Textmarker allzu großzügig zu verwenden, und am Ende ist fast der gesamte Text markiert. Das hilft Ihnen aber wenig. Markieren Sie deshalb besser Schlüsselwörter und zentrale Textaussagen, unbekannte Begriffe bzw. unklare Textstellen. Hierbei ist es wichtig, dass Sie immer die gleichen Markierungen verwenden, so dass Sie damit auch später noch etwas anfangen können. Unten finden Sie einige Vorschläge dazu.

4. Fassen Sie den Inhalt der einzelnen Abschnitte in kurzen Aussagen (Thesen) zusammen.
   Worum geht es in diesem Abschnitt, welche Aussagen werden getroffen? Sie können ebenso für jeden Abschnitt eine Überschrift formulieren.

5. Notieren Sie sich die wesentlichen Aussagen des Textes.
   Wählen Sie eine Form, die für Sie geeignet ist, z.B. eine kurze Inhaltsangabe, Stichpunkte, Mind-Map oder wörtliche Zitate.

***Beispiele für Markierungen in einem Text***

? unklare Textstelle

! Aussage, die Ihren eigenen Ansichten besonders entspricht

Def. Definition, Merksatz

A

1. Wenden Sie die Methode der Inhaltsanalyse auf den Text von Paul Tillich auf Seite 200 an.
2. Fertigen Sie sich eine kleine Karteikarte mit einer Legende für Ihre persönlichen Markierungen an, die Sie immer griffbereit haben.

## 8.2. Heil sein, Ganz sein – Funktionen von Religion

Religion gehört zum menschlichen Leben. Wissenschaftler sprechen sogar davon, dass Religion ein menschliches Grundbedürfnis und damit existentiell für den Menschen ist. Braucht der Mensch also Religion? Welche Bedeutung kann Religion für das Leben des Einzelnen haben?

### Wozu Religion?

**Q** *Wonach sehnen sich Menschen? Es ist der Wunsch, ganz zu sein, das Bedürfnis nach einem unzerstückten Leben. Das alte Wort der religiösen Sprache „Heil" drückt genau dieses Ganzsein, Unzerstücktsein, Nicht-kaputt-sein aus. Dass die kaputten Typen – und wer rechnet sich nicht zuzeiten dazu? – den Wunsch haben, ganz zu sein, ist nur zu verständlich. Es ist zugleich der Wunsch nach einem Leben ohne Berechnung und ohne Angst, ohne äußere oder bereits verinnerlichte Erfolgskontrolle, ohne Absicherung. Vertrauen können, hoffen können, glauben können – alle diese Erfahrungen sind mit einem intensiven Glücksgefühl verbunden, und eben um dieses Glück des Ganzseins geht es in der Religion.*

*Dorothee Sölle: Der Wunsch, ganz zu sein. Gedanken zur neuen Religiosität. In: Ingrid Riedel (Hg.): Der unverbrauchte Gott. Scherz , München 1982. S. 7*

**Wer bin ich?** **Wozu lebe ich?** **Wohin gehe ich?** **Was ist gut?** **Was ist böse?** **Was soll ich tun?** **Warum gibt es Leid auf der Welt?** **Was geschieht nach dem Tod?**

**Q** *Sichtweisen*

*Für mich hat Religion mit meinem Leben zu tun. Es geht doch nicht nur darum, zu arbeiten, eine Familie zu gründen, alt zu werden und zu sterben. Da muss es doch noch etwas anderes geben. Religion zeigt mir einen Weg, mein Leben richtig zu gestalten, für andere Menschen da zu sein, einen Platz in der Gemeinschaft zu haben, zu wissen, was gut und böse ist. Der Mensch ist doch ganz klein, da ist es wichtig zu spüren, dass es Gott gibt und dass ich mit ihm sprechen kann. Dass ich so sein kann, wie ich bin.*

*Andrea (18), Berufsschülerin*

**Q** *Religion ist Glaubenssache. Schließlich kann man ja nicht beweisen, dass es Gott gibt, oder? Ich habe da keinen Bezug zu. Ich verlasse mich lieber auf mich selbst. Ich habe meine eigene Meinung und will mein Leben so gestalten, wie ich es will und nicht, wie es mir eine Religion vorschreibt.*

*Tina (19), Fachschülerin*

**A**
1. Stellen Sie mit eigenen Worten dar, was Dorothee Sölle unter Religion versteht.
2. Was bedeutet „Ganzsein" für Sie persönlich? Gibt es Situationen, in denen Sie sich „ganz" fühlen? Was brauchen Sie oder müssen Sie dafür tun?
3. In welchen Situationen fühlen Sie sich nicht ganz? Woraus resultiert dann das Gefühl des Nicht-Heil-Seins?

## Religion als Richtschnur für das Handeln

Viele Religionen kennen Gebote und Verbote, die von den Gläubigen eingehalten werden sollen. Dazu zählen Regeln für das Verhältnis des Einzelnen zu Gott, für das menschliche Zusammenleben sowie religiöse Vorschriften, die Nahrung, Kleidung, Hygiene oder rituelle Handlungen betreffen.

Religion bewahrt die Sehnsucht des Menschen nach dem Guten.
Religion kann dem Einzelnen zur Orientierung im Leben dienen.

Q

***Gespräch mit einem deutschen Buddhisten***

**B:** *Sie sind praktizierender Buddhist in Hannover. Der Buddhismus ist ein gelebter Glaube. Wie äußert sich das im täglichen Leben?*

**S:** *Ich übe mich in reiner buddhistischer Lebensweise. Das bedeutet, dass ich Leid, wann immer es mir möglich ist, verhindern möchte und so viel Glück geben möchte, wie ich kann. Das bezieht sich sowohl auf meine Mitmenschen, als auch auf alle anderen Wesen. Ich bemühe mich um Liebe und Mitgefühl für alle Wesen, wobei ich diese als wichtiger, nicht aber als höherwertiger erachte, als mich selbst.*

**B:** *Können Sie ein Beispiel nennen?*

**S:** *Wenn ich z. B. in ein überfülltes Kaufhaus gehe und mir tritt jemand auf den Fuß oder Ähnliches, bemühe ich mich, das nicht negativ zu sehen. Das Leid, das ich erfahre, hat seinen Grund in meinem Karma. Das bedeutet, dass derjenige, der mir auf den Fuß getreten hat, eigentlich gar nicht schuld ist. Würde ich nun schimpfen oder dem anderen vorhalten, er hätte mir wehgetan, würde ich zusätzliches Leid schaffen, indem sich der andere wiederum ärgern würde oder es ihm wortwörtlich leid täte.*

**B:** *Was ist, wenn ein Tier Ihnen Schmerz zufügt? Z. B. wenn eine Mücke Sie sticht?*

**S:** *Ich würde sie mich stechen lassen. Alle Wesen, in welchem Formkörper sie auch auftreten, haben den gleichen Geist. Ich will keinem anderen geistigen Wesen Leid zufügen, also töte ich die Mücke nicht.*

*Anja Bogdanski: Interview mit Hartmut Stender. In: Buddhismus. Verlag Beate Christmann, Ilsede, o.J. S. 23*

A

1. Welche buddhistische Grundeinstellung kommt im Gespräch zum Ausdruck? Könnten Sie persönlich danach leben? Tragen Sie weitere Beispiele aus dem alltäglichen Leben zusammen, in denen die buddhistische Grundeinstellung zum Tragen kommt. Wie reagieren Sie? Wie würde ein Buddhist reagieren?
2. „Woran du dein Herz hängst und worauf du dich verlässt, das ist eigentlich dein Gott." (Martin Luther im Großen Katechismus). Woran hängen Sie Ihr Herz? An Ihr Handy, Ihr Motorrad/Auto, den Freund/die Freundin, an Make-up, an Partys am Wochenende?
3. Auf wen oder was verlassen Sie sich? Auf das Horoskop in der Tageszeitung, auf den besten Kumpel, das Fitnessstudio, auf Ihr Glück? Sehen Sie darin einen „Religionsersatz"? Diskutieren Sie darüber.

## Deutungen der Welt

Erzählungen von der Welt und ihrer Entstehung, der Stellung des Menschen in der Welt gibt es in allen Religionen und Kulturen. Die Erschaffung der Welt und des Menschen durch einen Gott bzw. mehrere Götter wird als „Schöpfung" bezeichnet. Zu den bekanntesten Schöpfungsmythen zählen zum Beispiel die Schöpfungsberichte des Alten Testaments, der babylonische Schöpfungsmythos Enuma Elish oder die Traumzeit der Aborigines.

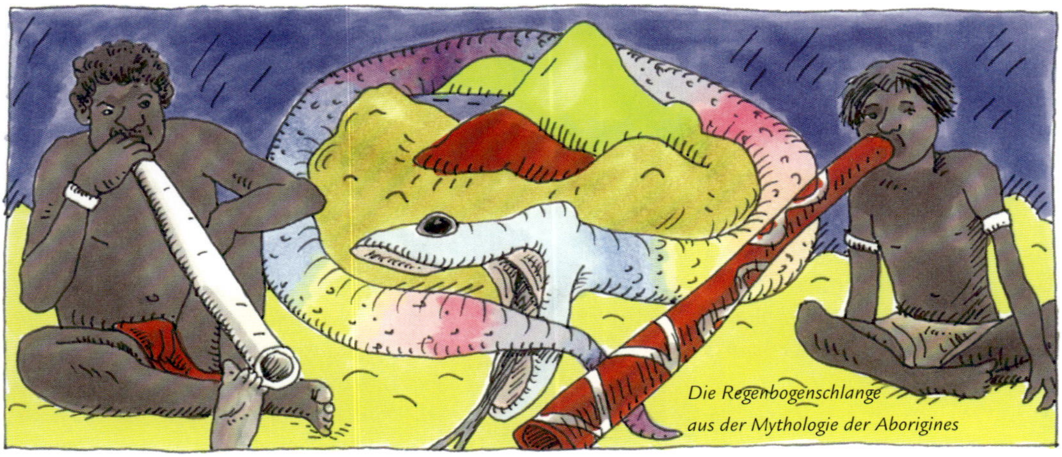

*Die Regenbogenschlange aus der Mythologie der Aborigines*

**Q** *Die Bedeutung des Mythos**

*Das uneingeschränkte, alles übersteigende Göttliche kann der Mensch nicht mit bloßer Vernunft erfassen und beschreiben. Der religiöse Mensch glaubt an einen Gott, der unsere Denkmöglichkeiten und technischen Mittel immer übersteigt. Der Mythos ist eine Hilfe, das Unvorstellbare wenigstens zu erahnen.*

*Adel Theodor Koury: In: P.M. Perspektive. H. 2/2004, S. 37*

Religion kann dem Glaubenden Antworten auf die Fragen nach dem Woher und Wohin, nach dem Sinn und dem Ziel der Welt und des Menschen geben.

### Aus dem Rigveda

Für die Hindus besteht die Welt seit Ewigkeiten. Immer wieder ist sie entstanden und vergangen, immer wieder wird sie neu entstehen und vergehen. So ergeht es auch allen Lebewesen, sie werden geboren, leben, sterben und werden wiedergeboren.

**Q** *Wer weiß in Wahrheit, wer vermag zu künden,*
*woher sie ward, woher sie kam, die Schöpfung?*
*Die Götter reichen nicht in jene Ferne –*
*Wer ist's, der weiß, von wo sie ist gekommen?*
*Von wannen diese Schöpfung ist gekommen,*
*ob sie geschaffen, ob sie ungeschaffen –*
*das weiß nur er, der Allbeschauer droben*
*am höchsten Himmel – oder weiß auch er's nicht?*

*Rudolf Jockel: Götter und Dämonen. Holle, Darmstadt/Genf 1953. Nr. 29*

## Die Schöpfung – Offenbarung Gottes

Die biblischen Aussagen zur Schöpfung bilden bis heute einen wichtigen Bezugspunkt bei Fragen nach dem Sinn der Welt, der Stellung des Menschen und seiner Verantwortung für die Welt.

Das Alte Testament beginnt mit zwei Schöpfungserzählungen. Daraus wird deutlich, dass es nicht *die eine* biblische Aussage über die Schöpfung gibt, sondern verschiedene Glaubenszeugnisse, die aus unterschiedlichen Zeiten stammen, bestimmte Vorstellungen enthalten und jeweils andere Aspekte in den Mittelpunkt stellen.

Q

***Der erste Schöpfungsbericht***

*Am Anfang schuf Gott Himmel und Erde. Und die Erde war wüst und leer.*

*Und Gott sprach: Es werde Licht! Und es ward Licht. Und Gott sah, dass das Licht gut war. Da schied Gott das Licht von der Finsternis und nannte das Licht Tag und die Finsternis Nacht. Da ward aus Abend und Morgen der erste Tag.*

*Und Gott sprach: Es werde eine Feste zwischen den Wassern. Und Gott nannte die Feste Himmel. Da ward aus Abend und Morgen der zweite Tag.*

*Und Gott sprach: Es sammle sich das Wasser unter dem Himmel an besondere Orte. Und Gott nannte das Trockene Erde, und die Sammlung der Wasser nannte er Meer.*

*Und Gott sprach: Es lasse die Erde aufgehen Gras und Kraut, das Samen bringe, und fruchtbare Bäume auf Erden, die ein jeder nach seiner Art Früchte trage, in denen ihr Same ist. Und Gott sah, dass es gut war. Da ward aus Abend und Morgen der dritte Tag.*

*Und Gott sprach: Es werden Lichter an der Feste des Himmels, die da scheinen Tag und Nacht und geben Zeichen, Zeiten und Jahre. Und Gott machte zwei große Lichter: ein großes Licht, das den Tag regiere, und ein kleines Licht, das die Nacht regiere, dazu auch die Sterne. Und Gott sah, dass es gut war. Da ward aus Abend und Morgen der vierte Tag.*

*Und Gott sprach: Es wimmle das Wasser von lebendigem Getier, und Vögel sollen fliegen auf Erden unter der Feste des Himmels. Und Gott sah, dass es gut war. Und Gott segnete sie. Da ward aus Abend und Morgen der fünfte Tag.*

*Und Gott sprach: Die Erde bringe hervor lebendiges Getier, ein jedes nach seiner Art: Vieh, Gewürm und Tiere des Feldes. Und es geschah so. Und Gott sah, dass es gut war.*

*Und Gott sprach: Lasset uns Menschen machen, ein Bild, das uns gleich sei, die da herrschen über die Fische im Meer und über die Vögel unter dem Himmel und über das Vieh und über alle Tiere des Feldes und über alles Gewürm, das auf Erden kriecht. Und Gott sah an alles, was er gemacht hatte, und siehe, es war sehr gut. Da ward aus Abend und Morgen der sechste Tag.*

*Und so vollendete Gott am siebenten Tag seine Werke, die er machte, und ruhte am siebenten Tage von allen seinen Werken, die er gemacht hatte. Und Gott segnete den siebenten Tag und heiligte ihn.*

*Bibel. Altes Testament. 1. Mose 1,1-2,4a*

A

1. Tragen Sie verschiedene Schöpfungsmythen zusammen. Arbeiten Sie Gemeinsamkeiten heraus. Vergleichen Sie, was diese Mythen über den Menschen und seine Stellung in der Welt aussagen. Stellen Sie Ihre Ergebnisse informativ und übersichtlich dar (Mindmap, Handout, Plakat usw.).

## Warum lässt Gott das zu?

Unsere Welt ist voll von Grausamkeit und Rücksichtslosigkeit, Krieg und Hunger, Not und Elend, Ungerechtigkeit und Hass. Viele Menschen leiden unter schweren Krankheiten, Ängsten und Sorgen. Das Leid trifft sowohl Erwachsene als auch Kinder, sowohl Schuldige als auch Unschuldige. Angesichts dessen stellt sich die Frage, wie ein liebender und barmherziger Gott das zulassen kann, wenn er es in seiner Allmacht doch verhindern könnte.

**Q** *Warum?*

*Entweder will Gott die Übel beseitigen und kann es nicht, oder er kann es und will es nicht, oder er kann es nicht und will es nicht, oder er kann es und will es. Wenn er nun will und nicht kann, so ist er schwach, was auf Gott nicht zutrifft. Wenn er kann und nicht will, dann ist er missgünstig, was Gott ebenfalls fremd ist. Wenn er nicht will und nicht kann, dann ist er sowohl missgünstig wie auch schwach und dann auch nicht Gott. Wenn er aber will und kann, was allein sich für Gott ziemt, woher kommen dann die Übel, und warum nimmt er sie dann nicht weg?*

*Epikur zit. aus: Lucius Caecilius Firmianus Lactanius: Vom Zorne Gottes. Wiss. Buchgesellschaft, Darmstadt 1983. S. 3*

Religion kann dem Einzelnen helfen, Lebenskrisen wie Leid, Schuld, Unrecht und Tod zu bewältigen.

**Q**

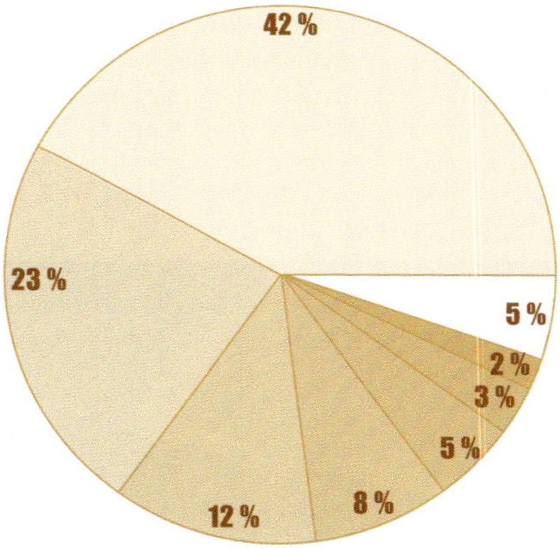


*Wie kommt das Böse in die Welt? – Eine Umfrage*

| | |
|---|---|
| **42 %** | *Durch das menschliche Streben nach Macht* |
| **23 %** | *schlechte Einflüsse (schlechte Erziehung oder traumatisierte Kindheit)* |
| **12 %** | *Durch die naturgegebene Aggression des Menschen* |
| **8 %** | *Das Böse gibt es gar nicht, alles, was passiert, ist Zufall* |
| **5 %** | *Durch die menschlichen Triebe wie Lust und Begierde* |
| **3 %** | *Durch den Teufel* |
| **2 %** | *Weil der Mensch sich an die Stelle Gottes setzt* |
| **5 %** | *Keine Angabe* |

*© Chrismons. http://www.chrismon.de/1251.php*

Das biblische Buch Hiob setzt sich mit der Frage, woher das Leid kommt, auseinander. Hiob lebt ein gottesfürchtiges Leben ohne Tadel, trotzdem trifft ihn das Unglück. Wird er den Glauben an Gott aufgeben, weil es für sein Leid keinen logischen Grund gibt? Kann Gott ein gerechter Gott sein, wenn er das Leiden des Unschuldigen zulässt? Hiob fordert Gott auf, sich einem Prozess zu stellen. Gott gibt seine Antwort im Sturmwind. Er fragt Hiob: „Wo warst du, als ich die Erde gründete? Du warst nicht dabei, als ich die Schöpfung ordnete. Also überlass es mir, was ich tue und zulasse.“ Hiob unterwirft sich dem rätselhaften Tun Gottes: „Der Herr hat’s gegeben, der Herr hat’s genommen; der Name des Herrn sei gelobt!“

Die Frage nach dem Sinn des Leidens spielt auch in der Philosophie eine große Rolle. Der deutsche Philosoph Gottfried Wilhelm Leibniz (1646–1716) prägte erstmals den Begriff „Theodizee“, d.h. Rechtfertigung Gottes. Er versuchte zu erklären, warum es in der Schöpfung Leid gibt. Leibniz ist davon überzeugt, dass Gott die beste aller möglichen Welten geschaffen hat. Gott in seiner Allmacht wäre eine leidfreie Schöpfung möglich gewesen, aber sie wäre nicht besser. Die Übel resultieren für ihn aus der Endlichkeit der Schöpfung, der Unvollkommenheit der menschlichen Existenz und aus der Freiheit des menschlichen Willens. Diese Ansichten blieben nicht lange ohne Kritik, besonders durch Philosophen wie David Hume (1711–1776), Voltaire (1694–1778) und Immanuel Kant (1724–1804).

Auf die Frage nach der Ursache für das Leid in der Welt sind verschiedene Antworten gegeben worden: Gott lässt das Leiden nur zu, er will es, aber er verursacht es nicht. Das Leiden ist als Prüfung und Möglichkeit der Bewährung des Menschen zu sehen. Gott straft die Menschen durch das Leiden als Vergeltung für ihre Bosheit. Viele Leiden sind unvermeidbar, weil sie den Gesetzen der Natur entsprechen. Andere werden ausschließlich von Menschen verursacht und unterliegen ihrer eigenen Verantwortung...

**Q**

***Gott ist dem Leiden näher***

*Es gibt so viele Erfahrungen und Enttäuschungen, die dem Nihilismus* und der Resignation bei empfindsamen Menschen einen Weg bahnen. So ist es gut, früh genug zu lernen, dass Leiden und Gott kein Widerspruch ist, sondern vielmehr eine notwendige Einheit. Ich denke, Gott ist dem Leiden näher als dem Glück, und Gott auf diese Weise zu finden gibt Frieden und Ruhe und ein starkes und mutiges Herz.*

*Dietrich Bonhoeffer: In: Freiheit zum Leben. Dietrich Bonhoeffer für Jugendliche. Gütersloher Verlagshaus, Gütersloh 2001. o.S.*

**A**

1. Was würden Sie persönlich sagen, wenn Sie nach der Ursache des Leidens gefragt würden? Versuchen Sie eine eigene Antwort auf die Frage zu formulieren.
2. Informieren Sie sich über Inhalt und Aussage des biblischen Hiob-Buches. Ist es nicht ungerecht von Gott, Hiob leiden zu lassen?

**T**

Lesen Sie das Buch „Widerstand und Ergebung“ von Dietrich Bonhoeffer. Versuchen Sie nachzuempfinden, wie Bonhoeffer zu der Einstellung gekommen ist: „Gott ist dem Leiden näher als dem Glück“.

**A**

3. Besonders nach der Shoa, dem Völkermord an den Juden zur Zeit des Nationalsozialismus, stellen sich viele Menschen die Frage, ob und wie man noch an Gott glauben kann. Recherchieren Sie, welche Antworten darauf gegeben werden.

## Religiöse Symbole

Das Wort „Symbol" stammt vom griechischen „symballein" ab, das „zusammenwerfen" bzw. „zusammenfügen" bedeutet. Im alten Griechenland zerbrach man einen Ring oder eine Tontafel und gab eine Hälfte als Erkennungszeichen an einen Freund oder einen Geschäftspartner weiter. Traf man sich wieder, wurden beide Hälften zusammengefügt und man erkannte den anderen. Symbole bestehen bis heute aus einem sichtbaren Teil, etwa dem Symbol des Äskulapstabes*, und weisen damit auf einen anderen, nicht sichtbaren Teil hin, z.B. dass sich hier eine medizinische Einrichtung befindet. Ebenso ist es mit religiösen Symbolen. Das, was sie im Eigentlichen sagen wollen, sieht man nicht auf den ersten Blick.

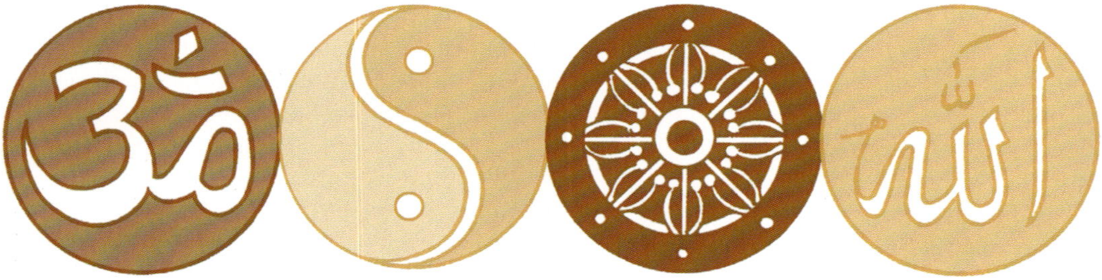

Religion kann zur Erfahrung des Transzendenten* bzw. des Kontakts mit dem Heiligen führen.

**Q** *Die Sprache der Religion*

*Das Symbol ist die Sprache der Religion. Es ist die einzige Sprache, in der sich die Religion direkt ausdrücken kann. [...] Das erste und fundamentale Merkmal aller repräsentativen Symbole ist ihre Eigenschaft, über sich hinauszuweisen. Symbole enthalten einerseits einen symbolischen Stoff. Das kann ein Wort in seiner gewöhnlichen, konkreten Bedeutung sein, oder die empirische Gestalt einer historischen Persönlichkeit, oder die konkreten Züge eines Menschengesichts (in der Malerei), oder ein menschlicher Konflikt (im Drama), oder ein menschliches Ideal (in der Beschreibung des Göttlichen). Aber dieser Stoff in seiner wörtlichen Bedeutung oder seinem konkreten Dasein ist nicht das, worum es im Symbol geht. Wenn der Stoff symbolisch gebraucht wird, weist er auf etwas hin, das nicht unmittelbar ergriffen, sondern nur indirekt ausgedrückt werden kann. [...]*

*Paul Tillich: Recht und Bedeutung religiöser Symbole. In: Ders.: Gesammelte Werke V, Evangelisches Verlagswerk, Stuttgart 1964, S. 237 ff.*

**A**
1. Formulieren Sie mit eigenen Worten, was ein Symbol ist. Informieren Sie sich zusätzlich im Internet.
2. Begründen Sie, warum Paul Tillich davon spricht, dass Symbole die „Sprache der Religion" sind. Überprüfen Sie die Aussagen des Textes z.B. anhand des christlichen Symbols „Kreuz".
3. Wählen Sie eines der (abgebildeten) religiösen Symbole aus, mit dem Sie sich näher beschäftigen wollen. Finden Sie sich dann in den entsprechenden Gruppen zusammen. Arbeiten Sie heraus, wofür das Symbol steht, woher es stammt und welche religiöse Bedeutung es besitzt.

## Religiöse Symbole in der Werbung

Adam und Eva werben für Apfelsaft oder ein „paradiesisches" Auto, Mönche brauen das beste Bier, Engel genießen sahnig-leichten Frischkäse – religiöse Symbole und Motive erscheinen immer wieder in der Werbung und moderne Einkaufstempel sollen die Menschen zum Kauf anregen.

Q

*Das versprochene Paradies*

*Die Marketingstrategen bauen auf den Bekanntheitsgrad und die Wirkung von Engeln und Teufeln, Apfel und Schlange, Himmel und Hölle. Die Werbung bedient sich jedoch nicht einfach nur religiöser Motive, sie bietet mit den beworbenen Produkten sogar eine Art „Ersatzreligion" an. Sie besetzt die in der Moderne frei gewordene Stelle Gottes mit dem Produkt und versucht so, aus Kunden Marken-Gläubige zu machen. Um manche Marken entsteht tatsächlich so etwas wie ein „Kult". Wer zu einer Konsumgemeinschaft gehören will – an Stelle einer Glaubensgemeinschaft – muss die gleiche Marke wählen wie die anderen. Bei Wahl der falschen Marke droht die Exkommunikation. So lautet eine von sechs Thesen der beiden katholischen Theologen Hagen Horoba und Andreas Fuchs aus Regensburg. Sie haben unter der Internetadresse www.glauben-und-kaufen.de inzwischen rund 450 Werbeanzeigen aus Zeitschriften gesammelt, die religiöse Motive verwenden. Das Bischöfliche Ordinariat Regensburg unterstützt und finanziert das Projekt. Horoba und Fuchs sind überzeugt: „Wie die Religion versucht, durch Vermittlung einer sinnvollen Lebensgestaltung dazu beizutragen, dass das Leben gelingt, so versucht es die Werbung, indem sie dem Kunden suggeriert, dass er nur durch den Kauf, Besitz und Gebrauch eines Produktes erfüllt leben kann."*

*Sonntagsblatt. Evangelische Wochenzeitung für Bayern, 08.-23.02.2003*

A

1. Sammeln Sie Werbeanzeigen mit religiösen Symbolen oder Motiven. Filtern Sie die religiösen Bestandteile heraus. Stellen Sie dann dem Produkt die jeweilige religiöse Aussage gegenüber.
2. Führen Sie eine Pro-Contra-Diskussion darüber, ob mit religiösen Elementen geworben werden soll.

P

3. Drehen Sie den Spieß um. Entwerfen Sie Plakate, auf denen Sie für religiöse Werte werben.

## Das Symbol „Weg“

Im Alten Testament findet sich das Symbol „Weg“ vor allem in den Erzählungen vom Auszug des Volkes Israel aus Ägypten. Der Weg aus der Knechtschaft in die Freiheit, in das gelobte Land Kanaan.

Vielleicht ist Ihnen diese Geschichte aus einer der zahlreichen Verfilmungen bekannt. Aufgrund einer Hungersnot waren die Israeliten nach Ägypten, in fruchtbarere Gebiete gezogen. Später gerieten sie dort – als Fremde – in Knechtschaft und mussten Fronarbeit leisten. Mose wurde von Gott dazu berufen, das Volk zu befreien. Nach langen Auseinandersetzungen und den zehn Plagen ließ der Pharao die Menschen endlich ziehen und Mose führte sie in die Freiheit. Am Berg Sinai erhielt Mose von Gott die Zehn Gebote. Nach vierzig Jahren in der Wüste zogen die Israeliten schließlich nach Kanaan, in das gelobte Land.

**Q** *Gottes Wege*
*Und gedenke des ganzen Weges, den dich der Herr, dein Gott, geleitet hat diese vierzig Jahre in der Wüste […] So halte nun die Gebote des Herrn, deines Gottes, dass du in seinen Wegen wandelst und ihn fürchtest.*

*Bibel. Altes Testament. 5. Mose 8,2a.6*

Im Neuen Testament ist das Symbol des Weges vor allem mit dem Lebens- und Leidensweg Jesu verbunden. Auch hier führt der Weg aus der Bedrängnis in die Freiheit und eröffnet den Sinn des Lebens.

**Q** *Jesus Christus*
*Ich bin der Weg, die Wahrheit und das Leben; niemand kommt zum Vater denn durch mich.*

*Bibel. NeuesTestament. Johannes 14,6*

**A**
1. Biblische Geschichten enthalten immer eine Aussage, die uns ganz persönlich angeht. Das trifft in besonderem Maße auf die Erzählung vom Auszug der Israeliten aus Ägypten zu. Überlegen Sie, wann ein einzelner Mensch in seinem Leben in eine „Knechtschaft“ geraten kann (z. B. eine unglückliche Partnerschaft, die falsche Berufswahl, Mobbing am Arbeitsplatz usw.).
2. Was muss passieren, damit dieser Mensch in die Freiheit zieht/ziehen kann? Welche Erfahrungen könnte er auf diesem Weg machen?
3. Diskutieren Sie, ob uns die Erzählung vom Auszug aus Ägypten etwas „mit auf den Weg geben kann“.

**T** Wenn Sie sich intensiver mit diesem Thema auseinander setzen wollen, lesen Sie „Von einem, der auszog, das Leben zu lernen. Glaube und Selbstwerdung“ von Heribert Fischedick. Sie finden den Text als PDF-Dateien auf der Internetseite des Autors.

*Xavier Naidoo: Dieser Weg*

Q

*Also ging ich diese Straße lang*
*Und die Straße führte zu mir*
*Das Lied, das du am letzten Abend sangst*
*Spielte nun in mir*
*Noch ein paar Schritte*
*Und dann war ich da mit dem Schlüssel zu dieser Tür*

*Dieser Weg wird kein leichter sein*
*Dieser Weg wird steinig und schwer*
*Nicht mit vielen wirst du dir einig sein*
*Doch dieses Leben bietet so viel mehr*

*Es war nur ein kleiner Augenblick*
*Einen Moment war ich nicht da*
*Danach ging ich einen kleinen Schritt*
*Und dann wurde es mir klar*

*Dieser Weg wird kein leichter sein*
*Dieser Weg wird steinig und schwer*
*Nicht mit vielen wirst du dir einig sein*
*Doch dieses Leben bietet so viel mehr*

*Manche treten dich*
*Manche lieben dich*
*Manche geben sich für dich auf*
*Manche segnen dich*
*Setz dein Segel nicht,*
*Wenn der Wind das Meer aufbraust*

*Xavier Naidoo: Dieser Weg. 2005.www.xaviernaidoo.de*

A

1. Sammeln Sie gemeinsam Wörter und Wortgruppen mit „Weg", z.B. Gehweg, Umweg, Bewegung usw. Versuchen Sie die gefundenen Wörter zu ordnen. Was sagen sie aus? Haben alle etwas mit einem Weg zu tun? Können Sie aus den Wörtern eine Definition für „Weg" ableiten?
2. Interpretieren Sie auf der Grundlage Ihrer bisherigen Erkenntnisse den Text von Xavier Naidoo.
3. Werden Sie selbst kreativ: Schreiben Sie ein Gedicht oder eine Kurzgeschichte, malen Sie ein Bild oder entwerfen Sie eine Collage zum Thema „Weg". Stellen Sie darin Ihre eigenen Weg-Erfahrungen und die Erkenntnisse dieses Abschnitts dar.

## 8.3. Ein Ziel, verschiedene Wege? – Die Weltreligionen

Schätzungen zufolge gibt es mehrere hundert Religionen auf der Welt. Allgemein bekannt sind dagegen nur fünf bis sieben, die als große oder Weltreligionen bezeichnet werden. Diese lassen sich unterteilen in Religionen indisch-mystischer Herkunft (Hinduismus und Buddhismus), Religionen chinesisch-weisheitlicher Herkunft (Konfuzianismus, Daoismus) und Religionen semitisch-prophetischer Herkunft (Judentum, Christentum, Islam).

**Q** *Es lassen sich bei allen nicht zu unterschätzenden Unterschieden und Verschiedenheiten in Glauben, Lehre und Ritus auch Ähnlichkeiten, Konvergenzen und Übereinstimmungen feststellen. Nicht nur weil Menschen in allen Kulturkreisen vor dieselben großen Fragen gestellt sind: die Urfragen nach dem Woher und Wohin von Welt und Mensch, nach der Bewältigung von Leid und Schuld, nach den Maßstäben des Lebens und Handelns, dem Sinn von Leben und Sterben. Sondern auch weil die Menschen in den verschiedenen Kulturkreisen von ihren Religionen vielfach ähnliche Antworten erhalten. Sind doch alle Religionen zugleich Heilsbotschaft und Heilsweg. Vermitteln doch alle Religionen eine gläubige Lebenssicht, Lebenseinstellung und Lebensart.*

*Hans Küng: Spurensuche. Die Weltreligionen auf dem Weg. Piper, München 1999. S. 7*

## Das Weltparlament der Religionen

Einen ersten Versuch, die verschiedenen Religionen an einem Tisch zu versammeln, stellte das Weltparlament der Religionen 1893 dar. Einhundert Jahre später trafen sich erneut Vertreter von 125 Religionen. Sie erarbeiteten Werte und Normen, die allen Religionen ein friedliches Miteinander ermöglichen sollen. Diese Grundsätze wurden in der „Erklärung zum Weltethos" veröffentlicht.

**Q** ***Aus der Erklärung zum Weltethos***

*Grundforderung: Jeder Mensch muss menschlich behandelt werden.*

*Vier unverrückbare Weisungen:*

- *Verpflichtung auf eine Kultur der Gewaltlosigkeit und der Ehrfurcht vor allem Leben*
- *Verpflichtung auf eine Kultur der Solidarität und eine gerechte Wirtschaftsordnung*
- *Verpflichtung auf eine Kultur der Toleranz und ein Leben in Wahrhaftigkeit*
- *Verpflichtung auf eine Kultur der Gleichberechtigung und die Partnerschaft von Mann und Frau*

*Erklärung zum Weltethos. Parlament der Weltreligionen. Chicago. 4. September 1993. online: www.weltethos.de*

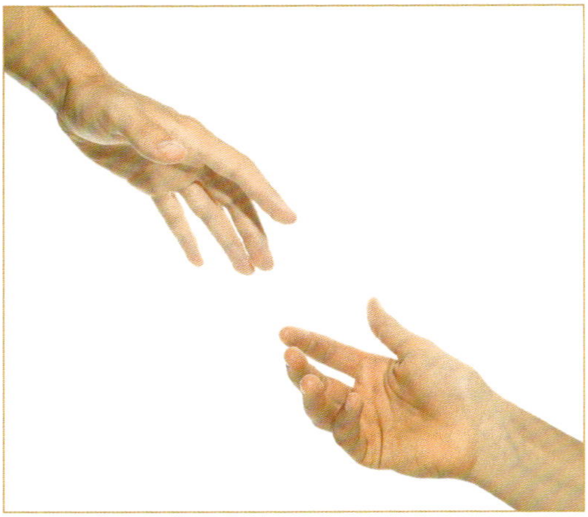

**A** Lesen Sie den vollständigen Text der Erklärung zum Weltethos. Sie finden ihn im Internet auf der Homepage der „Stiftung Weltethos" (www.weltethos.de). Was denken Sie, kann der Dialog zwischen den Religionen dazu beitragen, Frieden auf der Welt zu schaffen und zu sichern?

## Die abrahamitischen Religionen

Judentum, Christentum und Islam sind eng miteinander verwandt. Sie werden auch die abrahamitischen Religionen genannt, weil Abraham in diesen Religionen einen wichtigen Platz einnimmt. Das Judentum sieht in Abraham den Stammvater Israels, die Christen verstehen ihn als Vorfahren Jesu und den Vater des Glaubens, für die Muslime ist Abraham der erste Muslim, der Freund Gottes und der Erbauer der Kaaba in Mekka.

### *Das Erbe Abrahams*

Q

*Warum sind Juden, Christen und Muslime so zerstritten? Eine Antwort lautet: Sie sind auch deshalb so zerstritten, weil es sich bei ihnen um einen echten Familienstreit handelt. Denn Familienstreitigkeiten pflegen bekanntlich mit besonderer Leidenschaft ausgetragen zu werden. Worum geht es bei diesem Familienstreit? Darum, dass jeder glaubt, das väterlich-mütterliche Erbe am reinsten bewahrt zu haben. Und dieses Erbe ist* ***das Erbe Abrahams, Hagars und Saras****. Der Streit zwischen Juden, Christen und Muslimen ist vor allem auch ein Streit um die* ***richtige Abrahamskindschaft****.*

*Karl-Josef Kuschel: Streit um Abraham. Was Juden, Christen und Muslime trennt – und was sie eint. Patmos, Düsseldorf 2001. S. 26*

A

1. Informieren Sie sich genauer über die Bedeutung Abrahams für Judentum, Christentum und Islam. Interpretieren Sie auf dieser Grundlage den Text von Karl-Josef Kuschel.
2. Tragen Sie zusammen, welche Religionen Sie kennen und was Sie über sie wissen. Wählen Sie eine Religion aus und entwickeln Sie ein Spiel. Sie können sich dabei an bekannten Spielen wie Memory, Mensch-ärgere-dich-nicht oder Activity orientieren. Wenn Sie sich fit genug fühlen, können Sie auch eine Lernkartei erstellen, die andere Schüler später nutzen können.
3. Entwickeln Sie eine Weltkarte zu den Ursprüngen der Religionen. Berücksichtigen Sie dabei auch, dass manche Religionen ihren Ursprung in einer anderen haben.

## Die Gottesvorstellungen der Religionen

Fast allen Religionen liegt der Glaube an einen Gott bzw. mehrere Götter zugrunde. Dann spricht man von Monotheismus oder Polytheismus. Eine Ausnahme bildet z.B. der Buddhismus. Hier wird zwar die Existenz der Götter nicht geleugnet, aber sie haben keinerlei Bedeutung für die Erlösung des Menschen. Auch ist die Verehrung Buddhas nicht mit der Anbetung als Gottheit gleichzusetzen.

**Q** *Das ist das Äußerste menschlichen Gotterkennens;*
*zu wissen, dass wir Gott nicht wissen.*

*Thomas von Aquin*

**Q** ***Woran denken Sie, wenn Sie das Wort „Gott" hören?***

- *an etwas, das unendlich ist (Katha, 17)*
- *an das Leben und an das Danach und an etwas Allgegenwärtiges, das uns Kraft gibt (Tim, 17)*
- *an eine höhere Macht, an einen Vater (Livia, 19)*
- *an das Schicksal, denn das Leben wird bestimmt und besteht nicht aus Zufällen (Jennifer, 18)*
- *Glaube, Gebete, Kirche (Steffi, 18)*
- *an eine Person/Gestalt im Himmel, die zu uns runterschaut (Laura, 17)*
- *Gründer der Welt (Philipp, 19)*

**Q** ***Wenn Gott Ihnen auf der Straße begegnen würde, was würden Sie ihn fragen?***

- *Ich würde ihn fragen, warum ich lebe. (Sabine, 18)*
- *Ich würde ihn fragen, was er mit meinem Leben noch vorhat. (Julia, 18)*
- *Ich würde ihn fragen, was nach dem Tod kommt. (Eileen, 19)*
- *Ich würde ihn fragen, warum er die Welt und alles andere schuf. (Oli, 21)*
- *Warum Du? (Maik, 20)*
- *Wenn Gott mir auf der Straße begegnen würde, dann würde ich wissen, dass es keinen Gott gibt. (Katha, 17)*

*Antworten von Schülern der Berufsfachschule Altenpflege am BSZ 9 Leipzig*

**A**

1. Führen Sie eine Schreibmeditation durch. Schreiben Sie auf ein großes Blatt Papier das Wort „Gott". Ein Schüler beginnt und schreibt einen Gedanken dazu auf das Blatt. Der nächste kann entweder darauf antworten oder einen neuen Gedanken einbringen usw.
   Achten Sie darauf, dass zwischendurch nicht gesprochen wird. Der Austausch soll ausschließlich über das Blatt erfolgen. Sprechen Sie hinterher über Ihre Eindrücke. Fassen Sie Ihre Vorstellungen von Gott kurz zusammen.
2. Haben Sie schon einmal versucht, auch nur drei Bälle zu jonglieren? Dann wissen Sie, wie schwierig es ist, sie in der Luft zu halten. Greifen Sie die Metapher auf und schreiben Sie einen kurzen Text zu den Gottesvorstellungen der drei abrahamitischen Religionen.

## JHWH, Gott, Allah – monotheistischer Gottesglaube

Das Christentum hat seinen Ursprung im Judentum. Der Islam wiederum ist vom Judentum und vom Christentum beeinflusst. Allen dreien gemeinsam ist der Glaube an einen monotheistischen, d.h. an einen einzigen personalen Gott, der ewig und allmächtig ist und den endlichen und fehlbaren Menschen gegenübersteht.

### *Der Eine und Einzige*

Q

*Wer aber ist dieser Gott? Er ist der Eine und Einzige, der unsichtbar ist, der nicht benannt werden kann, der keinerlei menschliche Züge trägt, der unfassbar, unbeschreibbar ist. Alle Versuche, Gott in irgendeiner Weise zu beschreiben, müssen scheitern. Und die Merkmale, die er in der Erzählung der Thora hat, sind nur Hilfsmittel für den einfachen Menschen, um Ihn irgendwie zu begreifen (was im Grunde bereits ein Widerspruch ist, da genau das nicht möglich ist). [...]*

*Paul Spiegel: Was ist koscher? Jüdischer Glaube – jüdisches Leben. Ullstein, München 2003. S. 167*

### *Das christliche Gottesverständnis*

Q

*Von der Gottesidee anderer Religionen unterscheidet sich die des Christentums vor allem dadurch, dass nach ihr in Gott drei Personen sind: Vater, Sohn und Heiliger Geist.[...]. Unter einer Person wird dabei eine Wesenheit verstanden, welche für sich gesondert existiert und Herr ihrer Handlungen ist. Die Lehre von der Dreifaltigkeit besagt daher, dass zwar Vater, Sohn und Heiliger Geist ein und dieselbe göttliche Natur oder Substanz haben, dass sie aber in anderer Hinsicht „voneinander unterschieden sind und für sich bestehend und mit Selbstbestimmung tätig auftreten“.*

*Helmuth von Glasenapp: Die fünf Weltreligionen. Wilhelm Heyne, München 1992. S. 287*

### *Die Größe Gottes*

Q

*Gott, nie lausche ich auf die Stimme eines Tieres oder das Rauschen eines Baumes,*
*das Sprudeln von Wasser oder den Sang eines Vogels,*
*das Brausen des Windes oder das Dröhnen des Donners,*
*ohne zu finden, dass sie Deine Einzigkeit bezeugen*
*und darauf hinweisen, dass es keinen gleich Dir gibt,*
*dass Du der Herrscher bist, der nicht beherrscht werden kann,*
*der Weise, der keine Unwissenheit kennt,*
*der Milde, der nicht entehrt,*
*der Gerechte, der nicht grausam ist,*
*der Vertrauenswürdige, der nicht lügt!*

*Gebet von Dhu'n-Nun. In: Georg Schwikart, Werner Wanzura (Hg.): Die großen Gebete. Styria, Graz/Wien/Köln 1996. S. 60*

A

1. Tragen Sie Eigenschaften Gottes wie allmächtig, unsterblich usw. zusammen. Stellen Sie diesen Attributen jeweils eine menschliche Eigenschaft gegenüber, z.B. ohnmächtig, sterblich usw. Interpretieren Sie auf dieser Basis das Zitat von Thomas von Aquin auf der Vorseite.

## Religiöse Gebote

Religiöse und ethische Normen, die das Verhältnis des Einzelnen zu Gott/den Göttern und seinen Mitmenschen regeln, werden als Gebot bezeichnet. Sie beruhen in der Regel auf göttlicher Autorität.

Religion setzt Normen und Werte, stellt Regeln für menschliches Miteinander auf und fordert den Einzelnen auf, sein Leben verantwortungsvoll gegenüber Gott zu gestalten.

Für das Judentum bilden die Zehn Gebote die Mitte der Tora und haben ewige Gültigkeit. Diese Gebote sind auch für die Christen zum Maßstab eines Lebens in Freiheit und Würde geworden. Bis heute bilden sie eine Grundlage der christlichen Ethik.

**Q**

- *Du sollst keine anderen Götter haben neben mir.*
- *Du sollst dir kein Bildnis noch irgendein Gleichnis machen...*
- *Du sollst den Namen des Herrn, deines Gottes, nicht missbrauchen...*
- *Gedenke des Sabbattages, dass du ihn heiligest...*
- *Du sollst deinen Vater und deine Mutter ehren...*
- *Du sollst nicht töten.*
- *Du sollst nicht ehebrechen.*
- *Du sollst nicht stehlen.*
- *Du sollst nicht falsch Zeugnis reden wider deinen Nächsten.*
- *Du sollst nicht begehren deines Nächsten Haus. Du sollst nicht begehren deines Nächsten Weib, Knecht, Magd, Rind, Esel noch alles, was dein Nächster hat.*

*Bibel. AltesTestament. 2. Mose 20, 2-17*

### Die fünf Säulen des Islam

Für die Muslime zählt neben dem Glauben an Gott hauptsächlich das Handeln nach Gottes Willen. Jeder Muslim hat fünf Pflichten, die "Säulen" des Islam.

Das **Glaubensbekenntnis**, die Schahada, formuliert mit wenigen Worten das Wesen des Islam:

- „Es gibt keinen Gott außer Allah, und Mohammed ist sein Prophet."
- Fünfmal am Tag ruft der Muezzin die Gläubigen zum rituellen **Gebet** (Salat).
- Das **Almosengeben**, Sakat, ist eine Geldspende, die von Gier, Hass und Ungerechtigkeit reinigen soll. Der Gläubige leistet damit seinen sozialen Beitrag für die Islamische Gemeinschaft (Umma).
- Der neunte Monat des Mondjahres, der **Ramadan,** ist die Zeit des Fastens, Saum genannt. Es ist eine Zeit der Besinnung auf Gott und die islamische Gemeinschaft.
- Einmal im Leben soll jeder Muslim im 12. Monat des islamischen Mondjahres eine **Pilgerfahrt nach Mekka,** die Hadsch, unternehmen und dort an der Kaaba und an anderen heiligen Stätten die vorgeschriebenen Gebete und Riten vollziehen. Diese fünfte Säule gilt als die Vollendung des religiösen Lebens.

A

1. Für Juden und Christen haben die Zehn Gebote seit Jahrhunderten Geltung. Trotz allem ist ihre konkrete Anwendung nicht immer leicht. Wo sehen Sie Schwierigkeiten? Denken Sie dabei auch an Ihr eigenes Verhalten.
2. Brauchen die Menschen von heute neue Gebote? Diskutieren Sie darüber.

### Der ethische Anspruch des Buddhismus

Manche Menschen meinen, der Buddhismus sei eine egoistische Religion, denn letztlich gehe es ausschließlich um die eigene Erlösung, positives Verhalten anderen gegenüber sei daher nur Mittel zum Zweck. Dieser Ansicht stehen die buddhistischen Tugenden, z.B. Metta, das Wohlwollen und die grenzenlose Güte, gegenüber.

Q

*Auf mich selbst achtend, achte ich auf den anderen, auf den anderen achtend, achte ich auf mich selbst.*

*Aus dem Pali-Kanon*

Q

*Die buddhistische Ethik ist mithin ein Teil der Erlösungslehre, nicht Selbstzweck oder Werkgerechtigkeit und schon gar nicht die Ausführung eines göttlichen Befehls, wie etwa die Ethik des Alten Testaments. Sie beruht auf den Ratschlägen, die der Buddha seinen Anhängern gegeben hat. Sie ist eine reine Gesinnungsethik; nicht auf die zur Ausführung gelangte Tat kommt es an, sondern auf die ihr zugrunde liegende und in ihr zum Ausdruck kommende Geisteshaltung. Wer eine Schnur irrtümlich für eine Schlange hält und auf sie einschlägt, um sie zu töten, hat sich der Tötung schuldig gemacht. Das Nichtverletzen von Leben ist die erste Grundlage sittlichen Verhaltens. Ziel des sittlichen Verhaltens ist gleichzeitig die Beherrschung der Sinne; Grundlage ist die richtige innere Einstellung, wie sie in den vier Brahmaviharas, den vier »göttlichen Verweilungszuständen« zum Ausdruck kommt: Güte, Mitleid, Mitfreude und Gleichmut.*

*Heinz Bechert In: Hans Küng, Heinz Bechert: Christentum und Weltreligionen: Buddhismus. Piper, München 1998. S. 33*

A

1. Welchen Regeln und Geboten unterliegt Ihr eigenes Leben? Wie leben Sie mit diesen Vorschriften? Sind Sie zufrieden damit?
2. Was denken Sie: Empfinden gläubige Menschen ihre jeweiligen religiösen Gebote als Last, fühlen sie sich damit unter Druck gesetzt, leiden sie unter diesen Vorschriften? Diskutieren Sie darüber.

P

3. Betrachten Sie ausgewählte Anschauungen und Verhaltensweisen unseres Alltagslebens aus buddhistischer Sicht. Denken Sie dabei u.a. an Egoismus und Egozentrik, an »Geiz ist geil!«, Karrierestreben um jeden Preis, Hektik und Stress, den Wunsch nach ewiger Jugend und Gesundheit usw. Nutzen Sie auch das Internet.
   Stellen Sie Ihre Ergebnisse kreativ dar, z. B. in Form eines »Kleinen Ratgebers«, eines Videos oder als Fantasieabenteuer usw.

# Wohin führt der Weg? – Erlösung und Jenseits

In jedem Leben gibt es Ängste und Nöte, bedrückende Situationen, Leid und Traurigkeit, von denen man befreit, „erlöst“ werden möchte. In diesem Sinne bieten alle Religionen Hilfe und Heil an.

Vor allem das Christentum und die indischen Religionen gelten als Erlösungsreligionen. Die Lehre von den letzten Dingen (Eschatologie) beschäftigt sich mit den Fragen nach dem Ende der Welt, nach Gericht und Auferstehung, nach Himmel und Hölle.

**Q** *Erlösung*

*Erlösung ist der Vorgang der „Befreiung“ aus einem existentiellen Notstand zu einem Zustand ersehnter Freiheit. Als urmenschliches Erleben von Not und Elend und der Sehnsucht, dass diese enden, lässt sich die Hoffnung auf Erlösung in der Menschheitsgeschichte sowohl rein religiös (Christentum, Hinduismus, Buddhismus) als auch in Verbindung mit nationalen und sozialen Heilslehren (Messianismus des Judentums, Nativismus im heutigen Afrika) sowie ausschließlich im Sinne sozial-politischer Ideologien (wie Marxismus, politische Programme) durchgehend nachweisen.*

*nach: Irmtraud Höhne: Erlösung – religionsgeschichtlich. In: Wörterbuch des Christentums. Obis, München 1995. S. 302.*

**A**

1. Vor allem die Werbung suggeriert uns: Uns geht es gut, wir können alles haben und erreichen, was wir nur wollen. Brauchen wir Erlösung? Entwerfen Sie ein Rollenspiel dazu.
2. Ein Gedankenexperiment: Wovon wollen Sie erlöst werden? Wovon wollen Sie sich lösen? Was würden Sie dafür tun und in Kauf nehmen? Notieren Sie Ihre Gedanken.
   Heben Sie sich ihre Notizen bis zum nächsten Geburtstag auf und lesen Sie Ihre Überlegungen dann noch einmal…

*Hieronymus Bosch,*
*Der Aufstieg in das himmlische Paradies (um 1500–1504)*

***Gott als Erlöser - Christentum***

Q

*Das Christentum ist eine Erlösungsreligion. Erlöst wird der Mensch aus jener Gefangenschaft, in die ihn sein Streben nach Freiheit geführt hat, aus der Gefangenschaft der Sünde und des Todes. In diese Gefangenschaft ist der Kosmos insgesamt geraten. [...] Da Welt und Mensch sich nicht aus eigener Kraft aus der Gefangenschaft lösen können, tritt Gott als Erlöser hervor. Er schickt seinen Sohn in die Welt, der durch sein Leiden und seinen Tod am Kreuz die ewige Erlösung erworben hat. [...]*

*Durch Christi Tod und Auferstehung ist die Erlösung ein für alle Mal vollbracht. Gleichwohl bleibt sie ein Prozess. Der Mensch ist weiterhin der gottfeindlichen Wirklichkeit ausgesetzt [...] Die endgültige Erlösung, auf die der Mensch mit der gesamten Schöpfung wartet, findet am „Jüngsten Tag“ statt. Bis dahin befinden sich die Christusgläubigen im Widerstreit ihrer Gefangenschaft und Freiheit, ein Zustand, der sich mit ihrem Streben nach Heiligung verbindet.*

*Kurt Nowak: Das Christentum. Geschichte, Glaube, Ethik. Beck, München 1997. S. 77 f.*

***Sinn und Ziel der Lehre Buddhas***

Q

*Der Buddhismus ist ein Weg zur Erlösung, die allen offen steht und deren Realisierung weder vom Glauben noch von göttlicher Gnade abhängig ist, sondern alleine vom Verständnis „der Dinge, wie sie wirklich sind“. Solches Verständnis, so heißt es, kann nur nach gewissenhafter moralischer und psychologischer Vorbereitung erworben werden. Erlösung besteht in einem Zustand von Glück und Ruhe schon während dieses Lebens und, wenn dieses zu Ende geht, darin, nicht wiedergeboren zu werden. Dieses Ziel erstrebt und erreicht nur der Einzelne, und es ist von seiner kulturellen Umwelt unabhängig.*

*Heinz Bechert, Richard Gombrich (Hg.): Der Buddhismus. Geschichte und Gegenwart. Beck, München 2000, S. 19*

A

1. Bilden Sie drei Gruppen (Judentum, Christentum, Islam). Recherchieren Sie u.a. folgende Begriffe: Erlösung, Himmel/Paradies, Hölle, Fegefeuer, Verdammnis, Jüngster Tag/Jüngstes Gericht. Stellen Sie die eschatologischen Aussagen zusammen.
2. Vergleichen Sie die Erlösungsvorstellungen miteinander. Wonach streben die Menschen? Was sollen die Menschen tun, wie sollen sie sich verhalten? Welchen Weg müssen sie gehen? Was erwartet sie, wie wird das Erlösungsziel beschrieben?

Das Jenseits

Schon immer haben sich die Menschen gefragt, ob mit dem Tod alles zu Ende ist oder ob es etwas – ein Leben? – nach dem Tod gibt.

Q *Grenzüberschreitung*

*Die Bezeichnung „Jenseits" impliziert die Vorstellung einer Grenze, die überschritten werden muss, wobei in anthropologischer Sicht der Tod des Einzelnen diese Grenzüberschreitung markiert. Dadurch sind Jenseitsvorstellungen in Relation zum Diesseits zu sehen [...] Das Jenseits ist dabei als realer Existenzbereich gedacht, der ein „Leben nach dem Tod" ermöglicht, der als Gegenwelt konzipiert ist, teilweise in Umkehrung oder Idealisierung der irdischen Welt. Dem tragen Bilder des Jenseits als Stadt oder fruchtreicher Garten Rechnung [...] Der Grenzaspekt bzw. der Übergang von der irdischen zur jenseitigen Welt spiegelt sich in jenen Jenseitsbildern wider, die das Jenseits in schwer oder nicht zugänglichen Gegenden – im Luftraum („Himmel") oder unter der Erde – lokalisieren, wobei Höhlen oder Quellen als Zugang zu einem solchen Jenseits dienen.*

*Johann Figl (Hg.): Handbuch Religionswissenschaft. Religion und ihre zentralen Themen. Tyrolia, Innsbruck/Wien 2003. S. 628*

Q *Das Paradies im Koran*

*Und bringe frohe Botschaft denen, die glauben und gute Werke tun, dass Gärten für sie sind, durch die Ströme fließen. Wann immer ihnen von den Früchten daraus gegeben wird, so werden sie sprechen: „das ist, was uns zuvor gegeben wurde", und Gaben gleicher Art sollen ihnen gebracht werden. Und sie werden darin Gefährten und Gefährtinnen haben von vollkommener Reinheit, und darin werden sie weilen.*

*Koran, Sure 2,25*

*Yüksel Yücelen (Hg.): Was sagt der Koran dazu? DTV, München 2001. S. 113*

Q *Nirvana*

*Es gibt, ihr Mönche, einen Bereich, wo weder Erde noch Wasser, noch Feuer, noch Wind ist, wo die Sphäre der Unendlichkeit des Raumes und der Unendlichkeit des Bewusstseins nicht mehr besteht. Wo nicht irgend etwas mehr ist, weder die Sphäre des Unterscheidens noch die des Nichtunterscheidens, nicht diese Welt noch die jenseitige Welt, wo beide, Sonne und Mond, nicht mehr sind.*

*Dies erfahrt von uns, ihr Mönche:*

*Ich verkündige euch ein Nichtkommen und Gehen, ein Nichtfeststehen und Vergehen, die Freiheit von der Wiedergeburt; ein Nichtstillstehen und ein Nichtweitergehen. Keinen Grund gibt es mehr für das Sehnen nach dem Leben. Dies ist das Ende des Leides.*

*Aus dem Pali-Kanon. Zitiert nach: Reden des Buddha. Reclam, Stuttgart 1998. S. 71*

## Sterben, Tod und Trauer

Viele Religionen bestatten ihre Toten auf Friedhöfen, nicht nur die Christen, sondern auch Juden und Muslime. Friedhöfe sind Orte der Stille, des Abschiednehmens, der Trauer und der Erinnerung. Friedhöfe sind aber auch ein Zeichen der Hoffnung. Der jüdische Friedhof beispielsweise heißt "Haus der Lebenden" oder "guter Ort", denn die Toten ruhen in der Erde bis zur Auferstehung, bis zur Ankunft des Messias. Jüdische Friedhöfe dürfen daher nicht aufgelöst werden. Historische Friedhöfe erzählen viel über Leben und Glauben der Menschen. Grabdenkmäler sind ein Spiegelbild der jeweiligen Kultur, sie spiegeln die moralischen und gesellschaftlichen Ansprüche, die Jenseitsvorstellungen und Glaubensauffassungen vergangener Zeiten wider.

**Benares**

Benares ist für die Hindus die heiligste Stadt und der Ganges der heiligste Fluss. Jedes Jahr pilgern hunderttausende Menschen zur „Mutter Ganga". Die Pilger steigen die Treppen hinunter ins Wasser, um sich von ihrer Schuld zu reinigen, alte und kranke Menschen erhoffen sich Heilung. Am Ufer des Ganges gibt es einen großen Verbrennungsplatz, auf dem ständig Scheiterhaufen brennen. Viele Hindus wünschen sich, an diesem heiligen Ort zu sterben und hier verbrannt zu werden, denn wer hier stirbt, soll die Erlösung vom Kreislauf der Wiedergeburten erreichen.

1. Was erwartet mich nach dem Tod? Setzen Sie sich in einer Schreibmeditation mit dieser Frage auseinander. **A**

2. Erkundungsauftrag: Viele Grabsteine sind mit Symbolen verziert, die etwas über den Glauben des Verstorbenen und seiner Hinterbliebenen aussagen. Besuchen Sie einen Friedhof. Tragen Sie verschiedene Symbole und Inschriften zusammen. Dokumentieren Sie diese mit Fotos oder eigenen Zeichnungen. Finden Sie heraus, was diese Zeichen bedeuten. **P**
3. Zunehmend oft werden Tote hierzulande unter dem grünen Rasen oder im Friedwald begraben. Diskutieren Sie, ob dadurch die Funktion des Friedhofs verlorengeht. Wie stehen Sie zu diesen neuen Arten der Bestattung?

Lesen Sie das Buch „Das Kind, das ich nie hatte" von Diana Beate Hellmann. **T**

**Heilige Zeiten und heilige Orte**

Feste und Feiertage gibt es in allen Religionen. Sie lassen sich unterteilen in Feste im Lebenslauf des einzelnen Gläubigen (z. B. Taufe, Beschneidung, Verleihung der heiligen Schnur, Hochzeit), die den Einzelnen mit seiner Religion verbinden und seine Zugehörigkeit ausdrücken. Hinzu kommen zeitlich wiederkehrende Feste (z. B. Chanukka; Ostern; das Fest des Fastenbrechens), die eine Verbindung zwischen dem Gläubigen heute und mythisch-religiösen Ereignissen der Vergangenheit herstellen.

Heilige Orte ermöglichen dem Gläubigen die Begegnung mit dem Göttlichen. Dazu zählen nicht nur Sakralbauten wie die Kirche oder Moschee, sondern auch Flüsse (etwa der Ganges) oder Orte, die mit Erscheinungen oder dem Leben von Heiligen in Verbindung gebracht werden (Lourdes, Abrahams Grab in Hebron).

**Jom Kippur**

Der Versöhnungstag ist der höchste Feiertag des Judentums. Er bildet den Abschluss der zehn Bußtage bzw. „Tage der Umkehr". Diese Tage sind gekennzeichnet durch die innere Vorbereitung auf die Versöhnung mit Gott, aber auch mit den Mitmenschen. Es gibt eine jüdische Legende, nach der Gott am Neujahrstag das Buch des Lebens aufschlägt, um alle diejenigen einzutragen, die im vergangenen Jahr ein gutes und gerechtes Leben geführt haben. Zu Jom Kippur wird dieses Buch geschlossen und versiegelt. Alle Menschen, deren Namen im Buch des Lebens stehen, werden ein gutes und glückliches Jahr haben. Deshalb grüßt man sich in diesen Tagen mit den Worten: „Mögest du eingeschrieben werden zu einem guten Jahr!"

**Buß- und Bettag**

ist ein eher stiller christlicher Feiertag, der nur noch in Sachsen ein gesetzlicher Feiertag ist. Er wird alljährlich im November begangen. An diesem Tag sollen die Gläubigen über ihr Leben im vergangenen Jahr nachdenken, ihre Fehler erkennen, sich zu ihnen bekennen, sie bereuen und um deren Vergebung bitten.

Ü

1. Versuchen Sie sich zu entspannen und legen Sie alle Gedanken an den Alltag ab. Konzentrieren Sie sich auf sich selbst. Denken Sie darüber nach, was Sie im letzten Jahr getan oder nicht getan haben. Gibt es etwas, für das Sie sich schuldig fühlen, das Ihnen Leid tut? Manches, das Ihnen einfällt, lässt sich auch jetzt noch aus der Welt schaffen. Eine Entschuldigung kommt nie zu spät. Probieren Sie es aus, Sie werden feststellen, dass es Ihnen hinterher besser geht. Wenn Sie wollen, sprechen Sie später mit Ihren Mitschülern über Ihre Erfahrungen.
2. Tauschen Sie sich in einem Gesprächskreis darüber aus, warum es wichtig ist, die eigenen Fehler zu erkennen, sie zu bekennen, sie zu bereuen und – wenn möglich – sie zu beheben. Gibt es Fehler, die man – selbst wenn man sie bereut - nicht beheben kann?

***Hagar Spohr, eine zum Islam konvertierte Deutsche, berichtet von ihrer Pilgerfahrt***

Q

*Unter Tausenden von Pilgern fühle ich mich nicht verloren oder anonym, sondern als Individuum, als einzelner Mensch, der von seinem Schöpfer gesehen und geliebt wird. [...]*

*Von welcher Art ist dieses schicksalhafte Band hier? Ist es die Liebe der Geschöpfe zu ihrem Schöpfer, ist es die Liebe des Schöpfers zu seinen Geschöpfen, ein Ausdruck jener Kraft des Herrn der Welten, der die Himmelskörper in ihren Bahnen hält und Elektronen um den Atomkern kreisen lässt? – Rätselhaft und eigentümlich vertraut zugleich, über alle Maßen erhaben und dabei maßlos in Gnade und Vergebung, unverrückbar mächtig und zugleich grenzenlos freundlich und wohlwollend, wir Menschen, überflutet von uferlosen Meeren des Erbarmens, Tränen fließen vor lauter Glück: Und wahrlich unser Schöpfer sieht auf Seine Diener!*

*Es ist, als würden wir in einer höheren Wirklichkeit aufgelöst, ohne dabei vernichtet zu werden. „Oh“, jauchzt der sich im Meer auflösende Wassertropfen, „jetzt bin ich Meer!“ [...]*

*Du Heimat unserer Seelen und Reiseziel unseres Lebens und Sterbens, Dich preisen wir! [...] Wahrlich wir sind von Gott und kehren zu Ihm zurück. [...]*

*Wir befinden uns am untersten Ende des „Fußes des Thrones Gottes“. Und wir nähern uns bei jeder Umrundung dem viereckigen Klotz, berühren die jemenitische Ecke. Auf der Höhe der Ecke mit dem Schwarzen Stein darf man etwas stehen bleiben und hoffen, näher heranzukommen. Es gelingt ... bis auf einen halben Meter..., dann werden wir von der Menge weitergetragen zu einer neuen Umrundung. [...]*

*Alles dreht sich, nur dieses Gebäude, das mit einer brokatenen goldbestickten Decke bedeckt ist, steht still. An den Seiten ist die wunderschöne schwere Decke hochgeschlagen, darunter sind die Mauersteine der Kaaba sichtbar, von weißem Mörtel gefasst. Von allen Seiten schwirren Begrüßungsformeln heran, die im Angesicht der Kaaba fortwährend ausgestoßen werden, Lobpreisungen, Rufen, Weinen, ein ganz besonderer Tag wird geprobt: der Tag des eigenen Todes, vor Ihm zu stehen oder Seinem Haus. Jeder wird sich eines Tages verantworten müssen, aber keiner Seele, so wird im Koran versprochen, werde die Last einer anderen aufgeladen werden. [...]*

*Hagar Spohr: Die Reise nach Mekka. Eine deutsche Frau erzählt von ihrer Pilgerfahrt ins Herz des Islam. Gorski und Spohr, Bonndorf/Schwarzwald 1998.S. 88 ff.*

A

1. Beschreiben Sie die Empfindungen der Erzählerin. Wodurch wurden sie ausgelöst? Kennen Sie Anlässe oder Erlebnisse, bei denen ähnliche Gefühle entstehen können?
2. Was bedeutet „pilgern“? Welche Religionen kennen das Pilgern? Warum pilgern die Menschen? Kennen Sie berühmte Pilgerorte? Könnten Sie sich vorstellen, sich selbst einmal auf den Weg zu machen? Auch in Deutschland gibt es mehrere anerkannte Pilgerwege. Vielleicht führt ein Weg ganz in Ihrer Nähe vorbei, dann können Sie gemeinsam eine Pilgerstation besuchen.

## 8.4. Religion und Gesellschaft

Religion als grundlegendes Element menschlichen Lebens muss zwangsläufig Auswirkungen auf die gesellschaftlichen und politischen Ausprägungen der Menschheit haben.

### Kirche und Staat

Das Verhältnis des Christentums zu politischer Herrschaft und zum Staat hat sich im Laufe der Geschichte verändert. Von der anfangs verfolgten Minderheit im Römischen Reich wurde das Christentum 380 zur Staatsreligion. Die Reformation plädierte für eine Trennung von Kirche und Staat, die später von der Aufklärung umgesetzt wurde.

Heute regeln die einzelnen Staaten das Verhältnis von Religion bzw. Kirche und Staat in ihrer Verfassung.

**Q** ***Die Haltung der Evangelischen Kirche in Deutschland***

*Die Evangelische Kirche in Deutschland hat sich 1985, also vor genau zwanzig Jahren, in der Denkschrift „Evangelische Kirche und freiheitliche Demokratie. Der Staat des Grundgesetzes als Angebot und Aufgabe" eingehend mit ihrem Verhältnis zum demokratischen Verfassungsstaat befasst. Die Kirche sieht diesen Staat nicht als etwas Fremdes, ihrem Glauben Feindliches an, sondern als Chance der Freiheit, die zu erhalten und mit Leben zu erfüllen auch ihre Aufgabe ist. Die Denkschrift kommt zu der zutreffenden Feststellung, dass eine demokratische Verfassung auf der Grundlage einer klaren Unterscheidung von Staat und Religion am ehesten im Stande ist, der Menschenwürde zu entsprechen. Die Kirchen träumen nicht von einem christlichen Gottesstaat. [...]*

*Die wechselseitige Unabhängigkeit von Staat und Religion bedeutet nach deutschem Verfassungsrecht nicht, dass das Religiöse aus dem öffentlichen Bereich verbannt wird. Vielmehr erkennt der freiheitliche demokratische Staat die Bedeutung der Religion im Prozess der Werte- und Überzeugungsbildung an. Er braucht – unbeschadet des säkularen Charakters der Rechtsordnung – ein sozialethisches Fundament. Jede Gesellschaftsordnung verfügt nur dann über eine innere Stabilität, wenn sich die einzelnen Bürgerinnen und Bürger aus jeweils persönlichen Überzeugungen heraus der gemeinsamen Wertordnung verpflichtet wissen.*

*Wolfgang Huber: Fünfzig Jahre Loccumer Vertrag – Das öffentliche Wirken der Kirche und seine Wahrnehmung in den Verträgen zwischen Staat und Kirche. Rede vom 16. Juni 2005. www.ekd.de*

**A**

1. Artikel 140 des Grundgesetzes regelt das Verhältnis zwischen Staat und Kirche in Deutschland. Lesen Sie den Artikel und tragen Sie zusammen, welche Auswirkungen sich daraus für Religionsgemeinschaften und den Einzelnen ergeben. Klären Sie die Begriffe positive und negative Religionsfreiheit. Beachten Sie hierzu auch Artikel 4 des Grundgesetzes.
2. Trotz der Unterscheidung von Kirche und Staat hat die Kirche dem Staat gegenüber Pflichten und Rechte. Setzen Sie sich mit dem Auszug aus der Rede von Wolfgang Huber auseinander.
3. Recherchieren Sie wie das Verhältnis von Kirche und Staat im Judentum und im Islam geregelt ist. Stellen Sie in einem Kurzvortrag Beispiele vor.

**T** Die Haltung der katholischen Kirche finden Sie unter: http://www.dbk.de/katholische_kirche/deutschland/staat/index.html.

**Mischt sich die Kirche zu sehr ein?**

Die Kirchen verstehen sich nicht zuletzt auch als Wächter und Kritiker gegenüber den aktuellen gesellschaftlichen, politischen und sozialen Entwicklungen. Auch wenn sie heute immer weniger Einfluss auf den demokratischen Staat haben, sehen sie es als ihre Pflicht an, sich einzusetzen für den Schutz der Menschenwürde und der Menschenrechte, für ein soziales und gerechtes Miteinander auf der Basis der Solidarität oder für den Schutz der Umwelt.

**– Erziehung – Schwangerschaftsberatung – Sex vor der Ehe –**
**– Homosexualität – Verhütung – Gentechnik – CDU/CSU –**
**– Religionsunterricht – Militärseelsorge – Hospiz –**
**– Klimaschutz – Medienkontrolle – Drogenberatung –**
**– Rolle der Frau – Organspende – Sterbehilfe – Todesstrafe –**
**– Wirtschaft – Hartz IV – Kirchenasyl – Sektenberatung –**

1. Wählen Sie in Partner- oder Gruppenarbeit ein oder zwei der oben aufgeführten Themen und Fragestellungen aus. Informieren Sie sich über die jeweilige Einstellung der Kirchen dazu. Womit begründen die Kirchen ihr Engagement (z.B. Schutz der Umwelt = Schutz der Schöpfung Gottes)? **A**
2. Ist es Ihrer Meinung nach gerechtfertigt, dass sich die Kirche für Rechte einsetzt, die nicht religiös sind? Diskutieren Sie darüber.

3. Gestalten Sie in Gruppenarbeit eine kleine Ausstellung zum Thema „Das Verhältnis von Kirche und Staat in der DDR“. **P**

## Solidarität und christliche Nächstenliebe

Das Leben in der menschlichen Gemeinschaft kann nur dann gelingen, wenn jeder Verantwortung sowohl für sein eigenes Leben als auch für andere übernimmt. Für das Christentum findet dieser Gedanke im Gebot der Nächstenliebe seinen Ausdruck.

Religion wirkt gemeinschaftsstiftend und kann zugleich die Selbstverwirklichung des Einzelnen fördern.

Q *Du sollst den Herrn, deinen Gott, lieben mit ganzem Herzen, mit ganzer Seele und mit all deinen Gedanken. Das ist das wichtigste und erste Gebot. Ebenso wichtig ist das zweite: Du sollst deinen Nächsten lieben wie dich selbst. An diesen beiden Geboten hängt das ganze Gesetz samt den Propheten.*

Bibel. Neues Testament. Matthäus 22,34-40

Q ***Nächstenliebe beginnt heute***

*Mutter Teresa glaubte, dass man immer sofort handeln müsse. Sie war eine Macherin, keine Predigerin. Sie sagte oft: „Nächstenliebe beginnt heute. Heute leidet jemand, heute liegt jemand auf der Straße, heute ist jemand hungrig. Unsere Arbeit gilt dem Heute, das Gestern ist vorüber, das Morgen ist noch nicht da. Wir sehen eine Notlage, wir beseitigen sie; zumindest tun wir etwas dagegen.*

*Eine Frau kam mit ihrem Kind zu mir und sagte: ‚Mutter Teresa, ich habe an zwei oder drei Stellen um Essen gebeten, denn ich habe seit drei Tagen nichts mehr gegessen. Doch sie sagten zu mir, ich sei jung und solle arbeiten und meinen Lebensunterhalt verdienen. Niemand gab mir etwas.'*

*Ich ging fort, um etwas zu essen für sie zu holen, und als ich zurückkehrte, war das Baby in ihren Armen vor Hunger gestorben.*

*Wenn wir den Menschen nicht heute etwas zu essen geben, sind sie morgen nicht mehr da. Deshalb kümmern Sie sich um die Dinge, die Sie heute tun können.*

Mutter Teresa. Wo die Hoffnung wohnt. Geschichten aus Kalkutta, Herder, Freiburg/Br. 2001. S. 36

**– Altenpflege – Behindertenhilfe – Telefonseelsorge –**

**– Familienberatung – Nachbarschaftshilfe –**

**– Krankenhausseelsorge – Schuldnerberatung –**

**– Bahnhofsmission – Flughafenseelsorge – Hospiz –**

**– Kinder- und Jugendhilfe – Gefangenenseelsorge –**

**– Katastrophenhilfe – Sektenberatung – Drogenberatung –**

In der Bundesrepublik Deutschland arbeiten vor allem die großen christlichen Wohlfahrtsverbände, die Diakonie der evangelischen Kirche und die Caritas der katholischen Kirche. **Q**

***Die Verantwortung von Diakonie und Kirche***

*Kirche und Diakonie wollen Menschen ermutigen, in jedem Menschen das Ebenbild Gottes zu erkennen, menschliches Leben zu achten und für seine Würde einzutreten. [...] Darüber hinaus machen die Kirchen als Trägerinnen sozialer Dienste deutlich, dass das christliche Menschenbild seine Wurzel im Gottesbild Jesu Christi hat. [...] Auf dieser Spur geht es der Kirche in ihrer Diakonie um die Nachfolge Christi. In der Anteilnahme am Leiden anderer, in Pflege und Anwaltschaft versuchen Menschen eine Antwort zu geben auf menschliche Trost- und Hilfebedürftigkeit, auf die Sehnsucht nach Heil und Erlösung. In der Begegnung zwischen den verschiedenen Generationen und gesellschaftlichen Gruppen, mit Menschen in anderen Lebenssituationen kann der Respekt vor dem Anderssein anderer Menschen wachsen. [...] Deswegen bleibt es die Aufgabe der Kirche, in Gemeinde und Öffentlichkeit bewusst zu machen, dass in der Anwaltschaft für andere, im Eintreten für Vielfalt, in der Förderung sozialen Lernens und sozialen Engagements wie in den sozialen Dienstleistungen die jüdisch-christliche Wurzel unserer Kultur sichtbar wird.*

*Soziale Dienste als Chance. Dienste am Menschen aufbauen. Menschen aktivieren. Menschen Arbeit geben.*
*EKD-Texte 75, 2002*

1. Informieren Sie sich im Internet über die Leitlinien und Arbeitsbereiche der beiden großen christlichen Wohlfahrtsverbände. **A**
2. Recherchieren Sie in Ihrer Stadt, Ihrer Gemeinde oder Ihrem Landkreis, welche kirchlichen Einrichtungen es gibt und in welchen Bereichen sie besonders aktiv sind. Besuchen Sie eine davon und machen Sie sich ein Bild von der Arbeit dort.
3. Was wäre, wenn...? Könnte unser Staat ohne die kirchlichen Wohlfahrtsverbände seine gesellschaftlichen und sozialen Verpflichtungen den Menschen gegenüber erfüllen? Führen Sie dazu eine Pro- und Contra-Diskussion.

4. Interpretieren Sie das Gleichnis vom barmherzigen Samariter (Neues Testament. Lukas 10,25-37). Übersetzen Sie diese Geschichte in die heutige Zeit. Gründen Sie ein Filmteam (Regisseur, Drehbuchautoren, Schauspieler, Requisiteure, Kameramann usw.). Drehen Sie einen aussagekräftigen Film zu diesem Thema. Die nötige Technik können Sie in den Medienstellen ausleihen. **P**
5. Hand aufs Herz: Wie steht es bei Ihnen mit der Nächstenliebe? Wo engagieren Sie sich? Was könnten Sie tun? Besuchen Sie in Ihrer Nähe eine soziale Einrichtung oder ein soziales Projekt. Überlegen Sie, welche Hilfe und Unterstützung Sie anbieten wollen, z. B. eine Märchenvorführung im Kindergarten, die Instandsetzung eines Spielplatzes, ein Besuch im Altenheim usw.

# 8.5. Wenn „Religion“ zur Gefahr wird

Die Religionen streben danach, Antworten auf die großen Menschheitsfragen zu geben, ethische Werte zu vermitteln und einen Weg zum Heil zu weisen. Religiosität ist in jedem Menschen verankert. Kann angesichts dessen von Religion überhaupt eine Gefahr ausgehen?

## Fanatismus und Fundamentalismus

In allen Religionen gibt es Gläubige, die sich sehr streng an die religiösen Lehren und Gebote halten. Sie berufen sich auf die historischen Fundamente ihres Glaubens. Manchem von uns mag das schon „fanatisch“ oder gar „fundamentalistisch“ erscheinen. Aber ist es das?

Wörtlich betrachtet bedeutet Fundamentalismus Rückkehr zu den Fundamenten, also zu den Grundlagen. In Bezug auf Religion ist damit die Rückbesinnung auf ursprüngliche Glaubensgrundsätze gemeint. Fundamentalismus ist also nicht zwangsläufig gleichzusetzen mit Terror und Gewalt.

Entstanden ist der Begriff Anfang des letzten Jahrhunderts in den USA durch eine Protestbewegung strenggläubiger protestantischer Christen gegen die Naturwissenschaften und die theologische Bibelkritik.

Religiöser Fundamentalismus im engeren Sinne hält bedingungslos an religiösen Grundsätzen fest (z. B. an der Unfehlbarkeit der Bibel), lehnt die Naturwissenschaften ab, wenn sie nicht mit der (biblischen) Überlieferung übereinstimmen (z. B. die Evolutionstheorie), verbietet jegliche Kritik an den Glaubensüberzeugungen und vertritt einen Absolutheitsanspruch gegenüber anderen Vorstellungen und Überzeugungen.

Unter Fanatismus versteht man das leidenschaftliche und kompromisslose Eintreten für eine Überzeugung, die zur absoluten Wahrheit erhoben wird. Fanatismus ist weder kritik- noch dialogfähig, zeichnet sich durch intolerantes Schwarz-Weiß-Denken aus und führt oft zu konkreten Feindbildern.

A

1. Im Begriff „Fanatismus“ steckt das Wort „Fan“. Sicher kennen auch Sie Fans – oder sind es sogar selbst? Fans sind begeisterte Anhänger einer Fußballmannschaft, eines Rockstars, eines Schauspielers oder einer Fernsehserie, eines bestimmten Modestils, einer Bekleidungsmarke... Sie finden sich in Fanclubs zusammen, ihr Leben dreht sich um dieses eine Thema und nicht selten haben sie gemeinsame Rituale der Verehrung erfunden. Aber Achtung: Kann das Fan-Sein fanatisch werden? Wann wird es gefährlich? Diskutieren Sie darüber.

Das Bombenattentat von 2006 in Bombay, die Ermordung des israelischen Premierministers Rabin durch einen jüdischen Extremisten, die Taliban, die das islamische Gesetz der Scharia wieder in Afghanistan einführen wollen – Beispiele für religiösen Fundamentalismus gibt es viele. Aber begegnet er uns auch hier, in unserem Alltag?

# George Tiller erschossen

In den USA ist der umstrittene Abtreibungsarzt George Tiller ermordet worden. Behördenangaben zufolge wurde er während des Gottesdienstes, in der Lutherischen Kirche von Wichita im Bundesstaat Kansas erschossen. Dies war nicht der erste Anschlag auf den Mediziner. Er hinterlässt seine Ehefrau, vier Kinder und zehn Enkelkinder.

**Schulboykott**

Auch in Deutschland schicken Familien ihre Kinder aus religiösen Gründen nicht mehr in die Schule. In die Schlagzeilen gerieten in den letzten Jahren beispielsweise

- eine Hamburger Familie bibeltreuer Christen, die ihre Kinder vor schlechten Einflüssen schützen will
- sieben Familien aus Paderborn mit insgesamt 15 Kindern, die sich als Baptisten bezeichnen und vor allem den Unterricht in Sexualkunde nicht mit ihrem Glauben vereinbaren können
- die urchristliche Gemeinschaft der „Zwölf Stämme" aus Bayern, die inzwischen durchgesetzt hat, dass sie unter staatlicher Aufsicht eine eigene Schule gründen darf – ohne Unterricht in Sexualkunde und Evolutionslehre
- eine Familie aus der Nähe von Stuttgart, die einer evanglikalen Glaubensrichtung angehört und ihre fünf Kinder zu Hause unterrichten möchte. Der Vater hat in den USA einen Antrag auf politisches Asyl gestellt.

Die Hauptkritikpunkte für die Schulverweigerung aus religiösen Gründen sind neben einem wertneutralen Religionsunterricht vor allem die Evolutionslehre, der Wertepluralismus und der Sexualkundeunterricht, aber auch die allgemeine Freizügigkeit an den Schulen oder die zunehmende physische und psychische Gewalt.

A

1. Schätzungen zufolge lernen bereits 500 bis 1000 Schüler zu Hause, ein Großteil davon aus religiösen Gründen. Was denken Sie: Ist die Schulpflicht richtig? Oder sollten Eltern allein über die Bildung ihrer Kinder entscheiden dürfen? Sammeln Sie Argumente und recherchieren Sie dazu auch im Internet. Führen Sie eine Pro- und Contra-Diskussion durch.
2. Kennen Sie weitere Erscheinungsformen des religiösen Fanatismus bzw. Fundamentalismus hierzulande? Tauschen Sie sich darüber aus.

# Neue religiöse Bewegungen und Sondergemeinschaften

Viele Jugendliche suchen nach Menschen, die ähnlich denken und handeln wie sie. Die Auswahl an religiösen oder weltanschaulichen Gemeinschaften ist sehr groß und für den Einzelnen fast unüberschaubar.

### „Sekten"? – Versuch einer Definition

Sekten gibt es in allen großen Religionen. Der Begriff „Sekte" ist sehr ungenau. Ursprünglich stammt dieses Wort vom lateinischen „sequi" (folgen, nachfolgen) ab. Wenn sich eine Gruppe von Gläubigen von der großen Hauptrichtung einer Religion abwendet und eigene Lehren, Riten und Bräuche entwickelt, dann nennt man diese „Sekte". Weil der Begriff „Sekte" ungenau ist, spricht man heute von neuen religiösen oder weltanschaulichen Gemeinschaften.

Man kann diese Gemeinschaften nach ihren Merkmalen einteilen, so gibt es beispielsweise Gruppen mit christlichem, hinduistischem oder auch heidnischem Hintergrund, therapeutische oder Psychogruppen, religiös-politische Gruppen usw. Viele Gemeinschaften verbinden mehrere Elemente, so dass eine eindeutige Zuordnung oft schwer möglich ist.

**Q** *Sind alle „Sekten" gefährlich?*
*Gefährlich ist eine Gemeinschaft immer dann, wenn sie wichtige lebensnotwendige Bedürfnisse des Menschen unterdrückt und missachtet – wenn sie z. B. seine Entwicklung zu Mündigkeit und Autonomie behindert oder die eigene kritische Meinungsbildung blockiert; wenn sie unbedingten, blinden Gehorsam fordert und totalitär und dogmatisch auftritt, also verlangt „den Kopf abzugeben". Noch einmal: Dieses Phänomen finden wir keineswegs nur bei den „neuen" Religionen, auch in den alteingesessenen gibt es totalitäre Tendenzen, die genauso zu bewerten sind wie der Machtanspruch der so genannten Sekten.*

*Barbara Büchner: Das Sekten-Fragebuch. Carl Ueberreuter, Wien 2000. S. 22 ff.*

**A** 1. Tragen Sie Informationen zu verschiedenen neuen religiösen und weltanschaulichen Gemeinschaften zusammen (Gründer, Verbreitung, Selbstdarstellung und Ziele, Werbemethoden, Anforderungen an die Mitglieder, Rituale und Praktiken, Gefahren usw.). Nutzen Sie dazu das Internet ( www.religio.de, www.sekten-sachsen.de und www.confessio.de)

**T** Wenn Sie die Internetseiten einer neuen religiösen oder weltanschaulichen Gemeinschaft besuchen, achten Sie unbedingt auf die nötige Vorsicht und geben Sie keine privaten Angaben weiter!

**A** 2. Erarbeiten Sie ein Informationsmaterial zum Thema „Vorsicht Sekte" (Handout, Broschüre, Plakat, Ausstellung, Themenseite für die Homepage Ihrer Schule usw.).

Selbsttest

## Wie anfällig bin ich?

Beantworten Sie die Fragen mit Ja oder Nein. Wenn Sie sich nicht ganz sicher sind, entscheiden Sie sich für die Variante, die Ihnen am meisten entspricht. Sie sollten aber ehrlich sein, denn nur so finden Sie heraus, ob Sie anfällig sind.
Notieren Sie sich Ihre Antworten auf einem Zettel.

1. Ich komme nicht gut mit unangenehmen Situationen klar, ich bin dann immer unsicher, was ich tun soll.
2. Ich halte mich in Diskussionen immer zurück, lieber höre ich anderen zu.
3. Ich weiß nicht so richtig, was ich aus meinem Leben machen soll.
4. Ich spreche nicht gern über meine Probleme.
5. Ich entscheide mich nicht gern. Zu viele Möglichkeiten bringen mich durcheinander.
6. Ich gehe Konflikten und Auseinandersetzungen lieber aus dem Weg.
7. Ich mag es nicht, wenn es Streit oder Spannungen gibt.
8. Ich lasse mich von Schwierigkeiten leicht entmutigen.
9. Ich bin mit meinem jetzigen Leben unzufrieden.
10. Ich rechne immer mit dem Schlimmsten, wenn es schwierig wird.
11. Ich denke oft noch lange darüber nach, wenn ich einen Fehler gemacht habe.
12. Ich habe oft zu nichts Lust, dann werde ich träge und nachlässig.
13. Ich gebe mir meistens die Schuld, wenn etwas schief geht.
14. Ich kann nichts dafür, dass ich manche Dinge einfach nicht schaffe.
15. Ich sage nicht gern meine Meinung, andere können das viel besser.

Auswertung:
Zählen Sie Ihre Antworten zusammen. Wenn Sie überwiegend mit Ja geantwortet haben, sollten Sie vorsichtig sein. Sie sind anfällig für die Versprechungen solcher Gruppen!

1. Lesen Sie die Fragen des Tests noch einmal in Ruhe durch. Welche Eigenschaften und Schwächen werden angesprochen? Warum können diese einen Menschen dazu bringen, sich einer fragwürdigen Gruppe anzuschließen? **A**
2 Formulieren Sie die Fragen in positive Aussagen um und schreiben Sie sie auf. Beispiel: 1. Ich komme meistens gut mit unangenehmen Situationen klar, weil ich weiß, was ich will. Welche Eigenschaften stehen jetzt im Vordergrund? Warum sind solche Menschen weniger anfällig gegenüber falschen Versprechungen?
3. Die Eltern- und Betroffeneninitiative gegen psychische Abhängigkeit „Für geistige Freiheit Berlin e.V." hat eine Checkliste für Einsteiger herausgegeben. Sie finden Sie unter www.ebiberlin.de. Lesen Sie sich die Fragen durch. Suchen Sie aus dem Text heraus, welche Ziele solche Psychogruppen verfolgen und welche Methoden sie dabei anwenden. Lesen Sie dazu auch im Kapitel 7.2. (S. 189) nach.
4. Entwickeln Sie anhand dieser Fragen Merkmale neuer religiöser oder weltanschaulicher Gemeinschaften. Probieren Sie diesen Test anhand ausgewählter Gemeinschaften aus. Was stellen Sie fest?

## Okkultismus und Esoterik – Religionsersatz?

Es sind nicht nur neue religiöse oder weltanschauliche Gemeinschaften, von denen sich manche Menschen angezogen fühlen. Besonders unter Jugendlichen sind Okkultismus und Esoterik weit verbreitet. Aber auch diese Strömungen können gefährlich sein.

Das lateinische Wort „occultus“ bedeutet „geheim“ oder „verborgen“. Mit **Okkultismus** bezeichnet man (Geheim-) Lehren von übernatürlichen Dingen, die durch die Naturgesetze nicht erklärt werden können. Dazu gehören zum Beispiel das Bewegen von Gegenständen ohne erkennbare Ursache, Pendeln, Gläserrücken, Hellsehen und Traumdeuten. Okkultisten gehen z. B. davon aus, dass die Kräfte der Seele stärker sind als die Gesetze der Natur und dass es Geister gibt.

Der Begriff **Esoterik** wird oft mit Okkultismus gleichgesetzt. Das griechische Wort „esoteros“ bedeutet „Inneres“. Die Esoterik geht davon aus, dass hinter äußerlichen Erscheinungen tiefer liegende, innere Bedeutungen liegen, die nur Eingeweihten bekannt sind und ihnen ein besonderes Wissen verschaffen.

**Q** *Woran Menschen glauben – eine Umfrage*

- *76 % Heilverfahren wie Homöopathie oder Ayurveda sind kein Humbug, sondern wirksame Heilmethoden.*
- *66 % Mit der Wünschelrute kann man Wasseradern oder Erdstrahlen feststellen.*
- *57 % Es gibt Menschen, die besitzen hellseherische Fähigkeiten.*
- *48 % Sowohl das körperliche als auch das seelische Wohlbefinden wird vom Stand der Sterne oder des Mondes beeinflusst.*
- *42 % Es gibt geheime, magische Kräfte, die auf den Menschen wirken.*
- *33 % Flüche können reale Auswirkungen haben.*
- *19 % Es gibt UFOs, mit denen Außerirdische unsere Welt besuchen oder besucht haben.*
- *5 % Ich glaube nur an Phänomene, die bereits wissenschaftlich bewiesen sind.*

*Chrismon 6/2001*

**A** 1. Tragen Sie Beispiele für okkulte bzw. esoterische Praktiken zusammen. Ordnen Sie sie nach folgenden Aspekten: a) kenne ich, b) habe ich schon einmal gehört, c) kenne ich nicht, d) habe ich schon einmal ausprobiert, e) würde ich gern ausprobieren, f) interessiert mich nicht. Tauschen Sie Ihre Ergebnisse und Erfahrungen untereinander aus. Warum lassen sich so viele Menschen davon faszinieren?

*Magische Zeiten*

Q

*In der „magischen Phase" zwischen dem dritten Lebensjahr und der Schulreife schreiben Kinder sehr häufig Gegenständen besondere Kräfte oder menschliche Eigenschaften zu. Sie verknüpfen beliebige Vorkommnisse kausal* miteinander, etwa „Ich bin vom Fahrrad gestürzt, weil Mutti nicht zugesehen hat" oder „Wenn jetzt ein rotes Auto vorbeifährt, dann wird Omi wieder gesund". […]*

*Auch später schwindet das magische Bewusstsein niemals ganz. Jeder, auch wenn er nicht zu einem okkulten Zirkel gehört, kann in extremen Belastungssituationen in die magische Phase der Kindheit zurückfallen – meist aber nur für begrenzte Zeit und ohne deshalb psychiatrisch auffällig zu werden. […]*

*Wenn sich Heranwachsende dem Esoterischen, Spirituellen und Magischen zuwenden, drückt sich darin meist ihre Suche nach einem Lebenssinn aus – nach ethischen Werten und Zielen, welche „die Erwachsenen" in ihrer Hingabe an Fortschrittsglauben und Wohlstandsstreben verraten zu haben scheinen. Tatsächlich leiden nicht wenige Jugendliche aus der okkulten Szene unter Sinnkrisen und Hoffnungslosigkeit bis hin zu Zukunftsängsten. Der Erziehungswissenschaftler Werner Helsper von der Martin-Luther-Universität Halle-Wittenberg […] machte noch zwei weitere Beweggründe für die Beschäftigung mit Okkultismus aus: den Wunsch nach Prestigesteigerung und Machtstreben. Manche Jugendliche kokettieren geradezu mit ihrer Teilnahme an okkultistischen Séancen* und umhüllen sich bewusst mit dem Schleier des Geheimnisvollen. Hinter diesem Verlangen nach persönlicher Aufwertung steht das Bedürfnis, Nichtigkeits- und Ohnmachtsgefühle zu kompensieren. Oft aber suchen Jugendliche über das Okkulte vor allem Hilfe bei Lebensentscheidungen. […]*

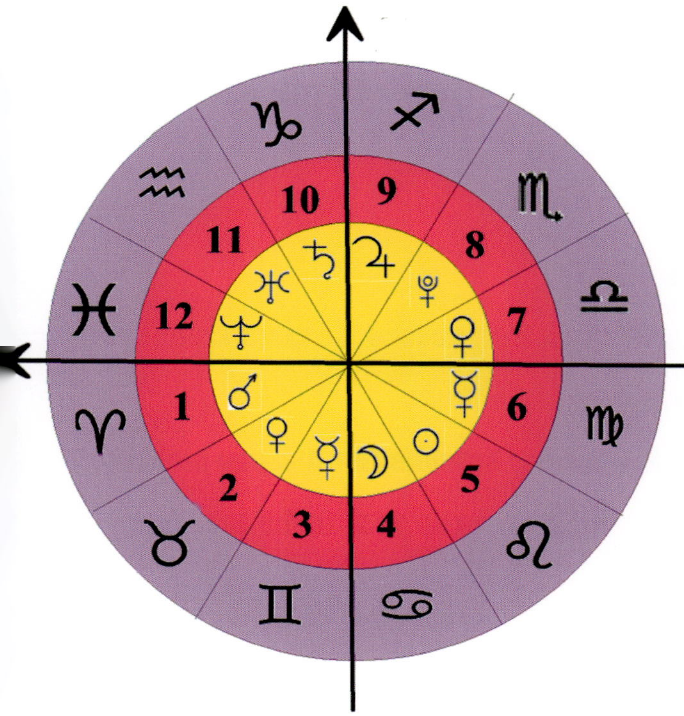


*Gunther Klosinksi: Magische Zeiten: In: Gehirn&Geist H. 3/2004, S. 29-33*

A

1. Notieren Sie die Motive für eine Beschäftigung mit Esoterik und Okkultismus in einer Tabelle. Nutzen Sie dazu den Text oben und Ihre eigenen Erfahrungen. Ordnen Sie den Motiven die Ziele zu, die erreicht werden sollen (z.B. Gesundheit, Hilfe bei schwierigen Lebenssituationen, Macht über andere Menschen). Diskutieren Sie, ob esoterische und okkulte Praktiken wirklich helfen können, diese Ziele zu erreichen.
2. Sammeln Sie Anzeigen, Fotos und Texte über Bücher, Kurse und andere Dienstleistungen aus den Bereichen Esoterik und Okkultismus. Was wird versprochen?
3. Können Hellseher wirklich heller sehen? Verfolgen Sie im Fernsehen oder im Radio derartige Beratungen. Beobachten Sie, wie sich die Berater auf ihren Klienten einstellen, welche Fragen sie stellen und welche Ratschläge sie geben. Werten Sie Ihre Beobachtungen aus. Was stellen Sie fest?

# 9. Krankheit, Alter, Sterben und Tod

## 9.1. Krankheit und die Pflege Kranker

### Gesundheit ist mehr als das Freisein von Schmerzen.

Gesundheit ist laut Definition der Weltgesundheitsorganisation, WHO, ein Zustand vollkommenen körperlichen, seelischen und sozialen Wohlbefindens. Fragen von Gesundheit und Krankheit sind elementar, sie betreffen jedermann. Das Wort „Krankheit" steht geradezu synonym für Leid, Schmerz und Begrenzung. Wer krank ist, ist arm dran. Jedoch ist es möglich, eine Krankheit auch anders zu deuten?

Der Volksmund kennt eine Vielzahl von Weisheiten zu diesem Thema:

**Gesundheit ist ein Geschenk, das man sich selber machen muss.**

**Gesundheit ist leichter verloren als wiedergewonnen.**

**Lieber gesund und reich als arm und krank.**

**Die beste Krankheit taugt nichts.**

**Vorbeugen ist besser als heilen.**

**Wer in einer verrückten Welt gesund ist, muss krank sein.**

**Es gibt viele Krankheiten, aber nur eine Gesundheit.**

**Gesundheit ist die Summe der Krankheiten, die man nicht hat.**

**Die meisten Patienten sterben nicht an ihren Krankheiten, sondern an ihren Arzneien.**

**Lieber arm dran, als Arm ab.**

**Lieber Arm ab, als arm dran.**

**Arm macht krank.**

**Unmäßigkeit macht arm, träg und krank.**

**Krankheit ist in seiner Freiheit gehemmtes Leben.**

**Die medizinische Forschung hat in den letzten Jahren so enorme Fortschritte gemacht, dass es quasi keine gesunden Menschen mehr gibt.**

**A**

1. Was sagen die Sprüche über Gesundheit und was über Krankheit und unser Verhältnis zu beidem aus?
2. Beantworten Sie unter Einbeziehung der Sprüche und des fernöstlichen Krankheitsverständnisses auf der nächsten Seite die Frage, wozu Ihrer Meinung nach eine Krankheit gut sein könnte.

In unserem Kulturkreis dominiert ein naturwissenschaftlich geprägtes Verständnis von Krankheit. Krankheit wird als eine Störung in der Funktionsweise von Organen betrachtet, als eine Art Panne, die möglichst rasch und punktgenau zu beheben ist, damit das Leben dort fortgesetzt werden kann, wo der Defekt es unterbrach.

Ein anderes Verständnis von Gesundheit und Krankheit findet sich in der fernöstlichen Medizin.

Q

***Das Gleichgewicht von Yin und Yang***

*Die Vorstellungen vom Yin und Yang, von einem dynamischen Gleichgewichtszustand, der beständig zwischen diesen Polen hin und her schwingt, spielen in der fernöstlichen Medizin eine zentrale Rolle. Das gesunde Individuum und die gesunde Gemeinschaft sind integrale Teile einer vorgegebenen Ordnung, während Erkrankung als Disharmonie auf individueller oder gesellschaftlicher Ebene angesehen wird.*

*Der individuelle Organismus wird als ein Ganzes betrachtet, das durch das Fließen des Ch'is geprägt wird. Das Ch'i ist dabei keine Substanz, sondern ein Prinzip des Fließens, das stets zyklisch verläuft. Der Fluss des Ch'is erhält den Menschen am Leben. Erkrankungen ergeben sich, wenn das Ch'i nicht richtig zirkuliert. Dann ist das Gleichgewicht des Körpers verlorengegangen. Die Ursachen für ein solches Ungleichgewicht können vielfältig sein: Mangelhafte Ernährung, mangelnder Schlaf, Bewegungsmangel oder Zustände der Disharmonie mit der Familie oder der Gesellschaft. In solchen Zeiten treten Erkrankungen auf. Krankheiten werden nicht durch einen von außen eindringenden Erreger verursacht, sondern durch eine Kombination von Ursachen, die ein inneres Ungleichgewicht auslösen. Erkrankungen sind im fortlaufenden Lebensprozess eines jeden Menschen unvermeidlich. Die Natur ist dabei von sich aus bestrebt, in einen Gleichgewichtszustand zurückzukehren. Ziel des Arztes ist nicht, die Herstellung der perfekten Gesundheit eines Patienten, sondern die bestmögliche Anpassung an die Gesamtumwelt des Individuums.*

*Frei nach: Fritjof Capra: Wendezeit. Scherz, Bern/München/Wien 1990. S. 340ff.*

A

1. Halten Sie mit eigenen Worten schriftlich fest, was das Yin-Yang-Prinzip beinhaltet.
2. Welche Konsequenzen hat das chinesische Verständnis von Krankheit für deren Behandlung durch den Arzt?
3. Worin sehen Sie Unterschiede zu den hierzulande gängigen Behandlungsmethoden?

# Wenn Familienangehörige erkranken

Wenn Familienangehörige erkranken, seien es Kinder oder die alten Eltern, und Pflege benötigen, dann wird bis heute selbstverständlich erwartet, dass Frauen diese Aufgabe übernehmen. Gerade für berufstätige Frauen stellt diese Erwartung eine immense Herausforderung dar, die zudem kaum gesellschaftliche Wertschätzung findet.

Ist die Pflege der noch kleinen Kinder selbstverständlich und fraglos von der Familie zu leisten, so stellt sich bei Pflegebedürftigkeit erwachsener Familienangehöriger die Frage, woher rührt und wie weit geht die Verpflichtung zur Pflege? Die Übernahme einer solchen Verpflichtung stellt eine schwerwiegende Entscheidung dar, die wohl durchdacht und sorgfältig erwogen werden will.

**Welche Fragen sind zu überlegen?**

- Welche beruflichen und familiären Pflichten und Belastungen sind tagtäglich zu meistern? Wie lassen sich diese mit den Pflichten aus der Pflege vereinbaren?
- Welche ambulanten Hilfen und Unterstützungen existieren und können in Anspruch genommen werden?
- Ist die Wohnung für die Pflege geeignet oder ist ein Umzug bzw. eine Wohnraumanpassung (Badumbau, Rollstuhlgerechtheit o.ä.) nötig?
- Lässt die eigene Gesundheit und Belastbarkeit eine länger währende Pflege anderer zu?
- Wie steht die Familie (Partner, Kinder) zu der Aufgabe? Kann von dieser Seite auf Verständnis und Unterstützung gezählt werden oder sind Unstimmigkeiten vorprogrammiert?
- Wie kann trotz Pflegepflichten ein Minimum an Privatheit und Raum für eigene Interessen und Wünsche gesichert werden?
- Kann die zu leistende Pflege überhaupt sachgemäß durchgeführt werden? Sind die nötigen Kenntnisse und Fertigkeiten vorhanden?
- Welche finanziellen Belastungen sind mit der Pflege verbunden?

**P**

1. Erarbeiten Sie in Arbeitsgruppen ein Thesenpapier, in welchem Sie Position zu der Frage beziehen, woraus sich die Verpflichtung zur Pflege erwachsener Angehöriger ergibt und wie weit diese Verpflichtung reicht.
2. Verteidigen Sie Ihre Thesen in einem Disput vor der Klasse.

**A**

3. Warum wird die Bereitschaft, kranke Familienangehörige zu pflegen, vorrangig von Frauen erwartet? Warum/warum nicht ist diese Erwartung gerechtfertigt?
4. Schlagen Sie geeignete Maßnahmen vor, um die gesellschaftliche Wertschätzung dieser Tätigkeiten zu steigern.
5. Befragen Sie in Ihrem Umfeld (Verwandte, Nachbarn) Personen, die Familienangehörige pflegen, dazu, was Ihnen die Kraft für diese Aufgabe gibt und was Ihnen besonders schwer fällt. Stellen Sie das Ergebnis Ihrer Recherche in einem kurzen Vortrag vor.

## Grundsätze einer Pflegeethik

Nicht nur Menschen, die von Berufs wegen mit der Pflege Kranker und Hilfsbedürftiger befasst sind, benötigen moralische Grundsätze, um diese leisten zu können. Auch diejenigen, die Familienangehörige pflegen, brauchen diese als Orientierung. Welche Grundsätze sind wichtig und welchen Stellenwert besitzen diese gegenüber der nötigen Sachkompetenz?

Q

***Prinzip der Schadensvermeidung***

*Es bezieht sich auf körperlichen, geistigen und sozialen Schaden und fordert eine kritische Abwägung möglicher Schäden gegenüber dem therapeutischen Nutzen einer Maßnahme. Es verlangt, nicht alles zu tun, was machbar ist, sondern die pflegerischen oder medizinischen Maßnahmen sollen geeignet sein, die Lebensqualität des Kranken zu verbessern und seine Würde nicht zu beeinträchtigen.*

***Prinzip der Selbstbestimmung oder Autonomieprinzip***

*Es beinhaltet die Respektierung der Selbstbestimmung des Kranken und gründet sich auf die Achtung der personalen Würde und des Rechts auf körperliche und seelische Unversehrtheit. Demnach liegt die Entscheidung darüber, welche pflegerischen und medizinischen Maßnahmen durchgeführt werden sollen, was mit dem eigenen Körper geschehen soll, beim Patienten. Seine Entscheidung ist zu respektieren.*

***Fürsorgeprinzip***

*Es verpflichtet zur Hilfe und zur Betreuung kranker und hilfsbedürftiger Menschen.*

*Nach: Thomas Conrad: Was kann, soll und darf ich tun? Militzke, Leipzig 2005, S. 13f.*

Ü

1. Tragen Sie aus Ihrem Blickwinkel Situationen zusammen, wo die drei Prinzipien miteinander kollidieren können.
2. Gibt es aus Ihrer Sicht eine Rangfolge bei der Wahrung der Prinzipien? Welches besitzt Vorrang gegenüber anderen und wie würden Sie das begründen bzw. aus welchen Erwägungen heraus würden Sie eine solche Rangfolge verneinen?
3. Gibt es andere wichtige Grundsätze, um welche Sie die Liste ergänzen würden? Welche und warum?
4. Wie würden Sie in den nachfolgenden Situationen unter Beachtung der genannten Pflegegrundsätze entscheiden?
   - a Ein dreijähriges Kind weigert sich hartnäckig, die bittere Arznei zu nehmen.
   - b Eine hochgradig demente Frau, die in einem Heim lebt, verwechselt Tag und Nacht. Sie steht nachts auf und geht in der Stadt spazieren. Dabei findet sie den Heimweg nicht mehr. Soll sie nachts am Bett fixiert werden?
   - c Ein 85-jähriger Rentner weigert sich, zu essen. Er spricht in letzter Zeit oft vom Sterben und dass er friedlich einschlafen möchte. Die besorgte Tochter überlegt, ob sie einwilligen soll, dem Vater eine Magensonde zu legen.

# 9.2. Das Alter ist keine Krankheit

## Bilder vom Alter

Altern ist ein natürlicher Prozess, der bereits mit der Geburt beginnt und mehrere Stadien durchläuft, in dessen Verlauf sich körperliche, seelische und soziale Veränderungen vollziehen. Bereits in jungen Jahren entwickeln die Menschen positive und negative Vorstellungen und (Leit-) Bilder davon, was „Alter“ bedeutet.

Q ***Was seht Ihr, Schwestern?***
*Was seht Ihr, Schwestern, was seht Ihr?*
*Denkt Ihr, wenn Ihr mich anschaut:*
*Eine mürrische, alte Frau, die nicht besonders schnell,*
*verunsichert in ihren Gewohnheiten, mit abwesendem Blick,*
*ständig beim Essen kleckert, die nicht antwortet,*
*wenn ihr mit ihr meckert, weil sie wieder nicht pünktlich fertig wird.*
*Die nicht so aussieht, als würde sie merken, was ihr mit ihr macht.*
*Die willenlos alles mit sich machen lässt: Füttern, waschen und alles, was dazugehört.*
*Denkt Ihr so von mir,* ***Schwestern****, wenn Ihr mich seht, sagt?*
*Öffnet die Augen und schaut mich an!*

*Ich will Euch erzählen wer ich bin, die hier so still sitzt,*
*die macht was Ihr möchtet, die isst und trinkt, wenn es Euch passt.*

*Die Natur ist grausam, wenn man alt und krumm ist und verrückt wirkt.*
*Ich bin jetzt eine alte Frau, die ihre Kräfte dahinsiechen sieht*
*Und der Charme verschwindet.*
*Aber in diesem alten Körper wohnt noch immer ein junges*
***Mädchen****, ab und zu wird mein mitgenommenes Herz erfüllt.*
*Ich erinnere mich an meine Freuden, ich erinnere mich*
*an meine Schmerzen und ich liebe und lebe mein Leben noch einmal.*
*Wenn Ihr Eure Augen aufmacht,* ***Schwestern****, so seht Ihr nicht nur*
*eine mürrische, alte Frau.*
***Kommt näher, seht mich an!***

*Gedicht einer schottischen Frau. Zit. aus: Karl Stanjek (Hrsg.): Sozialwissenschaften. Altenpflege konkret. Urban &Fischer, München/Jena 2005, S. 379*

P Besonders prägnant kommen Leitbilder vom Alter in der Werbung zum Ausdruck. Teilen Sie die Klasse in Arbeitsgruppen auf und bearbeiten Sie die folgenden Aufträge.

1. Tragen Sie zusammen, für welche Produkte alte Menschen in den Medien werben.
2. Welche Botschaft soll die jeweilige Werbung den Adressaten vermitteln?
3 Welche positiven und welche negativen Vorstellungen vom Alter stecken hinter den einzelnen Werbebotschaften? Sind diese Bilder „wahr“ (gerechtfertigt)?
4. Präsentieren Sie die Ergebnisse der Gruppenarbeit anschließend vor der Klasse.
5. Verständigen Sie sich in einer Diskussion darüber: Ab wann ist Ihrer Meinung nach ein Mensch alt? Woran machen Sie das fest?

## Kennzeichen des Alters

Laut Definition der Weltgesundheitsorganisation (WHO) ist alt, wer das sechzigste Lebensjahr vollendet hat. Bei der Bestimmung des Alters unterscheidet man:

- **Kalendarisches Alter**
  Es gibt die Anzahl der Lebensjahre an
- **Biologisches Alter**
  Es spiegelt die Veränderungen in der Funktion einzelner Organe und des menschlichen Organismus insgesamt wider
- **Psychologisches Alter**
  Es verkörpert die subjektive Reflexion des kalendarischen, organischen und sozialen Alterungsprozesses und wird auch als „gefühltes Alter“ bezeichnet
- **Soziales Alter**
  Das soziale Alter zeigt sich im Wechsel des Platzes (aus dem Kindergartenkind wird über verschiedene Stationen ein Rentner), welchen der Einzelne in der Gesellschaft im Verlauf seines Lebens einnimmt

Alt = allein?
Das Alter heute wird durch eine Reihe miteinander verflochtener Prozesse geprägt. Hierzu zählt neben Hochaltrigkeit und Entberuflichung auch die Singularisierung. Singularisierung, das heißt, infolge von Verwitwung leben alte Menschen in großer Zahl allein. Sie haben wenig soziale Kontakte und – wenn sie sterben – dann bleibt das manchmal unbemerkt; niemand vermisst sie.

Q

*Für alle Lebenslagen gibt es bei uns ein Einsatzstichwort, auch für den Tod: „Exitus.“ [...] Am Küchentisch sitzt ein alter Mann. Er ist zusammengesunken. Der Kopf ist vornübergebeugt, die Arme hängen schlaff am Körper herunter. Er ist tot. Ich gehe auf ihn zu, schaue ihn näher an. Der Geruch dringt in alle Poren, ein Gemisch aus alter, abgestandener Luft und Verwesung. Der Mann saß friedlich vor dem Küchenfenster. Er trug ein Gebiss im Oberkiefer. Wie bei einer Karikatur hängt es halb aus seinem Mund heraus...Seine linke Hand ist angelaufen, fast schwarz. Die Haut sieht aus, als würde sie jeden Moment aufplatzen. Soll ich ihn berühren, prüfen, ob noch ein Rest Leben in ihm ist? Nein, ich verwerfe den Gedanken. Unter dem Leichnam steht eine Pfütze aus Urin. Er ist ausgelaufen, als die Muskulatur erschlaffte. Die Frau vom Pflegedienst erzählt, dass sie den Mann schon lange pflege, soweit er Pflege zugelassen habe. Er sei starrsinnig gewesen und habe nicht viel Hilfe angenommen. Seit er das Haus nicht mehr verlassen kann, war sie seine Verbindung zur Welt. Es gibt keine Verwandten. Er ist allein und arm. Niemand, der um ihn trauert.*

*Frei nach: Vera Pütz: Ausgehaucht. In: Jeden Tag den Tod vor Augen. Piper, München/Zürich 2007. S. 111/112*

A

1. Überlegen Sie sich, wie die einzelnen Kennzeichen des Alters miteinander zusammenhängen.
2. Verständigen Sie sich darüber, was sich im einzelnen unter den Stichworten Verjüngung des Alters, Entberuflichung, Singularisierung, Feminisierung und Hochaltrigkeit verbirgt und wie sich diese Prozesse manifestieren.
3. Tauschen Sie sich darüber aus, wann es für alte Menschen von Vorteil ist, in einem Heim zu leben und was alte Menschen hindern könnte, diesen Schritt zu gehen.

## Das Altern genießen

Zum Alter gehören auch Erfahrungen von Begrenzung, der Abbau von Körperkraft, Einschränkungen von Körperfunktionen und manchmal auch Krankheit und Gebrechlichkeit. Kann man auch dann noch, so fragen sich junge Leute mitunter ungläubig, das Leben genießen, es bis zum Grunde leben wollen?

**Verschiedene Arten, sich des Lebens zu freuen**

Der im Jahre 2004 verstorbene Schriftsteller Hanns Cibulka notierte über achtzigjährig kurz vor seinem Tode:

**Q** *Es ist etwas Seltsames mit dem Altwerden des Menschen. Es gibt Tage, die sind voller Erinnerungen, als wäre alles erst gestern geschehen, Erinnerungen von einer Heiterkeit und Melancholie. Die Substanz des Lebens hat sich verändert. Unser Leben ist abendlich geworden, die Berührungspunkte mit dem Unsichtbaren nehmen zu.*

*Die Seele des Menschen hat kein Gesicht, sie ist bildlos, sie gleicht weder dem Meer noch den Felsen im Meer, sie ist das Überwirkliche, dem wir sprachlos gegenüberstehn. Die Seele altert nicht. Noch steht am Himmel der Große Wagen, die Deichsel wird sichtbar. Meine Hand beginnt zu zittern, wenn sie das Weinglas hält....*

*Hanns Cibulka. Späte Jahre. Tagebuchaufzeichnungen. Reclam, Leipzig 2004, S. 25*

Die wenigsten Menschen möchten ihre letzten Lebensjahre in einem Heim verbringen und doch wird es gerade für hochaltrige Männer und Frauen oft zur letzten Wohnstatt.

**Q** *Eine Altenpflegerin erzählt:*

*Ja, wir haben gestern unser Sommerfest gefeiert, man siehts, nicht? Das glaubste gar nicht, was da für eine Stimmung war, wie unsere Leute da aufleben. Da hast du welche, da denkst du: na, die machen wohl nicht mehr lange mit. Die haben plötzlich die Lebenslust verloren. Und dann ist Sommerfest und da tanzt die, die du schon ein bisschen wie abgeschrieben hast auf einmal die Polonaise mit und lacht und du denkst, die brauchte also nur ein Sommerfest, eben so'n bisschen Abwechslung. Wir haben ja fast nur Frauen hier im Hause, aber die tanzten alle und selbst die im Rollstuhl sitzen, schunkelten und sangen mit und keiner wollte ins Bett. So'n Sommerfest ist wie Seelenbalsam für unsere Leute. Und heute noch, beim Waschen, jeder hauchte mir zu, wie schön das war und alle strahlten noch, so als wären se wieder jung geworden, verstehste? Bei so viel Freude, da weeßte, warum du Altenpflegerin geworden bist.*

*(Interview mit Franka S., Altenpflegerin, Text beim Autor)*

Q

*Ich lebe in einer Einrichtung des betreuten Wohnens, schon seit 20 Jahren. Ich wollte nicht zu spät gehen, nicht erst, wenn ich ein Pflegefall geworden bin. Aber ich wollte meine Selbständigkeit nicht aufgeben. Hier habe ich mich stets wohl gefühlt. Im Innenhof auf den Bänken finde ich in der warmen Jahreszeit immer jemanden für ein Schwätzchen oder eine Partie Halma. Ich habe Freundschaften geschlossen und wenn mich meine Tochter besucht, dann ist die Freude beiderseitig. Von ihr ist eine Last genommen, sie weiß mich umsorgt und glücklich.*

*Inge Z., 83 Jahre alt*

Zur Lebensfreude gehören auch im Alter Liebe und Partnerschaft.

Die Schriftstellerin Eva Strittmatter sorgte für Aufsehen, als sie sich jenseits der 70, nach dem Tod ihres Mannes, noch einmal verliebte und dies offen bekannte.

Q

*Ich habe mich allem ausgesetzt:*
*Dem Hohn, dem Spott, dem geilen Witz.*
*Ich habe* **das** *Tabu verletzt,*
*Indem ich meinen geheimen Besitz*
*Ans Licht hinbrachte. Tut man nicht.*
*Spricht nicht von Liebe. Im Gedicht?*

*Eva Strittmatter: Der Winter nach der schlimmen Liebe. Aufbau, Berlin 2005, S. 40*

P

Bilden Sie mehrere Projektgruppen.

1. Verständigen Sie sich in der Gruppe darüber, wie Sie sich ein schönes Leben im Alter vorstellen, was für Sie dazugehört. Notieren Sie die wichtigsten Ergebnisse der Verständigung.
2. Erarbeiten Sie dann in den Projektgruppen einen Fragebogen, mit dem Sie auf der Straße alte Menschen danach befragen, was ihr Leben in dieser Lebensphase schön und lebenswert macht und woraus sie ihre Lebenskraft beziehen.
3. Vergleichen Sie Ihre Vorstellungen mit den Ergebnissen der kleinen Umfrage und sprechen Sie über Gründe für gefundene Unterschiede.

A

4. Tragen Sie Gründe zusammen, warum Liebe und Partnerschaft für alte Menschen ein wichtiges Lebenselixier verkörpern.

# Im Alter noch gefragt

Zu den Merkmalen der heutigen Generation alter Menschen gehört in Folge von Vor- und Frühverrentung eine enorme Verjüngung des Alters. Das heißt, Menschen, die manchmal das sechzigste Lebensjahr noch nicht erreicht haben, gehen keiner Erwerbsarbeit mehr nach. Auf dem Arbeitsmarkt sind sie ausgesondert und gelten als eine Belastung für den Generationenvertrag.

**Q** ***Gründen wir eine Genossenschaft!***

*Im Jahre 1994 gründeten im hessischen Dietzenbach eine handvoll Rentner eine Seniorengenossenschaft. Sie fühlten sich noch zu jung, ihre Tage nur noch mit Reisen und Fitnessprogrammen zu füllen. Sie wollten noch gebraucht werden und ihre reichen Berufserfahrungen an andere weitergeben. Jedem ehrenamtlich engagierten Helfer werden für eine Stunde Arbeit in der Genossenschaft zwei Zeitpunkte gutgeschrieben, die bei Bedarf gegen andere Leistungen getauscht werden können.*

*Eugen Eppinger ging es weder um die Punkte noch um Geld, sondern um eine Aufgabe und so gibt der heute 76-jährige ehemalige Kundendienstler einer Elektronikfirma seine Computerkenntnisse an alte und junge Menschen weiter. Er berät, worauf man beim Kauf eines neuen PC achten muss, er gibt für Senioren Einführungskurse in die Handhabung von Word und Exel und er hilft Hauptschülern beim Erstellen einer Bewerbungsmappe.*

*Da er vor einem Jahr einen leichten Schlaganfall erlitt und seinen Rasen seither nicht mehr selbst mähen kann, nutzt er die über Jahre angesammelten Punkte. Das Mähen übernimmt ein anderes Mitglied der Genossenschaft für ihn. Inzwischen ist aus dem Seniorenprojekt ein generationenübergreifendes Vorhaben geworden, in welchem Alte und Junge einander respektieren und wertschätzen lernen.*

*Frei nach: Günter Hoffmann: Die härteste Währung der Welt. In: dieGesellschafter.de. H. 11/2007, S. 6/7*

**A** 1. Tauschen Sie sich in einer Gesprächsrunde darüber aus, was junge Menschen von alten und was alte von jungen lernen können. Fassen Sie die wichtigsten Ergebnisse ihrer Diskussion in einem Thesenpapier zusammen.

# 9.3. Sterben und Tod

## Der Tod in unserer Zeit

Sterben und Tod betreffen nicht allein die Menschen, sie kommen in der ganzen lebenden Natur vor. Das Sterben verkörpert einen Prozess, der unweigerlich mit dem Tod endet, ein Ablaufen der Zeit auf ein Ende hin. Der Tod indes bedeutet das Ende des Lebens.

Im Gegensatz zu Pflanzen und Tieren jedoch besitzen die Menschen schon zu Lebzeiten ein Bewusstsein davon, irgendwann sterben zu müssen. Während in früheren Zeitepochen der Tod allgegenwärtig war, wird er heute einerseits massiv verdrängt und beiseite geschoben und ist er andererseits – allerdings in besonderer Gestalt, nämlich vermittelt über Medien – alltäglich.

Einige Indizien:

- Alte Menschen sterben allein in Krankenhäusern und Altenheimen, am Sterbebett fühlen sich ihre Angehörigen hilflos und überfordert.
- Jeden Tag flimmern über den Bildschirm Bilder von Kriegs- und Hungertoten aus anderen Teilen der Welt in die Wohnzimmer; Bilder, denen man, ob ihrer Alltäglichkeit kaum noch Beachtung schenkt.
- Der Tod wird (zum Beispiel im Film) als künstliches und/oder künstlerisches Ereignis inszeniert.
- In Computerspielen besitzen die virtuellen Akteure gleich mehrere Leben.
- Der reale Tod von Prominenten wird als Medienspektakel gestaltet, das möglichst viele Menschen live miterleben wollen.

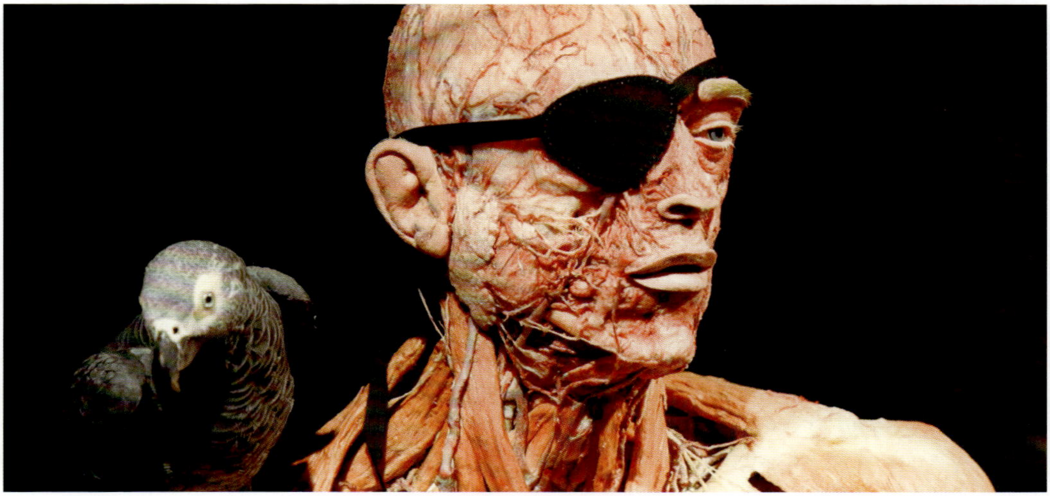

A

1. Wie erklären Sie sich die zwiespältige Tatsache, dass der Tod in unserer Zeit auf der einen Seite verdrängt wird und dass er auf der anderen Seite alltäglich ist?
2. Was unterscheidet den Tod, wie er uns über verschiedene Medien vermittelt wird vom Tod naher Angehöriger und dem Nachdenken über den eigenen Tod?
3. Haben Sie schon einmal über Ihren eigenen Tod nachgedacht? Welche Gedanken und Gefühle haben Sie in diesem Zusammenhang bewegt? Wie erklären Sie sich diese?

# Mit dem Tod leben

Die Tatsache, dass der Mensch als einziges Lebewesen mit der Gewissheit seines bevorstehendes Todes lebt, führte dazu, dass er Deutungen suchte, um diese Gewissheit (er) tragen zu können.

**Q** ***Man stirbt, weil man lebt***

*Alle Bestrebungen unseres Lebens sind Formen des Widerstands gegen den Tod, von dessen Unausweichlichkeit wir wissen. Es ist das Bewusstsein des Todes, durch das sich das Leben für jeden von uns in eine sehr bedeutsame Angelegenheit verwandelt, in etwas, über das wir nachdenken müssen: etwas Geheimnisvolles und Unerhörtes, ein kostbares Wunder, für das wir kämpfen und unseren Geist anstrengen müssen. Wenn es den Tod nicht gäbe, gäbe es auf der Welt viel zu sehen und viel Zeit dafür, aber sehr wenig zu tun – fast alles tun wir, um den Tod zu vermeiden.*

*Was wissen wir sonst noch über den Tod? Zweifellos recht wenig. Was wir wissen ist, dass er absolut persönlich und nicht übertragbar ist: Niemand kann für einen anderen sterben. Das heißt, dass niemand mit dem eigenen Tod das früher oder später eintretende Sterben eines anderen vermeiden kann. Die Schuld, die wir alle mit dem Tod zu begleichen haben, muss jeder mit seinem eigenen Leben bezahlen, nicht mit einem anderen. Daher ist der Tod nicht nur das individualisierendste Faktum, sondern er macht uns auch in höchstem Maße einander gleich.*

*Noch etwas wissen wir vom Tod: dass er nicht nur gewiss ist, sondern ständig drohend bevorsteht. Sterben ist nicht nur eine Sache von Alten und Kranken: Vom ersten Moment, in dem wir zu leben beginnen, sind wir Todeskandidaten. Niemand, so sagt der Volksmund, ist zu jung, um nicht zu sterben, und niemand zu alt, um nicht noch einen Tag länger leben zu können. Es ist, wie Montaigne so schön sagte: Wir sterben nicht, weil wir krank sind, sondern weil wir leben. Eigentlich befinden wir uns immer im selben Abstand zum Tod. Der entscheidende Unterschied besteht nicht darin, gesund oder krank zu sein, sicher oder in Gefahr. Er besteht darin, ob wir lebendig oder tot sind, das heißt zwischen Sein und Nichtsein. Es gibt kein Dazwischen. Niemand kann sich „halb tot" fühlen. Das ist nur ein bildlicher Ausdruck, denn solange Leben in uns ist, kann sich alles wieder einrenken. Nur der Tod ist unwiderruflich. Auch wenn wir einiges über den Tod wissen, letztlich bleibt er für uns das Unbekannteste. Wir wissen, wann jemand tot ist, aber wir wissen nicht, wie das Sterben „von innen" aussieht.*

*Viele Mythen und Verheißungen ranken sich um den Tod. Überall und zu allen Zeiten diente die Religion dazu, dem Tod einen Sinn zu geben. Doch um nichts sollen die Lebenden die Toten beneiden. Ewige Seligkeit oder ewige Verdammnis sind gleichermaßen Formen einer unendlichen Erstarrung, aber nicht Seinsweisen des Lebens. Die Idee, auf irgendeine Weise nach dem Tod weiterzuleben ist ebenso beunruhigend wie widersprüchlich. Es ist der Versuch, den Tod nicht ernst zu nehmen.*

*Der Gedanke an den eigenen Tod ruft Angst hervor. Einige fürchten, dass nach dem Tod etwas Schreckliches auf sie zukommt. Andere glauben, dass es danach nichts gibt und dieses Nichts schreckt sie am meisten. Ist es wirklich so schrecklich, nicht zu sein? Schließlich gab es uns sehr lange Zeit nicht und darunter haben wir in keiner Weise gelitten. Der Gedanke, dass der Tod uns verletzt – ereignet sich ja gerade während wir noch leben. Wenn der Tod gleichbedeutend mit dem Nichtsein ist, dann haben wir ihn bereits besiegt: an dem Tag, als wir geboren wurden. So sind wir zwar sterblich, aber dem ewigen Tod bereits entkommen. Wir haben ihm jene Tage, Monate und Jahre voraus, die wir gelebt haben. Und diese Zeit wird, geschehe, was es wolle, immer unsere sein. Ich habe gelebt und weiß, was es heißt zu leben und kann voraussehen, was ich mit dem Tod verlieren werde. So bringt der Tod uns zum Nachdenken über das Leben.*

*Nach: Fernando Savater: Die Fragen des Lebens. Campus, Frankfurt/New York 2000, S. 25ff.*

A

1. Wie charakterisiert Savater den Tod? Welche Eigenschaften schreibt er ihm zu?
2. Wie kommt Savater dazu, den Tod für das Persönlichste zu halten, das uns widerfährt, obwohl er doch alle Menschen gleich macht?
3. Woraus resultiert nach Savater die Angst vor dem Tode und wie kann man ihr begegnen?
4. Ist die Ansicht berechtigt, dass die Religionen den Tod verharmlosen? Begründen Sie Ihre Position.
5. Welche Schlussfolgerungen sollte man aus der Gewissheit, sterben zu müssen, Ihrer Meinung nach ziehen?

# Der Umgang mit Sterbenden

Sterbende sind Menschen, deren Leben sich einem unwiderruflichen Ende nähert. Die Zeit, welche ihnen zum Leben verbleibt, ist begrenzt. Die meisten Menschen wünschen sich, zu Hause, in ihrer vertrauten Umgebung zu sterben, ein verständlicher Wunsch, ist das Sterben doch keine Krankheit, die heilbar ist. Dennoch überfordert gerade dieser Wunsch Angehörige oftmals, wissen sie nicht, welche Bedürfnisse und Wünsche Sterbende hegen.

**Q** *Bedürfnisse Sterbender*

**1. Körperliche Bedürfnisse**

- *Schmerzen lindern*
  *Die Schmerzlinderung hat Vorrang vor anderen Bedürfnissen. Allerdings sollten schmerzlindernde Medikamente so dosiert sein, dass unnötige Bewusstseinsminderungen vermieden werden.*
- *Schwäche tolerieren*
  *Sterbende sind selbst bei leichten Anstrengungen leicht erschöpft, die Körperkraft geht zu Ende. Sie benötigen genügend Ruhe und Schlaf.*
- *Durst stillen*
  *Durst tritt in den letzten Lebenstagen verstärkt auf. Es sollte daher genug zu trinken dargereicht werden und die Lippen sollten befeuchtet werden.*
- *Körperpflege gewährleisten*
  *Gerade in den letzten Lebensstunden kann es zu starkem Schwitzen kommen und damit im Zusammenhang zu einem unangenehmen Körpergeruch, der durch entsprechende Maßnahmen gelindert werden kann.*

**2. Psychische Bedürfnisse**

- *Wunsch nach Wahrheit über den persönlichen Zustand*
  *Diese Klarheit ist nötig, um sich auf das Ende vorzubereiten und letzte, wichtige persönliche Angelegenheiten zu regeln.*
- *Wahrung der Würde und der Selbstbestimmung auch im Sterbeprozess*
- *Ängste nehmen*
  *Zuhören, Anwesend sein, Gespräche führen, einen Händedruck oder ein Lächeln schenken.*

**3. Soziale Bedürfnisse**

*Kontakt und Nähe von vertrauten Personen erleben*

**4. Weltanschauliche und religiöse Bedürfnisse**

- *Mit oder für den Sterbenden beten*
- *einen Priester oder einen Freund holen*
- *Bei Fragen nach dem Sinn des Lebens beistehen*

*Karl Stanjek (Hrsg.): Altenpflege konkret: Sozialwissenschaften. Fischer& Urban, München/ Jena 2001. S. 258ff*

**A**
1. Die Akzeptanz des bevorstehenden Todes stellt hohe Anforderungen an Pflegende und Angehörige. Sie reduziert deren Aufgabe auf das Lindern von Leid, Beistand und Trost. Halten Sie ein solches Verständnis für ausreichend? Begründen Sie Ihr Ja oder Nein.
2. Es gibt Berufe, in denen der Umgang mit Sterben und Tod nahezu alltäglich auf der Tagesordnung steht. Wie kann man das Ihrer Meinung nach aushalten?

## Sterbehilfe als moralisches Problem

Die Fortschritte in der Medizin, die schier unendlichen Möglichkeiten, das Leben von Menschen künstlich (z.B. durch Beatmungstechnik oder Ernährung durch eine Sonde) zu verlängern, haben die Diskussionen um das Problem der Sterbehilfe neu entfacht.

Jeder weiß, dass sich das Sterben eines Menschen nicht immer als ein allmähliches und friedliches Einschlafen vollzieht, sondern dass Schmerzen und gravierende Verluste von Lebensqualität, dass Einbußen an Selbständigkeit und Entscheidungsfähigkeit den unmittelbaren Sterbeprozess für den Sterbenden selbst und für seine Angehörigen zu einer schweren Belastungsprobe machen können.

### Was heißt in Würde sterben?

Frau Schulte ist 92 Jahre alt. Sie hat ihr Leben bei bester Gesundheit gelebt und dies stets als ein Geschenk betrachtet. Bis ins hohe Alter hinein hat sie ihren Haushalt allein versorgt und in ihren vier Wänden gelebt. Vor zwei Jahren stürzte sie in ihrer Wohnung und brach sich den Oberschenkelhals. Trotz Operation und Rehabilitation kam sie danach nie wieder so recht auf die Beine. Seither lebt sie im Haushalt ihrer ältesten Tochter. Vor ein paar Wochen reichte ihre Kraft plötzlich nicht mehr zum Aufstehen. Seit drei Tagen nun will sie nicht mehr essen. Die Tochter rief aus ihrer Sorge heraus den Hausarzt. Dieser kam zu dem Schluss, dass es mit Frau Schulte zu Ende gehe. Er schlug der Tochter vor, die Mutter ins Krankenhaus zu bringen, damit sie nicht verhungern müsse.

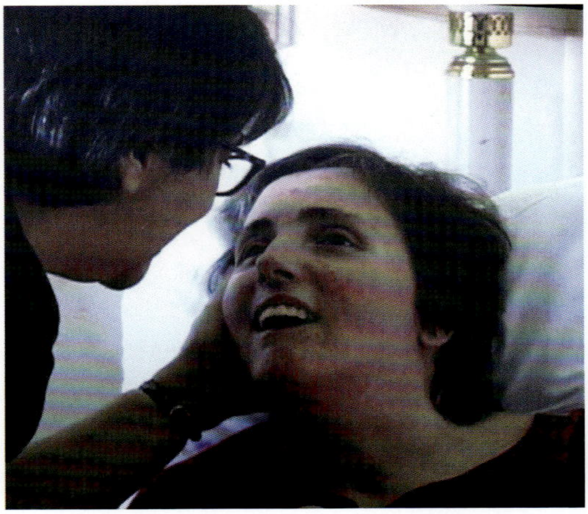

*Terri Schiavo, lag 15 Jahren im Wachkoma. Die lebensverlängernden Maßnahmen wurden auf Antrag ihres Ehemannes im Jahre 2005 eingestellt.*

In der Sterbehilfedebatte unterscheidet man:

**Aktive Sterbehilfe**

Tötung auf Verlangen. Der Arzt verabreicht dem Patienten auf dessen Verlangen hin eine todbringende Medizin. In Deutschland verboten.

**Passive Sterbehilfe**

Tötung durch *Unterlassen von lebensverlängernden Maßnahmen*, wenn diese nur den Tod und das Leiden hinauszögern und keine qualitative Verbesserung des Gesundheitszustands möglich ist. In Deutschland unter bestimmten Voraussetzungen erlaubt.

1. Bilden Sie sich ein Urteil darüber, was die beiden geschilderten Fälle eint und was sie unterscheidet. **A**
2. Wenn Sie selbst in jedem der Fälle eine Entscheidung treffen müssten, wie würde diese aussehen? Von welchen Erwägungen würden Sie sich leiten lassen?

Das elementarste aller Menschenrechte, das Recht auf Leben, kommt jedem einzelnen Menschen zu. Beinhaltet dieses Recht auch das Recht, über den Zeitpunkt seines Todes bestimmen zu können oder ist es die Pflicht eines jeden, solange zu leben wie Ärzte und Medizintechnik das zulassen?

**Die Bischöfin und der Arzt im Streit**

Pieter Admiraal ist Arzt. Er gehört in den Niederlanden zu den Befürwortern aktiver Sterbehilfe. Margot Käßmann ist seit 1999 evangelische Landesbischöfin in Hannover. Sie erkrankte im Jahr 2006 selbst an Brustkrebs.

Q

**Admiraal:** *Die Leute, die bei uns sterben, sagen, dass sie die Unwürdigkeit des Krankseins, die völlige Abhängigkeit nicht mehr ertragen. Das Zweite ist, dass sie das Leiden als absolut sinnlos erfahren. Der dritte Grund ist vielleicht der wichtigste: Diese Leute, die absolut am Ende sind, hoffnungslose Krebs- oder Aidspatienten, haben sich schon von allem verabschiedet, von der Welt, von der Familie, von den Freunden. Und das Nächste, dass sie sich vom Leben verabschieden.*

**Käßmann:** *In mir sträubt sich etwas dagegen, den Zeitpunkt des Sterbens festzulegen, etwa so: „Übrigens, Ihr Lieben, nächste Woche ist es soweit." Ich habe viele Sterbende begleitet, auch Schmerzpatienten, nicht nur Sterbende in hohem Alter. Ich denke an einen jungen Mann von 33 Jahren, der den Sterbeprozess sehr bewusst bis zum Auspusten der Kerze mitgemacht hat. Es ging über drei Wochen. Und es war schwer […] Aber es war kein Prozess, der mir Angst vor dem Sterben gemacht hat. Es war bereichernd, das Leben in seiner Fülle zu sehen von der Geburt bis zu diesem Sterben […]*

**Admiraal:** *Finden Sie es legitim, wenn ein Mensch nur solange leben will, wie er im Vollbesitz seiner Kräfte ist? Und wenn Geist und Körper nicht mehr mitmachen, dass er lieber Sterbehilfe in Anspruch nimmt?*

**Käßmann:** *Das finde ich unendlich traurig, weil das ein Mensch ist, der sich anderen nicht anvertrauen kann, der es nicht erträgt, abhängig zu sein. Und letzten Endes ist er auch unglaublich einsam. Dass ich abhängig bin und mich anderen Menschen anvertrauen muss, ist Teil des Lebens. Wenn sie in Altersheime gehen, sind die Menschen dort natürlich abhängig. Auch Menschen mit Behinderungen sind abhängig. Deshalb brauchen wir eine Kultur, in der Behinderte, Sterbende und Alte in Würde leben können.*

*Zit aus: Thomas Conrad: Was kann, soll und darf ich tun? Militzke, Leipzig 2005,S. 46/47*

A

1. Informieren Sie sich darüber, welche Regelungen zur Sterbehilfe in anderen europäischen Ländern, z.B. in den Niederlanden und der Schweiz, gelten.
2. Warum halten Sie die in Deutschland geltenden Regelungen für ausreichend/nicht ausreichend? Setzen sie sich in der Diskussion auch mit den Argumenten der Bischöfin und des Arztes auseinander.

## Sterbebegleitung und Hospizarbeit

Sterbebegleitung und Hospizarbeit gelten als eine Alternative zur Sterbehilfe seit die Ärztin Cicely Saunders im Jahre 1967 in London das Hospiz St. Christopher eröffnete. Zu ihr kamen Menschen, deren Krankheit nicht heilbar war. Dennoch wird die Bezeichnung „Sterbekliniken" abgelehnt, da das Hauptanliegen der Hospizarbeit darin besteht, das Leben bis zum Schluss so angenehm und würdig wie nur möglich zu gestalten.

### Grundsätze der Hospizarbeit:

1. Schmerzen beeinträchtigen die Würde des Menschen. Ein menschenwürdiges Leben und Sterben ist nur bei relativer Schmerzfreiheit möglich. Die Linderung von Schmerzen hat Vorrang vor allen anderen Therapien.
2. Der Mensch ist ganzheitlich zu sehen und zu betreuen, er ist nicht auf einzelne Körperfunktionen reduzierbar.
3. Die mitmenschliche Zuwendung, die in herkömmlichen Krankenhäusern oftmals zu kurz kommt, wird durch das Zusammenwirken von Fachpersonal, ehrenamtlichen Helfern und Angehörigen gewährleistet. Es gibt wenig Technik, aber viel Zuwendung. Es gibt Partner, die zuhören und die den Patienten helfen, letzte Dinge zu regeln und den eigenen Tod anzunehmen.

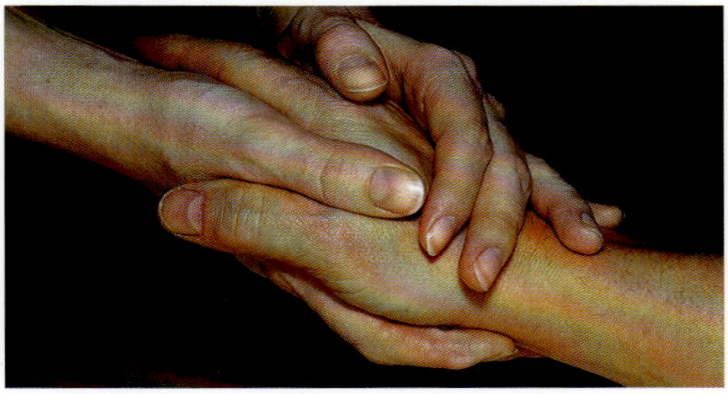

***Mein Bruder Löwenherz***

Q

*Mein kleiner Bruder war 7 Jahre alt, aber er sah aus als wäre er erst 4. Das kam daher, dass eine schwere Krankheit ihm keine Zeit zum Wachsen ließ. Wir nannten ihn Löwenherz, weil er so tapfer und so mutig wie ein Löwe war. Er nahm alle Behandlungen gelassen hin, selbst die schmerzhaften Knochenmarkpunktionen. Von Medikamenten war sein Körper aufgequollen, von der Chemotherapie fielen ihm Haare und Wimpern aus. Damit sein Blut gesund wurde, bekam er eine Knochenmarktransplantation. Danach ging es ihm ein paar Wochen richtig gut. Weihnachten rückte näher, da ging es ihm urplötzlich wieder schlecht. Er kam ins Krankenhaus. Das kranke Knochenmark war nachgewachsen und hatte das gesunde zerstört. Es wurde immer weniger mit ihm.*

*Weihnachten verlebten wir mit meinem Bruder zusammen in einem Hospiz. Wir waren alle um ihn herum, haben für ihn gesungen, ihn umarmt und mit ihm gesprochen. Eines Tages ließen wir vor dem Fenster viele bunte Luftballons in den Himmel steigen, damit er dort einen Gruß von uns vorfindet. Mein Bruder war in der Nacht für immer eingeschlafen.*

*Schilderung eines 14-Jährigen. Frei nach: Dorothee Döring: Den Weg durch Leid und Trauer gemeinsam gehen. Topos, Kevelaer 2004, S. 111ff*

A

1. Stellen Ihrer Meinung nach Sterbebegleitung und Hospize tatsächlich Alternativen zur Sterbehilfe dar? Begründen Sie Ihre Position.
2. Können Sie sich vorstellen, einen nahen Angehörigen oder Freund in einem Hospiz zu betreuen? Fühlen Sie sich solch einer Herausforderung gewachsen? Was macht Ihnen im Zusammenhang damit Angst?

## Trauer und Abschied

Wenn ein Mensch stirbt, hinterlässt er Angehörige und Freunde, Menschen, die um ihn trauern.

Trauer gehört zu den großen menschlichen Gefühlen, die nur wenig rational steuerbar sind. Sie resultiert aus dem Gefühl, etwas Unwiederbringliches verloren zu haben. Trauer wird auch als Verlustschmerz bezeichnet, weil das Verlorene körperliche und seelische Schmerzen auslöst. Den Verlust zu verarbeiten ist eine Aufgabe, die das Individuum selbst bewältigen muss, um weiterleben zu können, sich neuen Eindrücken und neuen Erlebnissen öffnen zu können.

**Q** ***Jeder trauert anders.***

*„O je, nicht schon wieder", denkt Frank, als er vom Fußballspielen nach Hause kommt und hört, wie seine Mutter laut Orgelmusik hört. Er weiß, dass sie dann im Wohnzimmer sitzt und weint. Es war ihm in den letzten Stunden so gut gegangen, er will jetzt nicht schon wieder mit dem Leid konfrontiert werden und schleicht in sein Zimmer. Er hofft, dass seine Mutter ihn nicht gehört hat. Er ist auch sehr traurig über den Tod der kleinen Schwester, nur heute möchte er sich das gute Gefühl nach dem Fußballspiel möglichst lange erhalten. […]*

*Frank ist 17 Jahre alt, seine 8-jährige Schwester wurde ein halbes Jahr zuvor von einem Auto überfahren. Dass Frank nicht gefühlskalt ist, die Trauer nicht nur abwehrt, erfahren wir im Gespräch mit ihm. „Am Anfang waren wir in der Familie ganz nah und haben viel über Kati gesprochen. Aber manchmal hab ich die Stimmung halt nicht mehr ausgehalten. Als die Kati noch lebte, war's laut gewesen im Haus. Und jetzt ist `ne richtige Grabesstille."*

*Wenn Frank in sein Zimmer geht und laut Popmusik hören will, kommen Vater und Mutter und sagen, dass er damit aufhören soll, sie hielten es nicht mehr aus. Die Eltern empfinden diese Musik als störend, glauben, Frank wolle keine Rücksicht nehmen, sind verletzt. Frank wiederum glaubt, die Eltern gönnen ihm die Musik und die Ablenkung nicht.*

*M. Baßler. In: M. Baßler/ M-Th. Schins (Hg.): Warum gerade mein Bruder? Rowohlt, Reinbek 1992, S. 65f.*

**A**

1. Tragen Sie wichtige Trauerrituale unseres Kulturkreises zusammen!
2. Verständigen Sie sich darüber, wie das jeweilige Ritual abläuft und was es bewirken soll.
3. Stellen Sie sich vor, Sie sind Franks Freund und wollen ihm helfen. Wie könnte eine wirksame Hilfe in seiner Situation aussehen?
4. Der Totenschmaus verkörpert ein Trauerritual. Was wissen Sie über dieses Ritual? Begründen Sie, ob und warum Sie es befürworten bzw. ablehnen.

## Das Interview

Beim Interview handelt es sich keineswegs um ein lockeres Alltagsgespräch, das sich einfach so ergibt.

Ein Interview wird gezielt angebahnt. In ihm stehen sich zwei Partner, der *Interviewer* und der *Interviewte*, gegenüber. Jedem der beiden sind feste Rollen zugewiesen. Der Interviewer steuert den Gesprächsverlauf durch seine Fragen. Mit dem Interview verfolgt er ein bestimmtes Ziel, das im Vorfeld festgelegt wird. Damit das angestrebte Ziel nicht verfehlt wird, bedarf jedes Interview einer gründlichen und wohlüberlegten Vorbereitung.

In der Vorbereitung gilt es zu klären,

- **wer**
- **wen**
- **wann**
- **wozu** (zu welcher Thematik) und
- mit **welchem Ziel** befragt.

Dazu wird in der Vorbereitung ein Fragenkatalog entwickelt, der das Gespräch wie ein Leitfaden durchzieht und es strukturiert. Der Fragenkatalog wird im Interview vom Interviewer systematisch abgearbeitet.

Für den Ablauf eines Interviews gelten *Grundregeln*:

- Das Interview wird durch den Interviewer eröffnet. Er stellt sich kurz vor und erläutert knapp sein Anliegen.
- Der Interviewer tritt freundlich und bestimmt auf.
- Er stellt offene, zum Reden einladende, Fragen und meidet Fragen, welche durch ein einfaches Ja oder Nein beantwortbar sind
- Die Fragen dürfen weder suggestiv (eine Antwort bereits in der Fragestellung vorgebend) noch wertend sein.
- Der Interviewer achtet darauf, dass der Interviewte im Erzählfluss beim Thema bleibt. Das heißt, wenn der Interviewte allzu weit vom Thema abschweift, geleitet ihn der Interviewer durch sanftes Dazwischenfragen wieder zurück zur eigentlichen Thematik.
- Der Interviewer hält die Ergebnisse des Interviews fest (Protokoll).
- Im Anschluss an das Interview erfolgt eine inhaltliche (was wurde erkundet) und eine methodische (haben sich die gewählten Fragen bewährt) Auswertung.

In der Altenpflege wird das Interview als Methode häufig in der *Biografiearbeit* eingesetzt. Es soll alten, an Demenz erkrankten Menschen durch gezieltes und anregendes Fragen helfen, Lebenserinnerungen wiederzufinden bzw. diese vor dem Vergessen zu bewahren.

1. Entwerfen Sie einen Leitfaden (Fragenkatalog) für ein Interview mit alten Menschen, mit dessen Hilfe Sie die Lebensgeschichte ihrer Interviewpartner erkunden wollen. **A**

# Glossar

**Aktie**

bezieht sich auf das lateinische Wort actio, das auf Deutsch Handlung heißt. Aktien sind Anteils- oder Teilhaberpapiere, die ein Aktionär oder eine Aktionärin an einer Aktiengesellschaft besitzt. Sie zerlegen das Grundkapital einer Aktiengesellschaft in einzelne Anteile.

**Altruismus**

Gegensatz zu Egoismus. Im Wortstamm enthalten ist das Wort „alter", auf deutsch: der Andere. Altruismus bezeichnet Verhaltensweisen, in denen das Wohl und Wehe anderer Menschen im Mittelpunkt des Handelns steht. Altruistisches Verhalten wird auch als selbstloses Verhalten bezeichnet.

**Anthropogenese**

Prozess der Menschwerdung, der Herausentwicklung des Menschen aus dem Tierreich.

**Anthropologie**

Wissenschaft vom Menschen.

**Antonyme**

sind Worte mit gegensätzlicher Bedeutung, das Gegenteil von Synonymen – Worten mit gleicher oder ähnlicher Bedeutung.

**Äskulapstab**

Ein von einer Schlange umringelter Stab. Er galt als das dem Gott der Heilkunst, Äskulap, zugeordnete Kennzeichen. Heute steht der Äskulapstab als Symbol für medizinische Berufe und Einrichtungen.

**BASIC**

Abkürzung für: **B**eginners **A**ll-purpose **S**ymbolic **I**ntroduction **C**ode, den symbolischen Universalcode für Anfänger, eine außerordentlich einfache Programmiersprache mit relativ geringem Sprachumfang.

**Begriffsnetz**

Der Begriff, über den nachgedacht werden soll, wird in die Mitte geschrieben. Um ihn herum werden weitere Begriffe notiert, die es erlauben, den Hauptbegriff näher zu charakterisieren. Die Nebenbegriffe werden mit „Spinnenfäden" mit dem Hauptbegriff verwoben.

**Börse**

Institution, an der bewegliche Objekte (Wertpapiere, Aktien aber keine Häuser) nach Zahl, Maß oder Gewicht zu öffentlichen und standardisierten Vertragsbedingungen gehandelt werden. Der Name stammt von der holländischen Kaufmannsfamilie van der Burse aus Brügge (*burs*a heißt auf Lateinisch Ledersack), in deren Haus sich Kaufleute regelmäßig zu Geldgeschäften trafen.

**Causa Prima**

Aus dem Lateinischen: *causa* – Ursache und *prima* – wichtig steht das Wortpaar für die erste oder wichtigste Ursache, den Hauptgrund.

**Determinismus**

Aus dem Lateinischen: *determinare* – abgrenzen, bestimmen bezeichnet der Begriff in der Philosophie die Lehre von der linearen Bestimmtheit des Denkens und Handelns durch vorausgehende Prozesse oder höhere Mächte wie zum Beispiel Gott.

**Fatalität oder Fatalismus**

wird von dem lateinischen Wort *fatalis* abgeleitet und bedeutet Schicksalsergebenheit. Der Mensch übernimmt keine Verantwortung für sein Handeln, denn alles menschliche Tun ist dem blinden Schicksal unterworfen. Es gibt keinen freien Willen.

**Futurologie**

bezeichnet die wissenschaftlichen Forschungen, die sich mit den zukünftigen Entwicklungen auf technischem, wirtschaftlichem und sozialem Gebiet beschäftigen.

**Heroismus**

vom griechischen *Heros*, einem Helden oder Halbgott abgeleitet, bezeichnet der Begriff eine besonders mutige Haltung oder Handlung.

**Heuristik**

Der Begriff geht zurück auf den Ausdruck heureka (gr.) – ich habe es gefunden. Heuristik meint dementsprechend eine wissenschaftliche Lehre und entsprechende Verfahren zur methodischen Gewinnung neuer Erkenntnisse.

**Intelligible Freiheit**

ist ein Begriff aus der Philosophie Immanuel Kants (1724–1804). Kant geht davon aus, dass Freiheit keine messbare Größe ist, sondern eine regulative Idee, die dem Menschen in seinem Handeln Orientierung gibt. Weitere regulative Ideen sind Gott und Unsterblichkeit.

**Kapitalismus**

ist ein Begriff, der vor allem von dem deutschen Philosophen Karl Marx (1818–1883) verwendet wurde, um die wirtschaftliche und gesellschaftliche Entwicklung im 18. und 19. Jahrhundert zu charakterisieren. Kapitalismus heißt, dass das Privateigentum an Produktionsmitteln (Fabrikhallen, Anlagen, Maschinen) hauptsächlich zur Gewinnmaximierung eingesetzt wird. Die Kapitalisten oder Kapitaleigentümer bestimmen durch ihren Kapitalbesitz über die Arbeiter. Im Gegensatz zu den Kapitalisten besitzen die Arbeiter keine Produktionsmittel und kein Kapital, sondern lediglich ihre Arbeitskraft, welche sie auf dem Markt zu Marktbedingungen (Angebot und Nachfrage) an den Kapitalisten verkaufen müssen, um die Mittel zum eigenen Lebensunterhalt zu verdienen.

**kausal**
von *causa* – Ursache, ursächlich.

**Kibbuz**
ist vom hebräischen Wort *Kwuza* – deutsch: Gruppe abgeleitet. Kibbuz bedeutet hier ein in Israel verbreitetes Modell von Kollektivsiedlung und -wirtschaft.

**Metapher**
Wort mit übertragener Bedeutung, ein bildlicher Ausdruck, um etwas kurz und prägnant zu charakterisieren.

**Miniaturtext**
ist ein Text, der aus zehn Zeilen besteht, die in fünf Minuten geschrieben werden müssen. Er dient in der Ethik dazu, Bildbetrachtungen durchzuführen oder in einer Art Gedankenblitz eigene Gedanken oder Gefühle zum Ausdruck zu bringen.

**Monotheismus**
vom Griechischen *monos* – allein und *theos* – Gott abgeleitet, eine Religion, die nur einen einzigen Gott besitzt.

**Mythos**
meist mündlich überlieferte Erzählung aus der Frühzeit eines Volkes. Sie kann von übermenschlichen Wesen, von der Entstehung der Welt und des Menschen, von Leben und Tod oder von Helden berichten.

**Neoliberalismus**
bedeutet in der Wirtschaftstheorie, dass die Verantwortung des Staates gegenüber der wirtschaftlichen Entwicklung zurückgedrängt werden soll. Entsprechend den Prinzipien des freien Marktes soll sich der Staat mit Subventionen von Unternehmen oder Beschäftigungsprogrammen zurückhalten. Auch im Bereich der Bildung sollen immer mehr private Initiativen (Hochschulen, Berufsakademien) den Anteil an staatlicher Bildung minimieren.

**Nihilismus**
Verneinung aller Werte und Normen.

**Polytheismus**
vom Griechischen *poly* – viele und *theos* – Gott abgeleitet, eine Religion, die viele Götter besitzt.

**Pythia**
dem griechischen Mythos nach die Prophetin des Orakels von Delphi.

**Séance**
eine spiritistische oder spirituelle Sitzung, in welcher versucht wird, in Kontakt mit übernatürlichen Mächten und Geistern zu treten.

**Standpunktrede**
Kurz und prägnant wird der eigene Standpunkt zu einem Problem vorgetragen und mit möglichst überzeugenden Argumenten untersetzt.

**Stoiker**

Vertreter einer philosophischen Richtung, die ihren Namen von der Säulenhalle (Stoa) am Marktplatz von Athen herleiten, in welcher einst der Unterricht abgehalten wurde.
Im Mittelpunkt der stoischen Philosophie steht die Selbstbestimmtheit menschlichen Lebens, die Vernünftigkeit der Lebensführung, die eingebettet in eine wohlgeordnete kosmische Ordnung ist.

**Subgesellschaften und Subkulturen**

von *sub* (lat.) „unter“ abgeleitet, Untergruppen von Gesellschaft und Kultur bzw. besondere, eigenständige Kulturen und Gesellschaftsbereiche.

**Transzendenz**

Übersinnlichkeit. Aus dem Lateinischen kommend, bezeichnet Transzendenz etwas, was die Grenzen der Erfahrung überschreitet.

**Über-Ich**

bildet zusammen mit dem *Ich* und dem *Es* bei Freud einen Teil des psychischen Apparates des Menschen. Dabei ist das Es der dunkle Kern des Menschen, die Welt der Triebe. Das *Über-Ich* steht als Sittenwächter darüber. Es wird gebildet durch alle Verbote und Gebote, die wir im Laufe unseres Lebens verinnerlicht haben. Zwischen Es und Über-Ich steht das *Ich*, eine Instanz der Vernunft, die eine Balance zwischen Es und Über-Ich herzustellen sucht.

**Wirtschaft**

umfasst die Gesamtheit aller Institutionen und Tätigkeiten, die der Befriedigung menschlicher Bedürfnisse dienen. Dazu gehören sowohl Güter (Arbeitsprodukte) als auch Dienstleistungen (z. B. Handelsgeschäfte). Die Summe aller Produktions- und Konsumtionsvorgänge wird als Wirtschaftsprozess bezeichnet.

## Bildnachweis

S. 10, 25, 65, 66, 68, 80, 94, 97, 103, 117, 134, 155, 180, 204, 210, 225, 230, 242: Uta Wolf/atelier up, Leipzig, 2009

S. 11: © Volkmar Heinze, Threna 2009; S. 18: © dpa/picture-alliance 2009; S. 21: © Arne Müseler, commons.wikimedia.org 2009; S. 22 links: © Anja Schulz, Bad Lauchstädt 2008; S. 22 rechts: © Rhiannon Willard 2009; S. 24: © Helen Benedict 1992; S. 26: © SaskLanka Community, 2007-2009; S. 27: © Jutta Anger, pixelio.de; S. 28: ullstein bild - Reuters; S. 30: © dpa; S. 31: Thomas Butsch, Leipzig 2009; S. 33: © Geoff Delderfield, 2004; S. 35: © PicturePress 2009; S. 37: Militzke Archiv; S. 39: Militzke Archiv; S. 41 links: © National Portrait Gallery, London; S. 41 mitte: © The Harper's Magazine Foundation. All rights reserved; S. 41 rechts: © Copyright by Joel Travis Sage. All rights reserved; S. 45: © Holger Jungnickel (neophoto), photocase.com; S. 48; © spraypaintstencils 2009; S. 49: © Friedrich Karl Wächter, VG Bild Kunst Bonn 2009; S. 50: © Ryan La Riviere; S. 51: © panthermedia.net, Nailia Schwarz; S. 52: © Julia Freeman-Woolpert 2009; S. 53 links: © photofey - Fotolia.com; S. 53 rechts: © M.Zaturi - Fotolia.com; S. 56: M.C.Escher VG Bild-Kunst Bonn 2009: S. 58: © Jan Gropp/PIXELIO; S. 59: © 2002-2009 Fantom-XP & wallpapers.free-review.net Inc. All rights reserved; S. 60: © Christian Seidel/PIXELIO; S. 61: © F. Kugler/wikimedia; S. 63: Edward Moran „Statue of Liberty" 1886; S. 67 © Nvpswitzerland/GNU-Lizenz/commons.wikimedia.de; S. 73: © Hans-Peter Reichartz/PIXELIO; S. 76: © 2009 Church of God of Prophecy; S. 80: © Volodymyr Vasylkiv - Fotolia.com; S. 82: © Raygon, devianart; S. 83: © Pedro Kirilos, photocase.com; S. 84: © Dietmar Senf, Leipzig 2009; S. 85: © IMAGNO/Sigmund Freud Privatstiftung 2009; S. 91: Heinrich Friedrich Füger, „Prometheus bringt der Menschheit das Feuer" 1817; S. 93: © Thomas Pieruschek/PIXELIO; S. 100 oben links: © Thomas Butsch, Leipzig 2007; S. 100 oben mitte: © Copyright 1999-2007, TechTarget; S. 100: oben rechts: © nikstar, photocase.com: S. 100 unten links: © irvette, photocase.com; S. 100 unten mitte: Militzke Archiv; S. 100 unten rechts: © fotopro - Fotolia.com; S. 102: © ursinator2.0 - Fotolia.com; S. 104: © HAUK MEDIEN ARCHIV/Alexander Hauk/PIXELIO; S. 106: © Fionn Große/Pixelio; S. 107: © Thomas Butsch, Leipzig 2009; S. 110: © Sven Nöcker, Möritzsch 2009; S. 111: Militzke Verlag; S. 113: © 2008 pozadia.org; S. 114: Malz77, photocase.com; S. 118: © Jens S., panthermedia.de 2008; S. 120: © panthermedia.net, Gernot Krautberger; S. 122: Pieter Brueghel, „Der Turmbau zu Babel" (1563); S. 126: © Friedhart Klix; S. 129: © Ralf Thielicke, Leipzig 2009; S. 130: © stock photo; S. 131: © Tobias Perschel (tobeys), photocase.com; S. 133: © Andreas Siegel, photocase.com; S. 136: © tamaru mizuho/Honda Motor Europe (North) GmbH, 2009; S. 139 links: © James Steidl - Fotolia.com; S. 139 rechts: © bilderbox - Fotolia.com; S. 140: © panthermedia.net. Bernd Leitner; S. 142: © Bundesamt für Bevölkerungsschutz und Katastrophenhilfe (BBK), Bonn 2009; S. 143: © Michael Wünstel, tauschringnetz 2009; S. 144: © panthermedia.net, Bernhard Wolfgang Schneider; S. 153: © panthermedia.net, Yuri Arcurs; S. 162: © Rike/Pixelio; S. 163: © Thomas Butsch, Leipzig 2009; S. 164: Quentin Massys d. Ä, „Der Geldwechsler" (1520); S. 165: © wtw/pixelio; S. 166: © Daimler, 2009; S. 169: tigerente, photocase.com; S. 171: Gottlieb Daniel Paul Weber „Die Argumente"; S. 174: © Holger Lindner, Berlin 2009; S. 177: © panthermedia.net, Konstantinos Kokkinis; S. 178: © Stuart Mentiply, Wolfsburg / GFDL – GNU-Lizenz für freie Dokumentatio; S. 182: © Jürgen Acker/pixelquelle; S. 183: © bluemchen/PIXELIO; S. 184: Militzke Archiv; S. 185: © Jerzy Sawluk/pixelio; S. 186: © panthermedia.net, Harald Rieger; S. 187: © southmind - Fotolia.com; S. 189: © Copyright Times / commons.wikimedia; S. 192: © giacomo falcone - Fotolia.com; ; S. 192: © panthermedia.net, Radka Linkova; S. 200: © Ralf Thielicke, Leipzig 2009; S. 205: Vincent van Gogh, „Stillleben mit Bibel" (1885); S. 207: Militzke Archiv; S. 208: Dietmar Senf, Leipzig, 2009; S. 209: Militzke Archiv; S. 211: © panthermedia.net, Harald Rieger; S. 212: © panthermedia.net, David K.; S. 213: © Wolfgang Moroder, Gröden 2009; S. 218: © G. Schabel/ Pixelquelle; S. 219: Hieronymus Bosch, „Der Aufstieg in das himmlische Paradies" (um 1500); S. 220: Militzke Archiv; S. 221 links: © Dieter Schütz/pixelio; S. 221 rechts: © Carsten Schwarz/pixelio; S. 222: Maurycy Gottlieb „Juden in der Synagoge am Jom Kippur" (1878); S. 223: © Muhammad Mahdi Karim/commons.wikimedia.org; S. 228: Militzke Archiv; S. 233: Militzke Archiv; S. 237: © Gerd Altmann, photocase.de; S. 240: © panthermedia.net, Ingram Vitantonio Cicorella; S. 241: © panthermedia.net, Thomas Lammeyer; S. 243: ullstein bild - Reuters; S. 245: © bilderbox - Fotolia.com; S. 247: © picture-alliance/dpa/dpaweb Fotograf: Family Handout; S. 249: © Albrecht E. Arnold/pixelio; S. 250: © panthermedia.net, Carina Leithold

Trotz größter Sorgfalt is es uns nicht in allen Fällen gelungen, zu den Abbildungen den Rechteinhaber zu ermitteln. Berechtigte Ansprüche werden selbstverständlich über die üblichen Vereinbarungen abgegolten.